# PSYCHOTHERAPIE
in Psychiatrie, Psychotherapeutischer Medizin und Klinischer Psychologie

Herausgeber: Serge K. D. Sulz, Thomas Bronisch

## States of Mind, Ego States, Selbstmodus
– von der zerrissenen zur integrierten Persönlichkeit

# Zeitschrift Psychotherapie
Psychotherapie in Psychiatrie, Psychotherapeutischer Medizin und Klinischer Psychologie

Herausgeber
Willi Butollo, Thomas Bronisch, Horst Kächele, Hans-Jürgen Möller, Serge K. D. Sulz

CIP-Medien, München

ISSN: 1430-9483

Band 18, Heft 2, 2013

Serge K. D. Sulz, Thomas Bronisch (Hrsg.)

States of Mind, Ego States, Selbstmodus – von der zerrissenen zur integrierten Persönlichkeit

ISBN: 978-3-86294-021-9

Bibliografische Information der Deutschen Nationalbibliothek
Die Deutsche Nationalbibliothek verzeichnet diese Publikation in der Deutschen Nationalbibliografie; detaillierte bibliografische Daten sind im Internet über http://dnb.d-nb.de abrufbar.

Bezugsquelle
Herold Verlagsauslieferung | Raiffeisenallee 10 | 82041 Oberhaching
Tel. 0 89-61 38 71 24 | Fax 0 89-61 38 71 55 24
p.zerzawetzky@herold-va.de | www.cip-medien.com

# States of Mind, Ego States, Selbstmodus
– von der zerrissenen zur integrierten Persönlichkeit

| | |
|---|---:|
| Thomas Bronisch, Serge K. D. Sulz<br>Editorial | 5 |
| Markos Maragkos<br>Multiple Ichs – Nur ein psychologisches Konzept oder ein existentielles Thema des Menschen? | 7 |
| Wolfgang Tschacher, Melanie Munt<br>Das Selbst als Attraktor: das psychologische Selbst aus systemtheoretischer und achtsamkeitsbasierter Sicht | 18 |
| Serge K. D. Sulz, Ute Gräff-Rudolph, Annette Hoenes,<br>Annette Jasmin Richter-Benedikt, Miriam Sichort-Hebing<br>Spieler, Gegenspieler und der neue Regisseur: Primärer versus sekundärer Selbstmodus und die Entwicklung des tertiären Selbstmodus in der Therapie | 38 |
| Norbert Hartkamp<br>States of Mind – mentale Zustände | 65 |
| Kai Fritzsche<br>Einführung in die Ego-State-Therapie | 74 |
| Uta Sonneborn<br>Die Systemische Therapie mit der Inneren Familie | 92 |
| Dagmar Kumbier<br>Das Innere Team in der Psychotherapie | 102 |
| Eva Faßbinder, Ulrich Schweiger<br>Das schematherapeutische Modusmodell | 123 |
| Sabine Löffler<br>Die Ent-Wicklung des Selbst. Reintegration und Stärkung von Selbstanteilen in der Pesso-Therapie | 144 |

Kate Birdie (Pseudonym)     153
Dissoziative Identitätsstörung oder das Leben als multiple Persönlichkeit

Doris Eva Fischer     161
Die Multiple Persönlichkeitsstörung (DID): Konzept, Diagnose und Behandlung
Versuch einer Übersicht über die interdisziplinären Forschungs- und
Behandlungsansätze eines komplexen psychischen Störungsbildes

Jochen Peichl     199
Das Verhältnis des Selbst zu seinen Teilen: basisdemokratische Vielfalt oder
hierarchische Struktur – ein Vergleich der Theoriekonzepte

Achim Votsmeier-Röhr     214
Die Stärkung des Gesunden-Erwachsenen-Modus in der Schematherapie
von Borderline-Störungen

Serge K. D. Sulz     237
Weiterbildung nach der dualen Direktausbildung in Psychotherapie –
ein Konzept zur Gestaltung der Zukunft der Psychotherapie

Serge K. D. Sulz     255
Bericht und Stellungnahme zur Veranstaltung „Ideenwettbewerb:
wie könnte eine Weiterbildung in Psychotherapie nach einem
Direktstudium aussehen?"

Wissenschaftlicher Beirat – Redaktionen     270
Impressum     272

# Editorial

Thomas Bronisch und Serge Sulz

Es ist schon schwer, verständliche Worte dafür zu finden. Selbstanteile, Selbstmodi, Teile des Selbst, Ich-Anteile, Persönlichkeitsteile usw. Noch schwerer ist es, was es ist, womit wir uns in diesem Band beschäftigen. Und doch haben wir alle bei einigen Patienten den Eindruck, dass wir mitunter verschiedene Menschen vor uns sitzen haben. Wenn wir Glück haben, teilen wir diese Beobachtung mit dem Patienten und können uns darüber unterhalten. Wenn nicht, dann ist er jedes Mal mit Haut und Haaren die eine Person und das andere Mal die andere. Und die beiden haben keinen Kontakt zueinander, und es gibt auch keine übergeordnete (tertiäre) Instanz, die den beiden zuschaut und zuhört und über sie nachdenkt. Sie haben eine andere Selbstwahrnehmung, leben in einer anderen Welt, fühlen und denken anders und sind auch verschieden erfolgreich im Umgang mit ihren Beziehungen. Leider stellen sich diese Selbstmodi autonom ein, und es ist schwer, ihnen zu entrinnen. Im Extremfall, der kaum zu glauben ist, handelt es sich um eine multiple Persönlichkeit. Die Beiträge dieses Bandes versuchen, diesem Phänomen gerecht zu werden.

**Markos Maragkos** blickt über den psychologischen Horizont hinaus und breitet vor uns eine virtuelle Landkarte aus, auf der wir ein existentielles Seins-Thema vorfinden, entfernt von unseren psychologischen Denkkonstrukten.

**Wolfgang Tschacher und Melanie Munt** sehen das Selbst und seine verschiedenen Zustände oder Modi als Ergebnis der Selbstorganisation, die einen geordneten Zustand herstellt, ganz ähnlich den Gestaltprozessen. Der Körper liefert über Propriozeption und Embodiment wichtige Parameter, die Situation über Affordanzen und Situiertheit andere. Sie stellen ungünstige Bedingungen dar, die schwache, instabile Selbstzustände ergeben und zeigen, wie Achtsamkeit zu Kalibrierung und Stabilisierung des Selbst führt.

**Serge Sulz und Mitarbeiterinnen** gehen von der kognitiv-affektiven Entwicklungstheorie des Selbst aus und beschreiben den sich im Entwicklungsprozess sich einstellenden primären (impulsiven oder impulsgehemmten) Selbstmodus, der als dysfunktionale Persönlichkeiten ausgestaltet sein kann (selbstunsicher, dependent, histrionisch, narzisstisch etc.). Der Entwicklungsprozess führt (spätestens in der Psychotherapie) zum sekundären Selbstmodus, der Aufgaben in die Hand nimmt und sein Leben willkürlich gestaltet. Diese Dialektik wird aufgelöst durch den Entwicklungsschritt zum tertiären Selbstmodus, der eigene und Gefühle anderer empathisch aufnimmt und reflektiert.

**Norbert Hartkamp** beschreibt das verbreitetste und einflussreichste Modell – das „States of Mind"-Konzept von M. Horowitz. Er zeigt wie in einer psychodynamischen Psychotherapie durch Erkennen der States of Mind die Psychodynamik treffender erfasst werden kann, so dass sich ein größerer therapeutischer Nutzen ergibt.

**Kai Fritzsche** berichtet über die Ego-State-Therapie, die zu einer bedeutenden Variante der Hypnotherapie geworden ist. Sie gibt uns wertvolle Interventionsmöglichkeiten, vor allem bei traumatisierten Patienten, kann aber ebenso wie die anderen hier vorgestellten Konzepte bei allen Patienten nutzbringend eingesetzt werden.

**Uta Sonnenborn** beschreibt die Systemische Therapie mit der inneren Familie (IFS), die Richard Schwartz entwickelt hat. Zunächst problematische oder schwache Selbstanteile wechseln vom Gegeneinander zum Miteinander und gewinnen so Kraft und tragen zum Wachstum der Persönlichkeit bei.

**Dagmar Kumbier** überträgt das Modell des Inneren Teams von Schulz von Thun auf den psychotherapeutischen Kontext und zeigt, wie sie die vielfältigen Ressourcen der Teammitglieder therapeutisch nutzt, z. B. auch in der Traumatherapie.

**Eva Faßbinder und Ulrich Schweiger** berichten über die therapeutische Arbeit mit dem Modusmodell der Schematherapie. Dem Patienten wird geholfen, einen maladaptiven Schemamodus zu verlassen und sich in den Modus des gesunden Erwachsenen zu begeben. Dies erfordert emotionsorientierte Interventionen, sei es mit Stuhldialogen oder mit Imaginationen.

**Sabine Löffler** integriert den Ego-State-Ansatz mit ihrem PBSP-(Pesso-)Therapieansatz, indem sie zuerst aufzeigt, wie beide Ansätze verschiedene Selbst-Zustände identifizieren. Pessos Pilot als reflektierender, integrierender übergeordneter Selbstzustand ist Gesprächs- und Arbeitspartner der Therapeutin, und die Prozesse der Seelenprojektion und Seeleninjektion sind die Orte, an denen Integration erfolgen muss.

Mit dem **Pseudonym Kate Birdie** haben wir einen Bericht aus der Patientenperspektive bei multipler Persönlichkeit erhalten, der uns hilft, nicht zu lange ratlos auf der Therapeutenseite zu verharren. Statt unfruchtbares Mitleid zu erzeugen, hilft die Autorin, mehr zu verstehen und Ressourcen zu erkennen.

**Doris Fischer** übernimmt die Aufgabe, Klinik und Therapie der Multiplen Persönlichkeitsstörung zu beschreiben und zu diskutieren, so dass wir Kenntnis über den State of the Art erhalten und vor allem auch die Notwendigkeit nachvollziehen können, außer rein psychologischen Hypothesen die Bedeutung der Neurobiologie mit zu betrachten.

**Jochen Peichl** gibt uns die Darstellung und Diskussion von drei Ansätzen der therapeutischen Arbeit mit Teilen des Selbst: Ego-State, IFS und einem systemisch-hypnotherapeutischen Ansatz. Dadurch schält sich der Kern des Gemeinsamen so heraus, dass unser Verständnis wesentlich vertieft wird.

Der Artikel von **Achim Votsmeier-Röhr** als frei eingereichter Beitrag passt zufälligerweise ganz gut in den Themenband. Er verbindet die Arbeit am Schemamodus mit Rudolfs Strukturbezogener Therapie und ordnet sie zudem in Grawes Konsistenzmodell ein.

**Serge Sulz** schreibt angesichts der derzeitigen heißen Debatte um die Zukunft der Psychotherapie-Ausbildung einen Artikel zu einem alternativen Modell zur einfachen Direktausbildung, die nach dem Plan des Bundesgesundheitsministeriums unmittelbar nach dem Masterstudium zur Approbation führt. Er übernimmt die Idee der dualen Direktausbildung, bei der es die drei Schritte Masterstudium – Psychotherapie-Ausbildung (danach Approbation) – Weiterbildung unter Hoheit der Psychotherapeuten-Kammern mit dem Ziel der Berechtigung zur Kassenzulassung gibt. Auch ein Modell einer Approbation zum Medizinischen Psychotherapeuten nach einem Masterstudium in der Medizinischen Fakultät wird andiskutiert.

Wir sind froh, dass es gelungen ist, diese einmalige Zusammenschau von Therapieansätzen zu diesem verfahrensübergreifenden Thema in einem Band veröffentlichen zu können, und danken den Autoren dafür.

Markos Maragkos

# Multiple Ichs – Nur ein psychologisches Konzept oder ein existentielles Thema des Menschen?

Multiple selves – only a psychological concept or an existential theme of man?

Auch wenn das Konzept der „multiplen Ichs" aktuell in vielen Ausformungen und -formulierungen sehr modern und in zahlreichen therapeutischen Modellen zu finden ist, so handelt es sich in seinem Kerngedanken (der Mensch ist keine Einheit, kein einzelnes „Ich", sondern eine Vielheit von mehreren „Ichs") eigentlich um ein sehr altes Konzept. Dessen Wurzeln reichen nicht nur bis in die Anfänge der modernen Psychologie (beispielsweise kann es schon bei William James, Sigmund Freud, Eric Berne u. a. gefunden werden), sondern viel weiter in die uralten Texte der Menschheitsgeschichte verschiedenster Traditionen. In diesen geht es um das Wesen des Menschen und dem eigentlichen Ziel seiner Existenz. Darunter finden sich sowohl die Bibel als auch weit ältere Schriften, wie das indische Heldenepos Mahabharata, die Katha-Upanishad und das Verständnis vom Aufbau der Seele nach Platon.
In diesem Beitrag sollen exemplarisch einige religiöse, philosophische und natürlich auch (sozial-)psychologische Wurzeln dieses Verständnisses vom inneren Aufbau des Menschen überblicksartig dargestellt werden.
Ziel ist es, die Theorie der multiplen Ichs über den Status eines psychologischen/ psychotherapeutischen Konzepts – einer theoretischen Modellvorstellung – hinaus als wesentliches, existentielles Seins-Thema des Menschen zu beschreiben, in dem seine ihm eigene Aufgabe im Leben und dadurch gleichzeitig auch sein eigentlicher Lebenssinn versteckt sind.

Schüsselwörter
dissoziative Identitätsstörung – DIS – Multiple Persönlichkeitsstörung – Philosophie – multiple Ichs

*Although the concept of „multiple selves" is currently very en vogue in many formations and formulations and found in many therapeutic models, it is actually a very old concept, at least regarding its central idea (man is no unity, has no individual self, but a plurality of selves). Its roots do not only reach into the beginnings of modern psychology (among others William James, Sigmund Freud, Eric Berne), but go back to the various ancient texts of human history, dealing with the nature of man and the ultimate goal of existence. Among these texts is not only the Bible, but also older writings as for example the Indian epic Mahabharata, the Katha Upanishad and the understanding of the soul's structure according to Plato.*
*In this paper an overview of examples of some religious, philosophical and, of course, (social) psychological roots of this understanding of the internal human structure is*

presented. The aim is to describe the theory of multiple selves beyond the status of a psychological/psychotherapeutic approach – a theoretical model – as an essential, existential theme of being human, in which man's purpose in life and thus simultaneously the real meaning of this life is hidden.

*Keywords*
*Dissociative Identity Disorder – DIS – Multiple Personality Disorder – Philosophy – Multiple selves*

## 1 Einleitung

Die Theorie, der Mensch habe kein einzelnes Ich [1], erfreut sich heute großer Verbreitung und hat Eingang in viele psychotherapeutische Modellvorstellungen gefunden. Gemeinsamer Kerngedanke dieser zahlreichen (s. u.) Modelle ist, dass er kein stabiles und in sich einheitliches, konstantes Ich besitzt (auch wenn es ihm zuweilen nicht auffällt und er von der Einheit seiner inneren Welt überzeugt ist), sondern mehrere Ichs, die – je nachdem, von welchen internen oder externen Reizen sie jeweils getriggert werden – die innere Bühne betreten und eine Zeit lang das Kommando über den gesamten Bestand übernehmen. Damit können spezifische Kognitionen, Emotionen, Handlungsimpulse sowie konkrete Handlungen einhergehen, die in den Hintergrund treten, sobald es zu einem Ich-Wechsel gekommen ist, und neuen, ggf. von den eben gezeigten stark abweichenden Kognitionen, Emotionen usw. Platz machen.

Dieser Wechsel passiert bei einem klinisch unauffälligen Menschen in der Regel so schnell und z. T. so subtil, dass er ihn selbst nicht als „Bruch" seiner inneren Kontinuität und seines Selbst-Erlebens wahrnimmt (auch wenn damit eine gewisse Verwunderung „über sich" einhergehen mag). Anders ist das bei der Dissoziativen Identitätsstörung (DIS), bei der die verschiedenen „Innies" [2] z. T. so weit voneinander entfernt, getrennt und in ihrem Wirkungsgrad eigenständig und „mächtig" in ihrem Fühlen, Denken und Handeln sind, dass ein Wechsel („switch") vom betroffenen Patienten [3] tatsächlich als z. T. sehr starker Bruch in der Selbstwahrnehmung erlebt wird.

Diese Anschauung vom inneren Aufbau des Menschen als aus mehreren Ichs bestehend erklärt somit eine ganze Reihe von sowohl psychologischen Alltags- als auch psychopathologischen Phänomenen. Die fehlende Ich-Kontinuität macht z. B. nachvollziehbar, warum „gute Vorsätze" im normalen Lebensalltag häufig nicht eingehalten werden (ein Ich beschließt beispielsweise, eine Diät zu beginnen, während ein anderes kurze Zeit später und mit viel Genuss ein großes Stück Kuchen zu sich nimmt; ein Ich beschließt, am

---

1  Der Einfachheit halber wird in diesem Text keine Unterscheidung zwischen „Ich", „Selbst", „Selbstkonzept", „Selbstanteile", „Rollen", „Modi", „Motive" etc. getroffen. Das ist zwar eine Simplifizierung, die im Gegensatz zur regen Diskussion dieser Begriffe in der Psychologie und Philosophie steht, dient aber im vorliegenden Fall der besseren Lesbarkeit. Die Kernaussagen des Textes werden dadurch nicht beeinflusst.
2  Ein Begriff, mit dem die verschiedenen Innen-Persönlichkeiten von Menschen, die unter DIS leiden, (häufig von ihnen selbst) bezeichnet werden.
3  Aus Gründen der besseren Lesbarkeit wird im Text nur die männliche Form verwendet. Selbstverständlich sind beide Geschlechter gemeint.

nächsten Morgen joggen zu gehen, während das Ich, das am betreffenden Tag aufwacht, sich wundert, warum der Wecker eine halbe Stunde früher klingelt, bzw. das Vorhaben auf den nächsten Tag verschiebt, weil das „eh besser" sei, usw.).

Im psychopathologischen Bereich finden wir bei der DIS ein sehr gutes Beispiel dafür, was das Resultat sein kann, wenn die verschiedenen Ichs – meistens aufgrund schwerster traumatisierender Erfahrungen – ein hohes Maß an Eigenständigkeit und Macht über das Verhalten des ganzen Menschen bekommen.

## 2 Multiple Ichs – Psychologische Wurzeln

Neben den aktuellen psychologischen/psychotherapeutischen Konzepten, die mit der Ich-Vielheit arbeiten, wie beispielsweise die Ego-State-Therapie (Watkins & Watkins, 2012), die Schematherapie (Young, Klosko & Weishaar, 2008) und ihre störungsspezifischen Ausformulierungen, wie z. B. für die Traumafolgestörungen (s. beispielsweise Butollo & Karl [2012], Maragkos [2010], Reddemann [2012], Peichl [2013]), findet sich dieses Verständnis vom Aufbau des Menschen – z. T. etwas versteckt – auch in der „alten" Psychologie respektive den „älteren" psychotherapeutischen Schulen.

William James (1842 – 1910), einer der Urväter der modernen Psychologie, unterschied bereits Anfang des 19. Jh. zwischen dem „erkennenden Selbst" und dem „erkannten Selbst". Während er Ersteres als „self as knower", „I" oder „pure ego" beschrieb, nannte er Letzteres „self as known", „me" oder „empirical ego" (James, 1890), wobei er (nach dem Kenntnisstand des Autors) keine Versuche unternahm, eine psychotherapeutische Anwendung daraus abzuleiten.

Auch Freud (1923/1975) verstand den Menschen nicht als Einheit. Dieses Verständnis findet – neben seinem topologischen Modell, das die Unterscheidung in „bewusst", „vorbewusst" und „unbewusst" umfasst – in seinem Instanzenmodell seinen Niederschlag, in dem er die Struktur der Psyche in ein Über-Ich, ein Ich und ein Es aufteilte. In den Weiterentwicklungen der Psychoanalyse hat dieses Konzept ebenso überlebt wie auch in den Therapieschulen der Humanistischen Therapien (s. u.), über die (Kognitive) Verhaltenstherapie bis hin zu ihrer aktuellsten Ausformung, der sogenannten dritten Welle, zu der u. a. die weiter oben bereits erwähnte Schematherapie (Young et al., 2008) gehört.

Ein aus der Psychoanalyse abgeleitetes Verfahren ist die von Eric Berne (Berne, 2006) entwickelte Transaktionsanalyse. In dieser postuliert er, der Mensch besitze mehrere Ich-Zustände („ego images"). Einer stamme aus der Kindheit und sei das Kind-Ich („child state"), der zweite sei das Erwachsenen-Ich („adult ego state"), und der Dritte, der auf den Erfahrungen mit den primären Bezugspersonen basiere, wurde von ihm als Eltern-Ich („parent ego state") bezeichnet.[4]

Frederick S. Perls, der sich mit seiner Gestalttherapie (Perls, 1976) u. a. von Jacob Moreno und seinem Psychodrama (Moreno, 1959) hat inspirieren lassen, ist ebenso von mehreren

---

[4] Die Ähnlichkeit zur Auffassung Freuds und seiner Psychoanalyse ist mehr als deutlich, verwundert aber andererseits nicht, war doch Paul Federn einer der Lehrer von Eric Berne.

Ich-Anteilen ausgegangen (und hat in der Therapie damit explizit gearbeitet) – ferner wie in der klientenzentrierten Psychotherapie Carl Rogers' (Rogers, 2012). Das Konzept des „inneren Teams" (Schulz von Thun, 1998) soll – wenn auch deutlich moderner – ebenfalls dazugezählt werden, da er bei Reinhard Tausch (1921-2013; leider kürzlich verstorben) promoviert hat und durch diesen somit auch von der Gesprächspsychotherapie beeinflusst wurde. Nicht zuletzt haben sich bekannte Psychotherapieforscher beim Versuch, die Effektivität von therapeutischen Interventionen zu erhöhen, dieser Theorie angenommen. Als Beispiel soll hier William („Bill") Stiles (Stiles, 1999) und sein Konzept der „internal voices" genannt werden. In der Sozialpsychologie ist das Konzept nicht nur nicht unbekannt, sondern hat eine ebenso lange Tradition wie in der klinischen Psychologie. Anfang des 19. Jh. versuchte Charles Cooley die Entstehung der Selbst-Identität zu erklären (Cooley, 1902) und bediente sich dabei des sogenannten looking-glas-Effekts (Spiegelbild-Effekts), nach dem das Selbstkonzept als Folge der wahrgenommenen Eindrücke und Bewertungen im sozialen Miteinander, d. h. als Resultat sozialer Interaktion, entstehe. Aus der Sozialpsychologie stammt zudem das neuere Konzept des „dialogical self" von Hermanns (Hermanns & Kempen, 1993; Hermans, 1996), in dem er ebenfalls von mehreren Ich-Anteilen ausgeht.

## 3 Multiple Ichs – Philosophische und religiöse Wurzeln

Ob es sich nun um ein einfaches Modell (z. B. das Instanzen-Modell bei Freud [1923/1975] oder Berne [2006]) oder um weit ausgearbeitetere Konzepte – z. B. die Schematherapie nach Young et al. (2008) – handelt, alle gehen von einer Gespaltenheit oder einer fehlenden Ganzheit im Menschen aus. Die Wurzeln dieses Denkmodells reichen jedoch, wie bereits weiter oben angedeutet, noch viel weiter zurück (u. a. lassen sie sich in der epischen Geschichte Indiens, der Mahabharata, der Bibel, der antiken Philosophie Platons und in den Schriften des alten Yoga finden – d. h. in den verschiedenen Traditionen und in ihrem alten Verständnis vom inneren Aufbau des Menschen) und sollen anhand von einigen philosophischen und religiösen Quellen exemplarisch dargestellt werden.

### 3.1 Das Wagengleichnis im Katha-Upanishad
Die Upanishaden sind Sammlungen philosophischer Schriften des Hinduismus und ein Bestandteil des Veda (mündlich überlieferte Sammlung religiöser Texte). Die Katha-Upanishad (zw. 1000 und 500 v. Chr.), deren Verfasser unbekannt ist, ist die älteste Veda, in der das Yoga explizit erwähnt wird. In diesem Upanishad wird der Aufbau des Menschen mit einem Wagen (einem Gespann) verglichen:
1. Körper
2. Sinne
3. Erkenntnis
4. Denken
5. Selbst

Während der Wagen für den Körper steht, symbolisieren die Pferde die Sinne (und Begierden) des Menschen[5].

---

5   Somit bekommt die Redewendung „Die Gäule gehen mit einem durch" eine ganz andere, vielleicht neue Bedeutung.

Der Wagenlenker (Kutscher) steht für die Erkenntnis, welche die Begierden (Pferde) im Zaum halten kann, und zwar über die Zügel (das Denken). Im Wagen selbst sitzt der eigentliche Herr der Kutsche, der dem Wagenlenker auch die entsprechenden Anweisungen geben kann, nämlich das (wahre) Selbst[6]. In diesem „Instanzen-Modell" wird der Mensch – wie in den bereits beschriebenen psychologischen Theorien – ebenfalls nicht als ein Ganzes betrachtet, sondern aus Teilen bestehend, die ggf. eine enorme Macht auf das ganze „System" ausüben können.

Die eben beschriebene Form der Kutsche ist der Idealzustand, der eigentlich am Ende einer (lebenslangen) Entwicklung steht. Ein Gespann mit einem Aufbau wie dem eben beschriebenen ist „in Ordnung", denn es gibt einen Herrn, der weiß, wohin er will, und dies dem Kutscher auch mitteilen kann. Dieser ist wiederum wach und kann die Anweisungen des Herrn hören und befolgen. Über seine Zügel kommuniziert er mit seinen Pferden, die seine Anweisungen ebenfalls verstehen und die vorgegebene Richtung einschlagen können. Der Wagen, den sie ziehen, ist in einem guten Zustand. Er ist stabil und hält den Anforderungen der Straße stand.

Doch trifft dieser Zustand auch auf den „Durchschnittsmenschen" zu? Gibt es in ihm einen (dauerhaften) Herrn, der ein Ziel hat und weiß, wohin er will? Ist der Kutscher wach, und kann er die Stimme dieses Herrn hören? Wenn nicht, dann lenkt er den Wagen dorthin, wo er (der Kutscher) meint, dass dies das Ziel sei bzw. sein soll. Sind die Pferde gut gefüttert und die Zügel straff genug? Wenn der Wagenlenker seine Aufgabe nicht gut erfüllt, dann kann es sein, dass die Pferde selbst das Kommando übernehmen und den Wagen möglicherweise an einen Ort ziehen, d. h. in eine Situation bringen, die gar nicht beabsichtigt war, deren Konsequenzen aber das ganze Gespann (inkl. des jeweiligen „Herrn") auszubaden hat. Nimmt diese Trennung bzw. Unordnung in und an seiner Kutsche ein gewisses Ausmaß an, können – übersetzt in moderne psychopathologische/psychotherapeutische Konzepte – psychische Symptome bis hin zu dissoziativen Zuständen entstehen. Die natürliche Ordnung wiederherzustellen und dem „Herrn" seinen ihm zustehenden Platz zu gewähren, ist somit nach der Katha-Upanishad die grundlegende Aufgabe eines jeden Menschen.

### 3.2 Die Mahabharata

Die Mahabharata gehört als bekanntestes indisches Epos mit 18 Kapiteln und ca. 100.000 Doppelversen zum Wesen der indischen Tradition und ist ein integraler Bestandteil von ihr. Sie geht auf die Zeit zwischen 400 v.Chr. und 400 n.Chr. zurück. In Form von mythischen Geschichten, Allegorien und Bildern, die in den alten Traditionen als Vehikel verwendet wurden, um Inhalte am Bewusstsein vorbei ins Unterbewusste zu transportieren, wird die Geschichte – der Krieg zwischen zwei eigentlich verwandten, aber dann doch verfeindeten Clans, den Kauravas und Pandavas – erzählt. Interessanterweise diktiert der Autor (Vyasa) diese Geschichte Ganesha (dem elefantengesichtigen Gott der Hindernisse und deren Beseitigung), während ein Kind[7] (und kein Erwachsener!) zuhört. In allegorischer und metaphorischer Form werden die verschiedenen Teile des Menschen in

---

6   Eine etwas modifizierte Form dieser Darstellung findet sich auch bei Georg I. Gurdjieff in seinem Opus „Beelzebubs Erzählungen für seinen Enkel".

7   Auf dessen Frage, wovon denn diese Geschichte handelt, wird ihm geantwortet: „... sie handelt von dir."

eine kriegerische Auseinandersetzung gebracht: Auf der einen Seite stehen die Pandavas, nämlich Yudhishthira (das Denken), Arjuna (das Gefühl), Bhima (der Körper) sowie die Zwillinge Nakula und Sahadeva. Ihre „Feinde", mit denen sie eigentlich verwandt sind, sind die 100 Kauravas, von denen der Älteste Duryodhana ist. Bezeichnenderweise wurden die Pandavas „einzeln" geboren, während die Kauravas als „Fleischklumpen" die Welt erblickten, der in 100 Teile (die „100" Ichs des Menschen) zerteilt wurde.

Durch das gesamt Epos hindurch geht es um die Rivalität zwischen diesen verfeindeten Clans, die in einen Krieg mündet. Wenn auch dieses Gleichnis sehr komplex ist und auf den ersten Blick befremdlich wirken mag, repräsentiert dieser Krieg in der Erzählung (wohlgemerkt 400 v.Chr. – 400 n. Chr.) doch ebenso aktuelle psychologische Konzepte des „inneren Kampfes" des Menschen – in diesem Fall mit seinen „100 Ichs".

### 3.3 Die antike Philosophie - Platon

Platon[8] beschreibt in Phaidros (246a – 257d; ca. 370-360 v.Chr.) das Gleichnis vom „Seelenwagen". Nach seinem Verständnis ist die menschliche Seele unsterblich und entstammt auch dem Unsterblichen, mit anderen Worten: dem Göttlichen. Sie ist von ihrem Aufbau her mit einem Pferdegespann zu vergleichen. Der Wagenlenker (Logos [λόγος], das Wort, die Logik, die Vernunft) hat zwei Pferde zu führen. Während das eine edler Abstammung ist und sehr gut den Befehlen und Anweisungen des Wagenlenkers folgt, ist das zweite wild, ungestüm und leidenschaftlich. Die Seele kann nicht für immer im göttlichen Bereich ihrer Abstammung bleiben. Sie verliert im Laufe der Zeit ihre Flügel, sinkt und verbindet sich mit einem (irdischen) Körper, auf den sie trifft. In einem solchen für eine gewisse Zeit beheimatet, hat sie aber noch eine Erinnerung an das Schöne und Gute, dem wahrhaft Seienden, dem sie entstammt. Trifft sie in der niederen (irdischen) Welt auf etwas, das diesem entspricht, d.h. einem schönen Anblick, erinnert sie sich daran. Das edle Pferd ist von Ehrfurcht eingenommen, während das ungestüme Pferd von Leidenschaft erfasst ist und dieses Schöne (Göttliche) für sich haben, besitzen muss. In solch einer Situation muss der Wagenlenker (die Vernunft) die Zügel fest in der Hand behalten. Durch den Anblick dieses Schönen können die verlorenen Flügel wieder wachsen. Sie sind wieder vollständig da, und die Seele kann wieder ihren Weg zurück in den Himmel finden. Ganz nach den modernen psychotherapeutischen Konzepten findet der Mensch ruhende Momente in sich, wenn er im Einklang mit seinen inneren Anteilen steht und von dieser Basis aus handelt.

### 3.4 Die Bibel

Im Neuen Testament findet sich in den Evangelien von Markus (Mk 5,9) und Lukas (Lk 8,30), wenn auch nicht ganz übereinstimmend, die sogenannte Schweineepisode als prägnantes kurzes Beispiel für die Aufteilung des Menschen in innere Anteile. In diesem Gleichnis war Jesus im Gebiet von Gadara (Gerasa) unterwegs und traf dort einen Besessenen. Nach Mk (5,9) fragt Jesus den Besessenen: „Was ist dein Name?" Dieser antwortete ihm „Legion ist mein Name, denn wir sind viele." Nach Lk (8,30) fällt die Antwort etwas anders aus: „Legion", antwortete er, „denn es waren viele Dämonen in ihn gefahren." Auch wenn es verschiedene Versuche der Deutung dieser Verse gibt, so können sie auch

---

[8] Wie bereits geäußert, sollen in diesem Beitrag exemplarisch nur einige Beispiele dargestellt werden. Eines, auf das hier nur mit dieser Fußnote Bezug genommen werden soll, ist die Inschrift über dem Orakel von Delphi im Tempel des Apollon: „Erkenne Dich selbst".

als Hinweis auf die Vielbeschaffenheit im Menschen verstanden werden, zumal in nahezu allen Religionen die innere Einheit, die Einheit mit dem Göttlichen angestrebt wird.

## 4 Konklusionen

Die Konzepte der multiplen Ichs sind sicherlich nicht die einzigen psychologischen Themen und Theorien, deren Wurzeln weit zurück in die Menschheitsgeschichte reichen. Um nur zwei weitere Aspekte kurz anzuschneiden, die uns auch heute noch in der klinischen Psychologie/Psychotherapie begegnen und ebenfalls Bezüge zur hier interessierenden Theorie der multiplen Ichs aufweisen: zum einen Epiktet (50-138 n.Chr.; s.a. Epiktet [2008]), auf den das Zitat „Es sind nicht die Dinge selbst, die uns bewegen, sondern die Ansichten, die wir von ihnen haben" zurückgeht. Er hat damit bereits in der Zeit der späten Stoa den Grundgedanken der Kognitiven Therapie formuliert und gilt als ihr Urvater, auf den sich Albert Ellis sogar explizit bezieht[9]. Zum anderen Aristoteles, der mit seinem Zitat „Der Mensch ist das, was er wiederholt tut. Somit ist Exzellenz[10] keine einzelne Handlung, sondern Gewohnheit" den Grundgedanken der (klassischen) Verhaltenstherapie formulierte. Auch wenn auf der Basis dieser Theorien therapeutische Techniken entstanden sind, die als Interventionen bei bestimmten psychischen Störungen Anwendung finden, so tangieren sie – wie die Theorie der multiplen Ichs – Schichten des Menschen, die weit tiefer in seinen Grundfesten verborgen sind.

In diesem Sinne ist die erste Konklusion, dass die Psychotherapie, auch wenn sie konkretes maladaptives, problematisches Verhalten und Erleben verändern soll, sich Grundgedanken bedient, die weit über diese Interventionen hinausgehen.

Die Aussagen von Epiktet und Aristoteles sind – so einfach sie auch sein mögen – gute Beispiele dafür, welche Tiefe in ihnen versteckt liegt, wenn sie weiter, vielleicht bis zum Ende, gedacht werden. In ihnen ist eine Möglichkeit enthalten, die helfen kann, uns in unserem Mensch-Sein besser zu verstehen und unser Leben aus einer existentiellen Perspektive zu betrachten und zu leben. Epiktet sagt vereinfacht: Wir sind Opfer unserer Bewertungen. Wir denken über die Dinge; wir bewerten sie, geben ihnen dadurch eine Bedeutung, die in den meisten Fällen nur mit uns etwas zu tun hat. Verändern wird diese Bedeutungszuweisung, verändern wir die Folgen unserer innerpsychischen Reaktionen auf das, was die Dinge in uns auslösen. Mit anderen Worten, verändern wir unsere Bewertungen, d.h. unsere Kommentare auf das, was aus dem Inneren und/oder dem Äußeren auf uns einströmt, verändern wir die Wirkung, die diese inneren und/oder äußeren Einflüsse auf uns haben. Um das tun zu können, müssen wir diese Bewertungen erst einmal kennenlernen, d.h. Selbstbeobachtung betreiben. In der „alten" Sprache der Psychologie hieße das: Introspektion; in der neuen Sprache der Verhaltenstherapie: Selbstbeobachtungsprotokolle. Dadurch erkennen wir Muster, denen wir bei der Bewertung folgen, und können somit kognitive Schemata erkennen, die uns leiten und deren Opfer wir sind. Diese Muster können im weitesten Sinne als Repräsentanten der verschiedenen

---

9  Siehe dazu die Aufnahme „Three Approaches to Psychotherapy"; dort die Einleitung des Parts, in dem Ellis mit „Gloria" arbeitet.
10  Oder: Vorzüglichkeit

Ichs verstanden werden. Im Extremfall lösen wir uns von den Fesseln unserer eigenen ich-behafteten Erwartungen und können weit mehr Freiheit erlangen, als über eine kognitive Umstrukturierung allein möglich wäre.

Aristoteles spricht in seinem Zitat von „Exzellenz" bzw. „Vorzüglichkeit", während die klassische Verhaltenstherapie bestimmte sogenannte maladaptive Verhaltensweisen ins Augenmerk nimmt, die – in Bezug auf das Leiden, das sie beim Patienten verursachen – zu Recht verändert werden sollen. Auch wenn Aristoteles, in dem er über „Exzellenz" spricht, die Ebene des Verhaltens verlassen hat, so öffnet er dem Menschen eben durch den Umstand, dass er die Wiederholung von Verhalten (Gewohnheit) betont, eine Tür zu einem Weg, der nicht allein bei der Bewältigung von Panikattacken durch wiederholte Konfrontation oder dem Aktivitätenaufbau bei Patienten mit einer Depression endet, sondern bei der „Exzellenz". Der Mensch kann exzellent werden, indem er gute Gewohnheiten bildet. Aus einer anderen Perspektive: Alles, was wir tun, üben wir, also können wir auch „Gutes" (im weitesten Sinne) üben, indem wir es wiederholt tun.
Auch hier findet sich eine Parallele zu den multiplen Ichs, denn aus der Therapie der DIS wissen wir, dass die meisten „Innies" eines Patienten ihre eigenen Gewohnheiten aufweisen, die sogar sehr spezifisch (bestimmte Kleidungsstücke, ein bestimmter Schmuck etc.) sein können. In der DIS-Therapie wird es u. a. auch darum gehen, die guten Gewohnheiten zu fördern und die maladaptiven zu begrenzen bzw. zu verändern.
Vor diesem Hintergrund – und das ist die zweite Konklusion – stellen diese modernen Theorien und deren alte Wurzeln uns als Psychotherapeuten vor das Thema der eigenen Verantwortlichkeit: Kann sich der Psychotherapeut selbst außen vor lassen, wenn er sich für seine Arbeit mit Patienten an Konzepten orientiert, denen er selbst auch unterliegt? Mit dieser Frage wird der Psychologe spätestens in der Psychotherapieausbildung konfrontiert – die Antwort darauf findet sich in der Selbsterfahrung im Rahmen der verhaltenstherapeutischen Ausbildung bzw. in der Lehranalyse im Rahmen der psychoanalytischen Ausbildung. Ob diese „Eigenanalyse" ausreicht, um die Tiefe dieser Konzepte bei sich selbst zu entdecken, wird hier in rhetorischer Form als und in Frage gestellt.

Der Autor vertritt die Auffassung, dass die Theorie der multiplen Ichs – auch wenn die eben zitierten und kurz besprochenen zwei Zitate über einen viel weiteren Hintergrund verfügen, als man ihnen zunächst zumutet – sogar darüber hinausgeht und eine Sonderstellung hat, das soll die dritte Konklusion sein. Ihr haftet durch den Umstand, dass sie in so vielen Traditionen unterschiedlichen Ursprungs zu finden ist, etwas Besonderes an, das es rechtfertigt, sie über ihren Status als „einfaches" psychologisches Konzept hinaus als zentrales Thema des Menschen respektive der menschlichen Existenz betrachten zu dürfen – vielleicht eine Art von „Meta-Konzept", ein grundlegendes Prinzip, das viele andere inkludiert. In ihrem Kern sagt sie etwas sehr Einfaches aus: Der Mensch ist gespalten und nicht Herr im eigenen Haus. Er führt ein Leben, das unter dem Einfluss von mehreren z. T. sich widersprechenden Ichs steht, die sich, durch innere und/oder äußere Reize getriggert, in ihrem Wirken abwechseln. Zwar spricht er von „Ich" und ist der festen Überzeugung, dass es ein bleibendes, stabiles, für alle Situationen gültiges Ich gibt, das die Macht hat, Entscheidungen trifft oder nicht trifft und einen bestimmten Plan verfolgt. Das Gegenteil scheint aber der Fall zu sein: Wenn er „Ich" sagt, dann ist das „nur" der (zufällige) Passagier, der im Moment das Kommando über das Gespann hat. Er hat vielleicht ein bestimmtes Ziel, das er verfolgt, doch er spricht nicht für das Ganze. Ein oftmals kleiner Reiz aus der Umgebung oder eine kleine Veränderung der Umstände genügen, und dieser Passagier ist – um beim Wort zu bleiben – passager, d. h. wieder verschwunden. An seiner Stelle ist jemand anders in den Wagen eingestiegen, mit einem ganz anderen Ziel – mit einem vielleicht dem Ziel des ersten Passagiers sogar gänzlich entgegengesetzten. Diesen „switch" erlebt der im klinisch-pathologischen Sinn unauffällige Mensch ganz im Gegensatz zu dem unter einer DIS Leidenden meistens nicht bewusst. Aber auch ein Betroffener kann lernen (und das stellt in diesem Sinne auch ein wesentliches Therapieziel dar), diesen bewusst zu erleben. In der Anwendung des Konzeptes der Mindfulness (Kabat-Zinn, 2003) soll demjenigen, der es versucht – vereinfacht formuliert – eigentlich nichts anderes beigebracht werden: das Kommen und Gehen der verschiedenen (Ich-)Impulse zu bemerken und kennenzulernen, ohne ihnen zu folgen. Schritt für Schritt erkennt der Übende somit immer mehr seinen eigenen (multiplen) inneren Aufbau.

Darüber hinaus ist bei dem Konzept der multiplen Ichs auch besonders die Frage nach ihren Konsequenzen zu berücksichtigen – die vierte Konklusion. Diese Konsequenzen können einerseits minimal sein: Das Konzept kann beispielsweise erklären, warum jemand die Wohnung verlässt, um einzukaufen, und sich stattdessen in einem Café wiederfindet - etwas, was jeder in der einen oder anderen Variante bereits erlebt haben sollte. Die sich daraus ergebenden Folgen für den Handelnden sind in diesem Falle „gering", wenn er z. B. auch zu einem späteren Zeitpunkt den Einkauf nachholen kann. Wird die Theorie aber auf weitere Bereiche des Alltagslebens angewandt, dann können die Konsequenzen andererseits auch massiv sein. Um keine allzu destabilisierenden Schreckensszenarien zu beschreiben, sollen hier in Frageform nur zwei Beispiele erwähnt werden, die das Ausmaß bereits erahnen lassen: Sind eigentlich alle „Ichs" mit der Berufswahl einverstanden, und – vielleicht in der Konsequenz weitreichender – sind alle „Ichs" mit dem „Ja, ich will" vor dem Priester bzw. Standesbeamten einverstanden gewesen?

Über diese Fragen hinaus, die das persönliche Alltagsleben mehr oder weniger intensiv tangieren, beeinflusst diese Theorie auch grundlegende psychologische Konzepte (fünfte Konklusion). Dazu gehört die im Text bereits erwähnte „Introspektion", die „abgeschafft" wurde, da sie nicht valide sei – um es mit harten Worten auszudrücken. Auch wenn sie, wie weiter oben beschrieben, über die „Hintertür" der Selbstbeobachtungsprotokolle den Weg zurück in die Psychologie/Psychotherapie gefunden hat, so kann sie darüber hinaus eine große Hilfe sein, wenn es darum geht, die verschiedenen eigenen Ichs „bei der Arbeit" kennenzulernen. Welcher Weg würde denn näher liegen?

Weiter ist vor dem Hintergrund dieser Theorie ebenfalls das Konzept des Bewusstseins neu zu überdenken – was die oben erwähnte Sonderstellung noch einmal betonen soll. Kann es ein Bewusstsein in einem so gespaltenen Zustand wirklich geben? Und wenn wir gerade dabei sind: Wie verhält es sich mit dem Willen des Menschen? Kann er über einen Willen verfügen, wenn doch jeder Passagier in der Kutsche eigene Vorstellungen und Wünsche hat, wohin es gehen soll? Der Kutscher darf in diesem Bild auch nicht vergessen werden, denn wenn der Wagen leer ist, bestimmt schließlich er, wohin die Fahrt gehen soll. Und was sind die Konsequenzen für das psychologische Konstrukt der

„Identität"? Kann es bei mehreren Ichs überhaupt EINE Identität geben? Oder ist die Lösung einfach, indem man gleichsam den Mittelwert aller vorhandenen Ich-Identitäten bildet und daraus „die Identität" bestimmt? Vielleicht wäre das ebenso „gemogelt" wie der Versuch, das Problem dadurch zu lösen, dass man es selbst zur Lösung macht: Der Mensch hat mehrere Identitäten, und damit hat es sich.

Wenn auch die klinische Psychologie/Psychotherapie heute eine moderne empirische Wissenschaft ist und nicht mehr nur unter den „bloßen" Geisteswissenschaften subsumiert wird, soll sie sich dennoch von den alten Texten und diesem alten Verständnis, auch wenn es nicht den aktuellen wissenschaftlichen Standards entspricht, inspirieren lassen. Die Theorie der multiplen Ichs scheint hierfür besonders geeignet zu sein, moderne wissenschaftliche methodische Konzepte und Interventionen einerseits sowie Ideen mit deren alten Wurzeln andererseits adäquat miteinander zu verbinden. Indem sie dieses wohl grundlegende Problem der Gespaltenheit im Menschen aufzeigt, eröffnet sie gleichzeitig auch eine Möglichkeit, dieses zu lösen – so dass wir hoffentlich am Ende wieder zurück zu uns finden und tatsächlich Herr im eigenen Haus werden.

Abschließend sei ein Ausschnitt aus „Alice im Wunderland" angeführt, mit dem ein Bezug zum eigenen Willen vor dem Hintergrund der Theorie der multiplen Ichs hergestellt werden soll. Der Wille bekommt darin auf eine schrecklich einfache Weise ein besonderes Gewicht:
„Würdest du mir bitte sagen, welchen Weg ich einschlagen muss?"
„Das hängt in beträchtlichem Maße davon ab, wohin du gehen willst", antwortete die Katze.
„Oh, das ist mir ziemlich gleichgültig", sagte Alice.
„Dann ist es auch einerlei, welchen Weg du einschlägst", meinte die Katze.

## Literatur

Berne, E. (2006). Die Transaktions-Analyse in der Psychotherapie. Eine systematische Individual- und Sozial-Psychiatrie (2. Aufl.). Paderborn: Junfermann.
Butollo, W. & Karl, R. (2012). Dialogische Traumatherapie: Manual zur Behandlung der Posttraumatischen Belastungsstörung. Stuttgart: Klett-Cotta.
Cooley, C.H. (1902). Human Nature and the Social Order. New York: Scribner's.
Epiktet (2008). Handbüchlein der Moral. Ditzingen: Reclam.
Freud, S. (1975). Das Ich und das Es. Studienausgabe, Bd. III: Psychologie des Unbewussten. Frankfurt am Main: Fischer, 1975. (Original veröffentlicht 1923).
Hermans, H.J.M. (1996). Voicing the Self: From Information Processing to Dialogical Interchange. Psychological Bulletin, 119 (1), 31-50.
Hermans, H.J.M. & Kempen, H.J.G. (1993). The dialogical self: Meaning as movement. New York: Academic Press.
James, W. (1890). The Principles of Psychology. New York: Henry Holt.
Kabat-Zinn, J. (2003). Mindfulness-based stress reduction (MBSR). Constructivism in the Human Sciences, 8 (2), 73-107.
Maragkos, M. (2010). Worauf es ankommt: Integrative Traumatherapie. Psychotherapie, 15 (2), 298-307.
Moreno, J.L. (1959). Gruppenpsychotherapie und Psychodrama. Stuttgart: Thieme.

Peichl, J. (2013). Innere Kritiker, Verfolger und Zerstörer: Ein Praxishandbuch für die Arbeit mit Täterintrojekten (2. Aufl.). Stuttgart: Klett-Cotta,
Perls, F. (1976). Grundlagen der Gestalttherapie. Einführung und Sitzungsprotokolle. München: Pfeiffer.
Reddemann, L. (2012). Psychodynamisch Imaginative Traumatherapie PITT - Das Manual: Ein resilienzorientierter Ansatz in der Psychotraumatologie (7. Aufl.). Stuttgart: Klett-Cotta.
Rogers, C.R. (2012). Die klientenzentrierte Gesprächspsychotherapie. Client-Centered Therapy. Frankfurt am Main: Fischer.
Schulz von Thun, F. (1998). Miteinander reden 3. Das „innere Team" und situationsgerechte Kommunikation. Reinbek: Rowohlt.
Stiles, W. (1999). Signs and Voices in Psychotherapy. Psychotherapy Research, 9 (1), 1-21.
Watkins, J. G. & Watkins, H. H. (2012). Ego-State-Therapie. Ein Handbuch (3. Aufl.). Heidelberg: Carl-Auer Systeme.
Young, J.E., Klosko, J.S. & Weishaar, M.E. (2008). Schematherapie. Ein praxisorientiertes Handbuch (2. Aufl.). Paderborn: Junfermann.

## Korrespondenzadresse

Prof. Dr. Markos Maragkos, Dipl.-Psych.
Department Psychologie | Lehrstuhl Klinische Psychologie und Psychotherapie
Ludwig-Maximilians-Universität München
Leopoldstr. 13 | 80802 München
Tel.: 089-2180-5172 | Fax: 089-2180-5224 | maragkos@psy.lmu.de

Wolfgang Tschacher und Melanie Munt

# Das Selbst als Attraktor: das psychologische Selbst aus systemtheoretischer und achtsamkeitsbasierter Sicht

The self as attractor: The psychological self seen from the perspectives of dynamical systems theory and mindfulness

In dieser theoretischen Arbeit vertreten wir die Position, dass das psychologische Selbst mit den Begriffen der Theorie dynamischer Systeme modelliert werden kann. Die zentrale Intuition ist, dass das Selbst als Attraktor angesehen werden kann, also als eine aus einem Prozess durch Selbstorganisation emergierende Struktur. Wir stellen Analogien zur Gestaltpsychologie fest, bei der ebenfalls eine Struktur aus einem zunächst ungeordneten komplexen Zustand hervortritt. Die wichtigsten Parameter, die solche Emergenzprozesse antreiben, entstammen dem Körper (Propriozeption, Embodiment) und der Situation (Affordanzen, Situiertheit). Wir diskutieren Zusammenhänge, unter denen das Selbst geschwächt wird, wie etwa psychische Störungen. Achtsamkeitsinterventionen werden ausführlich diskutiert und gezeigt, dass Achtsamkeit in spezifischer Weise zur Kalibrierung und Stabilisierung des Selbst beitragen kann.

Schlüsselwörter
Attraktor – Achtsamkeit – Systemtheorie – Selbstorgansation – Selbst – Ich – Propriozeption – Embodiment

*In this theoretical work we argue that the psychological self can be approached using terms of dynamical systems theory. The central intuition is that the self can be viewed as an attractor, i.e. a structure that emerges from a process via self-organization. We point out analogies to the Gestalt psychology where a structure evolves from a previously disorganized and complex state. The most important parameters driving these processes of emergence derive from the body (proprioception, embodiment) and from the situation (affordance, situatedness). We also discuss conditions that weaken the self, as in psychological disorders. Finally, we thoroughly discuss mindfulness-based interventions, showing how mindfulness can contribute to self-calibration in a specific way.*

Keywords
*attractor – theory – self-organization – self – ego – proprioception – mindfulness – embodiment*

## Die Ausgangsintuition: Das Selbst als Attraktor

Das Ziel dieser Erörterungen ist, das Selbst als Attraktor zu erklären und zugänglich zu machen. Wir folgen hierbei psychologietheoretischen Konzeptionen auf der Grundlage der Theorie dynamischer Systeme, wie sie bereits in Tschacher (1997) und Grawe (1998) umfassend dargestellt wurden. Dieser Theorierahmen hat sich in der Forschung der vergangenen Jahre als sehr nützlich erwiesen, und wir werden ihn hier um die aktuellen Entwicklungen in der klinischen Psychologie, wie etwa die Perspektiven von Achtsamkeit und Embodiment, erweitern. Wir diskutieren außerdem vor diesem Hintergrund, welche Implikationen für gezielte Veränderungen des Selbstattraktors abgeleitet werden können: Wir wollen darlegen, wie Störungen des Selbst im Rahmen der Psychopathologie beschrieben werden können und wie Interventionen, etwa im Rahmen von Psychotherapie oder Meditation, das Selbst beeinflussen können. Als Erstes jedoch stellen sich offensichtlich zwei definitorische Fragen: Was verstehen wir unter dem Selbst? sowie: Was ist ein Attraktor?

Die Frage nach dem Selbst kann hier nur verkürzt skizziert werden. In der psychologischen Literatur wird damit eine psychische Struktur bezeichnet, die das Erleben einer Person charakterisiert und ausmacht und zudem privat, d.h. nur der Introspektion dieser Person direkt zugänglich ist. Indirekt kann man das Selbst an verschiedenen verbalen oder nonverbalen Verhaltensformen ableiten und objektivieren. Im eigentlichen Sinne besteht das Selbst aber aus innerem Erleben, also aus Kognitionen, Affekten, Erinnerungen usw. Diese wurden bei Tschacher (1997) als hypothetische „Verhaltenskerne" bezeichnet, die einer Person nicht notwendigerweise bewusst sind. Es existieren viele dem Selbst verwandte Begriffe wie Ich, Subjekt, Identität, Bewusstsein, Leib, Proprium u.a. (Freud, 1923; Fuchs, 2008; Mead, 1934; Kohut, 1971). Zudem werden zahlreiche Varianten des Selbst-Begriffs diskutiert, etwa das soziale Selbst (als Summe der sozialen Rollen, die eine Person übernimmt), das materielle Selbst bzw. Körperselbst aus biologischer Sicht sowie die von James (1890) als „spirituelles Selbst" und „Ego" bezeichneten psychologischen Anteile. Es geht uns hier um die letztere Variante, das psychologische Selbst. In einem sehr allgemeinen Sinne kann man das Selbst als ein System ansehen, da es aus unterscheidbaren Teilen besteht, eben den Verhaltenskernen. Ebenfalls sehr allgemein kann man überdauernde strukturelle Aspekte des Selbst von prozessualen, flusshaften Aspekten unterscheiden. Erstere stellen die psychologische Persönlichkeit eines Individuums dar, letztere den im Hier und Jetzt erlebten Bewusstseinsstrom. Das Selbst ist also sowohl Struktur als auch Prozess.

Unser Ziel in diesem Artikel ist es, das Konzept des „Attraktors" für ein Verständnis von Prozessen des Selbst zu verwenden. Das erklärende Attraktor Konzept stammt aus der Theorie dynamischer Systeme, das zu erklärende Selbst aus der Psychologie und Kognitionswissenschaft: Es geht also bei unserem Ziel in einem formalen Sinne darum, systemtheoretische Begrifflichkeit auf mentale Sachverhalte anzuwenden. Dieser Ansatz ist seit der Entwicklung der Kybernetik und der allgemeinen Systemtheorie (von Bertalanffy, 1968) immer weiter ausgearbeitet worden und hat sich danach bis in die heutige Zeit in verschiedenen Auslegungen weiterentwickelt. Eine eher qualitative Richtung schlug dabei die soziologische Systemtheorie ein, die insbesondere von Niklas Luhmann auf der Basis der Autopoiesetheorie von Maturana und Varela (1987) formuliert wurde. Sie geht von der Prämisse aus, dass die Wirklichkeit fundamental eine aktive mentale Konstruktion ist, die von Beobachtern mit Hilfe einer Sprache durchgeführt wird. Dieser konstruktivistische Gedanke wurde in die systemische Psychotherapie aufgenommen (Schweitzer & von Schlippe, 2007) und begründet dort eine reiche therapeutische Praxis, aber noch wenig empirische Forschung. Wir werden im Folgenden die eher quantitativ orientierte Richtung in der Systemtheorie aufgreifen.

Wissenschaftstheoretisch muss man Systemtheorie als Strukturwissenschaft ansehen, also als ein neutrales wissenschaftliches Feld zwischen den Natur- und den Geisteswissenschaften; beiden stellt die Systemtheorie Konzepte und Methoden zur Verfügung (Brunner, Tschacher & Kenklies, 2011; Salvatore & Tschacher, 2012). Das klassische Beispiel einer Strukturwissenschaft, die Mathematik, entwickelt Verfahren und Begriffe, die dann von den Einzeldisziplinen verwendet werden können. Mathematisch-statistische Verfahren etwa sind unverzichtbare Werkzeuge in allen hypothesentestenden Wissenschaften. Von den Entscheidungen zur Zulassung eines Medikaments bis hin zur Entscheidung, ob das Higgs-Boson als Realität angesehen werden kann, in unterschiedlichsten Fragen also verlassen wir uns auf statistische Werkzeuge. Strukturwissenschaftliche Werkzeuge sind daher nicht auf derselben ontologischen Stufe wie Materie oder Kognition angesiedelt, sie sind eben konzeptuelle Werkzeuge. Wir haben es also nicht mit Realitäten zu tun, sondern mit Mitteln zur Annäherung an oder zur Manipulation von Realität, mit Heuristiken.

Ein zentraler Begriff aus der Systemtheorie ist der Begriff des Attraktors. Die formale Definition (Tschacher, 1997; Internet-Glossar: Tschacher, 2010) erfolgt über die Kompression des Phasenraums eines Systems. Der Phasenraum wird aufgespannt durch die Menge aller das System charakterisierenden Variablen; dieser Raum wird komprimiert, wenn eine große Zahl von Anfangszuständen des Systems auf eine kleinere Zahl Endzustände hin konvergiert. Dies ist systemtheoretische Fachsprache, die aber am Beispiel anschaulich gemacht werden kann: In eine große Schüssel werfen wir einen Ball (Abbildung 1). Der Ball hüpft und rollt eine Zeitlang in der Schüssel hin und her, bis er schließlich am tiefsten Punkt liegen bleibt. Dieser Punkt ist der Attraktor des Systems „Ball in Schüssel", ein sogenannter Punktattraktor. Wir können den Ball auf beliebig viele Arten werfen, und er wird jeweils unterschiedliche Bahnen beschreiben (die „Trajektorien" des Systems), aber stets am selben Ort zur Ruhe kommen. Der Phasenraum ist in diesem Beispiel der dreidimensionale euklidische Raum (x/y/z) und umfasst zunächst eine große Zahl von möglichen Orten, die nur durch die Form der Schüssel begrenzt sind. Im Lauf der Zeit wird dieser Raum komprimiert auf einen einzigen Punkt, den Attraktor. Wenn danach nichts weiter geschieht, verbleibt der Ball stabil im Gleichgewichtszustand dieses „Punkt-Attraktors".

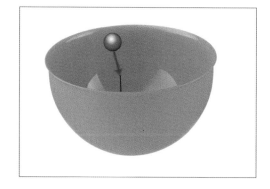

**Abbildung 1:** Schüssel und Ball
Der Pfeil symbolisiert die Dynamik des Systems Ball, der sich entlang einer Trajektorie („Wurfbahn") bewegt. Die Trajektorie führt zum tiefsten Punkt der Schüssel, dieser tiefste Punkt ist der Attraktor des Systems.

Die hier verwendeten Konzepte – Phasenraum, Trajektorie, Attraktor – sind nun in beliebigen Systemen einsetzbar. Wählen wir ein Beispiel aus der Geschichte der Psychologie. Der Begründer der Psychologie als Wissenschaft, Wilhelm Wundt, entwickelte vor 150 Jahren eine Theorie zu emotionalen Prozessen und verwendete dazu systemtheoretische Begriffe (ohne dass er dies damals so bezeichnet hätte). Abbildung 2 ist eine Zeichnung aus Wundts Vorlesungen (Wundt, 1863). Hier ist der Phasenraum der Gefühle angesprochen, die Achsen sind Lust/Unlust, Erregung/Beruhigung und Spannung/Lösung anstatt der drei geometrischen Dimensionen von Abbildung 1. Wundt beschrieb einen typischen Gefühlsverlauf als eine in sich geschlossene, wieder in sich einmündende Linie. Er entwarf also eine Trajektorie im Gefühlsraum, die typische und wiederkehrende Verläufe bezeichnet. In der Sprache der Systemtheorie handelt es sich hier wieder um einen Attraktor, denn Gefühlsprozesse, die von einem beliebigen Punkt (also einem beliebigen Gefühlszustand) in diesem Raum ausgehen, würden sich nach einer gewissen Einschwingzeit auf der geschlossenen Kurve des typischen Gefühlsverlaufs von Abbildung 2 wiederfinden. Es liegt also wieder eine Kompression des Phasenraums vor, nur dass der Attraktor der Gefühle nach Wundt nicht ein Punktattraktor ist (wie im System der Abbildung 1), sondern eine geschlossene Linie. Die Systemtheorie bezeichnet einen solchen Attraktor als Grenzzyklus.

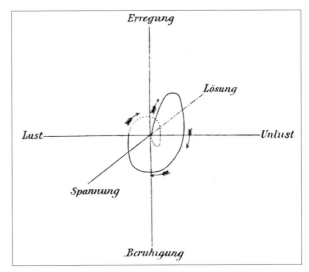

**Abbildung 2:**
Gefühle als dreidimensionale Mannigfaltigkeit nach Wundt (1863), als Linie ist ein typischer Gefühlsverlauf eingezeichnet. Diese Linie ist der Attraktor des Gefühlssystems.

Schon anhand dieser beiden Beispiele wird sichtbar, dass das Konzept des Attraktors sehr flexibel ist. Attraktoren sind geeignet, unterschiedlichste Prozesse zu modellieren. Alle Attraktoren beschreiben Gleichgewichtsverhalten, denn es werden viele Zustände auf weniger Zustände hin transformiert. Der Phasenraum kann dabei unterschiedlich viele Dimensionen haben: Wollten wir Persönlichkeitsveränderungen nach der Theorie der „Big Five" beschreiben, so würden wir einen fünfdimensionalen Phasenraum wählen – unanschaulich, aber mathematisch unproblematisch. Auch die im Phasenraum befindlichen Attraktoren können unterschiedliche Dimensionalität haben, ihre Dimensionalität ist in der Regel kleiner, höchstens aber gleich groß wie die des Phasenraums selbst. Im Fall des Fixpunkts liegt ein nulldimensionaler Attraktor vor (ein Punkt hat geometrisch null Dimensionen), d.h., das Gleichgewichtsverhalten besteht aus einem konstanten Zustand, der von verschiedenen Ausgangszuständen her aufgesucht wird. Ein eindimensionaler Attraktor ist der Grenzzyklus im Gefühlsbeispiel von Abbildung 2: Ein Grenzzyklus ist geometrisch eine Linie, die einen immer wiederkehrenden, typischen Verlauf charakterisiert. Das Gleichgewichtsverhalten besteht hier aus einer stetig wiederholten Abfolge von Zuständen. In der Beobachtung entspräche dem eine rhythmische Oszillation oder Schwingung, die von verschiedenen Ausgangszuständen her aufgesucht wird. Ein zweidimensionaler Attraktor entsteht, wenn zu diesem typischen Gefühlsverlauf noch eine weitere zyklische Eigenschaft hinzutritt. Wir könnten etwa annehmen, Wundts Gefühlsattraktor hätte zusätzlich noch eine tageszeitliche Komponente, die sich Tag für Tag gleich wiederholt. Die geometrische Struktur, die diese attrahierende Eigenschaft (Gefühlsoszillation plus überlagerte Tagesschwankung) repräsentierte, wäre eine Art in sich geschlossener Schlauch im dreidimensionalen Phasenraum (eine Schlauchoberfläche hat geometrisch zwei Dimensionen). Eine letzte Erweiterung des Attraktorkonzepts entsteht durch die Möglichkeit von fraktalen Attraktoren, die im Rahmen der Chaostheorie beschrieben wurden (Rössler, 1976). Fraktal bedeutet, dass die geometrische Dimensionalität dieser Gebilde nicht ganzzahlig ist, sondern filigran irgendwo dazwischen changiert. Das Gleichgewichtsverhalten, das durch chaotische Attraktoren modelliert wird, weist eine komplizierte Kombination von Phasenraumkompression (Einschwingung) und Phasenraumdilatation (Durchmischung) von Trajektorien auf, was für chaotisches Verhalten im Sinne der Systemtheorie charakteristisch ist.

## Selbstorganisation

Wir benötigen noch einen weiteren Schritt, um das Selbst mit systemtheoretischen Begriffen fassen zu können. Dieser Schritt ist die Selbstorganisation komplexer Systeme (das „Selbst" in Selbstorganisation bedeutet übrigens nicht, dass es sich bei „Organisation" ausschließlich um die des psychologischen Selbst handeln muss). Selbstorganisation ist der Prozess, durch den sich in unterschiedlichen komplexen Systemen geordnete Muster ausbilden.
Wir können davon ausgehen, dass die meisten Systeme in unserer Welt hochgradig komplex sind: Insbesondere psychische Systeme bestehen aus sehr vielen verschiedenen Teilen (Verhaltenskernen) oder Beschreibungsgrößen (Variablen). Die Psyche eines Individuums ist definitiv nicht so einfach gestrickt wie das System „Ball in der Schüssel". Wie können wir daher überhaupt hoffen, dass sich die Systeme, die uns in der Psychologie interessieren, mit niedrigdimensionalen Phasenräumen beschreiben lassen? Die Befundlage aus der Systemtheorie lautet dazu: Viele komplexe Systeme organisieren sich „von selbst" und spontan, also ohne dass dem System die Ordnung von außen auferlegt würde. Diese Ordnungsbildung und Musterbildung ist damit ein Beispiel für Emergenz. Dabei reduziert sich die Zahl der Dimensionen, die nötig sind, das System zu beschreiben. Mit anderen Worten, komplexe Systeme stellen spontan („emergent") einen niedrigdimensionalen Phasenraum her. Dieses Phänomen ist der Gegenstand der Selbstorganisationstheorie bzw. Synergetik (Haken, 1977; Nicolis & Prigogine, 1987). Solche Musterbildungen, die

einen Attraktor emergieren lassen, wurden in unterschiedlichsten Systemen beobachtet und modelliert. In der „Series in Synergetics" des Springer-Verlags sind bislang über 100 Bände erschienen, die sich Selbstorganisationsphänomenen widmen, wobei ganz unterschiedliche Einzelwissenschaften vertreten sind: Physik und Chemie (Haken, 1984; Vidal & Pacault, 1984), Physiologie und Biologie (Tass, 2007), Soziologie und mit einer gewissen Verzögerung auch die kognitive und klinische Psychologie (Haken & Stadler, 1990; Tschacher, Schiepek & Brunner, 1991).

Selbstorganisationsprozesse wurden in der Psychologie insbesondere von der Gestaltpsychologie bezüglich der Wahrnehmung beschrieben. Betrachtet man Muster wie in Abbildung 3, so wird oft zunächst lediglich eine Zahl weißer und schwarzer Formen wahrgenommen, bevor dann nach einem raschen Gruppierungsprozess plötzlich ein Gesicht gesehen wird (ein Schweizer könnte auch eine Berglandschaft erkennen). Man kann diese Gestaltbildung an sich selbst beobachten und erleben, wie ein ungeordneter Zustand (viele unterschiedliche Linien und Flächen) in einen hochgeordneten Zustand (ein Gesicht) übergeht: Die Komplexität des Musters hat sich für uns stark reduziert, unsere Wahrnehmung hat gewissermassen eine niedrigdimensionale Ordnung erzeugt, das Muster ist niedrigdimensional geworden.

**Abbildung 3:**
Ein „Mooney face", nach den von Craig Mooney entwickelten Darstellungen (creative commons, CNBS Wiki). Drehen um 90 Grad im Uhrzeigersinn erleichtert das Hervortreten der Gestalt

Selbstorganisation entsteht nur in offenen Systemen, also solchen Systemen, die nicht völlig von ihrer Umwelt isoliert sind. In materiellen Systemen sind es in der Regel Energieflüsse, die in das System eintreten und es so antreiben: Das System ist offen bezüglich Energie. Auch lebende Organismen sind offene Systeme, da sie energiehaltige Stoffe oder Licht aufnehmen; daher können sich biologische Strukturen selbst organisieren. Psychische Systeme sind in anderer Hinsicht als offene Systeme zu bezeichnen, sie sind hinsichtlich Informationen offen (Haken, 2000; Tschacher, 1997) und befinden sich in einer „valenten", also motivationalen Umwelt (Tschacher & Haken, 2007). Aufgrund dieser motivationalen Spannung sehen wir in Abbildung 3 das Frauengesicht (oder eben das Gebirge).

In der Synergetik werden die Umwelteinflüsse, die die Selbstorganisation des offenen Systems antreiben, als Kontrollparameter bezeichnet. In materiellen Systemen sind Art und Ausmaß der Energieflüsse ein Kontrollparameter. Am Beispiel des Wetters veranschaulicht: An einem trüben Tag entstehen diffuse Wolken (keine Selbstorganisation), an einem strahlenden Tag gleichmäßig verteilte Schönwetterwolken und Thermikzellen (Selbstorganisation), an einem Tag mit extremen Temperaturunterschieden zwischen Luftmassen ein Tornado (Selbstorganisation). Entsprechend gibt es Kontrollparameter für psychische Systeme, aber sie haben nichts mit physikalischer Energie zu tun. In der Psychologie der vergangenen Jahre haben sich Bereiche herauskristallisiert, aus denen die Kontrollparameter für mentale Selbstorganisation stammen: Embodiment, Situiertheit und Inkonsistenz.

## Embodiment, Situiertheit, Inkonsistenz

Die Perspektive des Embodiment, also der verkörperten Kognition, bezeichnet eine Trendwende in der Psychologie und anderen Wissenschaften, die sich mit Kognition und Verhalten befassen, wie etwa die Informatik (Pfeifer & Bongart, 2006) und die Philosophie des Geistes (Fuchs, 2008). Was bedeutet Embodiment? Psychologische Forschung befasst sich traditionell mit der Frage, wie psychische Prozesse zu motorischem Verhalten führen. Betrachten wir ein Beispiel aus der klinischen Psychologie: Depression. Dem üblichen kognitiv-verhaltenstherapeutischen Vorgehen entspricht es, Auslöser für depressive Zustände zu suchen. Nach Auffassung der kognitiven Therapie (Beck, 1999) kommen dafür Denkfehler in Frage – aufgrund kognitiver Fehlattributionen und -einstellungen (beliefs) entstehe das Syndrom einer depressiven Störung, das sich aus einer Anzahl von emotionalen, körperlichen und verhaltensmäßigen Symptomen zusammensetzt; Depression finde schließlich in der Erscheinung einer auch nonverbal bedrückt wirkenden Person ihren Ausdruck, mit entsprechender Körperhaltung, Mimik, Gestik, Stimmlage und Motorik. Die körperliche Reaktion, der körperliche Gefühlsausdruck, das körperliche Verhalten werden als Resultanten psychischer Prozesse angesehen. Die Embodimentperspektive stellt nun probehalber diese Denkgewohnheiten auf den Kopf: Wenn wir uns wie Depressive bewegen und die entsprechende Mimik, Gestik und Prosodie übernehmen, beginnen wir auch, depressiv zu fühlen und zu denken, auch wenn wir uns zuerst nicht so gefühlt haben (Michalak et al., 2009)! Für solche Zusammenhänge und Rückwirkungen vom Körper zum Geist gibt es mittlerweile viele experimentelle Belege. Auf unsere Fragestellung angewandt, spricht daher alles dafür, dass Körperparameter die Emergenz psychischer Zustände kontrollieren können. Systemtheoretisch gesprochen: Körpervariablen wirken allgemein als Kontrollparameter für psychische Selbstorganisation (Storch, Cantieni, Hüther & Tschacher, 2010; Tschacher & Storch, 2012). Dies gilt auch für die Organisation des Selbst.
Der Körper ist nicht unsere einzige valente Umwelt. Man muss auch die „Situation" als Quelle von wesentlichen Kontrollparametern für psychische Selbstorganisation berücksichtigen. Dies ist der Ansatz der ökologischen Psychologie, eines leider weitgehend in Vergessenheit geratenen Feldes der Psychologie. Ein Beispiel: Wer schon einmal während des Tages vergessen hat, was er gerade eben noch hatte erledigen wollen, kennt die Methode, schlicht räumlich an den Ort der Vorsatzbildung zurückzugehen – dort fällt häufig sofort wieder ein, um was es sich handelte. Dies mag illustrieren, dass der

Aufforderungscharakter (Lewin, 1936), der durch die Umwelt bereitgestellt wird, der Kognition in ähnlicher Weise zur Selbstorganisation verhelfen kann, wie es körperliche Variablen vermögen. Dieser Aspekt wird als situierte Kognition bezeichnet (Neisser, 1982). Zum Embodiment des Selbst tritt somit die Situiertheit des Selbst hinzu. Aus beiden Bereichen des Kontextes der Person entspringen also Kontrollparameter in Sinne der Selbstorganisationstheorie.

Neben den körperlichen und situativen Kontrollparametern wurde noch ein weiteres motivationales Phänomen diskutiert, aus dem für mentale Selbstorganisation relevante Kontrollparameter hervorgehen, nämlich Zustände von kognitiver Dissonanz (Tschacher & Haken, 2007) bzw. Inkonsistenz (Grawe, 1998). Die empirisch sehr umfassend erforschte kognitive Dissonanztheorie von Festinger (1964) geht psychologiehistorisch direkt auf Lewins Theorie des Lebensraums zurück, wo Dissonanz als eine Spannung zwischen Elementen des Lebensraums aufgefasst werden kann; die Analogie zum psychodynamischen Konfliktbegriff wird hier gleichfalls deutlich. In der Sprache der Systemtheorie ausgedrückt, ist ein Phasenraum mit vielen dissonanten (d.h. nicht zusammenpassenden) Elementen hochdimensional und komplex. Die durch Dissonanz bzw. Inkonsistenz entstehende Konfliktspannung bestimmt die Richtung der Selbstorganisation, die stets eine spannungs- und komplexitätsreduzierende Funktion hat, Dissonanz also reduziert.

## Der Selbstattraktor

Wir haben bisher herausgearbeitet, dass das psychologische Selbst als ein Attraktor verstanden werden kann. Wir wollen an dieser Stelle das bisher Gesagte zusammenfassen, um zu zeigen, dass diese systemtheoretischen Modellannahmen in die richtige Richtung weisen. Unsere Liste für die These vom Selbstattraktor umfasst bislang folgende Punkte:

- Das prozessuale Selbst: Das Selbst ist insofern Prozess, als eine Person „sich nicht immer gleich" ist. Das Selbst ist keine feste, kristalline Struktur, es verändert sich flexibel in Bezug auf unterschiedliche Anforderungen und Umgebungen. Diesem prozessualen Charakter des Selbst entspricht der Bewusstseinsstrom des Erlebens (James, 1890).
- Das strukturelle Selbst: Das Selbst hat auch bei ständiger Prozesshaftigkeit eine Gleichgewichtsstruktur, die als Attraktor beschrieben wurde. Bei unterschiedlichen Anforderungen und Umgebungen stellt sich die charakteristische Gestalt des Selbst wieder her. Wenn man einmal „außer sich" war, kommt man doch wieder „zu sich". Ein wichtiger Aspekt der Selbststruktur ist die Sprache, denn durch sprachliche Zuschreibungen werden Eigenschaften der Person überdauernd fixiert.
- Die Wiederherstellung der Selbstgestalt nach vorheriger Deformation geschieht nicht wie eine Handlung durch bewusste Intention, Planung und Ausführung (Heckhausen, 1987). Die Rekalibrierung des Selbstattraktors erfolgt in der Art einer Gestaltbildung gemäß der Selbstorganisationstheorie „von selbst". Dabei wird die Gestalt des Selbst wieder prägnant.
- Umfeld und Körper können als Kontextvariablen verstanden werden, die das Selbst beeinflussen. Das bedeutet in systemischen Begriffen: Situation und Leib fungieren als Kontrollparameter.

Im Folgenden gehen wir auf die Entwicklung, Aufrechterhaltung und auf Störungen des Selbstattraktors ein.

## Entwicklung und Aufrechterhaltung des Selbst

Wodurch entsteht das Selbst, und wie erfolgt die Stabilisierung des Selbst? Die Kontextvariablen des Körpers und sozialen Umfelds erscheinen uns hier von zentraler Bedeutung. Auf einer grundlegenden Ebene macht jedes Individuum die Erfahrung der Körperwahrnehmung und sensomotorischen Kopplung. Wenn das Kind den Arm bewegt und einen Gegenstand berührt, entsteht eine Rückmeldung durch den Tastsinn und eine Kopplung zwischen motorischem Akt, sensorischem Ergebnis und der visuellen Verfolgung der eigenen Armbewegung. Wenn das Kind die eigene andere Hand berührt, geschieht dasselbe, jedoch mit doppelter Rückmeldung durch den Tastsinn. Die dadurch gegebene Unterschiedlichkeit von eigenem Körper und anderen Gegenständen ist hochgradig konsistent und beliebig wiederholbar. Freud (1923) meinte daher: „Das Ich ist vor allem ein körperliches." Dieses körperliche Selbst, die korporale Identität ist also in der Propriozeption verankert: "What is more important for us, at an elemental level, than the control, the owning and operation, of our own physical selves?" (Sacks, 1985). Propriozeption trägt zur Erstellung des Körperschemas auch bei, indem sie kontinuierlich die Lage des Körpers im Raum abbildet. Sacks beschreibt Fälle neurologischer Patienten wie den der „disembodied lady", die unter einer viralen Infektion des Rückenmarks litt und bei der das zunehmende Ausbleiben der propriozeptiven Rückmeldung zu einer Identitätsstörung führte. Der Körper ist somit die Grundlage für das Bewusstsein, da auch das Erleben und Wahrnehmen von Emotion das Wahrnehmen innerer Prozesse (Interozeption: Herbert & Pollatos, 2012) voraussetzt: „(...) sensing awareness of internal processes, i. e. the feeling and experience of emotion, seems to be essential to the ability to feel engaged in the 'hereness, nowness, and me-ness' of the experience of the moment" (Izard, 2009). Körperwahrnehmung im Sinne von Proprio- und Interozeption trägt also fundamental zur Entwicklung und Aufrechterhaltung des Selbstattraktors bei.

Bei der ontogenetischen Entwicklung weisen verschiedene Beobachtungen weiterhin auf die entscheidende Funktion des sozialen Kontakts hin: Voraussetzung für die Entwicklung von Identität und Selbst-Bewusstsein ist die Interaktion mit anderen Individuen; soziale Deprivation führt etwa bei Schimpansen dazu, dass sie sich nicht im Spiegel erkennen (Mahoney, 1991). Ohne den anderen entsteht kein Eigenes. Das kognitive Muster des Selbst ist in frühen Entwicklungsphasen noch wenig ausgeprägt; es taucht in einer ersten Phase der unsicheren Identität nur unter bestimmten günstigen Umweltbedingungen, besonders im Rahmen einer tragenden Bindung, auf. Man beobachtet bei Kleinkindern nach dem Spracherwerb etwa Verwechslungen von „ich" und „du" im Sinne einer Identifikation und Verschmelzung mit anderen Personen. Verwechslungen können zu einem weit späteren Zeitpunkt wieder aktiviert werden, z. B. als Dissoziationsphänomene oder in psychotherapeutischen Situationen. Ein weiterer zentraler Prozess bei der Entwicklung des Selbst ist also die Entdeckung des anderen. Zumindest in der Ontogenese sind die Entdeckung des anderen und die Entstehung des Selbst spiegelbildliche Prozesse. Man könnte sagen, dass die Liebe das Selbst entfaltet. Damit das Selbst entsteht, bedarf es also zusätzlich zur Körperwahrnehmung auch der sozialen Interaktion (Tschacher, 1997). Eine Reihe von Befunden spricht dafür, dass die Selbstdynamik in gewissen Abständen aktiviert und „kalibriert" werden muss, um als Attraktor stabil zu bleiben und um die charakteristischen Muster der Persönlichkeit aufrechtzuerhalten. Das Vorhandensein selbst-erhaltender Prozesse kann man indirekt aus den Folgen ableiten, die sich bei Unterbrechung des Kalibrierungsprozesses einstellen: Reiz- und soziale Deprivation, wie z. B. langer induzierter Tiefschlaf oder der Aufenthalt im Samadhi-Tank, können zu Depersonalisationsreaktionen führen. Kalibrierende Funktion haben zum einen die Prozesse, die über soziale Interaktion vermittelt werden. Soziale Bindungen beziehen sich über einen Interaktionspartner rekursiv auf die eigene Person und das eigene Verhalten. Die Widerspiegelung im anderen Selbst hilft auch auf emotionaler Ebene das eigene Selbst zu stabilisieren. Die gefühlsbezogene Selbst-Kalibrierung geschieht im Rahmen von Liebe, Mitleid und Empathie.

Selbst-Bewusstsein kann also durch die Erfahrung einer sozialen Bindung entstehen: Das Selbst wird logisch möglich, ja notwendig, weil es ein Gegenüber gibt, in dem sich das Kind widergespiegelt findet. Das Kind muss sich dabei auf den Partner einlassen und sich danach wieder von ihm lösen können. Dieser Doppelschritt besitzt auch für das erwachsene, selbst-bewusste Individuum eine wichtige, die Individualität aufrechterhaltende (kalibrierende) Funktion. Liebe könnte man entlang dieser Spur definieren: als Eigenschaft eines Systems zweier Individuen, die wechselseitig diesen Prozess (sich widergespiegelt finden und wieder lösen) mit positivem Affekt koppeln (distinction und participation: Kyselo, 2011). Liebe ist ein gemeinsames (koevolutives) Nähe-Distanz-Spiel, in dem es um die soziale Synchronisation des Abgrenzens und Öffnens geht. Ein ähnliches Spiel entsteht in einem System gegenseitiger „Übertragung" in Psychotherapien.

## Störungen des Selbst

Jeder der obigen Punkte ist im Attraktorkonzept befriedigend berücksichtigt. Dennoch fehlt noch ein wichtiges Bestimmungsstück des psychologischen Selbst in unserer bisherigen Diskussion, nämlich die Selbstreferenz in Form von „Selbstreflexion": das Bewusstsein, ein Selbst zu haben und/oder zu sein (Tschacher & Rössler, 1996). Das „Selbst im Bewusstsein seiner selbst" führt eine Operation durch, bei der es sowohl aktiv als auch passiv, sowohl Subjekt als auch Objekt ist. Karl Jaspers (1919) bezeichnete dies als die Subjekt-Objekt-Spaltung, einen „Grundbefund unseres denkenden Daseins". Wenn nun aber das Selbst versucht, über sich selbst nachzudenken, entsteht eine Menge, die sich selbst zum Element hat. Whitehead und Russell (1913) haben gezeigt, dass solche Mengen fast stets in nicht auflösbare logische Widersprüche führen, in Paradoxien. Ist also das bewusste Selbst paradox?

Nicht notwendigerweise. Paradoxien sind nur möglich, wenn sprachliche Begriffe und Symbole sowie logische Verknüpfungen (wie zum Beispiel der Operator „Negation") vorhanden sind. Das bedeutet, dass ausschließlich das strukturelle Selbst von Problemen der Selbstreferenz betroffen sein kann. Ein Fluss von Ereignissen, wie er im prozessualen Selbst beschrieben ist, kann nicht paradox sein, da potenzielle Widersprüche in der zeitlichen Abfolge aufgelöst werden. Die Aussage „A und nicht-A sind gleichzeitig gegeben" (strukturelles Selbst) ist paradox, nicht jedoch die Aussage „<A zum Zeitpunkt t> und <nicht-A zum Zeitpunkt t+1> sind gegeben" (prozessuales Selbst). Selbstreflexion erhöht die Komplexität und Diversifikation des Selbst, mit anderen Worten labilisiert sie das Selbst. Dies gilt allgemein für alle selbstreferenten Systeme, die in Tschacher (1997) als Endosysteme bezeichnet werden. Das Ausmaß der Selbstreferenz kann in verschiedenen Endosystemen unterschiedlich ausfallen, es handelt sich also nicht um eine Alles-oder-nichts-Eigenschaft. So sind etwa manche soziale Systeme, beispielsweise Märkte und Börsen, hochgradig „endosystemisch", was dazu führt, dass in ihnen keine stabilen Musterbildungsprozesse zu erwarten sind (Tschacher & Tröndle, 2011) und naturgemäß Vorhersagen über künftiges Verhalten erschwert sind.

Ein anderes Beispiel liefern die bisherigen Versuche zur künstlichen Intelligenz, denen gänzlich die Fähigkeit zur Gestaltbildung fehlt (Tschacher in Storch et al., 2010): Letztendlich scheiterten diese Versuche daran, dass Maschinen nicht erleben. Sie sind gänzlich im Symbolischen und Strukturellen gefangen, ohne dass die Symbole auf Erlebtes verweisen. Mit anderen Worten, es fehlt dem künstlich-intelligenten System die Öffnung zum Prozessualen, zum Erlebten. Aber erst das Erleben füllt die Symbole mit Sinn; das Erleben kann verstanden werden als der Inhalt des Strukturellen.

Am anderen Ende des Kontinuums „sprachlich-strukturell" versus „prozessual" stünde ein System mit geringen strukturellen Aspekten. Wir können annehmen, dass Tiere, die den Spiegeltest nicht bestehen, solche Systeme sind. Sprachlich basierte Selbstreflexion ist ausgeschlossen, auch wenn ein phänomenologisches Bewusstsein den Strom des im Hier und Jetzt Erlebten erfasst; strukturelle Elemente wie Sprache oder andere Symbolhandhabung fehlen (Heylighen, 2009). Erst das selbstreflektierende Bewusstsein (access consciousness) ermöglicht die Entwicklung der Sprache und damit das Reflektieren von Erlebtem sowie die Entwicklung des Ich-Bewusstseins als eine durch Vergangenheit und Zukunft kontinuierliche Gestalt. Das Entstehen des selbstreflektierenden Bewusstseins kann somit als Vertreibung aus dem Paradies verstanden werden, wie es das alte Testament andeutet: Erkenntnis, also die Fähigkeit des Reflektierens, verbaut das sorglos-sinnliche Hier-und-jetzt-Erleben. Mehr noch, die daraus resultierende Selbstreferenz, wenn übermäßig betrieben, schafft die Grundlage zu depressogener Rumination, macht also potenziell krank. Auf psychologischer Ebene geht also darum, ein gesundes Gleichgewicht zu finden zwischen prozessualen und sprachlich-strukturellen Selbstanteilen.

In aller Regel verbleibt als Charakteristikum des Selbst, obgleich als Endosystem destabilisierbar und sprachlich-strukturell durch Subjekt-Objekt-Spaltung gefährdet, seine attrahierende Eigenschaft: das Selbst erzeugt Ordnung in Gestalt eines überdauernden Erlebens von „Identität". Diese kontinuierliche Musterbildung findet trotz der großen Komplexität zu verarbeitender Umgebungsinformationen sowie intern erzeugter kognitiver Ereignisse statt. Offensichtlich muss also ein Ordnungsprozess den Komplexitätszuwachs des sich seiner immer wieder bewussten Selbst austarieren – wir stoßen hier also wieder einerseits auf die selbstorganisierende Funktion des kognitiven Selbstsystems, andererseits auf die kalibrierende Funktion der Körper- und Sozialwahrnehmung.

Wenn sich das Selbst nicht optimal entwickeln konnte, wenn die Selbstkalibrierung unterbrochen wird oder gar strukturelle Selbstelemente durch Traumata zerstört werden, kommt es zu Störungen des Selbst. Diese finden sich in zahlreichen psychopathologischen Symptomen, bei Dissoziation, Persönlichkeitsstörungen, familiärer Verstrickung, Essstörungen (Körperschema bei der Anorexia nervosa); inbesondere für Erkrankungen des Schizophreniespektrums sind Ich-Störungen kennzeichnend (Scharfetter, 1995). Verschiedene Möglichkeiten einer Labilisierung des Selbst in der Psychopathologie der

Psychose sind nach der Theorie des Selbstattraktors möglich. Wenden wir die in Abbildung 1 beschriebene Schüssel-Ball-Metapher an, dann könnte man sich bei unterschiedlichen Psychopathologien unterschiedliche Schüsselkrümmungen vorstellen: etwa bei Persönlichkeitsstörungen mit rigider und wenig anpassungsfähiger Persönlichkeitsstruktur eine spitz zulaufende Schüssel, oder bei Schizophrenien eine flache Schüssel.

Bei den Schizophrenien hat dies zur Folge, dass bei Einflüssen von außen der Ball sehr lange braucht, um zurück zum Gleichgewichtszustand zu finden. Das Selbst als Attraktor hat zu wenig attrahierende Kraft. Die betroffene Person könnte versuchen, diesem Gleichgewichtsverlust vorzubeugen oder für ihn zu kompensieren, indem sie sich gegenüber Einwirkungen von außen isoliert. Dies aber führt unter Umständen zu einem erhöhten endosystemischen Anteil, also zu angeheizter Selbstreferenz, was die Fragmentierung im kognitiven System noch erhöht und die Attraktorstabilität weiter reduziert. Funktionen, die nur durch ein integriertes, einheitliches Selbst aufrechterhalten werden können (z. B. die Selbst-Fremd-Erkennung), können verloren gehen. Die Sensibilität Schizophrener gegenüber Kommunikationsstilen, die Unklarheiten und Vermengungen der logischen Bezugsebenen enthalten (Inkongruenz bis hin zum sogenannten Double-Bind) fügt sich in dieses Bild, denn gerade logisch-sprachliche binds erzwingen eine selbstreferente Endo-Perspektive.

Ein weiterer Hinweis auf eine angeheizte Selbstreferenz ist, dass sich im Verlauf einer psychotischen Episode die kognitive Musterbildung mehrmals verändert; im präpsychotischen Zustand wird oft ein Zerfall der Bedeutungshaftigkeit („Gestaltverlust", Derealisation) der Welt berichtet (Sass & Parnas, 2003). Manchmal findet sich auch eine Verschiebung der Bedeutung auf zuvor unbeachtete Details. Den Derealisationsprozessen in prodromalen Zuständen folgt häufig ein selbstorganisierter Aufbau neuer wahnhafter und bizarrer Bedeutungen. Diese neue, für eine gewisse Zeit wieder kohärentere Welt des Individuums im Wahnzustand ersetzt den „normalen" Selbstattraktor. Wahninhalte wirken dann besonders bizarr, wenn das Selbst im Rahmen der wahnhaften Bearbeitung wieder auftaucht. Häufig wird das extrem angstauslösende Erlebnis der Depersonalisation zu Beginn des psychotischen Schubs in der neuen Selbstgestalt thematisiert (der Betroffene kann sich für jemand anders, für tot, für eine Maschine usw. halten; halluzinierte Stimmen kommentieren in der Regel den Betroffenen selbst). Charakteristischerweise ist der neue Selbstattraktor weniger stabil und adaptiv als das prämorbide Selbst.

Zudem funktioniert die soziale Kalibrierung des Selbst bei Personen mit Schizophrenie unzureichend. In der Interaktion mit Betroffenen finden sich viele Hinweise auf ein verändertes Sozialverhalten und -erleben als zentrales Merkmal der psychotischen Funktionsweise. Die soziale Kognition ist entsprechend zunehmend zu einem zentralen Thema der Schizophrenieforschung geworden (Schmidt, Mueller & Roder, 2011). Ein solches Phänomen weist eine Verwandtschaft zur „Entgrenzung" und zur Labilisierung des Selbst auf: Schizophrene können die eigene Selbst-Perspektive schnell verlassen, es gelingt ihnen in der Regel leicht, sich in andere Menschen hineinzufühlen und sich zu identifizieren, zu „verschmelzen". Man mag sich das soziale Netz einer Person als Aneinanderreihung schüsselähnlicher Vertiefungen des Phasenraumes vorstellen. Im Falle des schizophrenen Verschmelzens hat der Ball den eigenen, allzu flachen Attraktor verlassen und Gleichgewicht in einer benachbarten „Schüssel" gefunden. Es scheint daher, als führe das soziale Mitgehen nicht mehr zur Selbst-Kalibrierung. So ist die Vermeidung sozialen Kontakts überhaupt bei psychotischen Zuständen häufig. Auch diese Vermeidung ist mit der Labilisierungshypothese kompatibel: Der andere ist potenziell gefährlich, wenn das eigene Selbst gefährdet ist. Beide Formen von „Bewältigung" (Verschmelzen und Rückzug) haben zur Folge, dass die soziale Kalibrierung des Selbst unterbleibt und in der Art eines Circulus vitiosus ein schon vulnerables Selbst auf Dauer dysfunktional wird.

## Implikationen für Veränderungen des Selbstattraktors

Viele psychologische und soziale Interventionen haben Auswirkungen auf das Selbst. Diese Auswirkungen sind unter Umständen vorab geplant wie bei intensiven tiefenpsychologischen Therapien (Sigmund Freud: „Wo Es ist, soll Ich sein") und beim Praktizieren von Meditationstechniken. Interventionen der Selbsterfahrung sprechen ebenfalls Aspekte des Selbst an, wenngleich in der Regel keine gezielte Beeinflussung der Struktur des Selbst angestrebt ist. In anderen Fällen wird eine Veränderung des Selbst nicht direkt beabsichtigt: Dies scheint bei kognitiv-verhaltenstherapeutischen Psychotherapien oft der Fall zu sein, bei denen im Zentrum der Zielvereinbarung lediglich Verhaltensänderung und kognitive Umstrukturierung stehen bzw. Problemlösung und -bewältigung. Das Selbst ist dabei dennoch tangiert, etwa durch die neu entstehenden, ungewohnten Erfahrungen und die veränderte Sinngebung. Nach dem oben Gesagten hat jede Form der psychologischen Intervention, die einen sozialen Kontext herstellt und eine Anleitung zur Selbstreflexion und Metakognition beinhaltet, auch potenzielle Auswirkungen auf das Selbst. Wir wollen diese möglichen Wege zur Beeinflussung des Selbstattraktors nun abschließend genauer betrachten.

Bei der Beeinflussung durch Psychotherapie entsteht als Folgerung aus dem Attraktorkonzept des Selbst, dass man mit einer identischen Intervention sehr unterschiedliche Auswirkungen auf den Selbstattraktor erzielen kann. Das ist immer dann der Fall, wenn ein Attraktor mit Dimension > 0 vorliegt, also beispielsweise ein Grenzzyklus wie beim Wundt'schen Gefühlsattraktor in Abbildung 2. Eine Intervention würde durch einen Vektor repräsentiert, der am System im Phasenraum ansetzt und sich nun zur ohnehin vorhandenen Dynamik addiert. Es wird unmittelbar ersichtlich, dass die Intervention, an der günstigsten Stelle des Grenzzyklus platziert, größere resultierende Vektoren erbringt als an anderen Stellen, wo die Intervention „gegen das System" erfolgt und seine Resultierende klein ist. Bei einer Intervention gegen den Selbstattraktor verpufft daher die Wirkung, hingegen führen Interventionen, die „mit dem System gehen", zu wirkungsvolleren Effekten. In Abbildung 4 wird dies verdeutlicht: Eine Intervention, die auf „Beruhigung" abzielt, führt zu unterschiedlichen Ergebnisvektoren, je nach der Stelle des Attraktors, an der sie eingesetzt wurde (Kuppens, Oravecz & Tuerlinckx, 2010).

## Veränderungen des Selbstattraktors durch Achtsamkeit

Ein Begriff, der seit einiger Zeit Furore macht, ist Achtsamkeit (im Englischen mindfulness). In der Literatur besteht eine Doppeldeutigkeit bei diesem Begriff: In der Meditationsliteratur wird Achtsamkeitsmeditation von der konzentrativen Meditation unterschieden; Achtsamkeit verweist auf offene, ungebundene Aufmerksamkeit, im Gegensatz zu der auf etwas Bestimmtes (beispielsweise auf ein Mantra oder die Atmung) fokussierten Aufmerksamkeit der konzentrativen Meditation (Halsband, 2009; Walsh

**Abbildung 4:**
Intervention in den Attraktor des Gefühlssystems nach Wundt (vgl. Abbildung 2).
Dieselbe fiktive Beruhigungs-Intervention (roter Vektor) führt zu unterschiedlichen Ergebnisvektoren (blau gestrichelte Vektoren) je nach Wirkort im Phasenraum (die Unterschiedlichkeit der Ergebnisvektoren würde noch deutlicher ausfallen, hätte Wundt, 1863, berücksichtigt, dass „Geschwindigkeiten" auf dem Attraktor variabel sind, also unterschiedlich lange Pfeile einzuzeichnen wären).

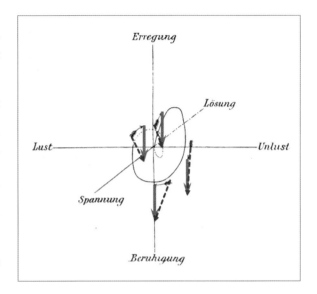

& Shapiro 2006; Lutz, Slagter, Dunne & Davidson, 2008). Seit Jon Kabat-Zinn meint Achtsamkeit im therapeutischen Setting jedoch jegliche beabsichtigte, nicht wertende, bewusste Aufmerksamkeit auf das Hier und Jetzt (Kabat-Zinn, 1994, S.4), ungeachtet ob gerichtet oder offen. Die heutigen „mindfulness"-basierten therapeutischen Ansätze benutzen überwiegend konzentrative, also gerichtete Aufmerksamkeit.

Im Folgenden werden wir den Prozess der Achtsamkeit, wie sie Kabat-Zinn definierte, aus systemtheoretischer Perspektive beschreiben. Zahlreiche Studien zeugen von der positiven Wirkung von Achtsamkeit auf die körperliche und geistige Gesundheit (Walsh & Shapiro, 2006; Ospina et al., 2007; Dakwar & Levin, 2009; Greeson, 2009; Gratz & Tull, 2010; Kumar, Feldman & Hayes, 2008). Die systemtheoretische Perspektive öffnet uns ein neues Verständnis der möglichen Wirkmechanismen von Achtsamkeit.

Die buddhistische Sicht auf das Selbst geht davon aus, dass das Festhalten an einem Selbst nicht nur auf einer Täuschung beruhe, sondern zusätzlich Leiden verursachen muss (Varela, Thompson & Rosch, 1992). Sowohl in der Theorie (buddhistische Philosophie) als auch in der Meditationspraxis sehen wir hier also eine Verschiebung: Im Zentrum der Aufmerksamkeit stehen nicht die strukturellen Aspekte des Selbst (Festhalten an einer Persönlichkeitsstruktur), sondern die prozessualen Selbstaspekte, also der im Hier und Jetzt erlebte Bewusstseinsstrom. Segal, Williams und Teasdale (2002, S. 75) nennen dies den „being-mode". Seit der Einbeziehung der Achtsamkeit nach dem Vorbild der MBSR (d.h. das kognitiv-behaviorale Therapieverfahren „mindfulness-based stress reduction" nach Jon Kabat-Zinn) folgt die Entwicklung der kognitiven Verhaltenstherapie dieser Verschiebung nach: Während sich die „klassische" kognitive Therapie vor allem auf strukturelle Aspekte (auf beliefs) bezieht, legen die nun neu entwickelten, achtsamkeitsbasierten Varianten (MBCT, mindfulness-based cognitive therapy; MBRP, mindfulness-based relapse prevention) den Schwerpunkt auf die prozessualen, erlebensbezogenen kognitiven Vorgänge. Dem entsprechen in der Diskussion zum Selbst die prozessualen Selbstaspekte.

Achtsamkeitsmeditation führt entsprechend zu einer Modifikation des Selbstkonzepts: Die Praktizierenden identifizieren sich nicht mehr mit dem in Worte gefassten Inhalt der Wahrnehmung (Struktur), sondern mit Wahrnehmung an sich (Prozess) (Shapiro, Carlson, Astin & Freedman, 2006). Achtsamkeit kann also beschrieben werden als Verweilen im phänomenologischen Bewusstsein: als das Wahrnehmen von Wahrnehmung. Das phänomenologische Bewusstsein hat direkten Zugang zu erlebter und kontextueller Wahrnehmung, ohne dass die Wahrnehmung über das strukturgebende Medium Sprache vermittelt und bearbeitet werden muss und ohne dass die Interpretation der Ereignisse stark durch frühere Erlebnisse beeinflusst wird. Durch Achtsamkeitsmeditation wird also die oben beschriebene Selbstkalibrierung durch Kontrollparameter aus Körper-, Situations- und Sozialkontexten optimiert. Das System erreicht daher eine Öffnung gegenüber dem valenten Kontext des Selbst, was seine Selbstorganisation unterstützt.

Im Gegensatz zum prozessualen Selbstaspekt des Verweilens im Hier und Jetzt, dem phänomenologischen Bewusstsein, wird der mit Symbolen oder Sprache überdauernd fixierte strukturelle Selbstaspekt durch „access consciousness" verarbeitet. Nach Ned Block ist access consciousness intentional und repräsentational kodiert, also bewusst berichtbar. Diese Form von Bewusstsein ermöglicht Kontrolle von Gedanken und Verhalten. Solche willentliche Kontrolle ist, im Gegensatz zu oben beschriebener Selbstorganisation, die während der Meditationspraxis stattfinden kann, gekennzeichnet durch Top-down-Prozesse. Dies hat Vor- und Nachteile, wie wir im Folgenden darlegen werden.

Top-down-Prozesse werden von Konzepten, Erwartungen und Erinnerung gespeist, sind also stark verbunden mit früher Erlerntem, während Bottom-up-Prozesse von Daten gespeist werden, sie werden also beeinflusst von Informationen, die direkt von den Stimuli der Situation im Hier und Jetzt kommen (Matlin, 1998, S. 21). Beide Prozesse arbeiten simultan und führen so zu sowohl schneller als auch genauer Verarbeitung. Am Beispiel der Abbildung 3 erklärt: Es sind hauptsächlich Bottom-up-Prozesse, die aus der anfänglich unzusammenhängend wahrgenommenen Ansammlung von schwarzen und weißen Flächen zur Emergenz der Gestalt führen. Die Gestalt wird zum Attraktor: Wenn wir die Abbildung ein zweites Mal betrachten, führen Top-down-Prozesse augenblicklich zu dieser vorher gefundenen Gestaltwahrnehmung. Top-down-Prozesse ermöglichen somit schnelleres Erkennen und schnellere Sinngebung; aber sobald wir uns übermäßig auf sie verlassen, führen sie zu Voreingenommenheit (mental set) mit rigider funktioneller Fixierung und blockieren somit adaptive neue Problemlösungen (Matlin, 1998, S. 363). Es kommt mitunter zu falschen Interpretationen und kognitiven Verzerrungen, die wiederum mit Verhaltensstörungen assoziiert sind. Mit der nicht bewertenden Hier-und-jetzt-Aufmerksamkeit im Rahmen der Achtsamkeitsmeditation übt der Praktizierende, jede Situation als neu und unbekannt anzunehmen, möglichst unbeeinflusst von Erwartungen und vorherigen Einschätzungen ähnlicher Situationen. Somit kommt es zu einem ausgeglicheneren Verhältnis zwischen Top-down- und Bottom-up-Prozessen, was optimale Situationsanpassung ermöglicht und Verhaltensprobleme vermindert (Munt, Celestin & Celestin Westreich, in press). Dass Achtsamkeitsmeditation auch Auswirkungen auf Bottom-up-Prozesse hat, wurde mittlerweile durch Hurk, Janssen, Giommi, Barendregt und Gielen (2010) belegt.

Bei geübten Achtsamkeitspraktizierenden kann sich ein Zustand der Akategorialität einstellen (Feil & Atmanspacher, 2010). Damit ist der Zustand gemeint, bei dem das kognitive System sich in keinem der vorhandenen Attraktoren befindet. Stellen wir uns eine

Attraktorenlandschaft des Selbst vor, die aus zwei Schüsselattraktoren wie in Abbildung 1 besteht, so kann der Zustand der Person für eine gewisse Zeit auf einem Kipppunkt genau zwischen den Einzugsbereichen der beiden Attraktoren liegen: ein Leben auf der Kippe oder ein Verweilen außerhalb von Top-down-Prozessen. Dem mag in der realen Welt entsprechen, sich (etwa in einem Meditationskontext) für keine der möglichen Kategorien zu entscheiden (das taoistische wu wei: „das Nichtstun tun"; Portele, 1989). Neben den achtsamkeitsbasierten Meditationstechniken können auch gezielt eingesetzte Paradoxien zu „heilsamen" akategorialen Zuständen verhelfen; dies ist aus der Zen-Tradition bekannt (koan) und wird in der systemischen Therapie besonders in der Milton Erikson verpflichteten Richtung verwendet. Die Selbstorganisation des meditativen Zustands folgt möglicherweise fraktalen Attraktoren, wobei Momente von phänomenologischer Rezeptivität und Akategorialität (Dilatation des Phasenraumes) sich abwechseln mit sporadisch auftauchenden strukturellen Aspekten (Kompression des Phasenraumes), etwa wenn Erlebtes im Bewusstsein benannt wird („naming" als eine von vier Achtsamkeits-Skills genannt laut Baer, Smith & Allen, 2004) oder wenn dem Meditierenden plötzliche Einsichten kommen (insight meditation).

Wir haben hier mögliche Wirkmechanismen der Achtsamkeit aus systemtheoretischer Sicht dargelegt. Es wird deutlich, dass die funktionellere Anpassung, die Achtsamkeit zuwege bringt, unserem natürlichen Verständnis von Anpassung zu widersprechen scheint: Hier stehen nicht Anpassung durch intentionale Kontrolle von Denken und Handeln im Vordergrund (access consciousness und Top-down-Prozesse), sondern nichtintentionale, selbstorganisatorische Prozesse (phänomenologisches Bewusstsein und Bottom-up-Prozesse). Für ein Funktionieren des Selbst müssen beide in einem ausgeglichenen Wechselspiel zusammenarbeiten. Das optimale Mischungsverhältnis liegt möglicherweise weit mehr auf der Bottom-up-Seite, als es bei unserem gewohnten, alltäglichen Funktionieren im westlich-industrialisierten Alltag der Fall ist, einem Alltag, in dem der Beschleunigung der zentrale Stellenwert zukommt. Achtsamkeitsübungen helfen, dieses Gleichgewicht wiederherzustellen, und erhöhen gleichzeitig die Offenheit des Systems für Umweltparameter (also Embodiment, Situiertheit, Dissonanz), was den Selbstattraktor stärkt.

Abschließend sei noch einmal darauf hingewiesen, dass übermäßiges Verschließen des Selbstsystems gegenüber Kontrollparametern zu im Leeren drehender Selbstreferenz führen kann, mit klinischen Worten zu depressionsfördernder Rumination. Eine diesbezüglich relevante neuropsychologische Studie von Farb et al. (2010) verglich Achtsamkeitsmeditierer mit einer Kontrollgruppe und zeigte die Verbindung auf zwischen einerseits problematischer Emotionsregulation bei vermehrter Selbstreferenz (Kontrollgruppe) sowie andererseits geringer dysphorischer Reaktivität bei erhöhter körperbezogener (interozeptiver) Aufmerksamkeit (Meditationsgruppe). Somit scheint der Körperwahrnehmung bei Achtsamkeitsmeditation eine besondere Bedeutung für das Selbst zuzukommen. Das gezielte und explizite Üben von Körperwahrnehmung ist tatsächlich grundlegender Baustein bei mindfulness-basierten Therapieansätzen (etwa in der Technik des „bodyscan"); auch in der Mehrzahl traditioneller Meditationen wird Körperwahrnehmung zum „Ankern" der Aufmerksamkeit benutzt.

## Diskussion

Das Selbst und sein Gehirn? Das Gehirn und sein Selbst? Müssten wir nicht eigentlich heutzutage die Frage nach dem Selbst auch neurobiologisch führen? Oder vielleicht sogar vor allem neurobiologisch? Es gibt nach unseren Beobachtungen jedoch einige Gründe, dass die Forderung nach einer ausschließlich neurobiologischen Diskussion nicht zielführend ist.

Der erste Grund ist, dass trotz großer Anstrengungen einer sich biologisch definierenden Psychiatrie nicht gelungen ist, Störungen des Selbst, die in vielen psychopathologischen Zuständen deutlich werden, auf Störungen des Gehirns und der gehirnphysiologischen Prozesse zurückzuführen. Die gegenwärtige Unzufriedenheit mit der Neuauflage des psychiatrischen Klassifikationssystems DSM-5 rührt unter anderem daher, dass in keinem einzigen Fall der notwendige und hinreichende Biomarker (genetisch ausgedrückt: der „endophenotype") gefunden wurde. Die Ich-Störungen, die besonders in den Schizophrenien bedeutsam sind, können dem Gehirn auch mit den Mitteln moderner Bildgebungsverfahren nicht angesehen werden. Bei den Persönlichkeitsstörungen, die ebenfalls hochgradig Selbst-relevant sind, ist die Lage ebenso unbefriedigend: Die Befunde zu den immer wieder behaupteten Ungleichgewichten von Neurotransmittern sind widersprüchlich und wissenschaftlich wenig überzeugend (Hasler, 2012). Zudem wird immer deutlicher, dass die biologische Psychiatrie wissenschaftlich massiv unter Interessenkonflikten leidet, die auf das Konto der Pharmaindustrie gehen (Kirsch, Moore, Scoboria & Nicholls, 2002).

Der zweite und prinzipiellere Grund ist, dass die Frage nach dem Selbst das Erleben betrifft, also eine Frage nach der Bedeutung von Identität und „eine-Person-Sein" darstellt. Philosophisch gesehen stehen hier die Qualia zur Debatte: Wollte man diese Frage mit einer Lokalisation („an dieser Stelle im Gehirn") beantworten, hätte man schlicht die Kategorie gewechselt, also einen Kategorienfehler begangen.

Aus diesen Gründen erschien es uns zielführend, zur Diskussion über das Selbst eine strukturwissenschaftliche Methode zu nutzen. Die Synergetik und Systemtheorie als Strukturwissenschaft ermöglichen es, Phänomene aus kategorial unterschiedlichen Bereichen der Wirklichkeit zu modellieren. Das systemtheoretische Attraktorkonzept erwies sich als besonders geeignet, das psychologische Selbst und die Bedingungen zu beleuchten, unter denen es stabilisiert, geschwächt und verändert werden kann.

## Literatur

Baer, R.A., Smith, G.T. & Allen, K.B. (2004). Assessment of mindfulness by self-report: The Kentucky inventory of mindfulness skills. Assessment, 11, 191-206.

Beck, A.T. (1999). Kognitive Therapie der Depression. Weinheim: Beltz.

Brunner, E.J., Tschacher, W. & Kenklies, K. (2011). Selbstorganisation von Wissenschaft. Jena: IKS Garamond.

Dakwar, E. & Levin, F.R. (2009). The emerging role of meditation in addressing psychiatric illness, with a focus on substance use disorders. The Harvard Review of Psychiatry, 17, 254-267.

Farb, N.A.S., Anderson, A.K., Mayberg, D. H., Bean, J., McKeon, D., & Segal, Z.V. (2010). Minding one's emotions: Mindfulness training alters the neural expression of sadness. Emotion, 10, 25-33.

Feil, D. & Atmanspacher, H. (2010). Acategorial States in a representational theory of mental processes. Journal of Consciousness Studies, 17, 72-101.

Festinger, L. (1964). Conflict, decision, and dissonance. Stanford: Stanford University Press.
Freud, S. (1923, 1961). The Ego and the Id. S.E. Vol. XIX. London: Hogarth.
Fuchs, T. (2008). Das Gehirn – ein Beziehungsorgan. Eine phänomenologisch-ökologische Konzeption. Stuttgart: Kohlhammer.
Gratz, K.L. & Tull, M.T. (2010). Emotion regulation as a mechanism of change in acceptance- and mindfulness-based treatments. In R.A. Baer (Ed.), Assessing mindfulness and acceptance: Illuminating the processes of change. Oakland, CA: New Harbinger Publications.
Grawe, K. (1998). Psychologische Therapie. Göttingen: Hogrefe.
Greeson, J.M. (2009). Mindfulness research update: 2008. Complementary Health Practice Review, 14, 10-18.
Haken, H. (1977). Synergetics – an introduction. Nonequilibrium phase-transitions and self-organization in physics, chemistry and biology. Berlin: Springer.
Haken, H. (2000). Information and self-organization: A macroscopic approach to complex systems. Berlin: Springer.
Haken, H. (Ed.). (1984). Chaos and order in nature. Berlin: Springer.
Haken, H. & Stadler, M. (Eds.) (1990). Synergetics of cognition. Berlin: Springer.
Halsband, U. (2009). Hypnose und Meditation. In G. Schiepek (Ed.), Neurobiologie der Psychotherapie (2nd ed.). Stuttgart: Schattauer.
Hasler, F. (2012). Neuromythologie. Eine Streitschrift gegen die Deutungsmacht der Hirnforschung. Bielefeld: transkript Verlag.
Heckhausen, H. (1987). Wünschen – Wählen – Wollen. In H. Heckhausen, G. Gollwitzer & F.E. Weinert (Eds.), Jenseits des Rubikon: Der Wille in den Humanwissenschaften (S. 3-9). Berlin: Springer.
Herbert, B.M. & Pollatos, O. (2012). The body in the mind: on the relationship between interoception and embodiment. Topics in cognitive science, 4, 692-704.
Heylighen, F. (2009). Cognitive systems. A cybernetic perspective on the new science of the mind. Working paper retrieved the 20th of June from http://pespmc1.vub.ac.be/Papers/CognitiveSystems.pdf
Hurk, P.A.M. van den, Janssen, B.H., Giommi, F., Barendregt, H.P. & Gielen, S.C. (2010). Mindfulness meditation associated with alterations in bottom-up processing: Psychophysiological evidence for reduced reactivity. International Journal of Psychophysiology, 78, 151-157.
Izard, C.E. (2009). Emotion theory and research: Highlights, unanswered questions and emerging issues. Annual Review of Psychology, 60, 1-25.
James, W. (1890). Principles of psychology. New York: Holt.
Jaspers, K. (1919). Psychologie der Weltanschauungen. Berlin: Springer.
Kabat-Zinn, J. (1994). Wherever you go, there you are: Mindfulness meditation in everyday life. New York: Hyperion.
Kirsch, I., Moore, T.J., Scoboria, A. & Nicholls, S.S. (2002). The emperor's new drugs: An analysis of antidepressant medication data submitted to the U.S. Food and Drug Administration. Prevention & Treatment, 5(1), Article 23.
Kohut, K. (1971). The analysis of the self. New York: International Universities Press.
Kumar, S, Feldman, G., & Hayes, A. (2008). Changes in mindfulness and emotion regulation in an exposure-based cognitive therapy for depression. Cognitive Therapy and Research, 32, 734-744.
Kuppens, P., Oravecz, Z. & Tuerlinckx, F. (2010). Feelings change: Accounting for individual differences in the temporal dynamics of affect. Journal of Personality and Social Psychology, 99, 1042-1060.
Lewin, K. (1936). Principles of topological psychology. New York: McGraw-Hill.
Lutz, A., Slagter, H.A., Dunne, J.D. & Davidson, R.J. (2008). Attention regulation and monitoring in meditation. Trends in Cognitive Science, 12, 163-169.

Kyselo, M. (2011). Locked-in syndrome and BCI - Towards an enactive approach to the self. Neuroethics, 4, 1-13.
Mahoney, M.J. (1991). Human change processes. The scientific foundations of psychotherapy. Chicago: Basic Books.
Matlin, M.W. (1998). Cognition. Orlando, FL: Harcourt Brace College Publishers.
Maturana, H.R. & Varela, F.J. (1987). Der Baum der Erkenntnis. Bern: Scherz.
Mead, G.H. (1934). Mind, self, and society from the standpoint of a social behaviorist. Chicago: University of Chicago Press.
Michalak, J., Troje, N.F., Fischer, J., Vollmar, P., Heidenreich, T. & Schulte, D. (2009). Embodiment of sadness and depression – gait patterns associated with dysphoric mood. Psychosomatic Medicine, 71, 580-587.
Munt, M., Celestin-Westreich, S., Celestin, L.-P. (in press). Facilitating cognitive and emotional adjustment through Sumarah meditation: Effectiveness and association with demographics
Neisser, U. (1982). Memory observed: Remembering in natural contexts. San Francisco, CA: W.H. Freeman.
Nicolis, G. & Prigogine, I. (1987). Die Erforschung des Komplexen. München: Piper.
Ospina, M.B., Bond, T.K., Karkhaneh, M., Tjosvold, L., Vandermeer, B., Liang, Y., Bialy, L., Hooton, N., Buscemi, N., Dryden, D.M. & Klassen, T.P. (2007). Meditation practices for health: State of the research. Evidence Reports/Technology Assessments, 155, Rockville, MD: Agency for Healthcare Research and Quality.
Pfeifer, R. & Bongard, J.C. (2006). How the body shapes the way we think. A new view of intelligence. Cambridge: MIT Press.
Portele, G. (1989). Gestalt psychology, Gestalt therapy and the theory of autopoiesis. In A.L. Goudsmit (Ed.), Self-Organization in Psychotherapy. Berlin: Springer.
Rössler, O.E. (1976). An equation for continuous chaos. Physics Letters, 57A, 397-398.
Sacks, O. (1985). The Man who mistook his Wife for a Hat. London, UK: Gerald Duckworth.
Salvatore, S. & Tschacher, W. (2012). Time dependency of psychotherapeutic exchanges: The contribution of the theory of dynamic systems in analyzing process. Frontiers of Psychology, 3(253), 1-14.
Sass, L.A. & Parnas, J. (2003). Schizophrenia, consciousness, and the self. Schizophrenia Bulletin, 29, 427-444.
Scharfetter, C. (1995). Schizophrene Menschen. Weinheim: Psychologie Verlags Union.
Schmidt, S.J., Mueller, D.R. & Roder, V. (2011). Social cognition as a mediator variable between neurocognition and functional outcome in schizophrenia: Empirical review and new results by structural equation modeling. Schizophrenia Bulletin, 37, S41-54.
Schweitzer, J. & von Schlippe, A. (2007). Lehrbuch der systemischen Therapie und Beratung. Göttingen: Vandenhoeck & Ruprecht.
Segal, Z.V., Williams, J.M.G. & Teasdale, J.D. (2002). Mindfulness-based cognitive therapy for depression: A new approach to preventing relapse. New York: Guilford Press.
Shapiro, S.L., Carlson, L.E., Astin, J.A. & Freedman, B. (2006). Mechanisms of mindfulness. Journal of Clinical Psychology, 62, 373-386.
Storch, M., Cantieni, B., Hüther, G. & Tschacher, W. (2010). Embodiment. Die Wechselwirkung von Körper und Psyche verstehen und nutzen (2. Aufl.). Bern: Huber.
Tass, P.A. (2007). Phase resetting in medicine and biology. Berlin: Springer.
Tschacher, W. & Storch, M. (2012). Die Bedeutung von Embodiment für Psychologie und Psychotherapie. Psychotherapie in Psychiatrie, Psychotherapeutischer Medizin und Klinischer Psychologie, 17, 259-267.

Tschacher, W. (1997). Prozessgestalten – die Anwendung der Selbstorganisationstheorie und der Theorie dynamischer Systeme auf Probleme der Psychologie. Göttingen: Hogrefe.

Tschacher, W. (2010). Glossar von Fachbegriffen der Theorie dynamischer Systeme. Bern: Forschungsberichte der Universitären Psychiatrischen Dienste Bern. http://www.embodiment.ch/research/researchpapers/FB10_1.pdf

Tschacher, W. & Haken, H. (2007). Intentionality in non-equilibrium systems? The functional aspects of self-organized pattern formation. New Ideas in Psychology, 25, 1-15.

Tschacher, W. & Rössler, O. (1996). The self: A processual gestalt. Chaos, Solitons & Fractals, 7, 1011-1022.

Tschacher, W. & Tröndle, M. (2011). A dynamic systems perspective on fine art and its market. Futures, 43, 67-75.

Tschacher, W., Schiepek, G. & Brunner, E.J. (Eds.). (1992). Self-organization and clinical psychology. Empirical approaches to synergetics in psychology. Berlin: Springer.

Varela, F., Thompson, E. & Rosch, E. (1992). Der mittlere Weg der Erkenntnis: Die Beziehung von Ich und Welt in der Kognitionswissenschaft. Der Brückenschlag zwischen wissenschaftlicher Theorie und menschlicher Erfahrung. Bern: Scherz.

Vidal, C. & Pacault, A. (Eds.). (1984). Non-equilibrium dynamics in chemical systems. Berlin: Springer.

von Bertalanffy, L. (1968). General system theory. New York: Brazilier.

Walsh, R. & Shapiro, S.L. (2006). The meeting of meditative disciplines and Western psychology: A mutually enriching dialogue. American Psychologist, 6, 227-239.

Whitehead, A.N. & Russell, B. (1913). Principia mathematica. Cambridge: Cambridge University Press.

Wundt, W. (1863). Vorlesungen über die Menschen- und Tierseele. Leipzig: Voß.

## Korrespondenzadresse

Prof. Dr. phil. Wolfgang Tschacher
Universitäre Psychiatrische Dienste Bern
Abteilung für Psychotherapie
Laupenstraße 49 | CH-3010 Bern | Schweiz
tschacher@spk.unibe.ch

Serge Sulz, Ute Gräff-Rudolph, Annette Hoenes, Annette Jasmin Richter-Benedikt, Miriam Sichort-Hebing

# Spieler, Gegenspieler und der neue Regisseur: Primärer versus sekundärer Selbstmodus und die Entwicklung des tertiären Selbstmodus in der Therapie

Player, opponent and the new director: primary versus secondary self-mode and the development of the tertiary self-mode during therapy

Den Heuristiken der Selbstanteile, States of Mind, Ego-States und Schemamodus wird die Heuristik des primären, sekundären und tertiären Selbstmodus hinzugefügt. Dieses Konzept wird verbunden mit dem Paradigma der lebenslangen Entwicklung und den natürlichen Entwicklungsmodi. Entstehung, Phänomenologie und Funktionalität der Selbstmodi werden dargestellt, die inhaltliche Ausgestaltung der häufigsten Selbstmodi (dysfunktionalen Persönlichkeitszügen entsprechend) und ein neuer Ansatz ihrer Therapie beschrieben: 1. Entwicklung auf die nächsthöhere Stufe fördern, so dass ein reiferer Entwicklungsmodus verfügbar ist (von impulsiv zu souverän zu zwischenmenschlich). 2. Etablierung eines tertiären integrativen Selbstmodus, der den primären und sekundären Selbstmodus ausbalanciert, so dass Interaktion und Beziehung adaptiver werden. 3. Konkrete therapeutische Interventionen bezüglich Emotionsregulation und Selbstregulation (Umgang mit Bedürfnissen, Ängsten, Überlebensregel). 4. Konkrete Interventionen zur Veränderung des Dysfunktionalen Repetitiven Interaktions- und Beziehungs-Stereotyps DRIBS, um zu einer befriedigenden Beziehungsgestaltung zu finden.

Schlüsselwörter
Selbstmodus – State of Mind – Ego-State – Schemamodus – Entwicklungsstufe – Persönlichkeit – Dysfunktionales Interaktions- und Beziehungs-Stereotyp DRIBS – Überlebensregel – Psychotherapie

*The heuristic of the primary, secondary and tertiary self-mode is added to the heuristics of the character traits, states of mind, ego states and schema mode. This concept is linked with the paradigms of life-long development and the natural development modes. Development, phenomenology and functionality of the self-modes are represented, while the content of the most common self-modes (according to dysfunctional personality traits) and a new approach for their therapy are described: 1. Encouraging development to the next higher level so that a more mature development mode is available (from impulsive to self-confident to interpersonal). 2. Establishment of a tertiary integrative self-mode which balances out the primary and secondary self-modes so that interaction and relationships become more adaptive. 3. Concrete therapeutic interventions with regard to emotion regulation and self-regulation (dealing with needs, anxieties, survival rule). 4. Concrete interventions to change the dysfunctional repetitive interaction and relationship stereotype (DRIBS) in order to achieve a satisfactory relationship structure.*

*Key words*
*Self-mode state of mind ego state schema mode development level personality dysfunctional interaction and relationship stereotype (DRIBS) survival rule psychotherapy*

Die Unterscheidung verschiedener Bewusstseins- oder Selbstzustände hat eine gute Tradition und bringt großen Nutzen. Horowitz (1987) arbeitete in den 1980er Jahren das tiefenpsychologische Konzept der States of Mind aus, und das Ehepaar Watkins (2003) entwickelte überwiegend hypnotherapeutisch über viele Jahre hinweg den Ego-State-Ansatz. Young verdichtete seinen Schematherapie-Ansatz durch die Arbeit mit Schemamodi (Young, 1990; vgl. Sulz, 2007b). Und Schulz von Thun (2001) erarbeitete das Konzept des inneren Teams.

## 1 Zwei Seelen wohnen, ach! in meiner Brust

Goethes Faust fühlt sich innerlich zerrissen und kann zwei mächtige Tendenzen seiner Psyche nicht zusammenbringen oder sich für eine entscheiden. Ein innerer Konflikt, bei dem es zu einem fulminanten Kampf in der Seele kommt, der nicht aufhören will. Dass wir (mindestens) zwei Seelen in unserer Brust haben, bemerken wir meist erst, wenn diese in Streit miteinander geraten, wenn ein Konflikt manifest wird. In den bewussten Konflikt geraten wir, wenn beide Seiten gleichzeitig ins Bewusstsein treten. Die eine Seite will sich vom Partner trennen, nachdem ihr klar geworden ist, dass jegliches weitere Bemühen um eine gute Beziehung erfolglos sein wird. Die andere Seite kann und will Sicherheit und Stabilität nicht hergeben, weil ihr ein Loslassen unendlich Angst machen würde. Kaum übernimmt die selbstbezogene Seite die Führung und denkt bzw. handelt in Richtung Trennung, meldet sich vehement per Großalarm die andere Seite, die so viel Angst und Aufruhr erzeugt, dass die selbstbezogene Seite in die Ecke gespült wird. Tage und Wochen vergehen, bis die permanente Frustration der selbstbezogenen Seite wieder genug Kraft gibt, um sich aufzubäumen. Irgendwann ist dieses Hin und Her auch nicht mehr auszuhalten. Abhilfe kann ein Symptom schaffen, das die gesamte psychische Energie so absorbiert, dass die beiden Streithähne Ruhe geben, weil ihnen die Kraft ausgegangen ist. Sie treten ab von der inneren Bühne der Rollenspieler. Zwei neue Protagonisten erscheinen: Der Symptomträger und sein Helfer. Sie haben ganz andere Themen und Sorgen. Der eine leidet unendlich, der andere bemüht sich darum, das Leid zu mildern oder zu beenden. Schließlich gehen sie in Behandlung – je nach Symptomen zum Hausarzt oder zum Nervenarzt oder gleich zum Psychotherapeuten. Goethes Faust hatte jedoch nicht nur zwei Seelen, sondern eine dritte, die feststellte, dass sie zwei Seelen hat. Diese dritte reflektiert und erleidet die beiden anderen. Sie ist in der Psychotherapie die Verbündete des Therapeuten.

## 2 Unterscheidbare Selbstzustände/Selbstmodi

Das Leiden unter den „zwei Seelen in meiner Brust" resultiert aus der Begegnung mit sich selbst.
Viel häufiger befinden wir uns in der Begegnung mit den anderen Menschen und unserer Umwelt. Da sind wir in einem Moment ganz und gar nur eine Seele, nur ein in sich kohärentes und kongruentes Selbst, das als bewusstes solitäres Ich-Empfinden in die Welt blickt und auf sie reagiert. Wenn uns ein Menschenkenner beobachtet, so kann er ein klares Bild zeichnen, mit eindeutigen Konturen, mit vorhersagbarem Verhalten. Und wir selbst könnten in einer späteren Selbstreflexion zu einem ähnlichen Bild kommen. Da ist etwas Konstantes in mir, das sich zuverlässig in bestimmten Situationen wiederholt, durch das ich mich wiedererkenne und durch das andere mich erkennen („Ja, ich bin da etwas zurückhaltend" oder: „Stimmt, ich geh gleich ran").
Wenn ich dann aber verschiedene Kontexte vergleiche, kann mir doch auffallen, dass ich manchen Menschen gegenüber oder in bestimmten Situationen ein ganz anderer Mensch bin. Etwa in der Öffentlichkeit zurückgenommen, leise, zögernd, bescheiden, rücksichtsvoll. In vertrauter Umgebung jedoch vorlaut, rechthaberisch, dominant. Wer beides erlebt, würde nicht denken, dass das ein und derselbe Mensch ist. Da diese Selbstzustände oder Selbstmodi nicht gleichzeitig auftreten, gibt es keinen inneren Konflikt und keinen Leidensdruck. Es kann jedoch sein, dass ein Selbstmodus im Umgang mit anderen Menschen und mit sich selbst so große Nachteile bringt, dass er zum Problem wird (zu große Nachgiebigkeit, zu großer Starrsinn, zu große Raffgier, zu große Zaghaftigkeit etc.). Die Person selbst oder ihre Bezugspersonen wollen das Problem nicht mehr tolerieren. Es könnte natürlich sein, dass es gar keinen zweiten Selbstmodus gibt, der sich gegen diesen Modus wendet. Dann begegnet der Therapeut nur diesem einen Selbstmodus im Menschen. Nur dieser spricht mit dem Therapeuten. Und sie können nicht gemeinsam reflektieren. Denn was ich bin, kann ich nicht in Frage stellen (Kegan, 1986). Ich bin blind dafür. Ich habe kein Sinnesorgan, das dies wahrnehmen könnte. Nur wenn eine zweite Seite in mir existiert, die auf die Problemseite schaut, kann das Problematische benannt werden. Wer also mit Haut und Haaren ein impulsiver Mensch ist, kann nur sagen: „So bin ich, ich kann und will nicht anders." In der analytischen Psychotherapie wird deshalb eine therapeutische Ich-Spaltung als Bedingung gefordert, damit Therapie erfolgen kann. Es muss ein Selbstanteil oder Ich-Anteil oder Selbstmodus vorhanden sein, mit dem ein Arbeitsbündnis geschlossen werden kann, um an dem Problemteil arbeiten zu können. Das kann dazu führen, dass jemand zur Therapie kommt und so über zwei problematische Selbstmodi berichtet, dass wir sofort erkennen, dass wir mit es drei Selbstmodi zu tun haben. Wir sprechen zuerst mit dem dritten Modus, der quasi von einer höheren Warte aus auf die beiden blickt und ihr Tun problematisiert: „Da ist eine Seite in mir, die zu diszipliniert ist, sich nichts gönnt, perfektionistisch ist und andere kritisiert. Zu Hause tritt dann meine andere Seite in den Vordergrund, die ein kleines, bedürftiges Kind ist, das jemand sucht, der es beschützt und über es bestimmt." Auf die Frage: „Und wer sind Sie?", kommt die Antwort: „Keiner von beiden, ich krieg die beiden einfach nicht in den Griff. Sie ziehen einfach ihr Ding ab, ohne auf die Folgen für mich zu achten." Da ist also eine Seite, die alles zusammenbringen will, die recht gut weiß, was eine gute und richtige Art wäre, mit sich und den anderen umzugehen. Nur ist sie machtlos, weil die beiden anderen Selbstmodi in jeweils ihrem Machtbereich uneingeschränkt herrschen.

## 3 Zum Nutzen der Teilung der Persönlichkeit

Ist es ein Missgeschick der menschlichen Entwicklung oder eine Anpassungsleistung an schwierige Lebensumstände? Die Antwort: Anpassung, die zum Missgeschick wird. Das Vorschulalter stellt die Weichen. Was in dieser Zeit dem Kind als Anpassung abverlangt wird, prägt sich so tief ein, dass es kaum mehr ganz verschwindet. Zumindest innerlich bleibt es für immer vorfindbar. Es gibt kein Vergessen. Die Eltern sind in wichtigen Schlüsselsituationen bedrohlich oder schützen nicht vor Bedrohungen. Im Kind entsteht Angst. Diese hilft ihm, seine natürlichen Triebe und Impulse zu stoppen oder zu verändern und stattdessen angepasstes Verhalten zu zeigen, das angstfrei macht. Die Angst hilft ihm, etwas zu leisten, wozu eigentlich Emotionsregulation und Steuerungsfähigkeit erforderlich wären. Es muss seinen primären natürlichen Selbstzustand verlassen und in einen sekundären angepassten Selbstmodus übertreten. Nicht alle Bezugspersonen und nicht alle situativen Kontexte signalisieren Bedrohung. In anderen Situationen kann das Kind unbekümmert bleiben (in seinem primären Selbstmodus bleiben) oder gar seine an anderem Ort gezeigte zu große Hemmung kompensieren und besonders umtriebig oder ausgelassen sein. Das ist zunächst eine gute und affekt-ökonomische Teilung als jeweils optimale Anpassungsleistung. Warum sollte ich immer an jedem Ort kleinlaut sein und mich unterlegen fühlen, mich demütigen und schlagen lassen, während mir zu anderen Gelegenheiten wirklich nichts passieren kann, wenn ich ein Treibauf bin? Zwar entspricht es wieder einer psychosozialen Ökonomie, wenn ich in jeglichen Situationen allen Menschen gegenüber immer der Gleiche bin. Für meine Umwelt und für mich ist das bequem. Ich bin nicht schwierig, nicht anstrengend. Aber es ist eine Übergeneralisierung eines Erlebens- und Verhaltensmodus, der nur in wenigen Situationen angezeigt wäre und doch immer vorherrscht. Wer nur noch den sekundären Selbstmodus hat und seinen primären völlig unterdrücken muss, ist eine eindimensionale Persönlichkeit, also eine verarmte Persönlichkeit. Dies war in der Lebensgeschichte mancher Menschen allerdings die einzige Möglichkeit, emotional zu überleben. Wilhelm Reichs (1971) Begriff des Charakterpanzers könnte eine gute Beschreibung dieses gleichzeitigen Schutzes und Gefangenseins geben. So wie es umgekehrt für andere notwendig war, mehrere Persönlichkeitsanteile parallel aufzubauen, bei der multiplen Persönlichkeitsstörung so, dass kein Teil vom anderen weiß, dass also keine Verbindung zwischen ihnen besteht. Ziel kann demnach weder sein, beide oder mehrere Selbstmodi zu einem Modus zu vereinen, noch, sie frei fluktuieren zu lassen. Vielmehr gibt es zwei Ziele: einerseits die Dysfunktionalität oder Maladaptivität eines Modus zu verringern und andererseits eine integrierende Instanz oder übergeordneten Modus zu etablieren, der integrative und steuernde Funktion hat.

## 4 Was charakterisiert einen Selbstzustand bzw. Selbstmodus? Struktur oder Dynamik?

Wir können das Selbst als Synonym für Psyche verwenden, alle psychischen Prozesse und Strukturen betreffend. So wie dieser Mensch ist und wahrnimmt, denkt, fühlt, handelt, wie sein Körperempfinden und -ausdruck ist. Diese Aufzählung würde in der psychodynamischen Psychotherapie eher als Ich bezeichnet werden, wenn man noch die Abwehrfunktionen dazunimmt. Es kommt aber alles hinzu, was die Psyche ausmacht, die Erinnerungen und Motive, Werte, Normen und die unbewussten homöostatischen Regelungen, die diesen Funktionen übergeordnet sind bzw. in deren Dienst sie stehen. Damit sind also nicht die Momentaufnahmen gemeint, sondern sowohl das einmalige rein situative als auch das permanent wiederkehrende psychische Geschehen, das Allgemeinpsychologische, was ein Mensch mit allen Menschen teilt, und das Individuelle, das so nur bei ihm vorzufinden ist, aufgrund der Einmaligkeit seiner Person und seiner Geschichte inkl. vererbter Dispositionen und Merkmale.

Unsere Psyche ist immer in irgendeinem Selbstzustand. Die fluktuierenden uncharakteristischen Zustände interessieren uns in diesem Zusammenhang jedoch weniger. Eigentlich meinen wir mit den Selbstmodi die typischen oder stereotypen, auf eine charakteristische Weise wiederkehrenden Zustände, die als solche gut identifizierbar und beschreibbar sind. Damit bewegen wir uns gedanklich auf einer anderen Ebene als die dimensionale Persönlichkeitsdiagnostik, die von einer prinzipiellen kontinuierlichen Gleichverteilung von Merkmalen ausgeht. Wir erwarten dagegen einen umgrenzten Zustand, der für die Dauer einer Begegnung, eines definierbaren situativen Kontexts anhält und auf die annähernd gleiche Weise in diesem Kontext wiederkehrt („Ich bin da ein richtiges Kind" oder „Da bin ich genau wie meine Mutter" oder „Da werde ich zum Kaninchen, das von der Schlange hypnotisiert ist").

Das zweite Merkmal des Selbstmodus ist, dass es nicht um ein einzelnes Verhalten oder eine einzelne Eigenschaft geht, sondern um ein ganzes Bündel von Erlebens- und Verhaltensweisen, die zusammengehören und sich gegenseitig auslösen und aufrechterhalten, ein Cluster. Eben nicht dem dimensionalen Paradigma folgend, sondern von der Vermutung und Beobachtung von Anhäufungen ausgehend. Wer dependent ist, vertritt keine eigene abweichende Meinung, versucht nicht, seinen Wunsch durchzusetzen, ist einverstanden mit dem dominanten anderen, fühlt sich wohl durch dessen Führung etc.

Ein drittes Merkmal des Selbstmodus ist, dass es schwerfällt, aus diesem Zustand herauszukommen, solange der Kontext konstant bleibt. Am besten erklärt diese Veränderungsresistenz das von Grawe (1998, siehe auch Schiepek & Sulz, 2010) beschriebene Prinzip des Attraktors, das in dem Beitrag von Tschacher (in diesem Band) ausführlich diskutiert wird. Das Selbst befindet sich wie eine Kugel in einem Becken mit so hohem Rand, dass es nicht genügend Energie aufbringt, um herauszukommen. Es fällt immer wieder zurück in das Becken.

Und das vierte Selbstmodus-Merkmal ist, dass eine qualitative Änderung beim Wechsel des Selbstmodus erfolgt. Man ist ein anderer Mensch. Die (subjektive) Welt ist eine andere. Die Beziehungen sind anders. Subjekt und Objekt haben sich geändert. Die Welt reagiert anders, analog zur Entwicklung bei Piaget, die durch Akkommodation erfolgt (Piaget, 1995; Sulz, 2010a).

Hat ein Modus Struktureigenschaften oder ist es die Beschreibung einer Prozessdynamik? Der Wechsel zwischen zwei Selbstmodi ist ein dynamischer Vorgang. Das Verweilen im Selbstmodus ist wie der Aufenthalt in einem Haus, also in einer Struktur. Wir können davon ausgehen, dass der Wechsel dem Prinzip der Selbstorganisation als Homöodynamik folgt, also nicht von einer oberen Regelzentrale gesteuert ist (Schiepek & Sulz, 2010). Das Beibehalten des Modus unterliegt dem Prinzip der Selbstregulation und der Homöos-

tase, das Konstanz und Stabilität gewährleisten soll, was am besten durch Schaffung von Strukturen gelingt (Sulz, 2010a).
Zusammenfassend können wir einen Selbstmodus kennzeichnen als
- einen umgrenzten wiederkehrenden Zustand der Psyche, der phänomenologisch durch stereotype Erlebens- uns Verhaltensweisen und funktional durch eine unbewusste strategische homöostatische Funktionalität gekennzeichnet ist,
- erkennbar an einem Cluster von Prozess- und Strukturmerkmalen
- der bei gegebenem Kontext als Kräftefeld nur mit großem Energieaufwand in einen anderen Modus übergehen kann,
- wobei ein Moduswechsel eine qualitative Änderung von Selbst und Objekt beinhaltet;
- ein sekundärer Selbstmodus neigt dazu, allmählich dysfunktional zu werden oder vom primären Selbstmodus in seiner Dominanz gestört zu werden.

Wir können den primären und den sekundären Selbstmodus vergleichen (Tab. 1).

**Tabelle 1:** Primärer und sekundärer Selbstmodus

| **Primärer Selbstmodus** | **Sekundärer Selbstmodus** |
|---|---|
| Freier Zugang zu allen Gefühlen und Bedürfnissen | Es gibt verbotene Gefühle und Bedürfnisse |
| Denken ist nicht limitiert | Es gibt verbotene Gedanken |
| Handeln muss nicht selbst zu früh limitiert werden | Handeln muss zu früh selbst limitiert werden |
| Bezugspersonen geben unbedingte Liebe, Schutz, Geborgenheit usw. | Bezugspersonen geben nur bedingte Liebe etc. |
| Innere Verbote und Gebote entstehen erst nach zeitgerechter Identifikation mit Eltern | In zu frühen Kindheitsjahren sind innere Verbote und Gebote notwendig geworden |
| Emotionales Überleben ist nicht gefährdet | eine später dysfunktionale Überlebensregel muss etabliert werden |
| Containing von Gefühlen wird erfahren | keine Erfahrung ausreichenden Containings von Gefühlen |
| zentrale Ängste treten nur in seltenen Ausnahmesituationen auf | zentrale Ängste beherrschen Erleben und Verhalten |
| Wut ist erlaubt und darf zur Abgrenzung genutzt werden | Wut ist verboten |
| Es wird Zeit gelassen, um Impulskontrolle und Selbststeuerung zu entwickeln | Selbststeuerung (Impulskontrolle und Emotionsregulation) kann nicht entwickelt werden, Angst wird zur Impulskontrolle benötigt |
| Theory of Mind und Mentalisierung können entwicklungsgerecht entstehen | Theory of Mind und Mentalisierung können nicht entwickelt werden |
| Interaktionen und Beziehungen können in freier Komplementarität gestaltet werden | Dysfunktionales Repetitives Interaktions- und Beziehungs-Stereotyp DRIBS dient dem emotionalen Überleben |
| Weiterentwicklung zur souveränen und später zur zwischenmenschlichen Stufe ist nicht blockiert | Fixierung auf der impulsiven Entwicklungsstufe |
| Der Weg zur Entwicklung abstrakten Denkens, zum Perspektivwechsel und zur Empathie wird geebnet | Steckenbleiben im prälogischen Denken, kein Perspektivwechsel und keine Empathie möglich |

Ein primärer Selbstmodus kann bewahrt und weiterentwickelt werden, wenn bedingungslos Bedürfnisse befriedigt, Gefühle aufgenommen und gespiegelt werden, wohlwollend Begrenzungen gesetzt und Selbststeuerung nicht zu früh abverlangt wird. Ist dies nicht der Fall, muss sich ein sekundärer Selbstmodus bilden.

Im zeitlichen Verlauf können wir auch ein häufiges Schicksal des sekundären Selbstmodus beschreiben:
- Zuerst befreit er die Psyche aus einer Not, hilft emotional zu überleben;
- dann etabliert er sich als permanent im Vordergrund stehende Tendenz im Menschen;
- zuletzt wird er dysfunktional/maladaptiv;
- oder der primäre Selbstmodus lässt sich nicht weiter unterdrücken, und es manifestiert sich ein Konflikt zwischen beiden, der durch Störmanöver des primären Selbstmodus gekennzeichnet ist;
- ein Symptom soll den Konflikt aus der Welt schaffen;
- spätestens der Leidensdruck unter dem Symptom aktiviert einen dritten Selbstmodus, der zu verstehen beginnt, wie destruktiv die beiden Selbstmodi kämpfen.

## 5 Entwicklungsstufen als natürliche Selbstmodi

Wir haben bisher Selbstmodi als reines Ergebnis der Anpassungsleistung des Menschen an extrem schwierige wiederkehrende situative Kontexte beschrieben. Es besteht jedoch eine stets beobachtbare Überlappung mit dem Konzept der Entwicklungsstufen. Bestimmte Selbstmodi sind eine Regression oder Fixierung auf eine frühere Entwicklungsstufe, auf der noch nicht oder nicht mehr reifere Arten des Denkens, Fühlens und der Regulation von Affekten und Beziehungen möglich sind. Um also einen Selbstmodus wirklich zu verstehen, sollte ich wissen, auf welcher Entwicklungsstufe ein Mensch sich befindet. Dann erfahren einige Merkmale und Prozesse eine ganz andere, simplere Interpretation, bzw. man kann auf manche Interpretation als übermäßiges Psychologisieren verzichten. Bei der Entwicklungsanalyse gehen wir von der Zeit bis zum Schulbeginn aus, diesmal als Zeit der umfassendsten und komplexesten psychischen Entwicklung des Menschen. Entwicklung erfolgt in der Wechselwirkung mit der Umwelt. Deshalb ist das Entwicklungsergebnis in verschiedenen Umwelten auch sehr verschieden. Ohne die Interaktion mit der Umwelt gibt es keine Entwicklung. Ein Mindestmaß an Frustrationen und Schwierigkeiten ist erforderlich, damit sich bestimmte Fähigkeiten und Stärken gut entwickeln können. Wichtig für Verhaltenstherapeuten ist, dass Entwicklung nicht mit Lernprozessen gleichzusetzen ist. Würde der Mensch als Tabula rasa geboren und müsste er alles, was später seine Psyche ausmacht, allein durch Konditionierungsprozesse erwerben, so müsste er tausend Jahre alt werden, um das Niveau eines Erstklässlers zu erreichen. Die Verhaltenstheorie ist zwar eine sehr hilfreiche Heuristik, aber sie ist weit davon entfernt, die menschliche Psyche abbilden zu können. Deshalb sollte sie an manchen Stellen vorübergehend durch eine andere Heuristik ersetzt werden, wie z. B. die Heuristik der emotionalen Entwicklung von Jean Piaget (1995).
Da Kegan (1986) diese Entwicklungstheorie in einer Psychotherapeuten verständlicheren und therapeutisch nützlicheren Weise formuliert hat, greife ich seine Darstellungsweise auf (vgl. Sulz, 2010b):

**Einverleibender Entwicklungs-Modus**
Die einverleibende Stufe analog zu Freuds oraler Phase: Die Psyche ist körperlich, Haut und Schleimhäute sind wichtige Kontaktorgane, sowohl was Wahrnehmung und Aufnahme als auch was den Ausdruck betrifft (die angstvolle Haut, die wütende Haut oder Schleimhaut). Die willkürliche Muskulatur wird noch nicht beherrscht (Greifen und Laufen). Reaktionen sind ganzheitlich. Es geht um das Einverleiben von allem, was die Welt heranträgt. Oder das Verschließen vor Ungenießbarem, Schädlichem. Es gibt noch keine Lust an der Bewegung oder am Sport. Das Perzeptive herrscht vor. Und es wird eine nahezu stets präsente einbindende Kultur benötigt. Existenz oder Nicht-Existenz sind die Alternativen. Trennung und Getrenntsein gibt es noch nicht als Begriff, ebenso wenig Leben und Tod.

**Impulsiver Entwicklungs-Modus**
Die impulsive Stufe ist die für die Psychotherapie wichtigste (der analen Phase Freuds entsprechend). Nahezu alle Patienten haben Fixierungen auf dieser Stufe. Die Fähigkeit zu logischem Denken mit dem Bedenken der Folgen eigener Handlungen ist noch nicht verfügbar. Es wird im und aus dem Moment heraus gelebt. Dazu gehört Ungeduld, nicht warten können, schnell ärgerlich werden. Gefühle werden rasch intensiv und können nicht auf ein adäquates Maß heruntergeregelt werden. Dazu wird eine Bezugsperson benötigt, die ein Containing der Emotion erbringen kann und diese spiegelt. Andererseits besteht große Ablenkbarkeit, so dass durch äußere Reize ein Gefühl von selbst rasch verschwindet oder durch ein anderes ersetzt wird. Umwelt-Stimuli beeinflussen teils über die Auslösung von (auch gelernten) Reflexen, teils durch operante Konditionierungen das Verhalten. Erleben und Verhalten werden andererseits durch Gefühle und Bedürfnisse bestimmt. Es besteht noch keine Ausdauer. Innerhalb des bestehenden Schutzes durch zuverlässig verfügbare Bezugsperson werden Spielgefährten leicht gewechselt, es gibt also wenig Treue und auch wenig Zuverlässigkeit. Die Weltsicht ist egozentrisch. Die zentrale Angst ist Trennungsangst, die typische Wutform ist Trennungswut. Wer sich also aus Wut trennen will, befindet sich in einem unreifen Modus des Umgangs mit Gefühlen und Beziehungen. Wut sollte zur ärgerlichen Annäherung statt zum Weggehen führen. Das wichtigste Bedürfnis ist das nach Schutz, Zuverlässigkeit, Sicherheit und das nach Geborgenheit. Auf der anderen Seite gibt es viel Neugier und Explorationsfreude. Motorische Lust wird genossen. Ich kann weggehen, hingehen, etwas ergreifen oder wegstoßen. Ich brauche eine Person, die mir Raum für meine Spontaneität gibt und diesen Raum begrenzt. Limitierung wird nach kurzem Protest hingenommen. Leitgefühle sind Freude und Traurigkeit. Der zunehmende eigene Wille und der damit verbundene Trotz sind schon Vorboten der nächsten (souveränen) Stufe.

**Souveräner Entwicklungs-Modus**
Die souveräne Stufe entspricht Freuds ödipaler Phase. Etwas anpacken, wirksam sein, das Steuer selbst in die Hand nehmen. Meine Impulse steuern und die Umwelt steuern (und manipulieren). Das gelingt durch konkret logisches Denken, Ursachen-Denken, planen, vorhersehen. Ein Ziel verfolgen mit der Kraft des Willens, Wirksamkeit erzielen durch effektives Handeln. Es besteht noch eine egozentrische Haltung, aber eine kluge, so dass andere tun, was ich will. Dazu muss im Rahmen einer Theory of Mind (siehe Bischof-Köhler, 2010) überlegt werden, wie der andere reagieren wird. Der beste

Zeitpunkt für eine Aktion kann abgewartet werden. Was gebraucht wird, sind Kontrolle, die Situation im Griff haben, Vorhersehbarkeit, Erfolge und das Gefühl von Selbstwirksamkeit. Dazu gehören Menschen, die sich steuern lassen. Widersetzt sich jemand der Einflussnahme, so entsteht zuerst Ärger, der zum Stress werden kann und schließlich in Angst (vor Kontrollverlust) übergeht. Hier taucht das Machtmotiv auf und zugleich eine Intoleranz gegenüber Bemächtigtwerden, gegen Beschneiden von Selbstbestimmung und Selbständigkeit. Das Leitgefühl ist deshalb Ärger, wenn etwas nicht klappt oder jemand nicht funktioniert bzw. Stolz und Zufriedenheit, wenn etwas gelingt. Es gibt noch keine echte Empathie, kein Einfühlen in den anderen mit dem vollständigen Perspektivwechsel, sondern nur ein Reindenken in den anderen, nur Berechnen. Die zentrale Angst ist die Angst vor Kontrollverlust (über sich selbst oder über andere). Die zentrale Wutform ist Quälen, gezieltes Wehtun. Rivalen werden bekämpft. Limitierung erzeugt Trotz, Wut und muss anders erfolgen als in der impulsiven Stufe. Begrenzung muss begründet und Zustimmung verhandelt werden.

**Zwischenmenschlicher Entwicklungs-Modus**
Die zwischenmenschliche Stufe entspricht Freuds Latenzphase. Auf der Basis einer gelungenen Entwicklung, die impulsive und souveräne Fähigkeiten bewahrt hat, auch wenn diese jetzt in den Hintergrund rücken, dominiert Empathie. Die Egozentrik wurde verlassen, der Mensch wird ein soziales Wesen. Beziehung ist wichtiger als Selbstinteressen (wie Erfolg, Wirksamkeit). Das ist der Modus der reflektierten Affektivität (Fonagy & Bateman, 2010). Bedürfnisse und Gefühle des anderen werden erspürt und in eigenes Handeln ebenso einbezogen wie eigene Gefühle und Bedürfnisse. Beide Seiten werden zum Objekt des Gedeihens der Beziehung. Wichtig ist, dass es dem anderen gut geht, dass er sich in unserer Beziehung wohlfühlt. Dazu werden Gefühle so mitgeteilt, dass der andere sich einfühlen kann. Dazu werden Bedürfnisse so geäußert, dass der andere sie berücksichtigen kann. Dazu werden Handlungsweisen des anderen auf seine Gefühle und Bedürfnisse zurückgeführt und verstanden. Es fällt nicht schwer, auf die Befriedigung eigener Bedürfnisse zum Wohl der Beziehung zu verzichten. Gemeinsamkeit wird hergestellt, und der andere wird wertgeschätzt, sein Wille respektiert. Der Wunsch, den anderen umzuerziehen, entsteht nicht. Er wird so akzeptiert, wie er ist. Da dies alles von beiden ausgeht, gibt es kein Ungleichgewicht, kein Unten und kein Oben. Das Leitgefühl ist Liebe (passiv) und Lieben (aktiv). Wichtig ist, der Unterschied zur Dependenz (einseitig, abhängig, Trennungsangst). Hier besteht Interdependenz.
Kegan (1986) beschreibt noch zwei weitere Entwicklungsstufen (institutionell und überindividuell), auf die aber hier nicht eingegangen wird. Sie sind ausführlich beschrieben bei Sulz (2008, 2011a).

**Die Hemmung der natürlichen Entwicklungs-Modi**
Fast alle Patienten befinden sich in schwierigen Konstellationen (Stress, Konflikt, Streit etc.) im impulsiven Entwicklungsmodus. Allerdings ist das nicht leicht zu erkennen, da es so ähnlich wie bei den dysfunktionalen Persönlichkeitszügen und Persönlichkeitsstörungen zwei Varianten gibt: die gehemmten und die ausagierenden. Wer impulsiv-gehemmt ist, fällt dadurch auf, dass er kein impulsives Verhalten zeigt, dieses unterdrückt, zu diesem nicht fähig scheint, während er zugleich in der Selbst-, Affekt- und Beziehungsregulation aber die typischen Merkmale des impulsiven Entwicklungsmodus aufweist (Tab. 2). Bei

einigen Patienten finden wir eine Mischform, teils werden Impulse ausagiert, teils durch angstvolle Hemmung unterdrückt.

**Tabelle 2:** Impulsiver Entwicklungs-Modus in der aktiven und der gehemmten Form

| Vorhandene Tendenz, Impuls | Primärer Impuls, aktives impulsives Verhalten | Sekundäres, gehemmtes Verhalten (der Impuls ist zwar da, aber …) |
|---|---|---|
| Nicht warten können (Ungeduld) | Ungeduld zeigen | Nichts anmerken lassen |
| Noch keine Fähigkeit zu logischem Denken | Ursachen sind nicht wichtig | Angst hilft an Ursachen zu denken |
| Kein Bedenken der Folgen eigener Handlungen | Folgen sind nicht wichtig | Spontane Impulse werden aus Angst unterdrückt |
| Es gibt noch keinen Sinn für Humor | Kein Lachen über Witze, macht keine Witze | Fühlt sich durch Witze irritiert |
| Schnell ärgerlich werden | Ärger wird kurz gespürt | Ärger klingt rasch ab, weil der Wunsch aufgegeben wird |
| Es wird im und aus dem Moment heraus gelebt | Alles aufgreifen, was der Moment zu bieten hat | Tatenlos den Moment verstreichen lassen |
| Gefühle werden rasch intensiv | Gefühle flammen ungebremst auf und ebben ab | Wenig Emotionalität |
| Gefühle können nicht auf ein adäquates Maß heruntergeregelt werden | Die Bezugsperson beruhigt, das Gefühl ebbt ab | Affektsteuerung nur mit Hilfe von Angst |
| Eine Bezugsperson wird zur Beruhigung benötigt | Ich will dich, ich brauch dich, ich mag dich | Nicht zeigen, wie wichtig der andere ist |
| Bezugsperson bietet Containing der Emotion | Voll Gefühl über Gefühle sprechen, so dass der andere sie aufnehmen und bewahren kann | Nicht von sich aus über Gefühle sprechen |
| Es besteht große Ablenkbarkeit | Neuem, Auffälligem sich gleich spontan zuwenden | Höchstens aus den Augenwinkeln anschauen |
| Durch neue äußere Reize verschwindet ein Gefühl von selbst rasch | Ein neuer Stimulus löscht das letzte Gefühl, kaum dass von dem auslösenden Reiz abgelassen wird | Es bleibt ein vorsichtiges, zaghaftes Gefühl |
| Der neue Reiz ruft neue Gefühle hervor, so dass ein Gefühl durch ein anderes ersetzt wird. | Der neue Aufmerksamkeitsfokus erzeugt sofort ein neues Gefühl | Neuem wird sich nicht zugewandt, deshalb bleibt auch das alte Gefühl |
| Umwelt-Stimuli beinflussen und bestimmen die Inhalte des Bewusstseins | Die Umwelt füllt das Bewusstsein ganz aus | Die Umwelt erzeugt eine ängstlich-vorsichtige Haltung |

| Vorhandene Tendenz, Impuls | Primärer Impuls, aktives impulsives Verhalten | Sekundäres, gehemmtes Verhalten (der Impuls ist zwar da, aber ...) |
|---|---|---|
| Die Umwelt löst (auch gelernte) Reflexe aus | Reflexe als spontane Reaktion | Reflexe werden ängstlich unterdrückt (so können Muskelverspannungen und Schmerzen entstehen) |
| Die Umwelt verstärkt Verhalten häufig operant | Reaktionen beibehalten, die angenehme Gefühle erzeugen | Unterdrücken lustvollen oder genussvollen Handelns |
| Erleben und Verhalten werden durch Bedürfnisse bestimmt | Wenn keine äußeren Stimuli Verhalten evozieren, regieren Bedürfnisse | Bedürfnissen nicht nachgeben, sie nicht zeigen |
| Es besteht noch keine Ausdauer | Sobald Unlust größer ist als der Lust-Anteil, wird eine Aktion beendet | Unlust empfinden, aber kein Mut aufzuhören |
| Innerhalb des bestehenden Schutzes durch zuverlässig verfügbare Bezugsperson werden Spielgefährten leicht gewechselt | Solange schützende und geborgene Verfügbarkeit (im Hintergrund) besteht, wird frei von einem zum anderen gewechselt, des Alten überdrüssig | Kontaktarmes Verweilen in der Situation |
| Es gibt wenig Treue zu Kontaktpersonen, die keine zentralen Bezugspersonen sind | Keine Bindung an nichtzentrale Kontaktpersonen | Sich nicht wegtrauen vom anderen |
| Es besteht wenig Zuverlässigkeit hinsichtlich Zuwendung zu Personen und Unternehmungen. Es kommt oft etwas dazwischen | Spontane Auswahl der Kontaktpersonen und Aktivitäten | Sich immer wieder Vertrautem und Vertrauten zuwenden |
| Die Weltsicht ist egozentrisch | Eigenes Wohl steht im Vordergrund | Kein Mut zur Egozentrik |
| Die zentrale Angst ist Trennungsangst | Flammt kurz auf, schnelle Beruhigung | Ständig aufpassen, damit der andere nicht weggeht |
| Die typische Wutform ist Trennungswut | Bei großer Wut als heftigster Wutausdruck | Macht gleich Angst, dann ja Selbst allein zu sein |
| Das wichtigste Bedürfnis ist das nach Schutz, Zuverlässigkeit, Sicherheit | kurz Schutz suchen, dann wohlfühlen, | Ständig um Schutz bemüht, sich nicht raustrauen |
| Ein sehr wichtiges Bedürfnis ist auch das nach Geborgenheit | zwischendurch Geborgenheit auftanken | Geborgenheit nebenbei mitnehmen, aber nicht aktiv holen |
| Es gibt viel Neugier und Explorationsfreude | Im Vertrauen auf den Hintergrundschutz neugierig die Welt erobern | Keine offene Neugier und kein offenes Explorationsverhalten |
| Motorische Lust wird genossen | Lust auf Bewegung, diese macht Freude | Gebremst, verhalten, ja nicht zu viel |
| Ich kann weggehen, hingehen | Nähern und entfernen mit gutem Selbst- und Körpergefühl | Nicht zu weit, nicht zu nah hingehen, keinen Unmut erregen, der Angst machen würde |

| Vorhandene Tendenz, Impuls | Primärer Impuls, aktives impulsives Verhalten | Sekundäres, gehemmtes Verhalten (der Impuls ist zwar da, aber …) |
|---|---|---|
| Etwas ergreifen oder wegstoßen | Zupacken und wegwerfen mit gutem Selbst- und Körpergefühl | Nicht zu fest, nicht zu heftig, keinen Unmut erregen, der Angst machen würde |
| Ich brauche eine Person, die mir Raum für meine Spontaneität gibt | Sich den Menschen nehmen, damit er dabei ist | Nicht trauen, die Person zu beanspruchen. Sie könnte es ja nicht wollen |
| Ich brauche eine Person, die meinen (Spiel-)Raum begrenzt | Immer wieder unbedacht an die Grenze stoßen, sie akzeptieren | Auf keinen Fall bis zur Grenze gehen, weit genug davon entfernt bleiben |
| Limitierung wird nach kurzem Protest hingenommen | Kurzer Ärger wegen des frustrierten Impulses, aber sich dann anderem zuwenden | Limitierung bedeutet, dass ich zu weit gegangen bin, deshalb großes Erschrecken und Schuldangst |
| Leitgefühle sind Freude und Traurigkeit | Viel Freude, kurze Traurigkeit | Angst, Hemmung |
| Der zunehmende eigene Wille und der damit verbundene Trotz sind schon Vorboten der nächsten (souveränen) Stufe | Wille, Ziel und Plan machen Limitierung frustrierender und ärgerlicher, so dass Trotz entsteht | Sofort eigenen Willen und eigenes Ziel verloren geben, sobald Widerstand dagegen spürbar wird |

Bei einer Hemmung des impulsiven Entwicklungs-Modus besteht der erste Schritt der Therapie darin, die Hemmung aufzuheben, also Impulse zuzulassen (zumindest innerlich, ohne sie gleich in ihrer aufgestauten Gesamtheit auszuagieren), und erst im zweiten Schritt die Entwicklung auf die souveräne Stufe zu fördern und wirksame und funktionale Selbst- und Emotionsregulation herzustellen.

## 6 Der primäre Selbstmodus und seine Gegenspieler

„Verlass dich auf deinen Verstand", raten die einen, „Verlass dich auf dein Gefühl", empfehlen die anderen. Oder „Reiß dich zusammen!" gegenüber „Sei nicht so streng mit dir!" Ein anderes Mal heißt es: „Du überforderst dich total!" versus „Das schaffst du auch noch! Das kannst du!" Es gibt sehr viele Gegensätze und Konflikte, in die Menschen geraten. Es wäre zwar schön, wenn wir mit wenigen Kategorien zurechtkämen, aber wir würden bald merken, dass wir dem individuellen Menschen damit nicht gerecht werden. Wir werden zwar die häufigsten Selbstmodi betrachten, aber wichtiger als die Inhalte sind die Prozess-Aspekte.

**Wie Konflikte zur Teilung des Selbst und der Persönlichkeit führen**
Wie kommt es, dass sich ein Konflikt zur Teilung des Selbst in zwei gegnerische Modi auswächst? Das war indirekt schon bei der obigen Beschreibung des Selbstmodus deutlich geworden. Oft genug erleben wir ja eine dialektische Entwicklung unserer Motive: These – Antithese und Synthese mit anfänglicher Differenzierung von Teilen und späterer Integration. Aber es scheint, dass es eine wichtige Konfliktkonstellation in uns gibt, bei der wir einen Teil unseres Selbst nicht mitnehmen können. Am verbreitetsten ist der

Autonomie-Abhängigkeits-Konflikt oder Selbst-versus-Beziehungs-Konflikt in seinen vielfältigen Varianten. Deshalb nehmen wir ihn als Beispiel. Als Kind wurde die Erfahrung gemacht, dass eine große Gefahr besteht, lebensnotwendige Beziehungen zu verlieren, z. B. aufgrund einer unsicheren Bindungserfahrung mit der Mutter. Also bleibt Beziehung das höchste Gut, das es unter allen Umständen zu wahren gilt. Kinder können Eltern gegenüber Beziehung nur durch abhängiges Verhalten aktiv bewahren. Selbstbezogenes Verhalten führt dagegen von den Eltern weg und muss unterlassen werden. Das kann so weit gehen, dass Fähigkeiten, die ein Mensch hat, nicht eingesetzt werden dürfen, da sie zu einem selbständigen Menschen führen würden. Am sichersten ist es, wenn ich unselbständig bleibe, über keine besonderen Fähigkeiten verfüge, hilfsbedürftig und schutzbedürftig bin, so dass sich jemand findet, der mich führt, wichtige Dinge für mich erledigt und insgesamt für mich sorgt. Er erhält dafür das gute Selbstgefühl des Kompetentseins und Helfenkönnens. Über lange Zeit ist dann der Autonomie-Abhängigkeits-Konflikt nicht mehr aktuell. Ein abhängiges, beschütztes Dasein hält frei von Trennungsangst. Und es werden immer mehr neue Fähigkeiten entwickelt: z. B. anschmiegsam sein, dem anderen die Bewunderung geben, die er braucht – sei es als Schützer oder als Versorger. Es wird also über Jahre hinweg in einem einzigen Selbstmodus gelebt, und es fehlt an nichts. Nur wenn doch ein Überdruss (Bischof, 2008) entsteht und wenn doch Selbstbestimmungswünsche entstehen, taucht ein zweiter Selbstmodus auf. Wünsche treten ins Bewusstsein, Träume lassen erleben, wie sich das anfühlen würde. Die Augen werden geöffnet und andere Menschen gesehen, die ihre Selbstinteressen verwirklichen. Erst wenn Gefahr besteht, dass es dieser Modus nicht beim Träumen belassen will, sondern sein Recht fordern wird und das abhängige Leben aufkündigen will, stehen sich zwei Widersacher gegenüber, die jeweils mit ihren Waffen gegeneinander zu kämpfen beginnen. Oft genug ist es aber Aufgabe der Therapie, den eingekerkerten primären Selbstmodus aus seinem Gefängnis zu befreien. Der sekundäre Selbstmodus kennt ihn nicht, wenn er von ihm erfährt, will er nichts von ihm wissen. Oder will ihn wieder wegmachen. Ärgert sich über ihn als Störer seines Seelenfriedens. So kommt ein 30-jähriger Mann in Therapie, der eine Depression entwickelte, nachdem er wiederholt in Arbeitsteams die Erfahrung gemacht hatte, dass er abgelehnt und oft auch gemobbt wurde. Seine Mutter war ängstlich-überfürsorglich, der Vater passiv und abwesend. Keiner nahm das Steuer des Familienschiffs wirksam in die Hand, so dass der Patient schon früh selbstbehauptende Kompetenzen entwickeln musste – für sich und für die Familie kämpfend. Den Eltern war dies sehr willkommen, und sie bestärkten ihn sehr darin. So wurde er ein von sich eingenommener, sich überlegen fühlender und streitlustiger Mensch. Kam er in Gruppen oder Teams neu hinein, so fühlte er sich nur kurz unsicher und ängstlich. Er überwand diese Gefühle sehr schnell, indem er in seinen habituellen Selbstmodus des Machers und Führers hineingeriet. „Ich habe gute Ideen, die anderen kapieren das nicht. Ich bin nicht nur ebenbürtig, sondern überlegen. Ich zeig denen jetzt mal, was Sache ist. Das ist doch nicht aggressiv, ich streite doch nicht, das ist doch nur Diskussion um die Sache. Ich greife Euch doch nicht an, vertrete nur meine Meinung. Natürlich habe ich eine andere Meinung als Ihr. Aber Ihr müsst doch einsehen, dass ich Recht habe." Es ist deutlich zu spüren, wie überzeugt er von sich ist, wie gut sein Selbstwertgefühl in diesem Modus ist und wie kampfbereit er dabei ist. Und wie er alle Blessuren vergangener Kämpfe vergessen hat. Er opfert immer wieder aufs Neue die Chance auf gute Beziehungen diesem Wohlbefinden in seinem Selbstgefühl. Was ihn depressiv macht? Dass die anderen ihn ablehnen und mobben, dass sie ihn nicht willkommen heißen und ihn zur Gruppe gehören lassen, sondern feindselig reagieren. Er wird nie eingeladen. Nie spricht ihn jemand in der Pause an, um ein Gespräch zu beginnen. Wenn die anderen nicht so wären, müsste er nicht depressiv sein. Eine narzisstische Persönlichkeitsstörung mit depressivem Syndrom? Wir bleiben dabei, dem primären Selbstmodus zu seinem Recht zu verhelfen. Aber wer ist das, mit was für einem Menschen haben wir es da zu tun? Der Symptomauslöser bringt uns auf die richtige Fährte. Er leidet darunter, dass seine Beziehungsbedürfnisse unbefriedigt bleiben. Sein primärer Selbstmodus ist ein Mensch, der andere Menschen braucht – nicht um ihn zu bewundern und ihm die Führung anzutragen. Sondern indem sie ihn in die Geborgenheit gebende Gemeinschaft aufnehmen. So wie er primär ist, ohne sich hervortun zu müssen, ohne dass er sich als überlegener Macher gebärdet. Indem er ein Mensch wie jeder andere ist, nicht besser, nicht schlechter. Indem er nicht selbst seine Bedürfnisse erfüllt, sondern sich in Obhut von Menschen begibt, die sein Bedürfnis wahrnehmen und ihm geben, was er braucht. Ankommen, willkommen sein, seinen Platz haben unter den anderen, geschützt und geborgen in der Beziehung zu den anderen. Nichts dafür tun müssen, es geschenkt bekommen ohne Leistung. Gemocht und geliebt werden von den anderen dafür, dass man so ist, wie man ist. Das ist sein primärer Selbstmodus. Nicht autark, nicht autonom, sondern abhängig von seinen wichtigen Bezugspersonen. Die anfängliche Unsicherheit, ob er willkommen sein wird, ob er gemocht wird, muss ausgehalten werden. Nur über sie kann die sie beantwortende gute Erfahrung gemacht werden. Der primäre Selbstmodus würde sagen: „Ich bin schutzbedürftig, ich brauche Menschen, die mir Geborgenheit geben. Ich brauche Selbstwert über die Zuneigung anderer, nicht über das Bessersein als andere. Ich muss immer wieder die Ungewissheit aushalten, ob ich so, wie ich bin, angenommen und akzeptiert werde. Ich möchte nicht dauernd kämpfen und leisten, ich möchte mich vertrauensvoll hingeben."

Wenn der primäre bedürftige Selbstmodus zeitweilig ins Bewusstsein darf, können wir ihn mit einer Stuhlübung mit dem sekundären pseudoautarken Selbstmodus ins Gespräch kommen lassen. Die Verhandlungen der beiden sollten dazu führen, dass der primäre Selbstmodus öfter in Beziehung zu anderen Menschen treten darf, um hoffentlich neue gute Erfahrungen zu machen.

## DRIBS: Interaktion und Beziehung des sekundären Selbstmodus

Der sekundäre Selbstmodus hat sich in vielen Kindheitsjahren gegenüber den Eltern herausgebildet. Er ist also zugleich ein Beziehungsmodus, eine stabile Art der Beziehungsgestaltung. Dabei fällt zweierlei auf:

1. Es entsteht eine Übertragung der früheren Beziehungsform zu den Eltern auf heutige wichtige Bezugspersonen, d.h., sie werden in ihrem Wesen mit den Eltern gleichgesetzt.
2. Es entsteht eine Gegenübertragung dieser Bezugspersonen, indem sie entgegen ihrer sonstigen Art in Beziehung treten, komplementär auf das Übertragungsangebot antworten, also einem Unterwürfigen gegenüber herrisch reagieren oder einem Rebellischen gegenüber tyrannisch reagieren.

Dadurch wird nach einer gewissen Zeit die heutige Beziehung auf die gleiche Weise frustrierend wie die damalige Beziehung zu den Eltern. Da die heutigen Bezugspersonen anders sind als die Eltern und da es heute um die Interaktion und Beziehung zweier erwachsener Personen geht und nicht um die Interaktion zwischen Erwachsenem und Kind, muss dieses Beziehungsangebot scheitern. Dieses Scheitern ist im Wesen des sekundären Selbstmodus enthalten und entspricht Freuds Wiederholungszwang, der heute das Unglück von damals wiederholt (vgl. Watzlawik, Beavin & Jackson, 1969; Watzlawik, Weakland & Fisch, 1979). Wir können dies zunächst unter kommunikationspsychologischen und anschließend unter motivationspsychologischen Gesichtspunkten untersuchen.

Haley (1977, 1978) geht davon aus, dass jeder Satz, den ich zu einer anderen Person spreche, zugleich ein Versuch einer **Beziehungsdefinition** ist. Es gibt vier verschiedene Arten, darauf zu reagieren:

Die andere Person **akzeptiert** diese implizite Beziehungsdefinition und geht bestätigend auf den anderen ein.

Sie **lässt sie durchgehen**, wehrt sich nicht dagegen, obwohl sie nicht einverstanden ist.

Sie **weist sie zurück** und macht klar, dass sie nicht auf diese Weise in Beziehung sein will.

Sie **ignoriert** die Beziehungsdefinition des anderen, indem sie kalt darüber hinweggeht, womit sie sie entwertet.

Die sich einstellenden Rollenverteilungen entsprechen meist drei Mustern (Haley, 1977, 1978):

**Symmetrische Beziehungen** entsprechen gleichberechtigten Kooperationen. Beide Seiten haben alle Verhaltensmöglichkeiten zur Verfügung.

**Komplementäre Beziehungen** weisen einer Person eine Rolle zu, die ihr Verhalten auf ein Verhaltensrepertoire einschränkt, das komplementär zum Verhalten des anderen passt, z. B. Chef – Untergebener, Vater – Sohn, Anwalt – Klient, Staatsanwalt – Delinquent, Kranker – Pfleger etc.

**Metakomplementäre Beziehungen** sind komplexer, weil eine Person die Regie in der Hand hat, indem sie der anderen die dominante Rolle überlässt und selbst die submissive Rolle spielt. Ihre Bezugsperson übernimmt gern diese Rolle, ohne das Spiel zu durchschauen, und ist deshalb nicht Herr der Beziehung und der Situation.

Ob eine Interaktion scheitert, hängt davon ab, ob sie eine **Lösung erster oder zweiter Ordnung** (Watzlawik et al., 1969, 1979) ist: Oft streben wir Lösungen erster Ordnung an, z. B. „Bleib bitte bei mir, ich fühle mich so allein". Erzielen wir damit keine Wirkung, so bitten wir häufiger und heftiger – mehr desselben. So entsteht eine Spirale, die sich dadurch auszeichnet, dass die Art des Lösungsversuchs (erster Ordnung) das ursprüngliche Problem erst zur massiven Störung werden lässt. Die wirksame Lösung (zweiter Ordnung) besteht in der Aufhebung des Lösungsversuchs erster Ordnung. D. h., sie richtet sich nicht gegen das ursprüngliche Problem, sondern gegen die Art und Weise, mit der bisher erfolglos bzw. sogar problemaufrechterhaltend-intensivierend versucht wurde, dieses zu beheben. Die Lösung zweiter Ordnung darf nicht verwechselt werden mit Resignation, obwohl sie mit der kreativen Hoffnungslosigkeit (Hayes et al., 2004) beginnt. Von Kindern wissen wir, dass sie nach anfänglichem Aufbäumen resignieren und dann nie wieder ihre Bedürfnisse äußern, eventuell sie nicht einmal mehr wahrnehmen. Doch diese Resignation ist noch Bestandteil der Lösung ersten Grades als deren Spätstadium. Wir können Schulz von Thuns (2001) Einteilung der Kommunikation in Sachinhalt, Selbstoffenbarung, Beziehung und Appell motivationspsychologisch übersetzen:

| | |
|---|---|
| Sachinhalt | Was sagt er inhaltlich? Was ist die inhaltliche Information? |
| Selbstoffenbarung | Welche Rolle nimmt er ein? |
| Beziehung | Welche Rolle weist er mir zu? |
| Appell | Was will er damit erreichen, zu welchem Verhalten will er mich bewegen? |

Diese Übersetzung zeigt, in welcher Weise im Sinne von Watzlawik et al. (1969, 1979) **Wirklichkeit konstruiert** wird. Indem ich selbst eine Rolle einnehme, weise ich dem anderen die Komplementärrolle zu, und durch die Appellfunktion meiner Aussage bringe ich ihn dazu, sich rollengemäß zu verhalten. Ich habe ein Drehbuch geschrieben, der andere hat sich drehbuchgemäß verhalten, und ich erhalte dadurch die Bestätigung, dass mein Drehbuch nicht erfunden ist, sondern Realität darstellt. Ich habe Wirklichkeit konstruiert.

Nun zur Motivationsperspektive: Bei gestörter Kommunikation läuft dies so ab (Sulz, 2011b):
- Bestehendes Selbstbild
- Bestehendes Weltbild
- Hoffnung auf Bedürfnisbefriedigung
- Angst vor Bedrohung bzw. Frustration
- Groll/Wut wegen vergangener Frustrationen
- Beziehungsangebot durch Einnahme einer Rolle
- Zuweisung der Komplementärrolle
- Der andere verhält sich rollengemäß bedrohlich oder frustrierend
- Die Bedrohung verstärkt die Angst
- Die Frustration vergrößert das Bedürfnis
- Und die Frustration vergrößert die Wut
- Das Eintreten des Erwarteten bestätigt das Selbst- und Weltbild
- Und führt dazu, dass bei der nächsten Interaktion
- Wieder die dem Selbstbild entsprechende Rolle eingenommen wird
- Und dem anderen wieder die dem Weltbild entsprechende Rolle zugewiesen wird.

Dieser Teufelskreis ist ein Dysfunktionales Repetitives Interaktions- und Beziehungsstereotyp (DRIBS; Sulz, 2011b): Die gleiche Misskommunikation läuft immer wieder auf die gleiche Weise erfolglos ab (Abb. 1). Das DRIBS ist ein Lösungsversuch erster Ordnung und entspricht einem Wiederholungszwang.

In der psychoanalytischen Theorie wird dies auf den Mechanismus der **projektiven Identifizierung** zurückgeführt (Projektion und anschließende Identifizierung): Ich übertrage eine problemhafte Elternperson auf mein Gegenüber, weise ihr diese Rolle zu. Zugleich nehme ich in meinem Selbstgefühl die Kindrolle ein. Der andere nimmt mich als solches wahr und spricht zu mir aus der Elternperspektive. Da ich nicht nur das Kindsein als Position eingenommen habe, sondern mich als das Kind gebe, das z. B. farblos, adynamisch ist, reagiert mein neuer Elternteil auf meine Farblosigkeit und Adynamie mit gelangweiltem Desinteresse. Ich bin einerseits enttäuscht und verletzt, werde andererseits in meiner Selbst- und Weltsicht bestätigt. Du bist also auch so einer bzw. so eine! Und ich bin halt uninteressant!
Ein sekundärer Selbstmodus besteht also nicht nur aus einem Cluster von Erlebens- und Verhaltensweisen. Sein zentrales Merkmal ist vielmehr, auf welche Weise er in Beziehung zu anderen Menschen tritt, wie er diese nach seinem Drehbuch ins Rollenspiel eintreten lässt, so dass sie nicht anders können, als sich komplementär zu verhalten. Dazu gehört, dass der Selbstmodus und sein DRIBS eine Vermeidungsfunktion haben, die Szene einen Zweck erfüllt: Das Verhalten des Gegenübers wird so gesteuert, dass die eigene **Überlebensregel** (Sulz, 1994, 2011a) nicht verletzt werden muss, dass Bedürfnisfrustration oder

**Abbildung 1: Dysfunktionales Repetitives Interaktions- und Beziehungsstereotyp DRIBS** – Wie verhalte ich mich, damit andere mich schlecht behandeln? (Aus Sulz: Therapiebuch III, 2011b, S. 296)

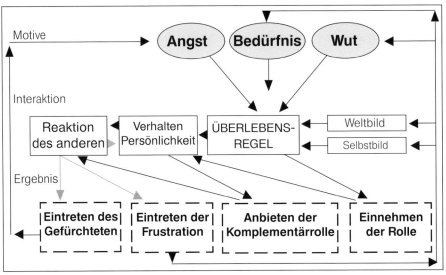

Bedrohung ausbleibt und damit emotionales Überleben gesichert wird: „*Nur wenn ich immer ängstlich-zurückhaltend bin und niemals Ärger zeige, bewahre ich mir Zuneigung und verhindere Ablehnung.*" Das resultierende selbstunsichere Verhalten führt beim Gegenüber dazu, dass es sich überlegen fühlt, sich mehr nehmen kann und deshalb keinen Grund hat, ablehnend zu sein. Das Drehbuch wurde von beiden Interaktionspartnern eingehalten.

### Wie der Streit der Gegenspieler vorläufig beendet wird

Je heftiger der Kampf ist, umso weniger kann die nicht bewusste autonome Psyche (autonom im Sinne von nicht bewusst steuerbar wie das autonome Nervensystem, siehe Sulz 1994, 2011a) diese Prozesse vom Bewusstsein fernhalten, so dass die bewusste willkürliche Psyche (willkürlich im Sinne bewusst steuerbar wie das willkürliche Nervensystem) sich damit befassen muss. Automatisch mal der eine, mal der andere Selbstmodus sein, das geht jetzt nicht mehr. Beide Modi machen sich den Platz streitig. Wer darf bestimmen, was und wie gelebt wird? Setzt sich der selbstbezogene Modus durch, so wirft ihm der beziehungsbezogene Modus mit einer gewaltigen Panikattacke Knüppel zwischen die Beine. Herrscht der beziehungsbezogene Modus, so ruft der selbstbezogene eine unerträgliche Dysphorie hervor. Und schließlich entsteht per Selbstorganisation ein Pseudokompromiss – die Symptombildung, z.B. eine Depression. Dann hören die beiden auf zu streiten – vorübergehend. Ich beobachte bei dem soeben beschriebenen Patienten erstaunt, dass er in der Gruppentherapie nicht so vehement von sich selbst überzeugt und provozierend auftritt, dass er andere übertönt. Vielmehr bringt er eine Meinung ein, die ganz sicher Widerspruch erzeugen wird, so dass sich die ganze Gruppe gegen ihn verbündet. Er kam also nicht, um zu gewinnen, sondern um zu verlieren. Genauer: Der primäre Selbstmodus hat das ursprüngliche Interaktionsangebot des sekundären selbstbezogenen, dominanten

Selbstmodus so verfälscht, dass dieser eine Niederlage erleidet. Kein einziges Gruppenmitglied stimmt ihm zu, niemand folgt ihm. Allerdings werden auch die Bedürfnisse des primären Selbstmodus frustriert. Niemand heißt ihn willkommen, niemand mag ihn. Es ist so, als ob das erste Platzieren des primären Selbstmodus nur leidend erfolgen kann. Beide Selbstmodi sind nach der Situation im Leiden vereint. Beide sind gleichermaßen unglücklich. Nun könnte der primäre Selbstmodus die Gunst der Stunde nutzen und zum sekundären Selbstmodus sagen: „Probieren wir es doch mal auf meine Weise. Gehen wir doch einfach in die Gruppe rein, hören den anderen wirklich zu, versuchen, sie zu verstehen, bestätigen sie in ihren Bedürfnissen und Ängsten und unterstützen sie. Und wir sagen dann auch, was wir uns von der Gruppe wünschen würden."
„Wir" ist einfacher gesagt als getan. Die beiden Selbstmodi haben diametral entgegengesetzte Wünsche und Ziele. Um aus dem Unglück herauszukommen, ist es erforderlich, dass der sekundäre Selbstmodus gar nicht aktiv wird, sondern nur den primären machen lässt. Denn weder das alleinige Agieren des sekundären noch das gleichzeitige Agieren von beiden führt zu Wohlbefinden. Da braucht es Hilfe von außen, einen Vermittler, z. B. in der Therapie. Oder es entsteht ein dritter Selbstmodus, der beide integriert.
Integration von Selbstmodi könnte im Extremfall so weit gehen, dass aus dem primären und dem sekundären ein **tertiärer integrativer Selbstmodus** wird und diese ab da nicht mehr einzeln existieren. Meist verschmelzen sie aber nicht zu einem neuen Modus, sondern bleiben bestehen, eventuell latent, bis bei einer „günstigen" Gelegenheit der entsprechende Modus als die beste Lösung erscheint.
Der tertiäre integrative Selbstmodus hat synergistische und limitierende steuernde Funktion. Er übernimmt die Führung der beiden anderen, gibt mal dem einen, mal dem anderen mehr Raum. Er zügelt sie jeweils, so dass ihre Aktionen nicht mehr dysfunktional sind. In unserem Fallbeispiel scheiterte der Patient an seinem Konflikt zwischen Beziehung (gemocht werden, dazugehören) und Selbst (Einfluss haben, dominieren, besser sein). Diese beiden Selbstmodi boykottierten sich in der Gruppensituation. Der integrative Selbstmodus ist klug und weiß, dass zuerst eine gute Beziehung hergestellt werden muss, bevor Machttendenzen in den Vordergrund treten dürfen. Er begrenzt deshalb zu Beginn einer Gruppe den dominanzstrebenden Selbstmodus stark, so dass dieser erst in einer späteren Gruppensitzung allmählich zum Zuge kommt. Erst wenn eine gute Vertrauensbasis in der Gruppe besteht und die große Kompetenz des Patienten neidlos anerkannt wird, lässt der integrative Selbstmodus gegenüber dem dominanzstrebenden die Zügel locker. Er darf jetzt, wo er einen guten Platz in der Gruppe hat, anfangen, sich zu profilieren. Dies auch nur so weit, als die Gruppe eindeutig von seiner Einflussnahme profitiert. Er greift zum Wohl der Gruppe in das Gruppengeschehen ein. Ein ausgeglichenes Geben und Nehmen: Einerseits wurde der Gruppe geholfen, andererseits nimmt er daraus den Gewinn der Selbstwirksamkeit mit.

Wie können wir uns diesen tertiären integrativen Selbstmodus vorstellen? Er ist mit den beiden anderen Modi in gutem Kontakt, versteht ihre Bedürfnisse und Ängste, weiß, wie sie mit diesen umgehen, weiß um ihre Stärken und Schwächen und weiß darum, wann sie lieber nicht aktiv werden sollten. Er ist also besonnen, nicht rational intellektuell, nicht kühl. Ihm ist beides gleich wichtig: Vernunft und Gefühl, Beziehung und Selbst. Manchmal ist er wie ein Pilot, der sich und die Umwelt sehr präzise einschätzen und deshalb optimale Entscheidungen treffen kann. Manchmal ist er wie ein Schiedsrichter, der das Spiel der beiden Gegner steuert. Und manchmal ist er recht zufrieden, weil die beiden anderen Selbstmodi in guter Balance sind. Er ist die Instanz, die aus einem Entweder-oder ein Und macht.

Gibt es entwicklungspsychologische Vorläufer des tertiären integrativen Selbstmodus? Ja, man könnte die jeweils neue Entwicklungsstufe als Integrator der beiden vorausgehenden Stufen betrachten:
- Der souveräne Entwicklungsmodus integriert den impulsiven und den einverleibenden Selbstmodus.
- Der zwischenmenschliche Entwicklungsmodus integriert den souveränen und den impulsiven Selbstmodus.

Wir haben die natürlichen Entwicklungsmodi, die an sich adaptiv sind, den maladaptiven, dysfunktionalen Überlebensmodi entgegengestellt, die aus misslichen Kindheitsbedingungen als Überlebensnotwendigkeit entstanden sind. Damals waren sie die Rettung, heute sind sie ähnlich hinderlich, wie es eine Ritterrüstung in unserem Jahrhundert wäre. Nur merken wir meist bis zur Symptombildung und nachfolgenden Psychotherapie nicht, dass wir unsere maßgeschneiderte Rüstung noch anhaben.

Der Streit der beiden gegnerischen Selbstmodi kann demnach entweder durch Symptombildung oder durch Entwicklung eines tertiären integrativen Selbstmodus geschlichtet werden. Die Krankheit macht das eine, die Therapie das andere.

## 7 Therapeutische Aspekte

Die Therapie sekundärer Selbstmodi hat drei Aufgaben:
1. **Entwicklung** auf die nächsthöhere Stufe fördern, so dass ein reiferer Entwicklungsmodus verfügbar ist (von impulsiv zu souverän zu zwischenmenschlich)
2. Etablierung eines **tertiären integrativen Selbstmodus**, der den primären und sekundären Selbstmodus ausbalanciert, so dass Interaktion und Beziehung adaptiver werden
3. Konkrete therapeutische Interventionen bezüglich **Emotionsregulation** und **Selbstregulation** (Umgang mit Bedürfnissen, Ängsten, Überlebensregel)
4. Konkrete Interventionen zur Veränderung des **Dysfunktionalen Repetitiven Interaktions- und Beziehungs-Stereotyps DRIBS**, um zu einer befriedigenden Beziehungsgestaltung zu finden

Tabelle 3 zeigt die Schritte der Therapiestrategie, die teils im Hintergrund läuft, teils durch konkrete Interventionen wie Imaginationsübungen, Rollenspiele und Stuhl-Übungen erfolgt. Über das Wahrnehmen der Gefühle im sekundären Selbstmodus gelangen wir zu den Bedürfnissen des primären Selbstmodus. Hier wird schmerzlich gespürt, was in der Kindheit vermisst wurde. Darauf werden ideale Eltern (Pesso, 2008) imaginiert, die Bedürfnisse bedingungslos befriedigt hätten (ressourcenorientierte Übung). Gemeinsam wird die Bedeutung dieser emotionalen korrigierenden Erfahrung reflektiert, so dass der Patient in den tertiären Selbstmodus geht. Es wird vereinbart, dass dieser entwickelte und erwachsene Selbstmodus mit guter Elternschaft Fürsorge für den unentwickelten primären Selbstmodus übernimmt, so dass dieser die fälligen Entwicklungsschritte nachholen kann. Im nächsten Schritt entwickelt er eine Theory of Mind (TOM; vgl. Bischof-Köhler, 2010), wird dadurch sozial kompetenter. Er geht damit in Interaktion

**Tabelle 3:** Strategische Therapie des sekundären Selbstmodus

| Strategische Therapie des sekundären Selbstmodus | Beispiel |
|---|---|
| Wahrnehmung des sekundären Selbstmodus | Ich bin oft sehr selbstunsicher, ängstlich |
| Emotionswahrnehmung | Es macht mich wütend, wie er mich behandelt |
| Wahrnehmung des primären Selbstmodus | Ich kann noch nicht für mich sorgen |
| Bedürfniswahrnehmung | Ich brauche Liebe ohne Bedingungen |
| Bedürfnisbefriedigung in der Imagination | Eltern, die Liebe ohne Bedingungen gegeben hätten |
| Etablieren des tertiären Selbstmodus | Entwickelt, erwachsen, erfahren, emotional, empathisch |
| Selbstfürsorge | Tertiärer Modus versorgt den primären wie sein Kind |
| Entwicklung einer Theory of Mind | Erkennen wie und wozu andere Menschen reagieren |
| Interaktionsangebote des primären Selbstmodus | Gefühl und Wunsch aussprechen |
| Beziehungsgestaltung im primären Selbstmodus | offener Austausch von Gefühlen |
| Entwicklung von Empathiefähigkeit im tertiären Selbstmodus | Sich in den anderen hineinversetzen, dafür sorgen, dass es ihm gut geht |
| Balance zwischen Selbst und Beziehung – primär und tertiär | Während beider Bedürfnisse in der Beziehung befriedigt werden, eigene Anliegen für sich angehen |

## 7.1 Förderung zum Erreichen eines reiferen Entwicklungsmodus

Sulz (2010b, S. 200) hat die Therapie zur Entwicklung des Selbst und der Beziehungen beschrieben. Dabei geht es um zweierlei:
a) Es geht nicht darum, welche Bedingungen das Verhalten eines Menschen hat, sondern darum, ob und wie ein Mensch in der Lage ist, die Bedingungen seines Verhaltens zu reflektieren (Metakognition oder Mentalisierung (Fonagy & Bateman, 2010; vgl. Sulz, Richter-Benedikt & Hebing, 2012) zu entwickeln).
b) Es geht nicht darum, von den Emotionen weg zu den Kognitionen zu kommen, sondern darum, die Emotionen wahrzunehmen, zu benennen, ihren Kontext zu erkennen, ihre Wirkung auf das Denken und Handeln und auf andere Menschen zu verstehen – und dadurch eine wirksame Emotionsregulation zu etablieren.

Zu (a): Da fast alle Patienten im prälogischen Denken des impulsiven Entwicklungsmodus fixiert sind, wird dieser als Beispiel beschrieben (Sulz, 2010b, S. 205 ff.):
- Sein Denken besteht aus Momentaufnahmen
- Wenn er eine Geschichte erzählt, ist das eine Aneinanderreihung von Momentaufnahmen. „Zuerst hat X eine Frage gestellt. Und dann hat Y gesagt, dass ... Und dann hat Z gesagt, ..."
- Er kann die Abfolge der Momentaufnahmen noch nicht aufeinander beziehen
- Er kann noch nicht reflektieren, dass der eine Moment durch den vorausgehenden ausgelöst wurde

- Er kann die kausale Verknüpfung beider Momente nicht gedanklich erfassen: „Weil Y die Frage von X nicht beantworten konnte, half ihm Z bei der Antwort."

Daraus ergibt sich als therapeutisches Rational: Das Denken der impulsiven Stufe sieht keine Möglichkeit der Änderung aus eigener Kraft – wohl aber das Denken der souveränen Stufe.

Das Vorgehen ist eine einfache Fragetechnik, die zunächst aus sieben Fragen besteht (siehe auch McCullough, 2010).
1. Beschreiben Sie, was in der Situation geschah!
2. Berichten Sie, was die andere Person sagte/machte!
3. Welche Bedeutung hat deren Verhalten für Sie?
4. Berichten Sie, was Sie in der Situation getan/gesagt haben!
5. Beschreiben Sie, wie die Situation ausging, wozu führte Ihr Verhalten?
6. Beschreiben Sie, welches Ergebnis Sie stattdessen gebraucht hätten?
7. Warum haben Sie das nicht bekommen?
Der Patient kann diese Fragen nur beantworten, wenn er sein Denken (mühsam) auf das souveräne konkret-logische Niveau anhebt. Das weitere Vorgehen wird in Sulz (2010b) beschrieben.

Zu (b): Emotionsregulation benötigt die bewusste Wahrnehmung und Reflexion des Gefühls. Am besten ist es, wenn das Gefühl innerhalb der Therapiesitzung auftritt. Dann kann durch eine emotive Gesprächsführung wie Emotion Tracking (Sulz, 2007a, 2010b) oder durch das Vorgehen der Emotion Focused Therapy (Greenberg, 2000; Elliott, Watson, Goldman & Greenberg, 2008) das Gefühl ins Bewusstsein gehoben, in Sprache übersetzt werden, der auslösende Kontext erinnert, die dadurch angestoßenen Gedanken bezeichnet, das dadurch resultierende Handeln gespürt und zugleich die Wirkung auf den anderen Menschen erfahren werden. Die gemeinsame Reflexion hilft, das Gefühl künftig hinsichtlich seiner Funktionalität zu prüfen und zu modifizieren. Dabei sollte dem Patienten, der gerade dabei ist, die eigenen Bedürfnisse und Gefühle zu akzeptieren, nicht zu früh Empathie für die anderen abverlangt werden. In der Entwicklung sollte die Reihenfolge eingehalten werden: 1. Aufheben der Hemmung der Impulsivität (gesunde Spontaneität), 2. Schritt auf die souveräne Stufe (gesunder Egoismus) und erst dann 3. Schritt auf die zwischenmenschliche Stufe (gesunde Beziehung).

## 7.2 Etablieren eines tertiären integrativen Selbstmodus als übergeordnete steuernde Instanz

Das Etablieren eines neuen Selbstmodus, der übergeordnete, integrierende und modulierende Funktion übernimmt, setzt obige Entwicklungsarbeit voraus, wenn es nicht nur ein vorübergehendes Antrainieren sein soll. Wer im impulsiven Entwicklungsmodus bleibt, kann den tertiären integrativen Selbstmodus nicht entwickeln. Bei seiner Entwicklung müssen wir in zwei Schritten vorgehen:
a) Etablieren des tertiären integrativen Selbstmodus auf der souveränen Entwicklungsstufe: Der Kluge, der Clevere, der Effektive (noch egozentrisch selbstbezogener Modus).

b) Etablieren des tertiären integrativen Selbstmodus auf der zwischenmenschlichen Entwicklungsstufe: Der Empathische, der Soziale, der auf den anderen Menschen Bezogene. Albert Pesso (2008) nennt diesen übergeordneten Selbstmodus Pilot. Schulz von Thun (2001) bezeichnet ihn als Oberhaupt. Er hat den anderen beiden Selbstmodi einiges voraus: Erfahrung, Weitblick, gute Emotionssteuerung, Zeitgefühl, Wertorientierung, Ziele, Wissen, wie die Dinge laufen, Menschenkenntnis (eine Theory of Mind). Eben die Errungenschaften der souveränen Stufe. Und wenn auch der zweite Schritt zur zwischenmenschlichen Stufe geschafft ist, kommt die Fähigkeit zum Perspektivwechsel und zur Empathie hinzu, also die Fähigkeit, nicht nur Interaktionen kurzfristig optimieren zu können, sondern auch Beziehungen langfristig gestalten und pflegen zu können.

War eine bewährte Methode, um neben dem dominierenden sekundären Selbstmodus auch den unterdrückten primären Modus ins Bewusstsein zu heben, die Zwei-Stuhl-Technik (für jeden Modus ein Stuhl; der Patient setzt sich auf den Stuhl, der gerade seinem Denken und Fühlen entspricht), so brauchen wir jetzt drei Stühle. Zu den beiden schon stehenden Stühlen wird ein dritter Stuhl für den tertiären Selbstmodus gestellt. Die ersten beiden Stühle bleiben leer. Der Therapeut lässt die beiden Selbstmodi miteinander bzw. gegeneinander sprechen und streiten, während der Patient auf dem dritten Stuhl sitzt und zuhört. Immer wieder wird er gefragt, wie sich das aus seiner Meta- oder Vogelperspektive anhört. Was ihm als außenstehendem Beobachter dabei einfällt. Die Fragen des Therapeuten müssen so gestellt werden, dass sie den Patienten in ein metakognitives Denken führen. Es entspricht zum Teil dem zirkulären Fragen der systemischen Therapie: Was glauben Sie, wie es dem „Ersten" (primären Selbstmodus) geht, wenn der „Zweite" (sekundärer Selbstmodus) sagt: „Der Erste stört und nervt mich nur. Am liebsten wäre es mir, wenn es ihn nicht gäbe."? Es wird aber auch nach Bedürfnissen, Ängsten und der Wut des einen und des anderen gefragt sowie nach den Zielen der beiden, bis die Funktionalität der Modi deutlich wird. Die gemeinsame Reflexion von Therapeut und dem „Dritten" (tertiärer Selbstmodus) nähert sich allmählich einer Lösung zweiter Ordnung nach Watzlawik et al. (1969, 1979): Aus dem Entweder-oder wird ein Und.

## 7.3 Konkrete therapeutische Interventionen bei einzelnen Selbstmodi

Wir haben uns sehr lange mit den Prozessmerkmalen der Selbstmodi beschäftigt. Für die Therapiepraxis ist es hilfreich zu wissen, welche inhaltlichen Ausgestaltungen die individuellen Selbstmodi einnehmen. In der Empirie finden wir am häufigsten die dysfunktionalen Persönlichkeitszüge, wie sie in DSM und ICD beschrieben werden, als sekundäre Selbstmodi, z. B.

- selbstunsicherer Selbstmodus
- dependenter Selbstmodus
- zwanghafter Selbstmodus
- passiv-aggressiver Selbstmodus
- histrionischer Selbstmodus
- schizoider Selbstmodus
- narzisstischer Selbstmodus
- emotional-instabiler Selbstmodus
- paranoider Selbstmodus

Nehmen wir als Beispiel den selbstunsicheren Selbstmodus. Wir kennen ihn als ängstlich-vermeidend in sozialen Situationen: Er traut sich nicht zu sagen, was er denkt, zu nehmen, was er will, Ärger und andere Gefühle zu zeigen, in den Mittelpunkt zu treten, irgendetwas zu tun oder zu sagen, was den Unmut des Gegenübers hervorruft. Er hat sich meist entwickelt in der Beziehung zu einem strengen, strafenden Elternteil, teils auch durch Modelllernen. Entsprechend ist seine zentrale Angst die Angst vor Ablehnung und Liebesentzug, die sich bis zur Vernichtungsangst steigern kann. Sulz (2011b) hat für jeden dieser Selbstmodi für die Therapie wichtige Charakteristika formuliert, die besonders für die Verbesserung der Beziehungsgestaltung von Bedeutung sind. Als Beispiel soll wieder der selbstunsichere Selbstmodus dienen:

**Umgang mit Beziehung, mit einer Bezugsperson:**
Meine Bezugsperson kann besser streiten, kritisiert oder lobt
Ich achte darauf, dass ich keinen Unmut erzeuge
Ich kann nur offen sein, wenn ich weiß, dass sie nicht ärgerlich wird oder mich bloßstellt
Solange ich nicht weiß, dass ich ihr Wohlwollen genieße, fühle ich mich unsicher
Hätte ich weniger Angst, würde ich mehr Ärger zeigen
Hätte ich weniger Schuldgefühle, würde ich meine Interessen mehr durchsetzen
Hätte ich weniger Scham, würde ich mich mehr zeigen
Für mich bedeutet Beziehung, jemand haben, der mich annimmt und mag. Dafür halte ich meine egoistischen Neigungen zurück

**Interaktionsstereotyp (DRIBS)**
Rollenübernahme: Ich bin unterlegen, versage zu oft, halte Ablehnung nicht aus. Ich kann mich nicht durchsetzen. Ich kann mich zurückhalten.
Komplementärrollenzuweisung: Die Bezugsperson wird offensiv, streng, kritisiert Fehler, lehnt ab, wenn er/sie nein sagt oder etwas fordert.
Verhalten: ängstlich-vermeidend
Reaktion des anderen: selbstsicher, überlegen
Eintritt des Gefürchteten: Ich mache Fehler, andere nehmen diese wahr
Eintritt der Frustration: Kritik, Unmut und Ablehnung
Vorteil: Offene Auseinandersetzung wird vermieden
Bild: Angsthase statt heldenhafter Rächer

**Therapiestrategien bei selbstunsicherem Selbstmodus**

| | |
|---|---|
| Bedürfnis/Hoffnung: | mir so viel und so schnell nehmen wie der andere |
| Angst/Furcht: | tun, was Angst macht: Fordern und Neinsagen lernen |
| Wut: | sich wehren lernen, streiten lernen |
| Beziehung: | lernen, dass passagere Disharmonie die Beziehung stützt |
| Impulssteuerung: | egozentrische und wütende Impulse zulassen |
| Umgang mit Emotionen: | aussprechen, ausdrücken, ausagieren |
| Konflikt: | mal Zuneigung holen, mal Selbstinteressen verfolgen |
| Selbstbild, Rolleneinnahme: | Ich bin erwachsen, so kompetent wie du |
| Weltbild, Komplementärrolle: | Du bist keine Elternperson |
| Überlebensregel: | das Gegenteil machen |
| Verhalten, dessen Wirkungen: | positive Annäherung oder wehren |
| repetitiver Stereotyp (DRIBS): | mit Durchsetzung aus der Spirale austreten |
| Entwicklungsstufe: | zuerst impulsiv sein können, dann souverän werden |

Therapiestrategien für die weiteren Selbstmodi finden sich bei Sulz (2011b). Im Anhang sind weitere Dysfunktionale Interaktions- und Beziehungs-Stereotype (DRIBS) von häufigen sekundären Selbstmodi wiedergegeben (dependent, zwanghaft, passiv-aggressiv, histrionisch, schizoid, narzisstisch, Borderline).

Dass wir im Beruf einen anderen sekundären Selbstmodus walten lassen als in der Partnerschaft und wieder einen anderen in der Elternschaft, ist eine natürliche Anpassungsleistung an verschiedene Umwelten. Dass wir einen in der Kindheit zugelegten sekundären Selbstmodus im Erwachsenenalter weiter pflegen, obgleich er unserem Selbstgefühl und unseren Beziehungen schadet, ist dagegen dysfunktional. Das Konzept des Selbstmodus hilft uns, weil es nicht nur um verschiedene Verhaltensweisen geht, sondern weil sich ganzheitliche Selbstzustände einstellen, die das betreffende Verhalten triggern. Ändern wir den Selbstmodus, dann verändert sich das Verhalten. Gelingt es der Therapie, häufiger im primären Selbstmodus zu leben, so eröffnen wir Entwicklungsfähigkeit. Umgekehrt macht Entwicklung einen dysfunktionalen Selbstmodus überflüssig. Die besondere Schwierigkeit in der Behandlung dysfunktionaler Selbstmodi besteht darin, dass die Bezugsperson in die Selbstregulation eingebaut wird, so dass doppelter therapeutischer Widerstand entsteht. Jeder sagt: „Ich bin so, weil der andere so ist. Er soll sein Verhalten ändern." Metakognitive Analysen helfen, diese Dramaturgie zu durchschauen. Interventionen zur Entwicklung, zur Emotionsregulation und zur Interaktionsanalyse ermöglichen, den sekundären Selbstmodus mehr und mehr zu verlassen.

## ANHANG: Interaktionsstereotyp (DRIBS) der sekundären Selbstmodi

### Dependenter Selbstmodus: Interaktionsstereotyp
Rollenübernahme: Ich bin unselbständig, komme in der Welt nicht allein zurecht. Ich kann mich sehr gut anpassen
Komplementärrollenzuweisung: Die Bezugsperson führt und schützt mich, fühlt sich überlegen und selbständig
Verhalten: ganz dem anderen anpassen
Reaktion des anderen: genießt zuerst seine Aufwertung, verlangt dann mehr Anpassung, verliert Interesse und Achtung
Eintritt des Gefürchteten: Bezugsperson wendet sich anderen und anderem zu (Alleinsein)
Eintritt der Frustration: keine Geborgenheit mehr
Vorteil: Es wird vermieden, vom anderen wegzugehen, und es bleibt ein Rest von warmem Nest
Bild: Kaninchen statt Katze

### Zwanghafter Selbstmodus: Interaktionsstereotyp
Rollenübernahme: Kontrollierend und dafür sorgend, dass alles in Ordnung ist
Komplementärrollenzuweisung: Objekt meines Ordnungsstrebens
Verhalten: ständig Ordnung, gute Leistung herstellen
Reaktion des anderen: vermisst Gefühlsaustausch in der Beziehung
Eintritt der Frustration: Willkommensein bleibt aus
Eintritt des Gefürchteten: Kontrolle über sich und den anderen schwindet
Vorteil: Eigene Impulsivität/Aggressivität kann keinen Schaden anrichten
Bild: Statt den Säbel zu zücken, putzt der wütende Ritter wie wild seine Rüstung

**Passiv-aggressiver Selbstmodus: Interaktionsstereotyp**
Rollenübernahme: Jede Forderung anderer als übergriffig empfindend
Komplementärrollenzuweisung: Der andere fordert Arbeit, Leistung, einen Beitrag zur Gemeinschaft
Verhalten: indirekt verweigernd, mürrisch, lustlos
Reaktion des anderen: besteht auf seinen Forderungen
Eintritt der Frustration: Selbstbestimmung wird eingeschränkt durch vermehrtes Insistieren des anderen
Eintritt des Gefürchteten: Schließlich ärgert sich der andere mehr und mehr, die Beziehung wird immer schlechter
Vorteil: Keine vehementen Freiheitskämpfe, die zur offenen Feindschaft führen
Bild: gefesselter Freiheitskämpfer

**Histrionischer Selbstmodus: Interaktionsstereotyp**
Rollenübernahme: ist in der Begegnung initiativ, aufmerksamkeitsbindend
Komplementärrollenzuweisung: reagiert auf die Initiative, Wünsche werden bei ihm geweckt
Verhalten: überemotional, expressiv, appetitmachend
Reaktion des anderen: Der andere folgt der Einladung, will mehr
Eintritt des Gefürchteten: Er will was von mir
Eintritt der Frustration: Es geht dem anderen gar nicht um mich. Ich bekomme kein echtes Willkommensein
Vorteil: Es wird vermieden, als stilles Opfer dem anderen ausgeliefert zu sein
Bild: Kitzelt das schlafende Tier (dem man nicht ansehen kann, um was es sich handelt) mit der Riesenmähne an der Nase, um zu erkennen, ob es ein gefährliches Raubtier ist. Der Selbstunsichere würde auf einen Baum klettern und da aus warten, bis das Tier aufwacht

**Schizoider Selbstmodus: Interaktionsstereotyp**
Rollenübernahme: emotions- und beziehungsfrei
Komplementärrollenzuweisung: mehr emotionale Beziehung suchend
Verhalten: distanziert, emotionale Nähe vermeidend
Reaktion des anderen: versucht doch Kontakt herzustellen
Eintritt des Gefürchteten: Der andere überschreitet die Grenze, dies macht Angst und Wut. Darauf radikale Isolation
Eintritt der Frustration: Es lässt sich nicht die „richtige" Distanz halten, die ein Mindestmaß an Willkommensein ermöglicht
Vorteil: kein Nahkampf, der beide vernichten würde
Bild: Der Vogel fliegt immer wieder in die Nähe, um ein bisschen Futter zu bekommen. Er darf aber nicht festgehalten werden

**Narzisstischer Selbstmodus: Interaktionsstereotyp**
Rollenübernahme: nach immer Höherem strebender Star
Komplementärrollenzuweisung: bewunderndes begeistertes Publikum
Verhalten: angestrengt Höchstleistungen erbringend
Reaktion des anderen: etwas Bewunderung, mehr Befremden
Eintritt des Gefürchteten: Die Leistung war nicht genug, um ausreichend Bewunderung

zu erhalten. Nichtigkeit droht
Eintritt der Frustration: zu wenig Wertschätzung und Liebe. Wut
Vorteil: Auf die Reaktion des anderen muss nicht passiv gewartet werden. Es treten doch immer wieder Erfolge auf
Bild: einsam auf dem Dachfirst balancierend mit der ständigen Gefahr, zu uns anderen in die Mittelmäßigkeit abzustürzen

**Borderline-Selbstmodus: Interaktionsstereotyp**
Rollenübernahme: mit Haut und Haaren ungeschützt in Beziehung gehen
Komplementärrollenzuweisung: unachtsam verletzend, missbrauchend
Verhalten: intensivster Kontakt, panische Angst, extreme Wut
Reaktion des anderen: teils verführt, teils sich abgrenzend
Eintritt des Gefürchteten: Ich werde verlassen
Eintritt der Frustration: Ich werde missbraucht statt genährt
Vorteil: Immer wieder in Kontakt und Beziehung gelangen, dem Verlassensein entfliehend
Bild: extrem klammernder und wild um sich schlagender Ertrinkender

## Literatur

Bischof, N. (2008). Psychologie. Ein Grundkurs für Anspruchsvolle. München: Piper.
Bischof-Köhler, D. (2010). Kognition, Motivation und Emotion in der frühen Kindheit und im Vorschulalter. In S. Sulz & S. Höfling (Hrsg.), ... und er entwickelt sich doch! Entwicklung durch Psychotherapie (S. 3-44). München: CIP-Medien.
Elliott, R., Watson, J.C., Goldman, R.N. & Greenberg, L.S. (2008). Praxishandbuch der Emotionsfokussierten Therapie. München: CIP-Medien.
Fonagy, P. & Bateman, A. (2010). Bindung, Mentalisierung und die Borderline-Persönlichkeitsstörung. In S. Sulz & S. Höfling (Hrsg.), ... und er entwickelt sich doch! Entwicklung durch Psychotherapie (S. 235-250). München: CIP-Medien.
Grawe, K. (1998). Psychologische Therapie. Berlin: Springer.
Greenberg, L. (2000). Von der Kognition zur Emotion in der Psychotherapie. In S. Sulz & G. Lenz (Hrsg.), Von der Kognition zur Emotion. Psychotherapie mit Gefühlen (S. 77-110). München: CIP-Medien.
Hayes, S.C., Strosahl, K.D. & Wilson, K.G. (2004). Akzeptanz und Commitment Therapie. München: CIP-Medien.
Haley, J. (1977). Direktive Familientherapie. Strategien für die Lösung von Problemen. München: Pfeiffer.
Haley, J. (1978). Gemeinsamer Nenner Interaktion. München: Pfeiffer
Horowitz, M.J. (1987). States of mind: Configurational analysis of individual psychology (2nd ed.). New York: Plenum Press.
Kegan, R. (1986). Die Entwicklungsstufen des Selbst – Fortschritte und Krisen im menschlichen Leben. München: Kindt.
McCullough, J.P. (2010). Behandlung von Depressionen mit dem Cognitive Behavioral Analysis System of Psychotherapy. München: CIP-Medien.
Piaget, J. (1995). Intelligenz und Affektivität in der Entwicklung des Kindes. Frankfurt: Suhrkamp.
Pesso, A. (2008). Werden, wer wir wirklich sind. In A. Pesso & L. Perquin (Hrsg.), Die Bühnen des Bewusstseins (S. 61-72). München: CIP-Medien.
Reich, W. (1971). Charakteranalyse. München: Kiepenheuer & Witsch.

Schiepek, G. & Sulz, S. (2010). Selbstorganisation und psychische Entwicklung. In S. Sulz & S. Höfling (Hrsg.). ... und er entwickelt sich doch! Entwicklung durch Psychotherapie (S. 147-168). München: CIP-Medien.

Schulz von Thun, F. (2001). Miteinander reden 1 – Störungen und Klärungen. Sonderausgabe. Reinbek: Rowohlt.

Sulz, S. (1994). Strategische Kurzzeit-Therapie. München: CIP-Medien.

Sulz, S. (2007a). Supervision – Intervision – Intravision. München: CIP-Medien.

Sulz, S. (2007b). Die Schematherapie Jeffrey Youngs – ein integrativer Therapieansatz zur Behandlung von Persönlichkeitsstörungen. Psychotherapie, 12, 183-196.

Sulz, S. (2008). Als Sisyphus seinen Stein losließ. Oder: Verlieben ist verrückt. München: CIP-Medien.

Sulz, S. (2010a). Piagets Theorie der affektiven Entwicklung des Menschen. Entwicklung affektiver, kognitiver und Interaktionsschemata. In S. Sulz & S. Höfling (Hrsg.), ... und er entwickelt sich doch! Entwicklung durch Psychotherapie (S. 117-132). München: CIP-Medien.

Sulz, S. (2010b). Strategische Entwicklung. Therapiemodul der Strategisch-Behavioralen Therapie (SBT). In S. Sulz & S. Höfling (Hrsg.), ... und er entwickelt sich doch! Entwicklung durch Psychotherapie (S. 191-224). München: CIP-Medien.

Sulz, S. (2011a). Therapiebuch II: Strategische Kurzzeit-Therapie. E-Book. München: CIP-Medien.

Sulz, S. (2011b). Therapiebuch III: Von der Strategie des Symptoms zur Strategie der Therapie. München: CIP-Medien.

Sulz, S., Richter-Benedikt, A.J. & Hebing, M. (2012). Mentalisierung und Metakognitionen als Entwicklungs- und Therapieparadigma in der Strategisch-Behavioralen Therapie. In S. Sulz & W. Milch (Hrsg.), Mentalisieurngs- und Bindungsentwicklung in psychodynamischen und behavioralen Therapien (S. 133-150). München: CIP-Medien.

Watkins, J.G. & Watkins, H. (2003), Ego-States. Theorie und Therapie. Heidelberg: Carl Auer.

Watzlawik, P., Beavin, J.H. & Jackson, D.D. (1969). Menschliche Kommunikation. Formen, Störungen, Paradoxien. Bern: Huber.

Watzlawik, P., Weakland, J. & Fisch, R. (1979). Lösungen. Zur Theorie und Praxis menschlichen Wandels (2 ed.). Bern: Huber.

Young, J.E. (1990). Cognitive Therapy of Personality Disorders: A schema-focused approach. Sarasota: Professional Ressources Press.

## Korrespondenzadresse

Prof. Dr. phil. Dr. med. Serge Sulz
Katholische Universität Eichstätt-Ingolstadt
Postanschrift: Nymphenburger Str. 155 | 80634 München
Tel.: +49-89-120 222 79 | Serge.Sulz@ku-eichstaett.de

Norbert Hartkamp

## States of Mind – mentale Zustände
## Mentale Zustände und ihre Steuerung im psychotherapeutischen Prozess

States of Mind – Mental states and control processes in psychotherapy

Ausgehend von einer psychoanalytischen Theorie des Denkens, entwickelte M. Horowitz seit den 1970er Jahren sein Konzept der „States of Mind", der mentalen Zustände. Solche Zustände können „gut moduliert", „übermoduliert", „untermoduliert" oder „wechselhaft" sein. Weiterhin können sie „problematisch-kompromisshaft", „anpassungsfördernd", „ersehnt" oder „befürchtet" sein. Ihre Steuerung kann sich auf Inhalte und formale Aspekte beziehen und darauf, welche Schemata aktualisiert werden. Die Beachtung mentaler Zustände, ihrer Veränderung und ihrer Steuerung kann, besonders auf der mikroprozessualen Ebene, helfen, Therapieprozesse besser zu verstehen und zu gestalten.

Schlüsselwörter:
mentale Zustände – Psychodynamik – Kognition – Veränderungsprozesse

*Starting from a psychoanalytic theory of thinking, M. Horowitz has been developing his concept of „states of mind" since the 1970ies. Such states can be „well-modulated", „overmodulated", „undermodulated" or „shimmering". Furthermore, they can have the character of a „problematic compromise," an „adaptive compromise", a „desired" or „dreaded" state. Their control may relate to content and formal aspects and the question as to which schemes out of a repertoire of schemes are made available. The therapists' attention to mental states, their change and control can help to better understand and frame therapeutic processes, especially at the microprocessual level.*

*Keywords:*
*states of mind – psychodynamics – cognition – change processes*

Psychotherapeuten sind es traditionell gewöhnt, sich im psychotherapeutischen Gespräch mit den Inhalten zu befassen, über die Patientinnen und Patienten ihnen berichten. Sie sprechen mit ihren Patienten über Begebenheiten des Alltags, Geschehnisse in den ihnen wichtigen Beziehungen oder über Erinnerungen aus jüngerer oder fernerer Vergangenheit. Die Erwartung von Therapeutinnen und Therapeuten ist es dabei, durch das Sprechen über solche Inhalte Muster identifizieren zu können, charakteristische Konfigurationen und Schemata, die es ihnen erlauben, etwas Wesentliches ihrer Patienten zu erfassen, um dieses dann mit den Patienten so zu bearbeiten, dass diese es als hilfreich und nützlich erleben. Bei den Beschwerden, über die Patienten klagen, handelt es sich hingegen oftmals um seelische Zustände wie Angst, Bedrückt-sein, seelischen Schmerz oder Verwirrung, die in unangepassten und immer wieder scheiternden zwischenmenschlichen Beziehungen erlebt werden. Wenn es Therapeutinnen und Therapeuten gelingt, Zusammenhänge zwischen seelischen Inhalten einerseits und seelischen Zuständen andererseits herzustellen, dann gelingt es in der Regel, gegenwärtige krankhafte Zustände des Patienten und ihr Zustandekommen zu begreifen.

## Mentale Zustände

Dass Menschen sich in unterschiedlichen mentalen Zuständen befinden können, ist eine triviale Tatsache. So kennen wir Zustände der fokussierten Aufmerksamkeitszuwendung wie bei der Lösung einer kniffligen Denksportaufgabe, Zustände defokussierter Wachheit wie beispielsweise bei der abwartenden Betrachtung eines am Horizont heraufziehenden Gewitters oder des nächtlichen Sternenhimmels, es gibt Zustände eingeschränkter Wachheit nach einer üppigen Mahlzeit am Mittag eines Festtags oder träumerische Zustände im schweigenden Halbdunkel vor einem knisternden Feuer. Unterschiedliche mentale Zustände haben oftmals zu tun mit unterschiedlichen sozialen Rollen, die wir einnehmen, mit unterschiedlichen interpersonellen Beziehungen und Netzwerken, in denen wir uns wiederfinden. So mag ein Mann in einer bestimmten Situation ein hochkonzentrierter Ingenieur sein, der an einem CAD-Arbeitsplatz ein neues Maschinenteil konstruiert und dabei rasch und präzise auf eine Vielzahl mentaler Wissensbestände über Materialeigenschaften und Herstellungskosten zugreift. Dabei greift er gleichzeitig auf ein komplexes Netzwerk verinnerlichter Beziehungserfahrungen zu, das Informationen darüber beinhaltet, wen und wessen Interessen er an einem bestimmten Punkt seines Arbeitsprozesses berücksichtigen muss. Derselbe Mann kann einige Stunden später mit seiner 3-jährigen Tochter auf dem Bett liegen, mit ihr Fingerspiele erfinden oder sich mit ihr Reime aus sinnlosen Silben ausdenken und sich in einem mentalen Zustand befinden, in dem sich die Welt auf das Zusammensein mit seinem Kind reduziert. Verschiedene mentale Zustände sind somit für die Bewältigung unterschiedlicher Aufgaben in unterschiedlichem Grad geeignet. Ein mentaler Zustand, der für die zielgerichtete und punktgenaue Bewältigung einer hochkomplexen Aufgabe nützlich ist, ist es vielleicht nicht für das spielerische Erschaffen des Noch-nicht-Dagewesenen. Entsprechend erweist sich ein meditativ-selbstversunkener Zustand, der vielleicht subjektiv hochbedeutsame Erfahrungen von Spiritualität und Transzendenz ermöglicht, im Straßenverkehr als schädlich oder gefährlich.
Wenn wir mentale Zustände definieren wollen (Horowitz, 1998), dann können wir sie als Kombinationen bewusster und nicht bewusster (unbewusster) Erfahrungen mit Verhaltensmustern betrachten, die über eine kürzere oder längere Zeit andauern („Ich-Zustände", Federn, 1956/1978, vgl. Arlow, 1992). Jeder Mensch verfügt über ein Repertoire an solchen wiederkehrenden mentalen Zuständen, die bestimmte, relativ überdauernde Haltungen einschließen, wie zum Beispiel Modelle des Selbst und Modelle anderer Personen (Personen-Schemata), Modelle sozialer Rollen in Beziehungen zu anderen („role-relationship-model") und Auffassungen über die Welt insgesamt. Mentale Zustände sind somit zu einem wesentlichen Teil als „kognitive Strukturen" (Rapaport, 1967) zu kennzeichnen, sie umfassen aber auch emotionale und affektive Anteile. Tatsächlich erweisen

sich Emotionalität, die Steuerung der Emotionalität und das Streben nach bzw. die Angst vor bestimmten emotionalen Beziehungen als zentrale Elemente mentaler Zustände. Mentale Zustände sind in bestimmten Formen der Psychotherapie von zentraler Bedeutung. So spricht man in der Transaktionsanalyse des Federn-Schülers Eric Berne (1967) vom „Eltern-Ich", dem „Kind-Ich" und dem „Erwachsenen-Ich". Das Eltern-Ich kann dabei als mentaler Zustand begriffen werden, in dem sich eine bestimmte Rolle in Beziehungen zu anderen manifestiert, z. B. die, das Gegenüber zu bevormunden, ihm zu sagen, was es tun soll. Ein aktiviertes Eltern-Ich wird dazu beitragen, das Verhalten eines anderen zu missbilligen oder aber sich fürsorglich und bemutternd um seine Angelegenheiten zu kümmern. Entsprechend lassen sich das Erwachsenen-Ich und das Kind-Ich definieren. In anderen psychotherapeutischen Ansätzen wird vom „inneren Kind" gesprochen (Chopich &, Paul, 1993/2011; Herbold & Sachsse, 2012), wobei mit diesem Begriff ein mentaler Zustand bezeichnet wird, in dem Gefühle, Erfahrungen und Erinnerungen aus der eigenen Kindheit das mentale Geschehen bestimmen. Mentale Zustände können typischerweise zumindest zum Teil von der Person, die sie erfährt, beschrieben werden („Wenn meine Vorgesetzte mir mal wieder unklare Anweisungen gibt, dann gerate ich sofort in einen Zustand hilfloser Wut."). Oft gilt allerdings, dass mentale Zustände introspektiv nur unvollständig wahrgenommen werden können, was damit zusammenhängt, dass bestimmte Selbstanteile und darauf bezogene Strebungen oder Affekte aus der Wahrnehmung ausgeschlossen werden, weil sie mit dominanten Selbstanteilen nicht kompatibel sind („Ich bin auch deshalb immer so wütend auf meine Vorgesetzte, weil die mich an meine hochnäsige große Schwester erinnert, der ich schon früher am liebsten den Hals umgedreht hätte! Dass ich solche mir selbst abscheulich erscheinenden Regungen habe, will ich aber nicht zur Kenntnis nehmen."). Gute Beobachter, wie es Psychotherapeuten sein sollten, sind in der Lage, ein zunächst intuitives Gewahrwerden der mentalen Zustände anderer in der Gegenübertragung (Hartkamp, Schmitz, Schulze-Edinghausen, Ott & Tress, 2002) auf ein bewusstes Niveau zu heben. Dazu beobachten sie Körperhaltungen (Deutsch, 1952), Gestik und Mimik, die emotionalen Qualitäten der Beziehungsgestaltung oder auch das Denken über und die Bewältigung von möglichen äußeren und inneren Gefahrenzuständen (vgl. Heigl-Evers & Henneberg-Mönch, 1990). Mentale Zustände, so können wir auch sagen, sind innere Landmarken, Markierungen von Emotionen und Kognitionen sowie Markierungen der Möglichkeit, Gefühlszustände, besonders solche hoher Dringlichkeit, zu steuern. Steuerung zielt häufig darauf ab, unerwünschte Emotionen zu unterdrücken, dann sprechen wir auch von „Abwehr", aber – in anderen Zusammenhängen – auch von „Coping". Nicht nur die Unterdrückung, sondern auch die impulsive Entäußerung von Emotionen und Handlungsbereitschaft – dies wird häufig als „Agieren" bezeichnet – ist eine Form, in der sich eine Steuerung mentaler Zustände oder das Fehlen einer solchen Steuerung zeigen kann.

## Die Abgrenzung verschiedener Formen mentaler Zustände

Die Art der Steuerung ermöglicht es, unterschiedliche Arten mentaler Zustände zu unterscheiden. **Gut modulierte mentale Zustände** zeigen sich durch einen vergleichsweise geschmeidigen, fließenden Ausdruck von Emotionen und Gedanken. Das affektive Display erscheint authentisch, und die Gefühle, wie intensiv auch immer sie sein mögen, zeigen sich in einer beherrschten, souveränen Weise. Auf der Seite des Gegenübers in einer solchen Interaktion entstehen Interesse und eine Bereitschaft zur Einfühlung, ein Gefühl der Verbundenheit mit der sich äußernden Person und der Fähigkeit, an den Inhalten des Gesprächs teilzunehmen. Man kann den Eindruck haben, dass die sich mitteilende Person in einem organisierten kommunikativen Prozess engagiert ist, wo es keine größeren Abweichungen zwischen verbalen und nonverbalen Ausdrucksformen gibt. **Übermodulierte Zustände** sind durch eine übermäßige Kontrolle und Steuerung des expressiven Verhaltens gekennzeichnet. Ein Mensch in einem solchen übermodulierten Zustand erscheint starr, verschlossen, abgeschottet oder sich hinter einer Maske verbergend. Der Gefühlsausdruck erscheint gekünstelt oder falsch, oder aber es werden gar keine Gefühle gezeigt. Man spürt, dass ein solcher Mensch ziemlich weit von authentischer, echter Kommunikation entfernt ist, und als Teilnehmer einer solchen Situation fühlt man sich dem Gegenüber nicht verbunden. Gelegentlich wird man sich auch als unaufmerksam, gelangweilt oder schläfrig erleben. Psychotherapeuten begegnen solche übermodulierten Zustände häufig bei Patienten mit stärker ausgeprägten zwanghaften Persönlichkeitszügen (Stirn & Hartkamp, 2004). **Untermodulierte Zustände** zeigen sich in einer Fehlregulation des Ausdrucksverhaltens. Wo solche untermodulierten Zustände bestehen, erscheinen Menschen unter Umständen als impulsiv und unkontrolliert, es bestehen intrusive Gedanken und Emotionen. Ein Aufflackern von Gefühlen oder ein schwallartiger Anstieg von Emotionen kann als innerer Schmerz erlebt werden und sich in einem plötzlichen Anstieg der Intensität des Gefühlsausdrucks zeigen. Auch auf Seiten des Gegenübers kann es in Reaktion auf solche untermodulierten Zustände zu heftigen, fremdartig erscheinenden emotionalen Zuständen kommen. Es kann auch ein heftiger innerer Impuls erlebt werden, handelnd einzugreifen, um der betreffenden Person das Wiedererlangen der emotionalen Kontrolle zu erleichtern (Streeck, 2009). Im Kontext psychodynamischer Psychotherapie wird solches Erleben auf Seiten des Therapeuten oft auch als „projektive Identifikation" (Reich, 2002) beschrieben. Diese Reaktion auf untermodulierte Zustände von Patienten stellen eine häufige behandlungstechnische Schwierigkeit in der Therapie schwerer gestörter Patienten dar. Horowitz, Milbrath, Ewert, Sonneborn und Stinson (1994) beschreiben eine weitere Klasse mentaler Zustände als „schillernd" („shimmering"), wo es zu einem rapiden Wechsel zwischen untermodulierter Emotionalität einerseits und Zuständen des gefühlsmäßigen Ersticktseins und der Überkontrolle andererseits kommt. Als Gegenüber kann man in solchen Fällen Widersprüche zwischen verbalem und nonverbalem Ausdruck wahrnehmen, wobei die widersprüchlichen Ausdrucksformen entweder gleichzeitig bestehen oder sich in rascher Folge abwechseln können. Solche wechselhaften mentalen Zustände finden sich bei Personen mit emotional instabiler Persönlichkeitsstörung, wo diese Wechselhaftigkeit ein zentrales diagnostisches Merkmal ist, aber auch bei histrionischen Persönlichkeiten. Widersprüche zwischen verbalem und nonverbalen Ausdrucksverhalten finden sich darüber hinaus auch oft beim Lügen (Meyer, 2010); hier entsteht der wechselhafte mentale Zustand häufig aus den nebeneinander bestehenden Tendenzen, eine zutreffende und eine unzutreffende Äußerung zu tun.

## Gefürchtete und ersehnte, förderliche und problematische mentale Zustände

Mentale Zustände können darüber hinaus danach unterschieden werden, ob sie herbeigewünscht und ersehnt oder gefürchtet, ob sie anpassungsfördernd oder problematisch sind. So befinden sich Patienten, die aufgrund ihrer Symptome eine Therapie aufsuchen, oft in einem **„problematisch-kompromisshaften"** mentalen Zustand. Ein depressiver Patient kann beispielsweise einerseits große Wünsche danach haben, dass man ihn annimmt, wie er ist, dass er geliebt und umsorgt wird, und kann andererseits aber diese Wünsche missbilligen und für unangemessen halten. Dann kann es dazu kommen, dass er in einen solchen problematisch-kompromisshaften mentalen Zustand hineingerät, was sich dann klinisch in einem agitiert-depressiven Zustandsbild zeigen kann, in dem der Patient einerseits anklammernde Nähe sucht und sich andererseits selbst wegen seiner Schwäche und seines Versagens bezichtigt. Ein **„gefürchteter"** mentaler Zustand wird häufig von angstkranken Patienten beschrieben, die fürchten, „den Verstand zu verlieren" oder „total die Kontrolle zu verlieren". Gefürchtete mentale Zustände bilden häufig auch den Kern von traumabedingten Persönlichkeitsveränderungen, wie sie nach schweren körperlichen Erkrankungen oder psychosozialen Traumatisierungen eintreten können. Nicht in jedem Fall sind solche gefürchteten mentalen Zustände am Beginn einer Therapie so weit zugänglich, dass sie Gegenstand der therapeutischen Interaktion werden können – in diesen Fällen (vgl. Green, 2011) ist es die erste Aufgabe von Therapeuten, den betroffenen Patientinnen und Patienten ihren inneren gefürchteten Zustand wahrnehmbar zu machen. So berichtete ein jüngst pensionierter kommunaler Beamter, der sich mit einem depressiven Syndrom in Psychotherapie begeben hatte, über anscheinend wie aus dem Nichts entstehende Zustände von innerer Lähmung, Kraftlosigkeit und großer innerer Not, die ihn zwangen, seine geplanten Alltagsaktivitäten zu unterbrechen und sich über Stunden ins Bett zu legen. Im Zuge der Therapie wurde ihm deutlich, dass es sich dabei um eine von Ärger- und Zornaffekten ausgelöste Angst handelte, „verrückt" zu werden, so wie sein an Schizophrenie erkrankter Sohn. **Anpassungsförderliche** mentale Zustände sind meist gekennzeichnet durch gute Moduliertheit; sie begegnen Psychotherapeuten im beruflichen Kontext eher selten. Durchaus kann es aber dazu kommen, dass am Ende einer erfolgreichen Therapie Patienten zunehmend in der Lage sind, solche anpassungsförderlichen mentalen Zustände einzunehmen. So war eine Krankenschwester, die nach einem lebensgefährlichen Glatteisunfall auf der Fahrt zur Arbeitsstelle Symptome einer posttraumatischen Belastungsstörung zeigte, am Ende ihrer 50-stündigen Psychotherapie nicht nur in der Lage, angstfrei und ohne Intrusionen wieder Auto zu fahren, sondern sie hatte sich auch die Fähigkeit erworben, ihre Gedanken und Empfindungen gut zu modulieren, sich im beruflichen Feld besser durchzusetzen, Konflikte sachbezogen zu lösen und Streitigkeiten zu moderieren, was es ihr erlaubte, sich erfolgreich um eine leitende Position innerhalb ihres Großklinikums zu bewerben. **Herbeigesehnte** und **intensiv erwünschte** mentale Zustände werden in Psychotherapien von den Patientinnen und Patienten ebenfalls oft nicht mitgeteilt, obwohl sie den Patienten nicht selten introspektiv zugänglich sind. Gründe dafür, über die ersehnten mentalen Zustände nicht zu sprechen, sind meist Befürchtungen, für die dann mitgeteilten Wünsche kritisiert oder verhöhnt zu werden. Wenn intensiv erwünschte mentale Zustände offen mitgeteilt werden, dann wird dies u.U. als Ausdruck einer „Regression" aufgefasst, die Therapeuten nicht wünschenswert erscheint. So äußerte eine Patientin, die seit vielen Jahren unter unterschiedlichen

Diagnosen (Borderline-Störung, schwere chronifizierte Depression, schizoaffektive Psychose) in psychiatrischen Kliniken behandelt worden war, am Ende einer Stunde, in der sie mit ihrer Therapeutin über ihre Einsamkeit gesprochen hatte und ihre Wünsche nach Sexualität und danach, körperliche Berührung zu erfahren, diese möge ihr erlauben, sie zu umarmen und an sich zu drücken. Als die Therapeutin auf diesen Wunsch irritiert und ablehnend reagierte, führte dies über mehrere Behandlungsstunden hin zu einer Störung der bisher vertrauensvollen therapeutischen Arbeitsbeziehung, da die Patientin dies als Missbilligung ihres intensiven inneren Wunsches auffasste.

## Zustandsübergänge und Zyklen mentaler Zustände

Wir hatten eingangs bereits darauf hingewiesen, dass Psychotherapeuten jedweder theoretischer Grundorientierung geneigt sind, sich vorwiegend mit den **Inhalten** zu befassen, die ihnen von Patienten im Gespräch angeboten werden. Auch die Betrachtung des mentalen Operierens richtet sich oft zunächst auf die Inhalte, und dort können dann beispielsweise „Abwehrmechanismen" (Freud, 1936/2002) wie Verdrängung, Verschiebung, Entwertung oder Projektion beobachtet werden. Richtet sich der Fokus nun aber nicht in erster Linie auf Inhalte, sondern auf die „States of Mind", dann geht es um die Steuerungsprozesse und die Veränderungen solcher mentaler Zustände (Horowitz et al., 1992).

Steuerungsprozesse wirken ein auf die Steuerung von Inhalten, auf die Steuerung der Form des Erlebens und auf die Steuerung bereit liegender Schemata. Steuerungsprozesse, die den Inhalt des Erlebens verändern können, umfassen vier Regulationsebenen:
1. Es kann zu einer **Verlagerung des Fokus' der Aufmerksamkeit** kommen. Hier gilt die Annahme, dass verschiedene in einem Gedächtnisspeicher vorhandene wichtige Themen selektiv gehemmt oder bereitgestellt werden können, was nachfolgend die Richtung von Wahrnehmung, Denken und Handeln beeinflusst.
2. Innerhalb eines Themenbereichs können **Vorstellungen und Gedanken verschoben** werden. Steuerungsprozesse können Einfluss darauf nehmen, wie und in welcher Reihenfolge verschiedene Ideen innerhalb eines Themenbereichs aufgegriffen und mitgeteilt werden. Bestimmte Auffassungen oder Konzepte können ausgeweitet oder verengt werden, sie können verstärkt oder abgeschwächt werden oder aus dem Fluss der Gedanken ausgeschlossen werden (vgl. Anderson & Green, 2001). Dies hat dann Einfluss darauf, wie Themenbereiche untereinander vernetzt werden oder aber voneinander getrennt erscheinen.
3. Auch die **relative Wichtigkeit innerhalb einer Aneinanderreihung** von Ideen kann einer Steuerung unterliegen. Innerhalb des Gedanken- und Gesprächsflusses werden Ideen im Hinblick auf Aspekte von Sicherheit, Status, Lust- oder Unlust-Motiven gewichtet, jeweils bezogen auf das Selbst und auf Andere. Dadurch, dass die Wichtigkeit von Ideen verändert wird, verändern sich auch die emotionalen Konsequenzen von Ideen, Erinnerungen, Fantasien oder Plänen. Die Gewichtung von Ideen hat insoweit auch einen Einfluss auf die Verarbeitung von neuen Informationen, wie sie etwa als Reaktion auf entscheidende Lebensveränderungen zustande kommt oder eben auch als Folge von psychotherapeutischen Interventionen.

4. Schließlich kann auch noch die **Schwelle verändert** werden, ab der Veränderungen in der Aufmerksamkeitsausrichtung erfolgen. Zum Beispiel hat die Fertigstellung einer Aufgabe in der Regel Konsequenzen für diese Schwelle; eine zuvor strikt auf eine Aufgabenstellung fokussierte Aufmerksamkeit kann sich dann wieder anderen Themen zuwenden.

Steuerungsprozesse wirken auch auf die **Form des Erlebens** ein.
1. Eine Veränderung kann das Verhältnis von **verbal repräsentierten** oder **bildhaft-imaginativen** Inhalten oder Handlungen zu den in einer anderen Modalität repräsentierten Inhalten betreffen und auch das Ausmaß, in dem die eine in die andere Modalität übersetzt wird. 2. Steuerung kann **Veränderungen der aktualisierten Zeitspanne** bewirken. Das hat Einfluss darauf, ob ein gegebenes Thema mit Blick auf die Gegenwart, auf die Vergangenheit oder die Zukunft betrachtet wird. Kurzfristiges Denken und auf kurzfristige Zeitspannen sich richtendes emotionales Erleben kann sich abwechseln mit langfristigem perspektivischem Denken und Fühlen. So wird ein bestimmter Typ depressiver Patienten als „Typus melancholicus" gekennzeichnet (Tellenbach, 1983). Für diese Menschen ist eine Orientierung an der Vergangenheit charakteristisch, die sie sich über Dinge grämen lässt, die für andere schon längst erledigt sind. Andere Menschen neigen beim Erledigen notwendiger Aufgaben zum ständigen Aufschieben (DeWitte & Schouwenburg, 2002), und für solche Personen ist ein Konflikt zwischen Gegenwarts- und Zukunftsorientierung kennzeichnend. 3. Veränderungen können das **Verhältnis von logischem zu wunschgeleitetem Denken** betreffen, 4. das Niveau von Handlungsplanungen (Denken, um nicht zu handeln, Denken als Probehandeln, denkendes Nachvollziehen bereits erfolgter Handlungen) und 5. Steuerung der Schärfe der Wahrnehmung und der Wachheit.

Steuerungsprozesse können schließlich auch Einfluss nehmen auf die innerlich **zur Verfügung stehenden Schemata**. 1. Menschen verfügen über ein unterschiedlich reichhaltiges Repertoire an Selbstschemata. Steuerungsprozesse nehmen darauf Einfluss, **welche** bereitliegenden **Schemata dominant werden**, was dann natürlich Einfluss auf den „State of Mind" hat. 2. in gleicher Weise können Steuerungsprozesse auch darauf Einfluss nehmen, welche Rollen, **Charakteristika oder Attribute einer anderen Person in den Vordergrund** treten. Dies beeinflusst dann, wie Verhaltensweisen, Absichten und Motive der anderen Person gesehen werden. 3. Selbstschemata und Schemata der anderen Personen werden zusammen mit Interaktionsskripten in sogenannte Rollen-Beziehungs-Modelle (role-relationship model) integriert. Durch eine **Veränderung des gewählten Rollen-Beziehungs-Modells** kann eine Person Einfluss auf ihre Stimmung, ihren Zustand, ihre Pläne und Handlungen nehmen. 4. Steuernde Einflüsse können auch die **Wert-Schemata und inneren Beurteilungen** betreffen, was Einfluss hat auf das Erleben von Scham, Selbstwert oder Schuld. 5. Schließlich können Steuerungsprozesse auch noch beeinflussen, ob ein **individuelles Selbst** als Akteur erscheint oder aber ein **Selbst, das als Teil einer größeren Einheit**, eines „Wir" (Familie, Ehebeziehung, religiöse oder nationale Gruppe) begriffen wird. Horowitz (1997) zeigte am Beispiel eines Einzelfalls, wie bei einer Patientin, Mutter eines kleinen Sohnes, ein problematischer Zustand, zänkisch zu sein, ein angepasster Zustand von oberflächlicher Souveränität, ein gefürchteter Zustand von „völligem Gestresstsein" und ein erwünschter Zustand des liebevoll-warmen Engagiertseins unter dem Einfluss von Erfahrungen und Steuerungsprozessen ineinander übergehen. Dabei zeigt sich, dass vor allem die Übergänge von einem gut modulierten in einen wechselhaften oder untermodulierten Zustand die „hot spots" in der Therapie markieren, während der Übergang zu übermodulierten Zuständen einen „cold spot", einen Widerstand markiert.

## Mentale Zustände und Psychotherapie

Die Ansichten über mentale Zustände, über „States of Mind" haben sich in der Psychoanalyse vor mehr als 40 Jahren in der Auseinandersetzung mit einer psychoanalytischen Theorie des Denkens (Horowitz, 1972) entwickelt. Dabei ging es um das Bemühen, nicht nur Denkinhalte, sondern auch die Form, in der sich das Denken vollzieht, und seine Organisation präziser zu erfassen, als es mit der traditionellen psychoanalytischen Terminologie möglich war, der ja nicht zu Unrecht eine Tendenz zur Verdinglichung nachgesagt wird, die es zu überwinden galt (vgl. Schafer, 1976/1982). Um zu wirksamen Veränderungsschritten zu kommen, ist es nötig, dass Therapeuten ein möglichst klares Konzept davon entwickeln, auf welche Weise sich das Denken und Erleben von Patienten vollzieht, inwieweit es sich innerer Bilder, verbaler Modi oder handelnden Erprobens bedient. Therapeuten müssen mithin nicht nur wissen, was und warum Patienten denken und fühlen, sondern auch wie, wann und wo (d.h. in welchem situativen Kontext). Solch eine gleichzeitig umfassende und präzise Wahrnehmung ermöglicht es, die einzelnen Umstände, die zu bestimmten Denk- oder Erlebensweisen führen, ebenfalls präziser zu erfassen und auf diese Art und Weise dem Patienten in ebenfalls präziser und klarer Weise (in Form verbaler therapeutischer Interventionen) zur Verfügung zu stellen, so dass es Patienten gelingt, zunehmend klar ihr eigenes Denken zu bewerten und zunehmend differenziert ihr Fühlen zu erleben. Auf diese Weise gelingt es ihnen eher, eine bewusste Steuerung des eigenen Erlebens einzusetzen anstelle einer bisher möglicherweise erfolgten unbewussten oder automatisierten Steuerung.

## Literatur

Anderson, M.C. & Green, C. (2001). Suppressing unwanted memories by executive control. Nature, 410, 366-369.
Arlow, J.J. (1992). Altered Ego States. Israel Journal of Psychiatry and Related Sciences, 29, 65-76.
Berne, E. (1967). Spiele der Erwachsenen. Psychologie der menschlichen Beziehungen. Reinbek: Rowohlt.
Chopich, E.J. & Paul, M. (2011). Aussöhnung mit dem inneren Kind (27. Aufl.). Berlin: Ullstein. (Original veröffentlicht 1993).
Deutsch, F. (1952). Analytic Posturology. Psychoanalytic Quarterly, 21, 196-214.
DeWitte, S. & Schouwenburg, H.C. (2002). Procrastination, Temptations, and Incentives. The Struggle between the Present and the Future in Procrastinators and the Punctual. European Journal of Personality, 16, 469-89.
Federn, P. (1978). Ichpsychologie und die Psychosen (Neuausgabe). Frankfurt/Main: Suhrkamp. (Original veröffentlicht 1956).

Freud, A. (2002). Das Ich und die Abwehrmechanismen (17. Aufl.). Frankfurt/M.: Fischer Taschenbuch Verlag. (Original veröffentlicht 1936).
Green, A. (2011). Die tote Mutter. Psychoanalytische Studien zu Lebensnarzissmus und Todesnarzissmus (2. Aufl.). Gießen: Psychosozial-Verlag.
Hartkamp, N., Schmitz, N., Schulze-Edinghausen, A., Ott, J. & Tress, W. (2002). Spezifisches Gegenübertragungserleben und interpersonelle Problembeschreibung in psychodynamischer Psychotherapie. Nervenarzt, 73, 272-277.
Heigl-Evers, A. & Henneberg-Mönch, U. (1990). Die Bedeutung der Affekte für Diagnose, Prognose und Therapie. PPmP (Psychotherapie Psychosomatik Medizinische Psychologie), 40, 39-47.
Herbold, W. & Sachsse, U. (2012). Das so genannte innere Kind (2. Aufl.). Stuttgart: Schattauer.
Horowitz, M.J., Cooper, St., Fridhandler, B., Perry, J.Ch., Bond, M. & Vaillant, G. (1992). Control Processes and Defense Mechanisms. Journal of Psychotherapy Practice and Research, 1, 324-336.
Horowitz, M.J., Milbrath, C., Ewert, M., Sonneborn, D. & Stinson, Ch. (1994). Cyclical Patterns of States of Mind in Psychotherapy. American Journal of Psychiatry, 151, 1767-1770.
Horowitz, M.J. (1972). Modes of Representation of Thought. Journal of the American Psychoanalytic Association, 20, 793-819.
Horowitz, M.J. (1997). Configurational analysis for case formulation. Psychiatry, 60, 111-119.
Horowitz, M.J. (1998). Cognitive Psychodynamics. From Conflict to Character. New York: J. Wiley.
Meyer, P. (2010). Liespotting. Proven Techniques to Detect Deception. New York: St. Martin's Press.
Rapaport, D. (1967). Cognitive structures. In M.M. Gill (Ed.), Collected Papers of David Rapaport. New York: Basic Books.
Reich, G. (2002). Projektive Identifizierung. In W. Mertens & B. Waldvogel (Hrsg.), Handbuch psychoanalytischer Grundbegriffe (S. 573-75). Stuttgart: W. Kohlhammer.
Schafer, R. (dt.: 1982). Eine neue Sprache für die Psychoanalyse. Stuttgart: Klett-Cotta. (Original veröffentlicht 1976).
Stirn, A. & Hartkamp, N. (2004). Krankheitstypische Gegenübertragungsreaktionen. Psychotherapeut, 49, 203-212.
Streeck, U. (2009). Der Psychotherapeut „unter Druck". Über Kontrolle, projektive Identifikation und die Ablauforganisation des therapeutischen Gesprächs. Psychotherapie & Sozialwissenschaft, 11, 19-35.
Tellenbach, H. (1983). Melancholie. Problemgeschichte, Endogenität, Typologie, Pathogenese, Klinik (4. Aufl.). Heidelberg: Springer.

## Korrespondenzadresse

Dr. med. Norbert Hartkamp
Praxis für Psychosomatische Medizin und Psychotherapie
Rheinstr. 37 | 42697 Solingen
Tel.: 0212-22177270 | hartkamp@pthweb.de
www.pthweb.de

Kai Fritzsche

# Einführung in die Ego-State-Therapie[1]

An Introduction to Ego-State-Therapy

Die Ego-State-Therapie hat sich in den letzten Jahren rasant entwickelt und weit verbreitet. Sie ist zu einem festen Bestandteil der psychotherapeutischen Landschaft geworden, hat immer mehr an Bedeutung gewonnen und wird neben dem traumatherapeutischen Bereich zur Behandlung eines breiten Störungsspektrums und in verschiedenen Behandlungssettings eingesetzt. Sie bietet effektive Behandlungsmöglichkeiten in der Psychotherapie mit Kindern, Jugendlichen und Erwachsenen. Dieser Beitrag gibt eine Einführung in die Ego-State-Therapie. Die Definition von Ego-States, ihre Entstehung, Erscheinungsformen sowie die Beziehungsebenen, die prozessorientierten Ziele und das Behandlungsmodell der Ego-State-Therapie werden vorgestellt.

Schlüsselwörter
Ego-State-Therapie – Konzeption – Einführung – Praxis

*In the course of the last few years, Ego-State-Therapy has evolved and spread rapidly. It became an inherent part of the psychotherapeutic landscape gaining increasing significance. Alongside its application in the behavioral therapeutic field, the method is being employed for the treatment of a broad range of mental disorders and is used in differing treatment settings. Ego-State-Therapy offers effective treatment strategies regarding psychotherapeutic interventions with children, adolescents and adults. This publication gives an introduction to Ego-State-Therapy. The definition of Ego-States, their emergence, embodiments and relational levels are outlined and process-oriented aims and the treatment model of Ego-State-Therapy are presented.*

Keywords
*Ego-State-Therapy – concept – introduction - practice*

## Definition von Ego-States

Stellen Sie sich einen kleinen Jungen[2] vor, sensibel, zart, offen und sensitiv. Um ihn herum, die Eltern, die Geschwister sind aus anderem Holz. Das Laute, Rohe und Gewalttätige regiert. Man könnte den Eindruck gewinnen, er sei in die falsche Familie geboren. Irgendetwas stimmt nicht. Irgendetwas passt nicht. Niemand versteht ihn. Niemand

---

[1] Dieser Artikel erscheint in erweiterter Form in: Brächter, Wiltrud (Hrsg.) (in Vorb.): „Der singende Pantomime." Heidelberg (Carl-Auer).
[2] Das Fallbeispiel in diesem Beitrag wurde soweit verändert, dass die Anonymität gewahrt bleibt.

hat Verständnis für ihn. Im Gegenteil, sein Anderssein verstört die Familienmitglieder und führt zu Feindseligkeiten. Er erfährt keine emotionale Nähe, keinen Halt, keine Wärme. Seine Rolle ist eher die eines Prügelknaben oder eines Ausstellungsstückes, eines seltenen Exponates, das herumgezeigt wird. Er wird mit seinem für die Familie *außerirdischen* Wesen und den nicht verstandenen Talenten herumgezeigt und dafür im gleichen Atemzug bestraft, bestraft mit Ablehnung, Verachtung und Unterdrückung. Es sind keine leichten Startbedingungen. Es finden sich nicht viele förderliche Faktoren für eine positive Persönlichkeitsentwicklung. Dass sein Wesen etwas Wertvolles ist, kann ihm in diesem Alter und unter diesen Bedingungen nicht bewusst werden.

Was passiert? Der Junge beginnt, intuitiv zu reagieren. Es entstehen verschiedene Persönlichkeitsanteile (Ego-States) mit verschiedenen Bedürfnissen und Aufgaben. Die Seiten von ihm, also die Ego-States, mit denen die Familie nichts anfangen kann, versucht er, in eine innere, nur ihm selbst zugängliche Welt zu verlagern. Es sind die Ego-States, die das Kreative, Musische und Fantasievolle verkörpern. Sie werden an einen inneren, sicheren Ort gebracht. Einerseits sind sie für die Bewältigung seiner Situation hilfreich und wichtig. Andererseits werden sie zu einer Gefahr, da sie in seinem Umfeld die Auslöser von Angriffen sind. Weiterhin lernt er, immer darauf zu achten, wie die Stimmung der anderen ist. Er lernt, zwischen den Zeilen zu lesen, Gefahren sehr früh zu erkennen und sich schnell darauf einzustellen. Er lernt, die Bedürfnisse der anderen zu entschlüsseln und sich soweit es ihm möglich ist, danach zu richten. Er kommt in große Not, da er auch viel Unrecht wahrnimmt, das vertuscht werden soll, nicht an die Oberfläche darf. Dadurch wird er ungewollt zum Wissenden, was ihn wiederum in Gefahr bringt. Er lernt, dass er falsch ist, dass an ihm etwas nicht stimmt, vielleicht sogar alles nicht stimmt. Er wächst in *zwei Kulturen* auf, in der seiner Eltern und Geschwister und in seiner eigenen, die fest unter Verschluss ist, so fest, dass für ihn selbst der Zugang immer schwerer wird. Er wächst sozusagen *bilingual* auf. Die eine Sprache ist die der Familie. Die andere ist seine eigene. Er beginnt jedoch nach und nach seine eigene Sprache zu verlernen. Es beginnt ein dissoziativer Prozess.

Er findet kaum Freunde. Jahre später scheint sich eine Freundschaft zu einem Jugendlichen zu entwickeln. Doch der Preis ist sehr hoch. Er besteht in der Erfüllung dessen sexueller Wünsche. Es ist ein traumatisches Dilemma, und es hält einige Zeit an. Der Junge, bei dem sich unbewusst bereits erste dissoziative Strategien entwickelten, um in dieser Familie zurechtzukommen, gerät weiter in einen Teufelskreis der Stressbewältigung durch Dissoziation. Es entstehen z. B. weitere dissoziierte, also nicht zugängliche traumabedingte Ego-States. Die Identitätsentwicklung ist massiv gestört. Große Krisen folgen aufeinander. Selbstschädigendes und selbstabwertendes Verhalten tritt vermehrt auf, als wolle er sich beweisen, verabscheuungswürdig zu sein. Beziehungsversuche scheitern. Bald folgt Suizidalität. Zu den frühen Erfahrungen, falsch zu sein, kommt das Erleben, für andere Menschen schädlich zu sein.

Letztlich entwickelt sich eine Art komplexes inneres Bewältigungssystem, das es ihm ermöglicht, nicht unterzugehen. Verschiedene Ego-States sind dafür verantwortlich, dass dieses System funktioniert und aufrechterhalten bleibt. Dazu gehören auch stark destruktiv wirkende Ego-States. Sie erledigen ihre Aufgaben sehr gewissenhaft und haben keinen Zugang zu den *unangenehmen Nebenwirkungen* ihrer Strategien. Es geht darum, einen letzten Rest an innerem Gleichgewicht zu gewährleisten. Den Luxus, dabei noch auf ein Wohlergehen zu achten, kann sich das innere System nicht leisten. Die „Nebenwirkungen" zeigen sich als psychopathologische Symptome, die die Indikation für die Behandlung darstellen. Er hat große Angst, sich diesem inneren Geschehen zu stellen, sich innerhalb einer Psychotherapie damit auseinanderzusetzen. Sein Mut und sein Veränderungswille helfen ihm, die Auseinandersetzung zu einer wichtigen und wegweisenden Entwicklungschance werden zu lassen.

Wie lassen sich nun Ego-States definieren? Claire Frederick (2007, S. 19), deren Definition ich am treffendsten einschätze, beschreibt Ego-States als:

„Energien der Persönlichkeit, die aus der Interaktion mit der Umwelt entstanden sind und oft der Notwendigkeit entspringen, Probleme zu lösen oder Konflikte zu bewältigen. Sie sind kreative Ausgestaltungen sowohl des Gehirns als auch der Persönlichkeit im Bemühen des menschlichen Organismus, durch die Welt zu kommen, in der er lebt. Jeder Ich-Zustand besitzt seine eigenen, relativ überdauernden Affekte, Körperempfindungen, Erinnerungen, Phantasien und Verhaltensweisen, und er hat auch seine eigenen Wünsche, Träume und Bedürfnisse. Ich-Zustände stehen in ähnlicher Beziehung zueinander wie Familienmitglieder. Obgleich sie voneinander getrennt sind, tauschen sie doch Informationen aus, stehen in ständiger Kommunikation, weisen sich Rollen zu, verfolgen gemeinsame Projekte, Zwecke und Ziele. Wie in Familien kann es auch hier Grüppchen und Allianzen geben und ebenso Feindseligkeiten und Konflikte."

Die Persönlichkeit eines Menschen weist Ego-States auf, unabhängig davon, unter welchen Bedingungen er auswuchs und was er erlebte. Ego-States finden wir nicht nur bei den Menschen, die sich an uns wenden, um Unterstützung zu erfahren. Unsere eigene Persönlichkeit ist durch verschiedene Ego-States charakterisiert.

Die Definition lässt sich sehr leicht auf das Fallbeispiel beziehen. Aus den kurzen Ausführungen können verschiedene Ego-States mit unterschiedlichen Aufgaben und Strategien beschrieben werden, jeder mit seiner eigenen Individualität und seiner eigenen Sicht auf die Welt. Ich möchte hier einige Ego-States aus dem Fallbeispiel kurz vorstellen:

- Zur Persönlichkeit des Jungen gehören Ego-States, die mit seinen Talenten, seinem Aufnahmevermögen und seinem Interesse verbunden sind. Sie verfügen über eine differenzierte Wahrnehmung, sind äußerst kreativ und phantasievoll. Diese Ego-States werden von der Familie abgelehnt und verfolgt. Sie werden zu Anlässen für Bestrafungen, die exorzistisch anmuten („*Das muss ihm ausgetrieben werden!*"). Andererseits bieten sie ihm die Möglichkeit, eine eigene Welt zu erleben, zu gestalten und sich darin wiederzufinden.
- Es entsteht u. a. ein Ego-State, der aus Gründen der Vorsicht extrem achtsam für die Bedürfnisse und Befindlichkeiten anderer Menschen ist. Er kann Stimmungen erkennen und deuten. Er verhalf dem Jungen, bereits aus minimalen Signalen den aktuellen Stand in der Familie zu erfassen und einschätzen zu können. Er funktionierte wie eine Art Frühwarnsystem.
- Es entsteht ein Ego-State, der permanent damit beschäftigt ist, das eigene Falschsein zu verbergen. Niemand soll es merken. Dieser Ego-State ist hoch aktiv und darf niemals ruhen. Er sorgt für Anpassung. Er versucht, jegliche Anlässe für Kritik von anderen auszuräumen. Er sorgt dafür, anderen Recht zu geben und sich selbst kleinzumachen. Er kappt den Zugang zu eigenen Bedürfnissen.

- Es entsteht ein destruktiv wirkender Ego-State, der das Falsche und Schädigende geradezu zu verkörpern scheint. Er scheint der Beweis dafür zu sein und liefert immer wieder neue Beweise. Er zeigt sich in massiv selbstschädigendem Verhalten sowie in verletzenden Verhaltensweisen anderen Menschen gegenüber.
- Weiterhin entsteht ein Ego-State, der für Schuld und Schuldgefühle zuständig ist. Er weist dem Patienten viele Vergehen und Verletzungen nach, macht ihm deutlich, dass er alles verspielt und nun keinerlei Rechte oder Ansprüche mehr habe. Er untersagt ihm, sich für sich einzusetzen, sich zu wehren, Grenzen zu ziehen oder gar Bedürfnisse zu äußern.
- Natürlich entstanden bei dem Jungen mehrere Ego-States in Zusammenhang mit dem sexuellen Missbrauch, die die Persönlichkeitsentwicklung erheblich beeinflussen und die Identität sowie das Selbstbild und die Vorstellungen von Beziehungen prägen. Zu ihnen gehören auch die, die sich durch Hoffnungslosigkeit und Resignation zeigen und zu suizidalen Tendenzen führen.

Um nochmals mit den Worten von Claire Frederick zu sprechen, sind die Ego-States „Energien der Persönlichkeit, die aus der Interaktion mit der Umwelt entstanden sind und der Notwendigkeit entspringen, Probleme zu lösen oder Konflikte zu bewältigen". Die Entstehungsbedingungen werden im folgenden Abschnitt vorgestellt.

## Entstehung von Ego-States

Ich möchte hier einen zentralen, übergeordneten Entstehungsmechanismus vorstellen und anschließend auf drei von Watkins und Watkins (2003) beschriebene Mechanismen eingehen.
Die Entstehung von Ego-States lässt sich aus den Arbeiten von Klaus Grawe ableiten, die er im Zusammenhang mit seinem Überlegungen zu sogenannten psychischen Motoren des Organismus, den psychischen Grundbedürfnissen und den motivationalen Schemata vorlegte (2004). Grawe geht davon aus, dass sich bei allen Menschen vier psychische Grundbedürfnisse beschreiben lassen. Diese psychischen Grundbedürfnisse sind analog zu physiologischen Grundbedürfnissen zu verstehen, wie zum Beispiel die ausreichende Versorgung mit Nährstoffen. Als psychische Grundbedürfnisse nennt er:

- ein Bedürfnis nach Orientierung, Kontrolle und Kohärenz
- ein Bedürfnis nach Lust
- ein Bedürfnis nach Bindung
- ein Bedürfnis nach Selbstwerterhöhung

Als einen der wichtigsten Motoren unserer Psyche beschreibt Grawe das Streben nach Konsistenz sowie die Konsistenzregulation. Der Begriff der Konsistenz bezieht sich auf einen Zustand des Organismus und beschreibt die Übereinstimmung bzw. Vereinbarkeit der gleichzeitig ablaufenden neuronalen/psychischen Prozesse. Der menschliche Organismus ist so eingerichtet, dass die Grundbedürfnisse, die sich zum Teil erheblich widersprechen können, fortlaufend reguliert werden. Jeder Mensch entwickelt für die Konsistenzregulation eigene, also individuelle Strategien. In unseren Grundbedürfnissen unterscheiden wir uns nach Grawe im Allgemeinen nicht, in den Strategien, für diese zu sorgen sowie diese zu regulieren, jedoch erheblich.

Hier kommen die Ego-States ins Spiel. Ego-States *„sind Mittel, die das Individuum im Laufe seines Lebens entwickelt, um seine Grundbedürfnisse zu befriedigen und sie vor Verletzung zu schützen"*. Ego-States entwickeln Strategien, um für die Befriedigung der Grundbedürfnisse sowie die Konsistenzregulation zu sorgen. Diese Strategien weisen eine unendliche Vielfalt auf. Sie können sich einen kurzen Moment Zeit nehmen und sich fragen, welche Strategien Ihrer eigenen Bedürfnisbefriedigung Ihnen bewusst sind. Auf welchem Wege sorgen Sie beispielsweise für Bindung oder für den Schutz Ihres Selbstwertes? Die Strategien sind nicht folgenlos. Sie werden nicht im luftleeren Raum angewendet. In erster Linie sollen sie natürlich erfolgreich sein. Es gibt sozusagen einen inneren Auftrag. Ähnlich dem Erleben von Hunger und der darauf folgenden Handlungsausrichtung auf die Beschaffung von Nahrungsmitteln wird im Organismus eine Aktivierung ausgelöst, sobald hinsichtlich eines psychischen Grundbedürfnisses ein Mangel oder eine Bedrohung auftritt. Der Auftrag soll möglichst effektiv ausgeführt werden.

Dabei kann es zu einer Art Tunnelblick kommen. Die Befriedigung eines der Grundbedürfnisse kann auf Kosten der anderen geschehen oder zu weiteren, teilweise sehr drastischen Nebenwirkungen führen. Die Strategien können also Schattenseiten aufweisen. Je massiver diese ausfallen, desto mehr und desto deutlicher treten psychopathologische Symptome auf. Psychopathologie entsteht hier infolge langfristig dysfunktionaler Lösungsstrategien von Ego-States.

Eine Patientin, die massives selbstverletzendes Verhalten in Form von Schneiden zeigte und deren Körper von den vielen Narben gezeichnet war, beschrieb mir den Mechanismus so, dass sie im Schneiden die einzige Möglichkeit gefunden habe, sich aus dissoziativen Zuständen, die für sie der reinste Horror sind, wieder herauszuholen. Sie habe also eine Strategie gefunden, unwillkürliches dissoziatives Geschehen kontrollierbar zu machen. Dass sie dieses Bedürfnis erlebt und dafür im inneren System nach einer Lösung gesucht wurde, ist nicht das Problem. Wer würde nicht unwillkürliches, als Horror erlebtes dissoziatives Geschehen kontrollierbar machen wollen? Die Lösung war drastisch. Sie war jedoch erfolgreich. Sie führte aber zu erneuten, nicht weniger drastischen Problemen, da die Kontrolle der dissoziativen Zustände am Ende nur noch auf dem Wege des Schneidens möglich war.

Ursprünglich stellte die Symptomatik, die wir bei den Patientinnen erleben, nicht das Problem, sondern die Lösung eines Problems dar. Nun wurde jedoch diese Lösung des Problems wiederum zu einem Problem. Ich greife auf das Fallbeispiel zurück. Um die Bindung zu den Eltern aufrechtzuerhalten, entwickelte sich bei dem Jungen u. a. ein Ego-State, der ihnen in ihrer Auffassung Recht gibt, *falsch* zu sein. Dies war eine Lösung des drohenden Bindungsverlustes, den der Junge infolge der Reaktionen auf sein Anderssein erlebte. Der Ausgangspunkt war das Erleben einer spezifischen Beziehungskonstellation. Das innere System des Jungens reagierte darauf und stellte eine Lösung zur Verfügung. Diese Lösung war anfangs sehr effektiv und erfolgreich, die Ordnung schien wiederhergestellt. Langfristig führte sie zu neuen Problemen. Dazu gehört u. a. das Erleben, anderen Menschen nicht guttun zu können, sondern ihnen zu schaden.

Spätestens zu diesem Zeitpunkt tritt die Notwendigkeit auf den Plan, für die Ego-States neue Strategien der Bedürfnisbefriedigung zu finden. Es geht also in der Behandlung in diesem Fallbeispiel nicht darum, das Bindungsbedürfnis zu überwinden. Dies wäre unmöglich und auch nicht von dem Patienten gewünscht. Es wäre mit dem Vorhaben vergleichbar, das Nahrungsbedürfnis überwinden zu wollen. Es geht vielmehr darum, angemessene Strategien zu finden, die möglichst wenig negative Nebenwirkungen aufweisen. Die Ego-States, die für Bindung sorgen, sollen nicht entsorgt, sondern verstanden, gewürdigt und mit neuen Strategien ausgestattet werden. Weiterhin geht es darum, die Strategien hinsichtlich verschiedener psychischer Bedürfnisse mehr aufeinander abzustimmen. Hier stehen die Beziehungen der verschiedenen Ego-States und ihre Interaktion im Vordergrund. Watkins und Watkins (2003) beschreiben drei Entstehungsmechanismen von Ego-States. Der erste Mechanismus wird als *normale Differenzierung* beschrieben. Hier geht es darum, dass Ego-States durch unsere ganz normale Entwicklung entstehen. Sie entstehen durch die Lebensumstände, mit denen wir seit unserer Geburt bzw. bereits vor unserer Geburt konfrontiert wurden. Familiäre, soziale, kulturelle, politische Faktoren – um nur einige zu nennen – beeinflussen die Entstehung spezifischer Ego-States. Als zweiten Entstehungsmechanismus nennen Watkins und Watkins Introjektion. Introjektion bedeutet das unbewusste Hineinnehmen psychischen Materials in das eigene innere System. Je höher die emotionale Bedeutung der Person ist, desto stärker sind die Prozesse der *Introjektion*. Den dritten Mechanismus stellen Traumatisierungen dar. Ego-States entstehen auch *infolge von Traumatisierungen*, um diese zu bewältigen. Ihre Entstehung steht hier in engem Zusammenhang mit dissoziativem Geschehen.

## Kategorien von Ego-States

Das Ehepaar Watkins verzichtete bewusst auf die Bildung von Kategorien von Ego-States. Der Versuch, Ego-States zu kategorisieren, birgt Gefahren. Diese bestehen neben den konzeptionellen Schwierigkeiten aus einer möglichen Schablonenbildung, einem Schubladenphänomen, das den klaren Blick auf das innere Geschehen der Menschen trübt, mit denen wir arbeiten. Die Kategorisierung, die im Folgenden vorgestellt wird, stellt eine grobe Übersicht über die Vielfalt der Ego-States dar. Es gibt große Überschneidungen. Stellen Sie sich vor, Sie würden von jemandem ausschließlich als Bewohnerin oder Bewohner eines Bundeslandes oder eines Kantons beschrieben und verstanden werden. Sie wären zum Beispiel eine Berlinerin, ein Bayer oder eine Zürcherin. Sie würden sich höchstwahrscheinlich in Ihrer Individualität nicht gesehen fühlen, hätten eventuell das Bedürfnis, klarzustellen, dass Ihre Persönlichkeit mehr ausmacht als die geographische Lage Ihres Wohnortes. Schlimmer würde es werden, wenn Ihr Gegenüber zu behaupten begänne, er wisse schon, wie die Berliner, die Bayern oder die Zürcher sind.
Wozu sind dann überhaupt Kategorien sinnvoll? Sie sollen helfen, sich in der Landschaft der Ego-States zurechtzufinden, sich zu orientieren. Sie sollen für die Vielfalt und Unterschiedlichkeit sensibilisieren, sollen den Blick schärfen anstatt trüben. Letztlich sollen sie Möglichkeiten bieten, der Verschiedenartigkeit der Ego-States mit spezifischen Interventionen begegnen zu können. Die Kategorien, die hier vorgestellt werden, weisen Schnittstellen auf. Es geht vorrangig um eine grobe Zuordnung und nicht um eine millimetergenaue Einteilung.

Es lassen sich drei Kategorien von Ego-States unterscheiden:
1. grundsätzlich ressourcenreiche Ego-States
2. verletzte Ego-States
3. verletzende, destruktiv wirkende Ego-States

## Grundsätzlich ressourcenreiche Ego-States

Zu den grundsätzlich ressourcenreichen Ego-States gehören:
1. Ego-States der inneren Stärke
2. innere Helferinnen und Helfer
3. innere Beobachterinnen und Beobachter

Der grundsätzlich ressourcenreiche Charakter dieser Ego-States ist das verbindende Element. In der Behandlung macht es sich dadurch bemerkbar, dass es seitens der Patienten dafür eine prompte Zustimmung gibt. Über den ressourcenreichen Charakter wird nicht gestritten. Es gibt natürlich Patientinnen und Patienten, die von sich selbst behaupten, nicht über derartige Ego-States zu verfügen. Sie würden das ressourcenreiche Wesen dieser Ego-States nicht in Frage stellen, sondern anmerken, dass sie selbst nicht darüber verfügen.
Die Ego-States der weiteren Kategorien sind ebenfalls als sehr wichtige Ressourcen anzusehen. Doch fällt den Patienten das entsprechende Verständnis und Erleben viel schwerer. Dass ein Ego-State, der für eine Symptomatik zuständig ist, unter der die Patientin leidet, die sie so schnell wie möglich überwinden möchte, eine Ressource darstellt, wird ihr nicht sofort einleuchten.
Die grundsätzlich ressourcenreichen Ego-States spielen in der Behandlung eine besondere Rolle. Mit ihnen beschreiben wir den Weg der ressourcenorientierten Psychotherapie. Es gibt keine negativen Nebenwirkungen, sondern eine sehr wichtige stärkende Erfahrung. Diese Ego-States sollen im besten Fall die gesamte Behandlung begleiten und auch Aufgaben von Kotherapeuten übernehmen. Häufig wird die Arbeit zu dieser Kategorie zum Behandlungsbeginn realisiert. Die Ego-State-Therapie bietet dafür eine Reihe von spezifischen Interventionen (Fritzsche, 2013, 221 f.).

## Verletzte Ego-States

Zu den verletzten Ego-States gehören:
1. symptomassoziierte Ego-States
2. traumaassoziierte Ego-States

Die Ego-States dieser Kategorie stellen die *Eintrittskarte* in die Psychotherapie dar. Sie werden von den Symptomen repräsentiert, die dazu führten, dass um psychotherapeutische Hilfe gebeten wird. Sie sind mit der Symptomatik assoziiert, die überwunden werden soll. Hier wird bereits die erste Überschneidung deutlich. In jeder Symptomatik stecken ganz bestimmte Ressourcen. Diese nutzbar zu machen gehört zu den wichtigsten Bausteinen der Behandlung. Doch zunächst geht es um störende Symptome, die Leiden verursachen.

Insgesamt lassen sich die Ego-States dieser Kategorie als die für die Symptomatik verantwortlichen Ego-States beschreiben. Sie sind für die Symptomatik *zuständig*, bzw. sie *tragen* sie. Dies stellt einen wichtigen Aspekt des Konzepts der Ego-State-Therapie dar. Die Symptome sind nicht die Ego-States. Die Ego-States sorgen für die Symptome, sie sind für sie verantwortlich. Beispielsweise muss ein Ego-State, der für eine Angstsymptomatik zuständig ist, selbst nicht ängstlich sein. Die Angst ist seine Strategie, die er im Sinne der Konsistenzregulation oder der Bewältigung eines Lebensereignisses eingesetzt hat. Möglicherweise fährt er sehr gut mit dieser Strategie. Sie scheint erfolgreich zu sein. Es geht ihm gut damit. Für die Schattenseiten seiner Strategie hat er kein Verständnis, ebenso wenig für das psychotherapeutische Vorhaben, die Symptomatik zu überwinden. Andererseits könnte der Ego-State, der für die Angstsymptomatik verantwortlich ist, sich sehr hilflos fühlen und unendlich froh sein, endlich gesehen zu werden. Er fragte sich womöglich, wie stark er die Symptomatik denn noch hätte anwachsen lassen sollen, bis er endlich wahrgenommen und kontaktiert wird. Er trägt die Angst, verkörpert sie, erlebt sie. Er erhofft sich nun endlich die Hilfe, die schon lange überfällig ist.

Die Unterscheidung von symptomassoziierten und traumatisierten Ego-States verdeutlicht, dass nicht alle Ego-States aufgrund einer Traumatisierung entstanden sind. Liegt keine Traumatisierung vor, spreche ich von symptomassoziierten Ego-States. Eine Angststörung beispielsweise kann sich auch ohne eine Traumatisierung entwickeln. Die Unterscheidung weist auch darauf hin, dass die Ego-State-Therapie nicht nur eine traumatherapeutische Methode ist, sondern sich für die Behandlung eines sehr breiten Störungsspektrums einsetzen lässt.

Den symptomassoziierten und traumatisierten Ego-States begegnen wir häufig mit Empathie und Mitgefühl. Wir reagieren spontan mit dem Bedürfnis, sie unterstützen, retten und beschützen zu wollen. Wir reagieren meistens unmittelbar wohlwollend und zugewandt. Nicht selten lösen sie mütterliche oder väterliche Empfindungen und Impulse aus. Es gibt natürlich Ausnahmen. Aber unsere spontanen Reaktionen sind typisch für diese Kategorie. Unsere Reaktionen können auch dabei helfen, uns in den Kategorien der Ego-States zurechtzufinden. Sie fallen bei den verletzenden, destruktiv wirkenden Ego-States unterschiedlich aus.

## Verletzende, destruktiv wirkende Ego-States

Bei der Arbeit mit Ego-States dieser Kategorie kann es ungemütlich werden. Wir reagieren hier vielleicht nicht mehr spontan mit Empathie und Mitgefühl. Es könnte sein, dass wir etwas zurückschrecken, dass uns die Begegnung unangenehm ist, wir uns unsicher fühlen. In den Extrembereichen lösen diese Ego-States eine enorme Belastung bei uns aus, die uns auch an unsere eigenen Grenzen und darüber hinaus bringen können. Verletzende, destruktiv wirkende Ego-States lassen sich auf einem Kontinuum der Destruktivität abbilden. Der linke Bereich des Kontinuums ist dadurch gekennzeichnet, dass nur eine geringe, man könnte sagen moderate Destruktivität auftritt. Im mittleren Bereich stoßen wir – verglichen mit dem linken Bereich – auf eine deutlich stärkere Destruktivität. Von moderat würden wir nicht mehr sprechen. Es kann schon ziemlich handfest zugehen. Der rechte Bereich weist demgegenüber wiederum deutlich stärkere bis extreme Destruktivität auf, die derart massiv sein kann, dass sie allein mit psychotherapeutischen Interventionen nicht mehr zu beeinflussen ist.

Das Kontinuum der destruktiv wirkenden Ego-States lässt sich in drei Bereiche unterteilen:
1. innere Kritikerinnen und Kritiker
2. Ego-States, die destruktiver wirken als innere Kritiker
3. täternahe Ego-States

Die Einteilung folgt einem schweregradorientierten Modell, wie es auch Vogt (2012) vorschlägt. Diesem Modell zufolge verändern sich mit *zunehmender Schwere der Gewalt bzw. Deprivation* verschiedene Aspekte, die für die psychotherapeutische Behandlung hoch relevant sind. Die wichtigsten sollen im Folgenden aufgelistet werden.

Mit zunehmender Schwere der Gewalt bzw. Deprivation:
- nehmen die Fähigkeiten gesünderer Ego-States ab,
- ist der Zugang zu den destruktiv wirkenden Ego-States erschwert bis unmöglich,
- nimmt die Kooperationsbereitschaft der destruktiv wirkenden Ego-States ab (ggf. auch der anderen Ego-States),
- nimmt die Wahrnehmungs- und Differenzierungs- und Distanzierungsfähigkeit der Patienten hinsichtlich dieser Ego-States (bzw. generell für Ego-States) ab,
- verändert sich die Struktur der Ego-States, sodass Möglichkeiten der Unterstützung von Ego-States, der Nutzung von Ego-States bzw. der Einbettung in ein inneres Team immer schwieriger bis unmöglich werden,
- nimmt die Rekonstruierbarkeit der auslösenden Ereignisse ab,
- nimmt die Fähigkeit ab, den destruktiv wirkenden Ego-States Ereignisse und Personen zuordnen zu können.

Innere Kritikerinnen und Kritiker stehen häufig mit Themen wie Perfektionismus, Leistungsansprüchen, Anpassung an Normen, Einhalten von Regeln und Verboten, Kontrolle etc. in Verbindung. Bei Ego-States, die destruktiver wirken als innere Kritiker, finden sich deutlichere Abwertungen und selbstschädigendes Verhalten. Beides kann sich ebenfalls nach außen, d.h. auf andere Menschen richten. Verbietende, boykottierende und kontrollierende Ego-States können sich je nach ihrer Ausprägung über das gesamte Kontinuum erstrecken. Täternahe Ego-States stehen mit Traumatisierungen und massiver Gewalt im Zusammenhang. Das selbstschädigende und aggressive Verhalten ist sehr stark ausgeprägt. Begriffe wie Täterintrojekte und täteridentifizierte Ego-States und die entsprechenden Konzepte gehören in diesen Bereich.

Die Ego-States dieser Kategorie stehen der Psychotherapie in den meisten Fällen sehr ablehnend gegenüber. Sie versuchen, sich zu verbergen. Sie verhindern Veränderungsschritte. Sie möchten, dass alles so bleibt, wie es ist. Dies ist auch einleuchtend, denn die Not, die sie auf den Plan rief, war zum Teil unermesslich groß. Sie hatten eine extrem schwere Aufgabe, mussten Extremstress bewältigen helfen. Nicht selten ging es um das reine Überleben. Insofern hatten sie nicht den Luxus, unter verschiedenen Bewältigungsstrategien noch die günstigste herauszusuchen und flexibel anzuwenden. Es brauchte schnelle und wirkungsvolle Hilfe. Verzögerungen oder mehrere Versuche konnten sie sich nicht leisten. Dementsprechend reagieren sie auf die psychotherapeutischen Schritte sehr ablehnend. Dass es andere Möglichkeiten der Bewältigung geben könnte und dass jetzt andere Bedingungen herrschen, nehmen sie nicht wahr. Die Arbeit mit diesen Ego-States erfordert spezifische Interventionen (Fritzsche, 2013; Peichl, 2013; Vogt, 2012).

## Beziehungsebenen in der Ego-State-Therapie

Die Ego-State-Therapie verläuft auf fünf Beziehungsebenen. Jede Ebene weist Besonderheiten auf und erfordert spezifische Interventionen. Für eine erfolgreiche Behandlung ist es unerlässlich, alle Ebenen im Blick zu haben und sich flexibel auf ihnen bewegen zu können.

Die fünf Beziehungsebenen lauten:
1. die Beziehungsebene zwischen Therapeutin und Patientin
2. die Beziehungsebene zwischen Therapeutin und den Ego-States der Patientin
3. die Beziehungsebene zwischen der Patientin und ihren Ego-States
4. die Beziehungsebene zwischen den Ego-States
5. die Beziehungsebene zwischen den Ego-States der Therapeutin und den Ego-States der Patientin

Auf der *ersten* Beziehungsebene geht es um die Art und Weise, in der wir mit unseren Patientinnen in Beziehung treten. Wir erleben und gestalten eine therapeutische Beziehung mit einem Menschen als Gesamtperson. Um diesen Menschen soll es in der Behandlung gehen. Er ist unser Ansprechpartner. Ihn fragen wir danach, wie sich unsere Behandlung auswirkt. Seine Stabilität steht im Vordergrund. Die Besonderheiten, die sich aus der Behandlung mit Patientinnen ergeben, die unter komplexen dissoziativen Störungen leiden, müssen an anderer Stelle thematisiert und können hier nicht vertieft werden. Sie betreffen die Schwierigkeiten, vor dem Hintergrund einer solchen Symptomatik überhaupt die Gesamtpersönlichkeit erreichen zu können.

Auf der *zweiten* Ebene treten wir als Therapeuten mit den Ego-States unserer Patienten in Beziehung. Es gibt verschiedene Möglichkeiten der Kontaktaufnahme. Der wichtigste Aspekt dieser Beziehungsebene ist das konkrete Begegnen. Ich muss mich als Therapeut auf den Ego-State einstellen, auf seine Sicht auf die Welt, auf sein Entwicklungsniveau und auf seine Beziehungsmuster. Mit einem kindlichen Ego-State gehe ich anders in Kontakt als mit einem pubertierenden jugendlichen Ego-State. Mit einem destruktiv wirkenden Ego-State baue ich auf anderem Wege eine Beziehung auf und gestalte sie anders als mit einem Ego-State der inneren Stärke oder einem inneren Helfer. Die Frage ist hier, wie es mir gelingt, eine tragfähige Beziehung zu einem Ego-State der Patientin zu entwickeln. Diese Beziehung ist die Voraussetzung für die weiteren therapeutischen Schritte. Misslingt der Beziehungsaufbau, werden die folgenden Interventionen zumindest diesen Ego-State nicht erreichen bzw. wird er sich nicht für eine Unterstützung einbinden lassen.

Die *dritte* Beziehungsebene beschreibt die Beziehung der Patientin zu ihren eigenen Ego-States. Die Beziehungsgestaltung fällt sehr unterschiedlich aus. Geht es um ressourcenreiche Ego-States, erleben wir in den meisten Fällen sehr positive Reaktionen. Die Patienten sind zum Teil überrascht, freuen sich, richten sich auf, strahlen, kommen in Bewegung, bekommen im wortwörtlichen Sinn Farbe und spüren ihre Energie und ihre Fähigkeiten. Der Beziehungsaufbau mit traumatisierten Ego-States sieht demgegenüber anders aus. Traumatisierte Ego-States werden zum Beispiel abgelehnt, ignoriert, ausgegrenzt, abgewertet oder beschuldigt. Auf der anderen Seite können sie extremes

Leid und einen starken Schmerz auslösen. Zu den Reaktionen gehören in diesem Fall Mitgefühl, Schutz- und Rettungsimpulse. Interessanterweise übernehmen viele Patienten in dem Moment mehr Verantwortung für sich selbst, in dem sie die Beziehung zu ihren Ego-States aufgenommen und sich entschieden haben, diese weiterzuentwickeln. Der Beziehungsaufbau zu destruktiv wirkenden Ego-States ist nicht weniger anspruchsvoll. Er erfordert viel Geduld, Geschick, Mut und die Bereitschaft, sich mit inneren Anteilen zu konfrontieren, die möglicherweise stark abgelehnt werden bzw. welche ihrerseits das Beziehungsangebot strikt ablehnen. Die Zurückweisung von Kontaktversuchen kann sowohl bei der Arbeit mit symptomassoziierten bzw. traumatisierten Ego-States also auch hinsichtlich destruktiv wirkender Ego-States die psychotherapeutische Arbeit erschweren.

Die *vierte* Beziehungsebene beschreibt die Beziehungen der Ego-States untereinander. Dies ist vergleichbar mit der Betrachtung der Beziehungen der Teilnehmer einer Gruppentherapie. Wir finden Koalitionen, Fronten, Machtkämpfe. Wir finden isolierte Ego-States, verborgene Ego-States, die sich nicht heraustrauen. Wir finden die Hintermänner, die die Fäden ziehen, weiterhin Boykotteure, Dienstbeflissene und Eingeschüchterte. Das Beziehungsgeflecht ist sehr vielfältig. Eine respektvolle und wohlwollende Kooperation erscheint in vielen Fällen ein sehr weiter Weg oder gar unmöglich zu sein; zu unterschiedlich wirken die Ego-States, und unüberwindbar wirken die Gräben zwischen ihnen. Die Beziehungsarbeit auf dieser Ebene gehört zu wichtigsten Bausteinen der Ego-State-Therapie.

Die *fünfte* Beziehungsebene betrifft die Beziehung einzelner Ego-States des Therapeuten zu den Ego-States des Patienten. Welcher Ego-State meiner Persönlichkeit reagiert in welcher Art und Weise auf welchen Ego-State des Patienten? Diese Fragen, die die Bedeutung der fortlaufenden Reflexion und Selbsterfahrung verdeutlichen, sind für die Behandlung, also für unsere tägliche Arbeit mit anderen Menschen unerlässlich.
In der Ego-State-Therapie erhält keine der vorgestellten Beziehungsebenen Vorrang (s. Jochen Peichl in diesem Heft). Die Beziehungseben sind nicht hierarchisch angeordnet. Die Auseinandersetzung mit den einzelnen Ego-States auf der zweiten und dritten Beziehungsebene ist ebenso wichtig wie die Beziehungsarbeit der Ego-States untereinander, also die Thematisierung ihrer Beziehungen und Interaktionen, die auf der vierten Beziehungsebene angesiedelt ist.

## Integration und prozessorientierte Ziele der Ego-State-Therapie

***Das Ziel der Ego-State-Therapie ist die Befähigung von Menschen, mit Hilfe ihrer Ego-States eine höhere innere Konsistenz und Kohärenz im Austauschprozess mit der Umwelt herzustellen und damit Wachstumsprozesse, Entwicklungspotenziale, Beziehungsfähigkeit und Selbstbestimmtheit zu fördern.*** Es geht um die Integration von Persönlichkeitsanteilen. Die Integration erhöht die Fähigkeit, sich in der Welt zurechtzufinden, also den Anforderungen, die das Leben stellt, angemessen begegnen zu können, das Leben gestalten zu können. Es erhöht die Fähigkeit, die eigene Vielfältigkeit, Zufriedenheit und Glück zu erleben. Die Kooperation der Ego-States ist für ein solches *Projekt* eine sehr wichtige Voraussetzung. Kooperation schließt ein wohlwollendes und unterstützendes Miteinander der Ego-States ein. Der Weg dorthin kann teilweise sehr leicht, teilweise aber auch sehr mühevoll sein. Er lässt sich anhand von Schritten beschreiben. Die Schritte bilden einen Prozess. Sie stellen den Behandlungsprozess dar. Im Folgenden stelle ich die prozessorientierten Ziele der Ego-State-Therapie vor. Sie dienen gleichzeitig der Gestaltung des Behandlungsplanes. In die Entwicklung der prozessorientierten Ziele flossen die von Phillips und Frederick formulierten Stufen der Persönlichkeitsintegration mit ein (Phillips & Frederick, 2003, S. 211 ff.). Die prozessorientierten Ziele sind nicht linear, sondern zirkulär zu verstehen. Jedes Ziel kann zu unterschiedlichen Zeitpunkten im Behandlungsverlauf relevant sein, unabhängig davon, ob es zuvor bereits bearbeitet wurde. Die Ziele bauen aufeinander auf. Das Erreichen eines der Ziele erfordert das Erreichen des vorherigen Ziels. Beispielsweise ist eine Kommunikation mit einem Ego-State nur möglich, wenn zuvor erfolgreich Kontakt zu ihm aufgenommen wurde. Andererseits ermöglicht die Aufnahme des Kontaktes nicht automatisch eine flüssige Kommunikation. Es kann Kontakt bestehen. Trotzdem kann der Ego-State die Kommunikation verweigern. Manche Ziele können parallel oder in veränderter Reihenfolge erarbeitet werden. Da wir es häufig mit mehreren Ego-States zu tun haben, müssen wir die Ziele mehrmals erreichen, für jeden Ego-State von Neuem. Die prozessorientierten Ziele dienen zusätzlich zur Orientierung im Behandlungsverlauf. Sie helfen, den roten Faden zu behalten oder wiederzufinden. Bei Schwierigkeiten im Behandlungsprozess kann ich mich zunächst fragen, welches der Ziele gegenwärtig die meiste Aufmerksamkeit bräuchte. Die prozessorientierten Ziele lauten:

1. *Aufnahme des Kontakts mit Ego-States*
2. *Aufbau von Kommunikation mit Ego-States*
3. *Entwicklung von Akzeptanz für Ego-States*
4. *Entwicklung von Verständnis für die Funktionalität der Ego-States*
5. *Unterstützung von Ego-States*
6. *Nutzung von Ego-States*
7. *Entwicklung eines inneren Unterstützungssystems*

In der Ego-State-Therapie können wir auf unterschiedliche Varianten der Kontaktaufnahme mit Ego-States zurückgreifen. Häufig werden die Varianten auch kombiniert. Die *Sprachmuster* der Patienten bieten unmittelbar viele Möglichkeiten der Kontaktaufnahme. Wenn ein Patient beschreibt, dass ein Teil von ihm dieses und ein anderer jenes wolle, ist das bereits eine Einladung, in die Ego-State-Therapie einzusteigen, indem Möglichkeiten gefunden werden, dass nun beide Teile zu Wort kommen können.

Das von Patientinnen als unwillkürlich beschriebene Geschehen, das sie am liebsten sofort hinter sich lassen würden, stellt eine weitere gute Möglichkeit der Kontaktaufnahme dar. Hier geht es darum, dass die Patientin betont, das Problemverhalten bzw. das problematische Geschehen nicht selbst und mit Absicht zu machen. Insofern scheint es *irgendetwas* in ihrem Inneren zu geben, das dafür zuständig ist. Der Weg der Aufnahme des Kontakts besteht nun in der Frage, ob es nicht sein könnte, dass es einen inneren Anteil, also einen Ego-State gibt, der für dieses Erleben verantwortlich ist und ob die Patientin sich vorstellen könne, diesen Ego-State kennenzulernen und ihn besser zu verstehen. Die technische Umsetzung dieses Schrittes ist damit noch nicht entschieden. Aber der Weg der Aufnahme des Kontakts ist gebahnt. Ebenso kann der Kontakt zu mehreren Ego-States aufgenommen werden, die mit einem bestimmten Thema, einer

Fragestellung oder einer Symptomatik assoziiert sind. Der Weg verläuft hier über das Angebot, alle an der Thematik beteiligten Ego-States einzuladen, um an der Thematik weiterzuarbeiten. Für die Arbeit können verschiedene Methoden angewendet werden. Es lassen sich Figuren, Puppen oder Symbole nutzen. Die Arbeit kann mit Hilfe von Rollenspielen umgesetzt werden. Gestalterische Mittel wie Bilder, Fotos oder auch Musik und körpertherapeutische Interventionen werden einbezogen. Hypnotherapeutische Vorgehensweisen spielen eine besondere Rolle. Die Einbindung hypnotherapeutischer Konzepte sowie die Anwendung von hypnotherapeutischen Interventionen stellen ein zentrales Vorgehen der Ego-State-Therapie dar. Für die Kontaktaufnahme, aber auch für die weiteren Schritte im Behandlungsverlauf lassen sich beispielsweise verschiedene Metaphern sehr gut nutzen.

Der Kontakt zu Ego-States kann auch zufällig geschehen, während einer beliebigen anderen Intervention. Beispielsweise kann mitten in einem Spiel ein Ego-State auftauchen, der sich bis dahin noch nicht gezeigt hatte.

Das zweite prozessorientierte Ziel besteht darin, nach der Kontaktaufnahme eine Kommunikationsmöglichkeit mit dem Ego-State aufzubauen. Ego-States kommunizieren nicht selbstverständlich. Sie können die Kommunikation verweigern. Wenn wir mit ihnen arbeiten, sie verstehen, erreichen und einbeziehen wollen, müssen wir auf irgendeine Art und Weise mit ihnen kommunizieren können. Im besten Fall geschieht dies im Gespräch; direkt oder indirekt. Bei einem hypnotherapeutischen Vorgehen kann der Ego-State direkt angesprochen und mit ihm kommuniziert werden. Der große Vorteil besteht hier darin, dass mit Hilfe von therapeutischer Trance Ego-States erreicht werden können, die ohne die Nutzung von Trancezuständen nicht erreicht werden würden. Es lassen sich weitere Varianten der Kommunikation sowie weitere therapeutische Vorgehensweisen nutzen und kombinieren. Dazu gehören die Brieform, das Nutzen moderner Medien (z. B. E-Mails oder Chatten etc.), Bilder, gestalterische Mittel oder weitere Ausdrucksformen. Einerseits müssen wir mögliche Bedingungen beachten und erfüllen, um eine Kommunikation in Gang zu bringen. Andererseits können wir nach der geeignetsten Kommunikationsform suchen. Die Verweigerungsgründe können vielfältig sein. Beispielsweise kann das Vertrauensverhältnis zu uns als Therapeuten noch nicht ausreichen oder der Ego-State die Befürchtung haben, von der Patientin selbst attackiert zu werden, sobald er sich zeigt und einer Kommunikation zustimmt. Andererseits kann es innere Verbote geben, zu kommunizieren, um Informationen nicht nach außen dringen zu lassen. Es kann sich ebenfalls um den vorsprachlichen Bereich handeln, in dem die verbale Kommunikation nicht möglich ist. Die aufgeführten Varianten zeigen, dass vielfältige und kreative Angebote benötigt werden, um eine tragfähige Kommunikation aufzubauen und aufrechtzuerhalten.

Das dritte prozessorientierte Ziel ist die Akzeptanz der Ego-States. Mit Ego-States kann Kontakt aufgenommen und es kann mit ihnen kommuniziert werden. Das heißt jedoch noch lange nicht, dass sie von der Patientin oder dem Patienten akzeptiert werden. In sehr vielen Fällen werden die Ego-States von den Patientinnen und Patienten abgelehnt, ignoriert, verstoßen oder bekämpft. Wer kennt nicht Anteile von sich selbst, die sie oder er am liebsten hinauswerfen oder wenigstens unschädlich machen würde? Diese Haltung kann ebenso von Seiten der Ego-States gegenüber der Patientin erfolgen. Die Ego-States können sich ihrerseits den Patienten gegenüber sehr distanziert bis hin zu extrem abwertend und schädigend verhalten. Gegenseitiges Akzeptieren erscheint hier in weiter Ferne. Der Aufbau von Akzeptanz ist ein eigenes bedeutendes Projekt innerhalb der Ego-State-Therapie. Einen Ego-State, dem zuvor jegliche Existenzberechtigung im inneren System abgesprochen wurde, als zu sich gehörend akzeptieren zu können, ist ein Siebenmeilenschritt in der Behandlung.

Akzeptanz und Verständnis liegen dicht beieinander. Der Aufbau von Verständnis ist das vierte Ziel der Ego-State-Therapie. Ego-States können zwar akzeptiert, aber ihre Funktion nicht verstanden werden. Umgekehrt kann Verständnis für die Existenz und die Funktion eines Ego-States bestehen, obwohl er nicht akzeptiert wird. Das eine bedingt nicht das andere. Beides kann erheblichen psychotherapeutischen Aufwand bedeuten. Die Entwicklung von Verständnis für die Funktion eines Ego-States stellt einen zentralen Schritt in der Ego-State-Therapie dar. Wenn den Patientinnen klar wird, wofür dieser oder jener Ego-State wichtig war, dass er zum Teil sogar überlebenswichtig war, dann erleben wir dramatische Veränderungen und Fortschritte in der Behandlung. Die Informationen über die Funktion erhalten wir von den Ego-States selbst. Dafür benötigen wir die oben erwähnten Dinge, wie Kontakt, Kommunikation und im günstigsten Fall auch Akzeptanz. Die Akzeptanz steigt sehr häufig mit der Zunahme an Verständnis. Insofern gehen diese beiden Ziele Hand in Hand. Die sieben prozessorientierten Ziele sind jedoch insgesamt miteinander verwoben und beeinflussen sich gegenseitig. Teilweise stellt das Erreichen eines Zieles die Voraussetzung für das folgende Ziel dar, teilweise steht die Reihenfolge im Hintergrund und dafür die Frage im Vordergrund, welche Schritte im Behandlungsverlauf zu welchem der Ziele möglich und notwendig sind.

Das fünfte prozessorientierte Ziel besteht aus der Unterstützung von Ego-States. Sie benötigen unsere Unterstützung. Diese Unterstützung muss im Behandlungsprozess initiiert werden. Sie ergibt sich nicht von selbst. Ego-States erleben sich häufig mitten in Ausnahmesituationen. Sie haben meist nur wenige oder gar keine Kapazitäten dafür, äußere positive Entwicklungen wahrzunehmen. Sie stecken fest, befinden sich in einer Sackgasse. Es scheint, als seien ihnen neue Erfahrungen verwehrt oder als würden sämtliche neue Erfahrungen in ein altes Muster integriert, ohne dass sich dieses Muster ändert. Teilweise sind unsere Patienten auch gegenwärtig noch mit real bedrohlichen Situationen konfrontiert, die das kritische Erleben der Ego-States weiter verstärken und ihre Strategien rechtfertigen. In diesen Fällen wird natürlich Unterstützung auf verschiedenen Ebenen benötigt. Zu dem Bereich des Unterstützens gehören Antworten auf die Fragen, die in den bisherigen Zielen relevant waren: Ist ein Kontakt zu den Ego-States möglich, die unterstützt werden sollen? Kann über die Patientin oder die Therapeutin mit ihnen kommuniziert werden? Werden sie von der Patientin akzeptiert? Gibt es Verständnis für diese Ego-States? Sind diese Fragen beantwortet, geht es vor allem darum, etwas über den Zustand der Ego-States zu erfahren, ihre Bedürfnisse zu erfassen und sich um diese zu kümmern. In die Unterstützung der Ego-States sollen die zur Verfügung stehenden Ressourcen eingebunden werden. Beispielsweise können ressourcenreiche Ego-States in die Arbeit einbezogen werden. Es findet eine Unterstützung aus dem inneren System heraus statt. In der Ego-State-Therapie verläuft die Unterstützung auf mehreren Ebenen. Hier steht die Unterstützung eines oder mehrerer Ego-States im Vordergrund, die in Not sind und Hilfe in vielfältiger Form benötigen. Diese Unterstützung findet auf der inneren Bühne statt. Andererseits wird in vielen Fällen ebenfalls eine Unterstützung auf der äußeren Bühne wichtig, auf der aktiv Veränderungen im Außen initiiert werden.

Das sechste Ziel besteht aus der Nutzung von Ego-States. Hier geht einerseits um das Einbinden ressourcenreicher Ego-States, andererseits um das Gewinnen von destruktiv wirkenden Ego-States. Letztere sollen für den Veränderungsprozess, dem sie meistens sehr skeptisch gegenüberstehen, gewonnen werden. Wir haben keinen Anspruch darauf, dass sie sich kooperativ und konstruktiv verhalten. Wir können versuchen, sie zu gewinnen. Wir müssen ein Beziehungsangebot machen, das die Chance eines solchen Verhaltens erhöht. Wir können Kooperation nicht erzwingen. Stellen Sie sich vor, Sie könnten einen Ego-State zur Mitarbeit gewinnen, der die Behandlung boykottiert, oder Sie könnten einen Ego-State für neue Strategien gewinnen, der bisher für selbstschädigendes Verhalten sorgte. Die Nutzung dieser Ego-States stellt eine große Herausforderung innerhalb der Behandlung dar. Sie birgt ein sehr hohes Veränderungs- und Entwicklungspotenzial.

Das siebente prozessorientierte Ziel besteht aus der Entwicklung eines inneren Teams oder einer inneren Familie mit eigenen Unterstützungsfertigkeiten. Dieses Ziel kann aus zwei Perspektiven heraus betrachtet werden. Die erste Perspektive orientiert sich an dem Miteinander der verschiedenen Ego-States. Sie fokussiert auf den inneren Teamgeist oder das innere Familienklima. Welche Ego-States gehören dazu, welche sind bekannt, wie gehen sie miteinander um, können sie sich gegenseitig unterstützen, können sie gemeinsam eigene Unterstützungsstrategien entwickeln und zur Anwendung bringen? In diesem Behandlungsschritt geht es für die Patienten auch noch einmal abschließend darum, die Vielfalt der Ego-States als zu sich gehörend erleben zu können und dabei eigene Gestaltungsmöglichkeiten zu spüren. Die zweite Perspektive wird durch die Sicht auf die Feinheiten gebildet. Während die *Weitwinkelperspektive* das „große Ganze" des inneren Systems in der Auseinandersetzung mit den jeweiligen Lebensbedingungen und Beziehungssituationen abbildet, wird mit Hilfe der *Mikroperspektive* wie mit einem Mikroskop die Sicht auf die kleinen Dinge geschärft. Beispielsweise können bereits dann wichtige Unterstützungsfertigkeiten verfügbar werden, wenn ein Zugang zu einem Ego-State der inneren Stärke geschaffen wurde, selbst dann, wenn der Großteil der psychotherapeutischen Arbeit noch bevorsteht. Das siebente prozessorientierte Ziel bildet also nicht automatisch das Behandlungsende. Es begleitet den gesamten Behandlungsverlauf. Alle prozessorientierten Ziele lassen sich auf den gesamten Behandlungsprozess beziehen, sie lassen sich jedoch ebenso auf eine spezifische Behandlungsphase und sowie auf eine einzelne Intervention sowie eine einzelne Sitzung übertragen.

## Das Behandlungsmodell der Ego-State-Therapie

Das psychotherapeutische Vorgehen der Ego-State-Therapie beruht auf einem zentralen Behandlungsmodell, dem sogenannten *SARI-Modell* (Phillips & Frederick, 2003, S. 65 ff.). Das SARI-Modell stellt eine vierphasige Erweiterung des in der Traumatherapie verbreiteten dreiphasigen Ansatzes dar (Stabilisierung, Traumabearbeitung, Neuorientierung; vgl. Herman, 2003). Die oben beschriebenen sieben prozessorientierten Ziele der Ego-State-Therapie sind eng mit den vier Phasen des SARI-Modells verbunden.

Die Phasen sind in Übersicht 1 dargestellt.

| | **Übersicht 1: Das SARI-Modell als Behandlungsgrundlage** (Phillips & Frederick, 2003, S. 65 ff.; vgl. Fritzsche & Hartman, 2010, S. 76 ff.) |
|---|---|---|
| I) | S | Safety and Stabilisation (Sicherheit und Stabilisierung) |
| II) | A | Accessing (Schaffung eines sicheren Zugangs zum Trauma und den entsprechenden Ego-States) |
| III) | R | Resolving and Restabilisation (Auflösen der traumatischen Erfahrung und Restabilisierung) |
| IV) | I | Integration and Identity (Integration der Persönlichkeit, Neuorientierung und Schaffung einer neuen Identität) |

Das SARI-Modell wurde ursprünglich für den Bereich der Traumatherapie entwickelt. Es lässt sich jedoch sehr gut auf ein breites Störungsspektrum übertragen. Die vier Phasen verlaufen zirkulär. Jede Phase kann zu verschiedenen Zeitpunkten der Behandlung relevant werden. Beispielsweise kann es in einem fortgeschrittenen Behandlungszeitpunkt wieder notwendig sein, stabilisierende Interventionen aus Phase I zu wiederholen oder entsprechend der jeweiligen Situation neu zu entwickeln.

**Phase I: Sicherheit und Stabilisierung**
Diese Phase spielt in der gesamten Behandlung eine Sonderrolle. Sicherheit und Stabilisierung gehen immer vor. Jede Intervention, die wir umsetzen, jedes Beziehungsangebot, das wir machen, müssen wir aus dem Blickwinkel der Sicherheit und Stabilisierung betrachten. Ist eine Patientin nicht stabil genug, um eine spezifische Intervention ohne Dekompensationsgefahr absolvieren zu können, darf sie noch nicht angewendet werden. Dann muss zuvor die Stabilität so weit erhöht werden, dass die Patientin von der Intervention auch profitieren kann. In manchen Fällen ist dies keine leichte Entscheidung. Die Reaktionen auf die Interventionen lassen sich nicht zu 100 % vorhersagen. Trotzdem müssen die Stabilität und der durch eine Intervention verursachte Belastungsanstieg abgeschätzt werden. Die Verantwortung der Belastung, die durch unsere Interventionen entsteht, liegt bei uns und nicht bei unseren Patienten.
Sicherheit und Stabilisierung lassen sich auch auf einer inneren und einer äußeren Bühne betrachten. Die Interventionen werden diesen beiden Bereichen zugeordnet. Natürlich ist eine Sicherheit im äußeren System der Patienten eine wichtige Voraussetzung für eine erfolgreiche Behandlung. Auf der inneren Bühne geht es darum, eigene Stärken und Ressourcen zu aktivieren, sie zugänglich und nutzbar zu machen bzw. neue Stärken zu entwickeln. Die Ressourcen, die in der ersten Phase des SARI-Modells zugänglich gemacht werden, begleiten die Patienten nicht nur in ihrem Lebensalltag, sie begleiten ebenso den therapeutischen Prozess und werden immer wieder zu Hilfe gerufen, wenn es schwierig wird.

**Phase II: Schaffung eines sicheren Zugangs zum Trauma und zu den entsprechenden Ego-States**
In der zweiten Phase geht es um die Schaffung eines sicheren Zugangs zu belastendem Material sowie den damit verbundenen Ego-States. Kontakt zu diesem Material erhöht den

Belastungsgrad und damit auch die Dekompensationsgefahr. Aus diesem Grund ist es eine wichtige therapeutische Aufgabe, Möglichkeiten eines sicheren Zugangs zu entwickeln. Dazu gehört u. a. eine ausreichende Entwicklung von Fertigkeiten der Stabilisierung. Weiterhin werden Strategien erforderlich, die es erlauben, sicher Kontakt mit belastendem Material aufzunehmen und sich auch sicher wieder davon distanzieren zu können. Wir brauchen einen sicheren Weg hin und wieder zurück. Die Strategien aus Phase I finden hier ihre Anwendung. Ego-States der inneren Stärke, innere Helfer, Beschützer oder Beobachter können genau die beschriebene Aufgabe des sicheren Zugangs erfüllen. Ein innerer Beobachter kann beispielsweise jederzeit signalisieren, wann die Belastung zu sehr, d. h. in einen kritischen Bereich ansteigt und wann man deshalb erst einmal wieder zurückmuss. Die Ego-State-Therapie bietet eine Fülle an Interventionen, die in dieser Phase genutzt werden können. Die Grundidee besteht im Erleben von Kontrolle bei der Auseinandersetzung mit belastendem Material.

In Phase zwei Beginnt die Rekonstruktion des oder der zugrunde liegenden Ereignisse. Die Rekonstruktion stellt den Übergang zu Phase III dar. Sie kann ebenfalls erst dann erfolgen, wenn die Stabilisierungsfertigkeiten sicher anwendbar sind.

**Phase III: Auflösung der traumatischen Erfahrung und Restabilisierung**
Der Übergang von Phase II zu Phase III ist fließend. Das Ziel dieser Phase besteht aus der Reassoziierung und Transformation traumatischen Materials. Unter Reassoziierung verstehen wir die Verbindung der somatischen, visuellen, verhaltensbezogenen, affektiven und kognitiven Aspekte einer traumatischen Erfahrung mit dem normalen Wachbewusstsein (Fritzsche & Hartman, 2010, S. 114). Transformation beschreibt das Arbeiten mit den verschiedenen Aspekten der Erfahrung, mit den Reaktionen des Patienten auf diese Aspekte sowie mit den Folgen, die die traumatische Erfahrung hatte. Reassoziation und Transformation ermöglichen eine korrigierende Erfahrung. Sie bieten die Möglichkeit, das traumatische Geschehen zu meistern und umzugestalten (Fritzsche, 2013, S. 193 f.). In den Phasen II und III sollen die ressourcenreichen Ego-States als Unterstützung genutzt werden. Im günstigsten Fall steht dann ein ganzes Unterstützungsteam zur Verfügung. Alle Mitglieder dieses Teams sind potenzielle Kotherapeuten und erleichtern die Arbeit in hohem Maße. Die Arbeit mit belastendem Material in Phase II und III verläuft auf zwei Ebenen. Auf der ersten Ebene stehen die Ego-States im Fokus, die mit einem belastenden Ereignis, einem belastenden Beziehungserleben oder einer anhaltend belastenden Lebenssituation konfrontiert sind. Diese Ego-States benötigen dringend Schutz und Hilfe. Sie müssen versorgt werden und brauchen Akzeptanz, Verständnis und Würdigung. Dies geht nicht ohne Mitgefühl. Auf der zweiten Ebene geht es um die Bearbeitung von belastenden Ereignissen im engeren traumatherapeutischen Sinn. Hier wird mit Erinnerungsmaterial und seinen psychischen und physischen Folgen gearbeitet. Fortschritte auf beiden Ebenen ermöglichen eine Reassoziierung und Transformation und stellen eine Voraussetzung für die angestrebte Integration dar.

**Phase IV: Integration, Neuorientierung und Entwicklung einer neuen Identität**
Die Phase IV kann sich auf drei Zeitebenen beziehen. Auf der Ebene der Vergangenheit geht es darum, was mir zugestoßen ist, womit ich konfrontiert war, was ich bewältigen musste. Es geht um die Frage, wie ich es überstanden habe, was dabei hilfreich und wie hoch der Preis war. Auf der Ebene der Gegenwart steht die Frage im Vordergrund, was

aus mir geworden ist. Welche Folgen hatte das Ereignis oder hatten die Lebensumstände, und wie haben sie sich bis heute ausgewirkt? Die dritte Ebene weist in die Zukunft und beschäftigt sich mit der Frage, wie ich mich entwickeln möchte und wohin. Worauf werde ich achten? Was wird mir wichtig sein? Wer möchte ich sein?

Die Phase IV kann ebenfalls sowohl unter der mikroskopischen als auch unter der Weitwinkelperspektive gesehen und bearbeitet werden. Bei der mikroskopischen Perspektive wird beispielsweise die integrative Wirkung einer einzelnen Intervention betrachtet. Ein Beispiel wäre die Frage, wie gut ein Patient seine inneren Helfer tatsächlich flexibel nutzen kann. Integration hieße hier, dass dies möglich und hilfreich ist. Sie könnten sich diese Frage nach jeder Sitzung stellen. Inwieweit hat die Sitzung zu einer Integration und Neuorientierung im inneren System beigetragen? Meistens zeigt sich dies erst in der Folgezeit. Prozesse der Integration und Neuorientierung treten jedoch auch mitten in den Sitzungen auf. Sie lassen sich bereits während einer Intervention beobachten. Integrative Bewegungen werden durch die Entwicklungs- und Veränderungsschritte der Ego-States und deren Auswirkungen deutlich.

Die Weitwinkelperspektive betrachtet wiederum das „große Ganze". Hier stehen nicht die Wirkung einer einzelnen Intervention im Vordergrund, sondern die Veränderungsprozesse, die durch die gesamte Behandlung möglich wurden. Hier geht es mehr um eine biographische oder Lebensperspektive. Wie wird es mit dem Patienten weitergehen? Welchen Weg wird die Patientin finden? Welche Weichen wurden gestellt? Wie werden die Patienten zurechtkommen? Unabhängig davon, in welchem Lebensalter die Behandlung stattfindet, ist diese Perspektive von großer Bedeutung und muss genügend Raum erhalten.

## Literatur

Frederick, C. (2007). Ausgewählte Themen zur Ego-State-Therapie. Hypnose, 2 (1 + 2), 5–100.
Fritzsche, K. & Hartman, W. (2010). Einführung in die Ego-State-Therapie. Heidelberg: Carl Auer.
Fritzsche, K. (2013). Praxis der Ego-State-Therapie. Heidelberg: Carl Auer.
Grawe, K. (2004). Neuropsychotherapie. Göttingen: Hogrefe.
Herman, J. (2003). Die Narben der Gewalt. Paderborn: Junfermannsche Verlagsbuchhandlung. (2003).
Peichl, J. (2013). Innere Kritiker, Verfolger und Zerstörer. Stuttgart: Klett Cotta.
Phillips, M. & Frederick, C. (2003). Handbuch der Hypnotherapie bei posttraumatischen und dissoziativen Störungen (2. Aufl. 2007). Heidelberg: Carl Auer.
Vogt, R. (Hrsg.). (2012). Täterintrojekte. Diagnostik und Behandlungsmodelle dissoziativer Strukturen. Kröning: Asanger.
Watkins, J. & Watkins, H. (2003). Ego-States. Theorie und Therapie. Heidelberg: Carl Auer.

## Korrespondenzadresse

Dr. Kai Fritzsche
Hans-Otto-Str. 42 B | 10407 Berlin
E-Mail: kai.fritzsche@ifhe-berlin.de | www.ifhe-berlin.de

Uta Sonneborn

# Die Systemische Therapie mit der Inneren Familie

The Inner family systems Therapy IFS

Die Systemische Therapie mit der Inneren Familie (IFS) wurde vor 30 Jahren von Richard Schwartz PhD in den USA entwickelt, indem er die systemische Sichtweise auf die Innenwelt übertrug und die innere Multiplizität als etwas Natürliches statt als Störung betrachtete. Die IFS ist zugleich Haltung und Methode. Sie ist ein Weg, mit sich selbst, mit Einzelnen, Paaren und Gruppen so zu arbeiten, dass jeder lernt, sein „Selbst", den Kern eines jeden Menschen mit wertvollen, nicht bewertenden Führungseigenschaften aufzufinden, auszudifferenzieren und mit dem Selbst in Führung seine eigenen Persönlichkeits-An-Teile und die anderer Menschen empathisch zu verstehen, zu bezeugen, zu entlasten und ein neues Gleichgewicht zu ermöglichen. Menschliche Probleme werden auf selbstbefähigende Weise verstanden und behandelt. IFS stellt einen humanistischen und ökologischen Ansatz für tiefe Heilung dar und findet in einer breiten Palette von Selbsterfahrung bis zur Therapie von psychischen und psychosomatischen Erkrankungen seine Anwendung wie auch in Konfliktlösungsprozessen und im Alltag.

Schlüsselwörter
IFS – Systemische Therapie – natürliche Multiplizität – das Selbst – Persönlichkeits-An-Teile – Ökologie – Selbstbefähigung – Selbsterfahrung – Psychotherapie

*The Inner Family Systems Therapy (IFS) was developed 30 years ago by Richard Schwartz PhD in the USA. He transferred the systemic way of thinking to the inner world and considered the internal multiplicity as something normal rather than pathological. IFS is both attitude and method. It is a way to work with yourself, with singles, couples and groups. People learn to find and differentiate their self, their core with its valuable non-assessing leading qualities, to understand, in their self-leadership, their own and other individuals' personality traits empathically, to witness and unburden them and to allow a new balance. Human problems are understood and treated in a self-enabling way. IFS describes a humanistic and ecological approach for deep healing processes and finds wide-range application from self-experience to the therapy of psychological and psychosomatic diseases as well as in coping with conflicts and in daily life.*

*Keywords*
*IFS – Systemic Therapy – Natural multiplicity – The Self – Parts – Ecology – Self-enabling – Self-experience – Psychotherapy*

## Einleitung

„Zwei Seelen wohnen, ach! in meiner Brust", beklagte nicht nur Faust in Goethes Werk. Innere Ambivalenzen und Konflikte machen menschliche Grundprobleme einerseits aus, können aber auch andererseits die Chance auf Wachstum, persönliche Entwicklung und Heilung in sich tragen.

## Entstehung der Methode

Vor 30 Jahren entwickelte Richard Schwartz PhD in den USA die Methode der „Systemischen Therapie mit der Inneren Familie". Als ursprünglich systemisch ausgebildeter Therapeut wurde er immer neugieriger, mehr über die Innenwelt seiner Patienten und Klienten zu erfahren. Er stellte sich dem Experiment, über Jahre hinweg ausschließlich zuzuhören, zu sehen, zu beobachten, empathisch und neugierig seine Patienten zu begleiten und versetzte sich mehr und mehr in die Lage, das in der Psychologenausbildung Erlernte, Psychopathologie, Lehrmeinungen über Persönlichkeit und Therapie, Annahmen über Zusammenhänge, Hypothesenbildung eher in die zweite Reihe zu stellen, um sich der inneren Welt seiner Patienten widmen zu können, ihnen WIRKLICH zuzuhören, offen, interessiert und mit viel Empathie. So erfuhr er von den sich in seinen Klienten widerstreitenden Anteilen, die wie richtig echte (Teil-)Persönlichkeiten ihre Konflikte miteinander und gegeneinander austrugen, was heftigen inneren Kämpfen entsprach, solange die Klienten mit dem jeweiligen Anteil identifiziert sind. Sobald jedoch die Klienten die Anteile mit ein wenig Abstand sehen und erleben konnten, hörten, was diese Anteile dachten, fühlten, taten, ihre Situation, in der sie entstanden waren, würdigen konnten, trat eine veränderte Stimmung, Haltung, Mimik in diese Klienten, die sich mit liebevoller und ruhiger Stimme ihren Anteilen zuwandten. Diese „Desidentifikation" (Externalisierung, Separierung, Distanzierung, Entschmelzung, Abgrenzung) des Selbst von dem Persönlichkeitsanteil („Teil x" genannt), konnte er einladen, wenn er die Klienten bat, ob sie den Teil x etwas beiseitetreten lassen könnten, damit sie den Teil x besser sehen, wahrnehmen könnten. Mit der Frage, was die Klienten für den Teil fühlten, bekam er Antworten entweder vom Selbst, die von tiefem Verständnis, Mitgefühl, Liebe, Dankbarkeit oder Wertschätzung geprägt waren, einhergehend mit einem veränderten Seinszustand. Oder neue Teilpersönlichkeiten wurden deutlich, die mit Bewertung, Ablehnung, heftigen Gefühlsausbrüchen, Ablehnung, Hass, Identifizierung reagierten.

Er fand heraus, dass die unterschiedlichen Anteile bestimmte Funktionen in der Geschichte dieses Menschen übernahmen, die er grob in beschützte (Verbannte) und zu beschützende Anteile (Manager und Feuerbekämpfer) unterteilte. Das Selbst unterscheidet sich durch andere Qualitäten; es ist kein Teil. Er entdeckte, dass Teile in verschiedenen Personen vergleichbare Rollen übernehmen und dass sich die Beziehungen zwischen den Rollen immer wieder ähnlich entwickeln. Diese inneren Rollen und Beziehungen waren nicht festgefahren, solange achtsam und wertschätzend mit ihnen umgegangen wurde. Dann waren sie sogar bereit, oft erstaunliches, bisher noch nicht bekanntes Material preiszugeben, ihre Geschichte zu erzählen und wie es dazu kam, dass sie diese Rolle übernommen haben – ja übernehmen mussten! Meist verfolgten sie in der Zeit ihrer

Entstehung eine gute Absicht aus ihrer Sicht heraus und waren sich nicht im Klaren, dass sie „ihrem Menschen" heute damit unter Umständen sogar schaden könnten, ja sie kannten das Selbst „ihrer" Person gar nicht. Aus einer ursprünglichen – aus der damaligen dramatischen, traumatisierenden, verletzenden – Situation heraus, wollten sie Schaden abwehren und fanden so in ihre Rolle des BESCHÜTZERS. Dessen höchstes Bestreben ist es, dass „sein Mensch" nie wieder mit dieser Situation und den dabei aufgetretenen Schmerzen, verletzten Gefühlen, Entwürdigungen etc. konfrontiert sein soll, koste es, was es wolle. Für die damalige Situation machte es Sinn, dass der Mensch in einer z. B. traumatischen Situation die dazugehörenden Gefühle, Körpergefühle, Gedanken, Bilder, Erinnerungen und die selbstabwertenden Kognitionen abspaltet. Und Beschützeranteile entwickelt – Abwehrmechanismen, Symptome und Krankheiten, wie wir sie als Traumafolgestörungen kennen (z. B. Essstörungen, Süchte, Dissoziationen, Selbstverletzungen, Suizidalität, Ängste, Panikstörungen, Schmerzstörungen und Depressionen ), um mit den aus dem Trauma resultierenden Seelenschmerzen nie wieder in Kontakt zu kommen. Diese Seelenschmerzen sollen beschützt werden und in der Verbannung bleiben. Aus dieser Haltung heraus ist die Arbeit der Beschützer zu verstehen und zu würdigen. Vorher können sie nicht sehen, dass sie aus heutiger Sicht „ihrem Menschen" nicht nur nicht nutzen, sondern oftmals eher Schaden zufügen. Hier ist eine freundliche Klarstellung angezeigt, ohne die Anteile manipulieren zu wollen.

Wenn das Selbst des Klienten mit seinen Beschützeranteilen in Kontakt tritt und diesen achtsam und mit Wertschätzung begegnet, dann sind die Beschützer meist bereit, dem Selbst zu vertrauen. Sie können dem Selbst ihre Geschichte anvertrauen, und sie erleben, wie heilsam die Verbindung vom Selbst zu den verbannten Anteilen wirken kann. Sie sind bereit, dem Selbst die Führung zu überlassen und ihm den Zugang zu den verbannten Anteilen zu gewähren Das Selbst bezeugt die Geschichte des Verbannten und die Arbeit der Beschützer, und wenn die Zeit dafür reif ist, entlastet es die Teile von den Folgen des Erlebten. Dann können sich die Teile vorstellen, aus ihren extremen Rollen zu schlüpfen und die ihrem eigentlichen Wesen entsprechenden Aufgaben zu übernehmen (z. B. wird der Selbstverletzungsimpuls als blitzartig auftauchender Beschützer wahrgenommen, der vor Verletzungen beschützen will, aber statt sich unverbunden auszuagieren, überlässt er es dem Selbst, die entsprechenden Maßnahmen des Schutzes vor Verletzung zu ergreifen). Die Teile können in ihrer entlasteten Form in die ihnen eigentlich innewohnende positive, nicht mehr extreme Rolle zurückschlüpfen. Auch den Teilen wohnt ein Selbst inne, zu dem sie dann zurückfinden können, das sich gerne mit dem Selbst ihres Menschen verbindet und darum weiß, ein Teil eines größeren Selbst, eines größeren Ganzen zu sein. R. Schwartz begann, die Vielschichtigkeit der menschlichen Persönlichkeit als etwas Natürliches zu begreifen und mit ihr zu arbeiten. Er betrachtete sie als eine Art innere Familie. Die IFS begreift die menschliche Persönlichkeit als ein ökologisches System, das aus Teilpersönlichkeiten besteht, die mehr oder weniger voneinander abgegrenzt sind, von denen jede schätzenswerte Qualitäten besitzt, die dazu bestimmt und willens sind, entsprechend wertvolle Rollen zu übernehmen. Jedoch können diese Teile durch Lebensereignisse, Traumatisierungen (sexuelle, körperliche, seelische Gewalt oder Vernachlässigung), Krieg, Krankheit, Katastrophen, in der Ursprungsfamilie oder in sozialen, kulturellen oder religiösen Gemeinschaften erlebte Be- oder Entwertungen in extreme, oft zerstörerische Rollen gezwungen werden, die ihrem eigentlichen Wesen nicht entsprechen. Durch den Kontakt vom Selbst des Klienten mit diesen Teilen ist eine Entlastung, Neuorientierung und Heilung möglich. Diesen Kontakt herzustellen ist u. a. Aufgabe des Therapeuten, damit der Klient diesen inneren Dialog in Eigenregie fortführen kann.

## Das Innere System

Dazu gehören das SELBST und die Teile.
Beschützende Teile werden in den Gruppierungen der MANAGER und der FEUERBEKÄMPFER gefasst,
Beschützte Teile werden als VERBANNTE bezeichnet.
Das SELBST ist das Zentrum, der unverletzbare Kern eines Menschen. Das Selbst ist kein Teil. Das Selbst erfährt sich an den Teilen. Wenn es ausdifferenziert und nicht mit Teilen verschmolzen ist, kann es aktiv und mitfühlend das System führen. Es ist kompetent, sicher und voller Selbstvertrauen, gelassen und in der Lage, Rückmeldungen der Teile zu hören und darauf einzugehen. Das Selbst hat nur so viel Macht, wie die Teile ihm zugestehen. Das Selbst kann sich zeigen durch:

– Akzeptanz
– Mitgefühl
– Vertrauen
– Verbundenheit
– Neugier
– Interesse
– Offenheit
– Zentriertheit
– Ruhe
– Zuversicht
– Gelassenheit
– Klarheit
– Kreativität
– Mut
– für die eigenen Anteile und die der anderen Menschen,
– für die Natur und die Umwelt.

Das Selbst wertet nicht.
Das Selbst weiß am besten, wie den Teilen zu helfen ist.
Im Zustand des Selbst erlebt der Mensch (Klient) Empathie für seine Persönlichkeits-Anteile, seine verschiedenen Seiten und Facetten. In der Selbstführung liegt ein großes (Heilungs-)Potenzial. Menschen, die ihr Selbst erfahren haben, wissen, dass nicht sie, sondern „nur" Teile von ihnen extreme Rollen übernehmen. Anstatt von Gefühlen überschwemmt zu werden, mit ihnen zu verschmelzen oder mit ihnen identifiziert zu sein, sind Personen im Selbst fähig, zentriert zu bleiben und trotzdem die Gefühle zu erleben. Sie können vom Selbst aus ihre Teile bitten, sie nicht zu überfluten, weil sie ihnen dann nicht helfen können. Einen Menschen in Selbstführung zu erkennen ist leicht. Bei ihm hat man das Gefühl, so sein zu können, wie man ist, ihm nichts vormachen zu müssen, sich angenommen, sich gesehen, sich nicht bewertet zu fühlen, seine Präsenz, sein Wohlwollen, seine Offenheit, sein

echtes Interesse, seine Neugier zu spüren. Man erkennt an seinen Augen, der Stimme, der Körpersprache, dass er verlässlich, natürlich, ungekünstelt, authentisch, unabsichtlich ist. Er ist nicht fixiert auf eigene Ziele oder Selbstdarstellung, hat eine natürliche Bereitschaft zu dienen, ohne sich ausnutzen zu lassen. Er spürt Dankbarkeit und Demut ohne Unterwürfigkeit. Er muss nicht mit Hilfe von Gesetzen oder Moral dazu gezwungen werden, das Richtige zu tun. Er hat ein natürliches Mitgefühl für alle Kreaturen und die Natur, eine Leidenschaft für das Leben.

Er ist motiviert, den Zustand der Menschheit und der Umwelt zu verbessern, weil er das Bewusstsein hat, dass wir alle miteinander verbunden sind.

Jeder Mensch kann in seinem Selbst sein, und keiner wird es dauerhaft sein. Es geht nicht darum, ein „Heiliger" zu werden, sondern die Freude einer möglichen Selbstführung immer wieder erleben zu dürfen. Das Schöne daran ist – je mehr die Teile dem Selbst vertrauen und je mehr die Teile von Alt- oder Erblasten entlastet und befreit sind, umso mehr Selbstqualitäten entfalten die Teile und arbeiten freudig dem Selbst zu – auf natürliche Weise; ein System in einer stimmigen Ökologie.

Das Selbst in der IFS hat also diesen im Alltag sichtbaren, im Erleben spürbaren und identifizierbaren Aspekt, mit dem es sich – auch therapeutisch – so wunderbar arbeiten lässt, vergleichbar mit einer konkreten Welle im Ozean.

Gleichzeitig ist das Selbst aber auch ein ozeanisches Gefühl von Verbundensein, in der Welt sein, eins zu sein mit der Natur und dem Universum, ein Gefühl von innerer Zufriedenheit, von Glück, von Grenzenlosigkeit, ein Flow.

Es kann spürbar sein als pulsierende Wärme, Licht oder Energie durch den Körper oder um ihn herum, von Weite und Raum in Körper und Geist. Es ist Liebe, Seele, Natur.

Es ist da, bei jedem, manchmal mehr oder weniger verborgen, verdeckt, versteckt. Bei schwer traumatisierten Menschen kann es auch außerhalb des Körpers zu finden sein. Es muss verleiblicht sein, um die Selbstführung übernehmen zu können. Eine vollständige Antwort, was das Selbst sein kann, wage ich nicht zu geben.

Im Alltag und in der Therapie finde ich es hilfreich, das Selbst von den Teilen immer wieder unterscheiden zu können und mich täglich darin weiter zu üben, als Mensch und als Therapeutin, und auch die Klienten darin zu unterstützen, mehr und mehr aus ihrem Selbst mit ihren Teilen in Kontakt zu treten. Im Selbst zu sein ist leicht und nicht anstrengend. Achtsamkeit und Meditation wirken förderlich, mehr Selbst zu erfahren.

## Die TEILE

Die menschliche Persönlichkeit besteht natürlicherweise aus einer unbegrenzten Anzahl von Teilpersönlichkeiten. Die Teilpersönlichkeiten, kurz Teile genannt, stellt man sich am besten als reale Persönlichkeiten in Alter, Charakter, Eigenheit, Besonderheit, Eigenschaften vor. Sie handeln unter- und miteinander, wie reale Menschen es tun, und sind in bestimmten Systemen miteinander verwoben. Auf unterschiedliche Art und Weise machen sie sich intern bemerkbar: als Gedanken und Gefühle, als Körperempfindungen und Körperwahrnehmungen, als körperliche und seelische Symptome, als innere Bilder, interne Stimmen, Töne etc.

Sie wollen in einem nicht extremen Zustand prinzipiell etwas Gutes für ihren Menschen und wenden alle möglichen Strategien an, um Einfluss im System zu bekommen. Sie entwickeln ein komplexes Interaktionssystem untereinander. Polarisierungen entstehen,

wenn Teile zu mehr Einfluss gelangen wollen. Teile werden durch Erfahrung beeinflusst, aber nicht durch sie geschaffen. Sie existieren schon immer, entweder als Möglichkeit oder bereits ausgeformt. Teile, die extreme Rollen übernommen haben, tragen „Lasten", wie z. B. Überzeugungen, Glaubenssätze, Energien, Gefühle, Fantasien, die sie in den extremen Situationen übernommen haben, die der ursprünglichen Aufgabe des Teils jedoch nicht entsprechen und nicht zu der Natur des Teiles gehören. Der Teile können darin unterstützt werden, sich zu entlasten und zu ihrem ursprünglichen Gleichgewicht zurückkehren. Teile, die das Vertrauen in das Selbst verloren haben, „verschmelzen" mit dem Selbst oder überwältigen es. Sie tragen dann die Überzeugung, dass nur sie das System führen könnten. Ihre Bemühungen und ihre Arbeit muss geschätzt und gewürdigt werden. Sie müssen das Vertrauen in das Selbst erst wieder lernen. Kann das Selbst wieder aktiv sein, so werden die Teile dem Selbst gerne zuarbeiten. Sie werden das Selbst zwar beeinflussen wollen und letztlich jedoch seine Führung anerkennen. In diesem entlastetem Stadium werden alle Teile ihre Begabungen entfalten und ihren Platz haben können. Kein Teil soll verschwinden oder ausgelöscht werden. Alle Teile sind willkommen.
Die Teile werden unterteilt in die VERBANNTEN (Beschützte) und in die MANAGER und die FEUERBEKÄMPFER (Beschützer).

**VERBANNTE**
In die Verbannung, ins Exil (exiles=Verbannte) geschickt werden schmerzliche Gedanken, Gefühle und Körpergefühle mitsamt ihren Lasten und den dazugehörigen Persönlichkeitsanteilen. In jeder Familie, Gesellschaft, Kultur und Religion werden Teile eines Menschen nicht akzeptiert und entwertet, so dass wir diese ins Exil schicken müssen.
Als Frau und als Mann dürfen in den jeweiligen Gesellschaften mehr oder weniger Anteile gelebt oder müssen weggesperrt werden. Das volle Potenzial unserer weiblichen und männlichen Anteile zu integrieren ist wie ein großes Geschenk. Bei traumatischen, dramatischen Lebensereignissen werden Verletzungen, Entwürdigungen, seelische und körperliche Schmerzen erlebt, was verstörend und belastend wirkt und das ganze innere System in Aufruhr bringt. Teile, die traumatisiert wurden, werden oft vor dem Rest des Systems isoliert. In diesem Feld sind dann besonders die Beschützer aktiv, um diese schlimmen Gefühle vom Bewusstsein zu verdrängen oder abzuspalten und das Selbst zu schützen. Aber auch die Verbannten werden bei extremer Verletzung und Belastung besonders verzweifelt und darum heftig bestrebt und drängend aktiv sein, um Gehör, Verständnis und Entlastung zu finden; sie wollen nicht ausgeschlossen sein.
Wenn wir vor allem in der Kindheit und Jugend, aber auch im Erwachsenenalter in unseren sensibelsten, zartesten, spielerischen und unschuldigsten, unsern spontanen oder kreativen Anteilen verletzt werden, Entwertungen oder Kränkungen erfahren, dann gibt es Strebungen (Beschützer) in uns, diese alle aus unseren Erinnerungen zu streichen, in den Keller unseres Bewusstseins – in die Verbannung – zu verdrängen. Wir (d. h. Beschützerteile von uns, die glauben, sie seien wir selbst) schließen z. B. verletzte Teile weg, von denen unsere Beschützer glauben, sie seien verantwortlich für das damalige Geschehen, sie würden uns schaden, wir oder die Menschen um uns herum würden sie nicht ertragen, oder sie würden uns überfluten. Wie andere Menschen um uns herum raten uns diese Beschützer: Vergiss es, Vergangenes kannst du nicht ändern, Schwamm drüber, schau nach vorn. Unangenehmes wegzusperren ist eine erprobte Überlebensstrategie, in manchen Situationen durchaus hilfreich für den Augenblick.

Als Therapeuten fallen uns hier natürlich alle möglichen Abwehrmechanismen ein. Die Identifikation mit dem Aggressor und die Wendung gegen das Selbst zeigen besonders plastisch, wie die Teile in uns agieren. Was in eigenem Erleben oder Verhalten in Familie, Kultur, Gesellschaft oder Religion z. B. von den Eltern oder der Institution entwertet wurde oder keine Akzeptanz fand, wird von den Kindern (von Beschützerteilen von ihnen) in Identifikation mit den Eltern, den Autoritätspersonen oder der Institution (in diesem Falle mit dem Aggressor) in die eigene Abwertung übernommen. Diese klugen Teile entwickeln sich, weil die Kinder in Abhängigkeit von z. B. den Eltern noch nicht zu eigenen Wünschen und Strebungen stehen können und sie in ihrer Existenz auf das Wohlwollen und die Anerkennung der Eltern angewiesen sind. In jungen Jahren ist das Selbst noch nicht so stark, dass es ständige Ablehnung, Bestrafung oder Entwertung der Eltern ertragen könnte. Hier entwickeln sich also angepasste Teile, die sich in Identifikation mit den Eltern gegen das Selbst wenden. Sie sind überzeugt, dass nur ihre Strategie ihrem Menschen Kummer und Sorgen ersparen wird, und machen in Identifikation mit den Eltern oder einem Aggressor die verletzen Teile für den Konflikt, das Drama, das Trauma verantwortlich. „Du bist selbst dran schuld, du bist schlimm, schlecht, eklig, nichts wert, du bist zu dick, zu dünn, zu hübsch, zu hässlich etc." Diese ganzen Überzeugungen und Glaubenssätze mit den dazugehörigen Gefühlen, Gedanken und (Körper-)Empfindungen hängen als Last auf dem Verbannten. Aber um diesen Preis bleibt das innere und äußere System stabil – zunächst. Das Kind hat in seinem System „logische" Zusammenhänge für das schlimme Geschehen gefunden. Sehen die verzweifelten Verbannten dieses Menschen jedoch irgendwie die Möglichkeit, sich aus dem Keller der Verbannung zu befreien, drängen sie ans Licht und drohen damit, das ganze System zu überrollen, was alle Beschützer natürlich verstärkt auf den Plan ruft und in ihren Augen ihre Daseinsberechtigung zementiert. Wer kennt das nicht als Therapeut – die Erstverschlimmerung nach Öffnung des Klienten und seiner Geschichte, regressive Wünsche verhindern die Bewältigung des Alltags, Rückschritte nach Therapieerfolgen, Intrusionen bei posttraumatischen Belastungsstörungen mit Überflutungen des Systems und entsprechenden „Gegenmaßnahmen" der Manager und Feuerbekämpfer in Aufruhr – wie depressive Stimmungen, Ängste, Selbstverletzungen, Dissoziationen u. a. m. – „altbewährte" Muster allesamt. Verbannte werden umso heftiger, je extremer die Situation war, in der sie ins Exil geschickt wurden. Sie tragen die vom Bewusstsein abgespaltenen schmerzhaften Gefühle, Überzeugungen und Lasten der Verletzungen, die oftmals verleiblicht sind. Sie werden umso drängender und verzweifelter, weil sie gehört, geheilt und integriert werden wollen.

## MANAGER

Sie sind Beschützer des Systems. Sie tun ALLES, um das Individuum vor Schmerz und Ablehnung zu bewahren, so dass die Person in jeder Beziehung und Situation die Kontrolle behält. Nie wieder soll ihr Mensch Gefühle von Zurückweisung oder Erniedrigung spüren. Dies erreichen sie durch ein ausgeklügeltes System des Zusammenspiels mehrerer Teile. Sie können auch (zunächst) absolut nichts Positives darin sehen, dass in einer Psychotherapie die Aufarbeitung der persönlichen Geschichte geschehen soll. Sie möchten die alten Sachen lieber ruhen lassen, wehren sich heftig dagegen (Widerstände). Sie haben Angst, dass ihre Person in ein schwarzes Loch gezogen wird, aus dem es kein Entrinnen mehr gibt, Angst, dass die Verbannten die Führung übernehmen und das System überschwemmt wird mit Inhalten aus dem Erleben der Verbannten. Sie befürchten, dass Grausiges zutage kommt, (Familien-)Geheimnisse aufgedeckt werden könnten, Verrat an geliebten Personen begangen werden muss. Ihre Person könnte abhängig, bedürftig oder verletzlich werden ohne die schützende Hülle der Manager und ihren Alltag nicht mehr bewältigen. Zudem könnte jede Berührung mit dem Schmerz ohne die Manager heftigste, zerstörerische Feuerbekämpferanteile auf den Plan rufen, was noch gefährlicher wäre (und nicht unrealistisch ist). Außerdem befürchten sie, dass der Therapeut mit den Verbannten nicht klarkommt, sie nicht aushält, angeekelt oder ebenfalls überschwemmt sein könnte und dann den Klienten ebenfalls im Stich lassen würde. Eine weitere große Sorge ist, dass sie ihre Aufgabe verlieren, in der Bedeutungslosigkeit versinken oder gar vernichtet werden sollen. Daher ist es unabdingbar, den Beschützern (gilt für Manager und Feuerbekämpfer) mit Ernsthaftigkeit, Interesse, Achtsamkeit und Absichtslosigkeit zu begegnen. Als Therapeut weckt man das eigene und das Interesse der Klienten, um die Ängste, Bedenken und Befürchtungen der Beschützer kennenzulernen, um herauszufinden wie sie denn ihre Aufgabe tun und was sie beschützen wollen. Vom Selbst des Therapeuten und des Klienten sind ehrliche Verhandlungsangebote an die Beschützer hilfreich. Jegliches Manipulieren, was vielleicht von einem Teil des Therapeuten oder des Klienten ausgehen könnte, der schnelle Veränderung möchte, wird sofort durchschaut und ist daher nutzlos. Aber Beschützer sind offen für Veränderung, wenn sie nicht befürchten müssen, ausgestoßen zu werden, und wenn sie die Hoffnung haben, dass ihrem Menschen anderweitig geholfen werden könnte. Sobald sie die Präsenz des Selbst spüren können, sind sie zur Kooperation bereit und übernehmen gerne ihnen entsprechende andere Aufgaben für das System in Kooperation mit dem Selbst. Manager sind auch diejenigen Anteile, die unser Leben in Ordnung halten und dafür sorgen, dass wir gut funktionieren. Sie können sich in unterschiedlichsten Verhaltensweisen und Systemen zeigen. In entlasteter Form arbeiten sie gerne dem Selbst zu. Arbeite ich z. B. viel aus Therapeuten-Manager-Teilen heraus, werde ich am Abend k.o. sein, müde und erschöpft. Arbeite ich jedoch viel aus dem Selbst heraus, wird mich die gleiche Arbeit nicht anstrengen.

## FEUERBEKÄMFER
Sie beschützen das System ebenfalls, jedoch in einer ihnen spezifischen Art und Weise. Feuerbekämpfer heißen sie deswegen, weil sie das emotionale Feuer (z. B. verletzte Gefühle und Entwertungen) der Verbannten löschen wollen, sobald dieses droht, ausgelöst zu werden, oder die Manager mit ihrer Arbeit in ihren Augen den Schutz nicht mehr gewährleisten können. Feuerbekämpfer schützen das System auf heroische, impulsive, machtvolle, reaktive Art und Weise und gehen dabei ohne Rücksicht auf Verluste oftmals zerstörerisch oder selbstzerstörerisch vor. Sie zeigen sich in Süchten und Exzessen aller Art, in Suizidalität oder Gewalt, in einem übererregten Nervensystem sowie in foudroyant verlaufenden Krankheiten. Sie geben so lange keine Ruhe, bis das emotionale Feuer gelöscht ist. Ablenkung und Dissoziation gehören ebenfalls zu ihren Strategien.
Für die Feuerbekämpfer-Beschützer gilt im Prinzip das Gleiche wie für die Manager, und mit ihnen ist im Wesentlichen ebenso umzugehen wie mit Managern. Mit Feuerbekämpfern zu verhandeln erfordert viel Selbst. Von ihrer Art her aktivieren sie im Therapeuten leicht ängstliche oder bewertende Teile. Hier müssen die Therapeuten zuerst mit ihren eigenen Teilen arbeiten, um eine echte Anerkennung und Wertschätzung für die Feuerbekämpferteile des Klienten entwickeln zu können. Im Kontakt mit dem Selbst des Therapeuten und dem des Klienten ist der Feuerbekämpfer bereit zu sagen, wen er beschützt und wofür er diese schwere Rolle trägt.

Hören wir nicht oft von einem suizidalen Menschen, wenn wir ihn fragen, was denn für ihn besser wäre, wenn er nicht mehr leben würde, die Antwort, dass dann endlich Ruhe in seinem Kopf (zwischen den sich widerstreitenden Teilen) herrsche! Die Ruhe wäre das „Gute", was der suizidale Teil wünscht – und diese ist auch durch etwas anderes als den Suizid zu erreichen und dann nicht endgültig. Diese Hoffnung dürfen wir dem Klienten und seinem Feuerbekämpfer mitgeben, dass eine neue Ordnung zwischen den sich streitenden Teilen möglich ist und der Kontakt mit seinem Selbst ihm eine wirkliche Ruhe verschaffen kann.

Wie verzweifelt muss der suizidale Teil sein, wenn er zu solch harten Maßnahmen greifen muss? Wen beschützt er? Welche Not, welche Verantwortung muss er spüren? Was möchte er davon loswerden? Und was befürchtet er? Viele IFS-spezifische Fragestellungen vom Selbst aus können das Vertrauen zu seinen Feuerbekämpfern aufbauen und dem Klienten hilfreich für eine neue Beziehung zu ihm sein. Wenn das Selbst des Therapeuten und das Selbst des Klienten ihn um Erlaubnis bitten, mit dem Verbannten, den er beschützt, zu arbeiten, kann Entlastung gelingen und damit die Notwendigkeit, so heroisch zu schützen, entfallen. Der Feuerbekämpfer darf sich für andere Aufgaben vorbereiten, die auch noch seiner Natur entsprechen.

## Die Teile in der Psychotherapie

Innere Phänomene wie Persönlichkeitsanteile in der Beschreibung psychotherapeutischer Richtungen sind an sich nichts Neues. Ob es das Es, das Ich und das Über-Ich bei Freud sind, die Jungschen Begriffe von Animus und Anima, von Schatten, Komplexen und Archetypen, die inneren Objekte und Objektbeziehungstheorien, die Ich-Zustände in Bernes Transaktionsanalyse, seine Strukturanalyse 1. und 2. Ordnung, Karpmans Funktionsanalyse, die sich insgesamt differenziert mit den unterschiedlichen Ich-Zuständen und deren Kommunikation miteinander und unter Menschen untereinander beschäftigt, die Gestaltpsychotherapie, die mit viel Achtsamkeit die unterschiedlichen Kontaktmöglichkeiten – zu sich selbst – intern, von sich selbst innen nach außen und im Außen untereinander im Fokus hat, die Symptome schon immer als Ausdrucksweisen einer Person behandelte und die die Technik des Externalisierens mit Hilfe der „Stuhlarbeit" oder mit kreativen Medien ausführte, die die „Figuren" eines Menschen vom Hintergrund seines Bewusstseins in den Vordergrund treten lässt, um ihnen Gehör und Aufmerksamkeit wie auf einer Bühne zu verschaffen und ihnen die Möglichkeit einer korrigierenden Erfahrung bietet, um die Gestalt zu schließen, ob es Roberto Assagioli mit seiner Psychosynthese und den entsprechenden Subpersönlichkeiten war, die um ein Zentrum kreisten, oder die in der letzten Zeit mehr bekannt gewordene Ego-State-Therapie nach J. und H. Watkins, in der Traumatherapie die PITT von Luise Reddemann oder die unterschiedlichen Persönlichkeitsanteile bei Michaela Huber (ANP, EP), das innere Parlament in der Systemischen Therapie, die Parts-Party bei Virginia Satir im inneren System, die Schematherapie oder das im Kommunikationsbereich stark verbreitete Innere Team von Schulz von Thun und manche andere mehr. Ganze Kongresse beschäftigten sich in den letzten Jahren sehr intensiv und kreativ mit Teilen.

Etliche Therapierichtungen davon durfte ich ausführlichst kennenlernen und wurde durch sie inspiriert, immer weiter neugierig zu bleiben. So bin und war ich immer wieder und weiter begeistert und neugierig auf die innere Vielfalt, die inneren Systeme der Menschen, die innere Sinngebung und das Herausarbeiten von intrapsychischen Kontakten und den Umgang mit alldem in der Therapie und im Leben.

Der Systemischen Therapie mit der Inneren Familie nach Richard Schwartz wohnt die Besonderheit inne, dass das Selbst eines Menschen, unser Kern, der eben mehr ist als ein Teil, in einen echten Dialog gebracht werden kann mit seinen Teilen. Der Kontakt des Selbst eines Menschen mit seinen Persönlichkeitsanteilen wirkt an sich schon heilsam. Spüren die Teile, dass sie nicht allein stehen, erwächst Hoffnung und Zuversicht in ihnen auf das Selbst, was auch die Abhängigkeit vom Therapeuten minimiert. Vertrauen die Teile dem Selbst, sind sie gerne bereit, sich seiner Leitung anzuvertrauen und ihm zuzuarbeiten. Eine weitere Eigenheit der IFS stellt die Art der Entlastung von oftmals lang festsitzenden Problemen, Gefühlen und inneren alten Überzeugungen dar.
Diese Arbeit ist berührend, erfrischend und kreativ. Ich weiß als Therapeutin vorher nicht, was herauskommt, und kann gespannt, absichtslos und echt interessiert den Ausführungen des Klienten und seiner Geschichte folgen. Ich habe seine Erlaubnis, als Teiledetektorin zu fungieren und ihn als Moderatorin durch sein inneres System zu begleiten. Das wesentliche Ziel ist, ihn in seinem Selbst mit seinen Teilen in Kontakt, in Begegnung und Beziehung zu bringen und ihn zu dieser speziellen Arbeit mit seinen Teilen einzuladen. Durch diese sanfte, innovative, nicht pathologisierende und nicht wertende Art der Therapie fühlt sich auch der Klient eingeladen, seine eigene innere Landschaft neugierig, offen, interessiert mit Mitgefühl und Verständnis zu erforschen und sich seiner inneren Weisheit anzuvertrauen. Die Methode der IFS benutze ich auch für mich (und in Supervisionen), um in der therapeutischen Arbeit möglichst viel Selbst zur Verfügung zu haben und aus möglichst wenigen Therapeutenanteilen heraus mit dem Klienten zu arbeiten. Nebenbei ist diese Haltung und Methode sowohl bei Konfliktlösungen als auch im Alltagsleben sehr praktikabel. Diese Art der therapeutischen Arbeit begeistert mich als alte, erfahrene Therapeutin sehr und überzeugt mich in ihrer allumfassenden Akzeptanz, ihrer Einfachheit, Leichtigkeit und Tiefe.

## Entwicklung der IFS

Die „Systemischen Therapie mit der Inneren Familie" hat in den letzten 30 Jahren in USA eine große Verbreitung erfahren. Seit 1999 wurden viele Basis- und Fortgeschrittenentrainings in Deutschland durchgeführt. Inzwischen erfreut sich die IFS hier zunehmender Beliebtheit. In Frankreich, der Schweiz, England, Israel und Schweden fanden ebenfalls schon Basis- und z. T. auch Fortgeschrittenenseminare statt.

## Korrespondenzadresse

Institut für Integrative IFS | Dr. med. Uta Sonneborn
Bergheimerstr. 127 | 69115 Heidelberg | Tel. 06221-18189 | uta.sonneborn@gmx.de

Dagmar Kumbier

# Das Innere Team in der Psychotherapie

Using the Inner Team in Therapy

Modell und Methode des Inneren Teams von Friedemann Schulz von Thun sind für den Bereich von Coaching und Beratung entwickelt worden. Der Artikel stellt dar, welches Potential das Innere Team für die Psychotherapie bietet und welche Erweiterungen für den Einsatz in der Psychotherapie sinnvoll und notwendig sind. Insbesondere sollten Besonderheiten traumaassoziierter innerer Anteile konzeptionell und mit Blick auf Interventionsplanung berücksichtigt werden. Abschließend werden Ähnlichkeiten, Unterschiede und Integrationsmöglichkeiten mit verwandten Konzepten (insbesondere denen von Richard Schwartz und Luise Reddemann) diskutiert.

Schlüsselwörter
Psychotherapie – Inneres Team – Innere Anteile – Schulz von Thun – Richard Schwartz – integrativ

*The model of the Inner Team was invented by Friedemann Schulz von Thun for use in coaching and counseling. This article describes the potential of this model for therapy and considers the necessary and useful enhancements, especially the concept of traumatized inner parts and subsequent intervention planning. Similarities, differences and integration with similar concepts (Richards Schwarz and Luise Reddemann) are discussed in the end.*

Keywords
Inner Team – inner parts – Schulz von Thun – Richard Schwartz – integration

## 1 Das Innere Team von Friedemann Schulz von Thun

Modell und Methode des Inneren Teams wurden von Friedemann Schulz von Thun für die Arbeit in Kommunikationstraining, Coaching und Beratung entwickelt (Schulz von Thun, 1998). Ausgangspunkt war die Beobachtung, dass klassische Kommunikationstrainings an Grenzen stoßen, wenn es nicht um einen Mangel an Fähigkeiten, sondern um einen inneren Konflikt geht. Menschen können nur dann klar, konstruktiv und souverän kommunizieren, wenn sie mit sich selber einig sind. Diese Erkenntnis war die Geburtsstunde des Inneren Teams. Ziel des Modells war es, das psychotherapeutische Wissen über die innere Vielstimmigkeit und Konflikthaftigkeit des Menschen für die Arbeit in Coaching und Training handhabbar zu machen.

Und so bot Schulz von Thun den Führungskräften das Bild vom „Inneren Team" an. Eine gute Führungskraft müsse nicht nur ein äußeres Team leiten – sondern auch eine innere Mannschaft, die ebenso zerstritten und schwierig sein könne wie die äußere und die nach ganz analogen Spielregeln funktioniere. Innen wie außen gelte, dass ein schlechtes Arbeitsklima und ungelöste Konflikte die Mannschaft blockieren. Die entscheidende Fragestellung ist daher, wie aus der Not der inneren Zerrissenheit eine Tugend werden kann. Wie kann es gelingen, das Potential der einzelnen Teammitglieder in der Zusammenarbeit zu nutzen und die Vielfalt fruchtbar zu machen? Wie können Konflikte konstruktiv gelöst werden, und welche Fähigkeiten braucht die innere Führungskraft? Welche innere Mannschaftsaufstellung ist sinnvoll und nötig, um äußere Herausforderungen souverän bewältigen zu können, und wie kann es gelingen, zu einer solchen Mannschaftsaufstellung zu kommen? Und gibt es Teammitglieder, die neu aufgebaut werden sollten – oder die eine Weiterentwicklung im Sinne einer Personalentwicklung brauchen? Ziel des Modells ist gute Kommunikation, nach innen wie nach außen. Ziel ist die doppelte Übereinstimmung sowohl mit sich selber als auch mit Anforderungen der äußeren Situation (Schulz von Thun, 1998, 2004 und 2007; Schulz von Thun, Ruppel & Stratmann, 2000; Schulz von Thun & Kumbier, 2008).

Das Modell vom Inneren Team setzt die innere Vielstimmigkeit also in Analogie zur Dynamik in äußeren Arbeitsgruppen. Diese Analogie erleichtert es, auch Führungskräften aus der Wirtschaft, die häufig höchst allergisch auf die Aussicht reagieren, von Psychologen „auf die Coach gelegt" zu werden, für Introspektion zu interessieren und oft zu begeistern. Das Modell ist anschlussfähig an die Art und Weise, wie Menschen im Alltag und in der Wirtschaft denken.

Zugleich überträgt das Modell auch unsere Vorstellungen für einen angemessenen Umgang mit Personen auf den Umgang mit inneren Anteilen. Auch wenn wir uns nicht immer daran halten: Wir alle haben verinnerlicht, dass man Personen mit Wertschätzung und Respekt begegnen sollte und dass in einem „Team" jeder Gehör finden und einen Platz haben sollte. Die Analogie „innen wie außen" überträgt diese Vorstellungen implizit auf den Umgang mit abgelehnten, abgewehrten und verleugneten inneren Anteilen und bahnt damit einen entsprechenden Umgang mit sich selber. Das Modell wirkt also wie ein Trojanisches Pferd: In einer wirtschaftsaffinen Metapher schmuggelt es humanistische Werte ein.

Der Gedanke einer Personalisierung der inneren Dynamik ist nicht neu, in Familientherapie (Satir, 1988), Gestalttherapie, Psychodrama und Transaktionsanalyse (Berne, 1970) wird seit vielen Jahren damit gearbeitet. In den neunziger Jahren des letzten Jahrhunderts wurde dieser Grundgedanke an verschiedenen Orten und in verschiedenen Kontexten zu komplexen und differenzierten Systemen der menschlichen Psyche ausgearbeitet.
Richard Schwartz übertrug in den USA das systemische Wissen über die Dynamik in Familien auf die „Innere Familie" (Schwartz, 1997). Gunter Schmidt ging in Heidelberg einen ähnlichen Weg zum „Inneren Parlament" (Schmidt, 2000, 2003). John und Helen Watkins verbanden in ihrem Ego-State-Modell psychoanalytische und hypnotherapeutische Konzepte mit dem Ziel, die enorme Behandlungsdauer analytischer Therapien zu verkürzen (Watkins & Watkins, 2003; Peichl, 2007, 2011). Luise Reddemann knüpfte an die Ego-State-Therapie an und integrierte die Arbeit mit inneren Anteilen in traumatherapeutische Konzepte (Reddemann, 2001, 2011).

So ähnlich sich diese Konzepte in ihren Grundannahmen sind, so sehr lohnt es sich, die Besonderheiten der einzelnen Methoden zu beachten. Die Besonderheit an der Arbeitsweise von Schulz von Thun ist die Visualisierung. Die Therapeutin oder der Therapeut malt die inneren Anteile auf und gibt der inneren Dynamik damit in einem wörtlichen Sinne ein Gesicht, das Therapeut und Klient oder Klientin gemeinsam von außen betrachten können. Darin entwickelt sich eine besondere Dynamik. Dadurch, dass jeder innere Anteil, jedes Teammitglied auf dem Blatt am Flipchart festgehalten wird und damit einen Platz hat, kann der Klient diesen loslassen und sich den Anteilen zuwenden, die noch fehlen. Es entsteht eine Art von Sog: Der Klient vergleicht das am Blatt entstehende Bild mit dem, was er klar oder unklar in sich selber fühlt. Auch der Therapeut kann das äußere Bild mit dem vergleichen, was er beim Klienten oder in der Interaktion zwischen dem Klienten und sich selber erlebt. Dies ermöglicht es, innerhalb kurzer Zeit eine komplexe innere Dynamik gemeinsam mit dem Klienten zu verstehen. Dies bietet für die psychotherapeutische Arbeit enormes Potential.

*Herr Ortlieb\* kommt zur Psychotherapie, weil er die „Wüste", die sein Leben sei, nicht mehr ertrage. Er fühle sich wie erstarrt und vollkommen unlebendig – ein Eindruck, der ihm von seiner Frau zunehmend gespiegelt wird. Vor allem gelinge es ihm überhaupt nicht, sich von den Ansprüchen anderer abzugrenzen – und es gebe sehr viele Menschen, die von ihm als Pastor und Familienvater etwas wollen. Die Starre und Unlebendigkeit, unter denen Herr Ortlieb leidet, bilden sich auch in unserem Gespräch ab. Er erzählt monologisch und monoton, und ich fühle mich wenig mit ihm in Kontakt. Herr Ortlieb möchte sich zunächst auf den Beruf konzentrieren, und wir erheben sein Inneres Team zu seiner beruflichen Situation.*
*Bei der Erhebung meldet sich als Erstes ein „Beladener", der schwer an seinen Pflichten trägt. Dieser fühlt sich wie mit einem Mühlstein um den Hals gefangen in einem Hamsterrad. Hinter ihm taucht ein „Sinnsucher" auf, der von der Arbeit als Pastor vollkommen genervt ist: gähnend langweilige runde Geburtstage, Konfirmationsunterricht mit desinteressierten Jugendlichen, die nur an den Geldgeschenken interessiert seien, einen Chor aus unbegabten Frauen leiten. Dieser „Sinnsucher" hat zwei starke Gegenspieler, einen „Quasi-Beamten", der Herrn Ortlieb darauf hinweist, wie gut er es hat, in diesen Zeiten eine sichere Arbeit zu haben. Und im Vergleich zu anderen könne er über seine Arbeit nun wirklich nicht klagen! Noch schärfer äußert sich der „Menschenfreund": So abwertend dürfe Herr Ortlieb nicht einmal denken, er werde den Menschen nicht gerecht und seinem Auftrag als Pastor erst recht nicht!*
*Herr Ortlieb war bei dieser Erhebung deutlich lebendiger geworden. Dies seien jetzt alle. Er hatte zwischendurch beiläufig die Phantasie erwähnt, auf der Autobahn nicht nach Hause abzubiegen, sondern einfach weiterzufahren, ohne Ziel – und gespannt zu sein, wo er landen werde. Ich spreche ihn auf diese Phantasie an: Haben wir das Teammitglied, das diese Phantasie hat, schon auf dem Papier? Nein. Herr Ortlieb identifiziert einen verzweifelten „Ich-Sucher", der sich verloren hat, nicht mehr weiß, wer er eigentlich ist, und der Freiraum bräuchte, um sich zu finden – einen Freiraum, den er in seinem Alltag in keiner Weise habe. Als ich ihn frage, wer diesen „Ich-Sucher" in Schach halte und verhindert habe, dass dieser sich hier zu Wort melde, fängt Herr Ortlieb an zu weinen: ein „Pflichtmonster", das fordere, dass er für alle sorge, aber nicht für sich selber. Sein Vater sei genauso gewesen.*
*Die Starre hat sich aufgelöst, Herr Ortlieb ist nun sehr traurig und sehr lebendig, und wir sind in Kontakt.*

---

\* Namen und Lebensumstände wurden in allen Beispielen so anonymisiert und verfremdet, dass Ähnlichkeiten mit realen Personen reiner Zufall wären.

*Das Innere Team von Herrn Ortlieb*

Die Visualisierung des Inneren Teams hat in einer Sitzung vom Symptom der Erschöpfung über konkrete, arbeitsbezogene Hintergründe derselben zur psychischen Tiefenschicht geführt. Kern der depressiven Symptomatik ist ein tief in der Biographie verankertes Schuldgefühl und ein inneres Verbot, den eigenen Weg zu gehen und das eigene Leben zu leben. In der Psychotherapie (vor allem bei psychodynamischen Ansätzen) sind dabei gerade die unbewussten Anteile wichtig. Die zentralen Teammitglieder, nämlich der „Ich-Sucher" und das „Pflichtmonster", haben sich in der Erhebung nicht von alleine gemeldet. Vor allem Letzteres färbt so sehr das Grundgefühl, dass es dem Klienten gar nicht mehr als eigener Anteil bewusst ist. Die Therapeutin sollte daher auch auf Anteile achten, die sich implizit im Prozess der Erhebung, also in psychodynamischer Begrifflichkeit „szenisch" zeigen (Argelander, 1970).

## 2 Verletzte und traumatisierte Teammitglieder im Inneren Team

*Herr Christensen kommt zu mir nach Jahren mit einer schweren Depression, die ihn in die Berufsunfähigkeit geführt hat. Es habe nie gedacht, dass er mal bei „einer Psychoklempnerin" wie mir landen würde. Seine tiefe Einsamkeit und seine Verzweiflung über diese Einsamkeit sind deutlich spürbar und rühren mich sehr an. Zugleich hält Herr Christensen große Distanz und begegnet mir mit ironischer Herablassung. Er will Hilfe von mir, um wieder der zu werden, der er war:*

*ein überaus erfolgreicher Akademiker, witzig, ironisch, redegewandt, charmant, immer leicht arrogant wirkend, Mittelpunkt jeder Party. Es habe doch lange Zeit alles wunderbar geklappt! Warum zum Teufel schaffe er es nicht einfach, sich zusammenzureißen!*
*Herr Christensens Mutter war schwere Alkoholikerin, der Vater verstrickt in Zwangsrituale, dem Sohn gegenüber kontrollierend, abwertend und beschämend. Nach außen hin wurde der Schein einer funktionierenden gutbürgerlichen Familie aufrechterhalten, nach innen herrschte ein Klima von Distanz, Gleichgültigkeit und Desorganisation. Herr Christensen lernte früh, für sich selber zu sorgen, seine Eltern zu verachten und niemanden zu brauchen.*
*Eines Tages sehe ich schon, als er hereinkommt, dass es ihm sehr schlecht geht. Sein Großvater ist gestorben – der einzige Mensch, bei dem er sich je aufgehoben gefühlt habe. Er habe seinen Freunden vom Tod des Großvaters erzählt, aber diese hätten nicht weiter darauf reagiert. Was ja wieder zeige: Im Endeffekt sei man immer allein! Ich benenne seine tiefe Enttäuschung und frage vorsichtig nach, ob die Freunde denn gemerkt hätten, wie nahe ihm der Tod des Großvaters gehe. Wahrscheinlich nicht. Aber wenn die es nicht raffen würden, dann könne er darauf auch verzichten. Ich biete ihm ein Bild an. Eine Seite in ihm sei sehr ärgerlich auf seine Freunde und schaue geradezu verächtlich auf diese. Herr Christensen stimmt zu, und wir finden als Kernsatz dieser Stimme: „Wenn Ihr es nicht schnallt – dann eben nicht!" Ich sage, dass es aber offenbar eine andere Seite in ihm gebe, die sich danach sehne, gesehen und getröstet zu werden. Herr Christensen verzieht das Gesicht: Das sei doch Quatsch, so etwas zu erwarten. Ich erwidere, dass sich aber ein Anteil in ihm offenbar gewünscht habe, dass die Freunde Anteil nähmen – sonst hätte er diesen nichts erzählt und wäre auch nicht enttäuscht. Zugleich finde ein anderer Anteil solche Gefühle unlogisch und womöglich auch gefährlich. Schritt für Schritt arbeiten wir das Bild heraus, dass es einen „Sehnsüchtigen" in ihm gebe, der jedoch nie zu Wort komme. Denn eine andere Seite, die Herr Christensen den „Logiker" nennt, schneide diesem nicht nur das Wort, sondern auch das Gefühl ab, indem sie den „logischen" Nachweis führe, dass solche Sehnsüchte und Verletzlichkeiten unangemessen, unsinnig und angesichts der Kälte und Aggressivität der Welt auch gefährlich seien.*

*Herrn Christensens Inneres Team*

Die psychotherapeutische Arbeit mit dem Inneren Team führt regelmäßig zu einer Dynamik, die von verletzten Teammitgliedern oder aber von Anteilen geprägt ist, die entweder andere Mitglieder des Inneren Teams oder andere Menschen attackieren und die dabei sehr destruktiv wirken können. Um diese Art von Dynamik verstehen und therapeutisch erreichen zu können, muss das Schulz-von-Thun'sche Modell erweitert werden (Kumbier, 2013). Hier geht es um verletzte und traumatisierte innere Anteile und um deren Wächter. Diese folgen anderen Gesetzen und erfordern andere Arbeitsweisen als die erwachsenen inneren Anteile, die Schulz von Thun mit Blick auf Coaching und Training in den Mittelpunkt stellt. Hier lohnt der Seitenblick auf verwandte psychotherapeutische Konzepte, vor allem auf die Arbeiten von Richard Schwartz (1997) und Luise Reddemann (2001, 2011).

Traumatisierte oder schwer verletzte innere Anteile (wie der „Sehnsüchtige" im Inneren Team von Herrn Christensen) erleben die traumatisierende oder verstörende Situation als ewige Gegenwart. Sie haben gewissermaßen nicht realisiert, dass das Trauma vorbei ist und dass sie dieses überstanden und überlebt haben. Richard Schwartz und Luise Reddemann sprechen davon, dass solche inneren Anteile wie „erstarrt" (Schwartz, 1997, z. B. S. 77, 159 ff.) oder „festgefroren" (Reddemann, 2001, S. 183) am damaligen Ort und in der damaligen Zeit sind. Wenn daher etwas passiert, was sich für den traumatisierten Anteil so anfühlt wie das damalige Erlebnis (wenn es „getriggert" wird), dann reagiert es mit all der emotionalen Wucht, die zum Trauma gehört hat. Das können „Flashbacks" sein wie bei einer posttraumatischen Belastungsstörung, das kann aber auch eine scheinbar unerklärliche extreme Angst in harmlosen Situationen sein.

Die Erfahrungen, die einer solchen Dynamik zugrunde liegen, können sehr unterschiedlich sein. Es kann um Traumata im engeren Sinne gehen (beispielsweise um Missbrauch oder die Erfahrung schwerer Gewalt), aber auch um eine Situation chronischer Vernachlässigung und Gleichgültigkeit, um Mobbing-Erfahrungen oder um psychische Erkrankungen und Traumatisierungen der Eltern. Traumatisierte Eltern können sich an Punkten, die ihre eigenen Traumata berühren, nicht in ihre Kinder einfühlen. Schmerz und Ohnmacht des Kindes drohen ihre eigenen sorgsam weggesperrten verletzten Teammitglieder zu wecken. Daher besteht die Gefahr, dass sie sich entweder zurückziehen oder in ihrem Kind die eigenen unerträglichen Gefühle bekämpfen. Traumatisierte Eltern werden daher häufig für ihr Kind emotional unerreichbar sein oder dieses mit unverständlichen und destruktiven Reaktionen erschrecken. Auf diesem Wege können Traumatisierungen der Eltern „transgenerational" an die Kinder weitergegeben werden (Alberti, 2010; Huber & Plassmann, 2012; Rauwald, 2013). Das Resultat sind häufig frühe Bindungsstörungen. Diese hinterlassen im Inneren Team des Kindes ähnliche Spuren wie traumatische Erfahrungen im engeren Sinne. Das Ausmaß der Beeinträchtigung unterscheidet sich gravierend – die Struktur der inneren Dynamik jedoch ist vergleichbar.

Da Menschen nie wieder so verletzlich und abhängig sind wie als Kinder, sind Kinder anfälliger für Traumatisierungen als Erwachsene (Bohleber, 2008, S. 112; Rauwald, 2013, S. 26). Das gilt auch und gerade für Traumata, die so früh geschehen, dass sie später nicht erinnert werden können – denn diese Erfahrungen können ohne Hilfe später nicht bewusst verarbeitet und daher nur schwer integriert werden. Für die Arbeit mit dem Inneren Team heißt das: Im Kern der Dynamik, die wir mit unseren Klienten psychotherapeutisch bearbeiten, stoßen wir häufig auf verletzte, verstörte oder traumatisierte kindliche Anteile.

Charakteristisch für eine Traumadynamik ist zweitens, dass die emotionale Wucht und Not dieser verletzten inneren Kinder nicht angemessen aufgefangen werden kann. Das Trauma sprengt die Verarbeitungskapazität. Im Bild des Inneren Teams bedeutet das: das „Oberhaupt" (Schulz von Thun, 1998, S. 68), also der Chef des Inneren Teams, der als übergreifender Kopf immer im Bild präsent ist, kann die verletzten oder traumatisierten Anteile nicht beruhigen, trösten und schützen, er droht von diesen überflutet zu werden (Schwartz, 1997, S. 67 ff.). Daraus entsteht eine sowohl für den verletzten Anteil als auch für die Gesamtperson bedrohliche Situation. Der verletzte Anteil ist nicht geschützt und kann wieder verletzt werden. Und der Mensch als Ganzes ist nicht mehr stabil und kann sich im Alltag nicht mehr behaupten.

In dieser äußersten Not übernehmen nun andere Teammitglieder die Aufgabe, diese schwer verletzten inneren Anteile einerseits zu schützen und andererseits zu bändigen, um der Gesamtperson zu ermöglichen, weiterzuleben und nach außen zu funktionieren. Charakteristisch für diese Teammitglieder ist, dass auch sie in der traumatischen Situation festgefroren sind. Auch sie haben nicht realisiert, dass diese vorbei ist und dass die damaligen Notmaßnahmen nicht mehr nötig sind. Auch sie sind von der Angst vor dem Trauma beherrscht, und ihre Motivation ist es, um jeden Preis zu verhindern, dass so etwas noch einmal passiert oder dass die Gesamtperson in diesem Trauma untergeht. Und sie entstammen der gleichen Zeit und der gleichen Situation wie das traumatisierte Teammitglied. Das heißt, auch sie folgen einer kindlichen Logik. Das erklärt ihre Rigidität und die Tatsache, dass sie von besserem Wissen und erwachsenen Einsichten der Klienten nicht erreichbar sind.

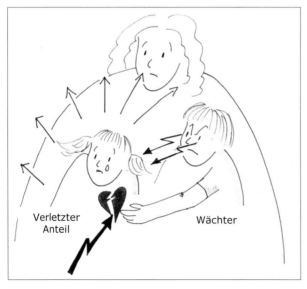

*Wirkung von Traumatisierungen auf das Innere Team*

So geht der „Logiker" im Beispiel von Herrn Christensen davon aus, dass Gefühle verschwinden, wenn er sie für „unlogisch" hält. Und er folgt dem Glaubenssatz, dass es möglich und wünschenswert ist, unangreifbar zu sein. Diese Strategie war für Herrn Christensen als Kind die einzige Möglichkeit, die Kälte, die Gleichgültigkeit und das Chaos seines Elternhauses zu überstehen. Auch das „Pflichtmonster" von Herrn Ortlieb entstammt einer traumatischen Kindheitssituation.

Die Strategien, die diese kindlichen Wächter verfolgen, sind sehr unterschiedlich. Sie können als innere „Perfektionistin" oder als „Kontrolleur" auftreten, die versuchen, eine Klientin durch Perfektion oder absolute Selbstkontrolle unangreifbar zu machen, oder als innere „Mutter Theresa", die sich durch Fürsorge unverzichtbar macht, so dass die Klientin nie wieder Gefahr läuft, verlassen zu werden. Andere attackieren verstörte oder traumatisierte Anteile, damit diese sich zusammenreißen – oder greifen mit Worten oder Gewalt andere Menschen an, welche die verletzten Anteile aktivieren. Andere Wächter unterbrechen den Kontakt zu verletzten inneren Anteilen durch Dissoziation oder durch Suizidalität oder betäuben traumatisierte Anteile durch Süchte verschiedenster Art.

Gemeinsam ist ihnen: Sie waren der Versuch, in einer verstörenden oder traumatischen Situation zu überleben, sie waren die „bestmögliche Lösung zur Zeit ihrer Entstehung" (Fürstenau, 2001, S. 86). In der psychotherapeutischen Arbeit müssen sie in dieser positiven Absicht gesehen, verstanden und gewürdigt werden. Auf dieser Basis kann es möglich werden, die Wächter und die verletzten Anteile aus der traumatischen Situation herauszulösen, sie in die Gegenwart zu holen und sie in das Innere Team zu integrieren, also neue Rollen und einen guten Platz für sie zu suchen.

Erwachsene Anteile im Inneren Team wollen gemäß der Schulz-von-Thun'schen Metapher des Arbeitsteams in ihrem Beitrag zum Ganzen gesehen und mit dem Teil von Weisheit gewürdigt werden, das sie zum Ganzen beitragen. Ziel in Therapie und Coaching ist, sie in eine gute Balance mit den anderen Mitgliedern des Inneren Teams zu bringen, so dass die verschiedenen Bedürfnisse und Ziele situationsangemessen berücksichtigt werden können. Kindliche Wächter, die in verstörenden oder traumatischen Situationen festgefroren sind, wollen dagegen in ihrem biographischen Hintergrund verstanden und in ihrer biographischen Leistung gewürdigt werden. Therapeutisches Ziel ist, sie in die Gegenwart zu holen. Dort zeigt sich, dass die alten Strategien in diesem Umfang nicht mehr nötig sind, und es geht darum, eine neue Rolle für diese Anteile zu finden.

Wenn verletzte und traumatisierte Anteile und kindliche Wächter in das Konzept des Inneren Teams integriert werden, kann auf Basis des Modells die ganze Bandbreite psychischer Aufstellungen dargestellt und beschrieben werden: von einer gesunden Balance über leichte Einschränkungen der psychischen Flexibilität bis hin zu einer Borderline-Dynamik und Zuständen psychischer Desintegration (Kumbier, 2013).

| Erwachsene Teammitglieder | Kindliche Wächter |
|---|---|
| Bezug: gegenwärtige Realität | Festgefroren im Damals |
| Werteträger, Bedürfnisträger<br>Orientierung: Gegenwart und Zukunft | Verletzungsträger<br>Angstgeleitet: „Nie wieder!" |
| Lernen aus Erfahrung<br>Argumenten zugänglich | Kindliche Logik, unwiderlegbar, absolute Gewissheit, rigide, magisches Denken, Argumenten nur scheinbar zugänglich |
| **Ziel der Bearbeitung:**<br>Würdigung des Körnchens Weisheit<br>Entpolarisierung, Ergänzungspartner suchen | **Ziel der Bearbeitung:**<br>Würdigung der biographischen Leistung<br>In die Gegenwart holen |

*Erwachsene Teammitglieder und kindliche Wächter*

## 3 Arten der Erhebung des Inneren Teams

Schulz von Thun beschreibt zwei Grundtechniken der Visualisierung des Inneren Teams. Bei der klassischen Erhebung des Inneren Teams malt die Therapeutin das Innere Team des Klienten zu einer Situation Schritt für Schritt auf. Bei der zweiten Form nutzt die Therapeutin die Visualisierung des Inneren Teams, um dem Klienten zurückzumelden, was sie von ihm wahrgenommen und verstanden hat. Hier erarbeitet sie das Bild also nicht Schritt für Schritt gemeinsam mit dem Klienten, sondern bietet diesem ein Bild an und lässt es von ihm bestätigen oder korrigieren. Wir haben diese beiden Grundmethoden an den Beispielen von Herrn Ortlieb und Herrn Christensen bereits kennen gelernt.

### 3.1 Die klassische Erhebung

Bei der klassischen Erhebung verständigen sich Therapeutin und Klient (wie im Beispiel von Herrn Ortlieb) darauf, zu einem bestimmten Thema das Innere Team zu erheben. Die Therapeutin malt (am besten am Flipchart) einen Kopf mit einem großen Bauchraum auf. Dieser Rahmen ist wichtig, damit von Anfang an bildhaft und implizit deutlich wird, dass der Klient als „Oberhaupt" (also Kopf des Inneren Teams) die Möglichkeit hat, Einfluss auf die Mitglieder des Inneren Teams und die Dynamik zwischen diesen zu nehmen. Dann fragt die Therapeutin den Klienten, welcher Anteil sich zu dieser Situation als Erstes in ihm meldet – sei es als Gedanke, als Gefühl, als Bild oder als Körperempfindung.

Aufgabe der Therapeutin ist es, die einzelnen Teammitglieder mit dem Klienten gemeinsam sorgsam herauszuarbeiten: Worum geht es diesem Teammitglied, was ist mit Blick auf dieses Thema sein zentrales Gefühl und sein wichtigstes Anliegen? Wenn es nur nach diesem Teammitglied ginge, was würde der Klient dann tun? Therapeutin und Klient arbeiten eine Kernbotschaft heraus und suchen nach einem Namen für das Teammitglied. Bei Klienten mit hinreichend guter Introspektionsfähigkeit lohnt es sich, sich nicht mit einem Namen wie „der Wütende" zufriedenzugeben, sondern weiter zu fragen, „wer" im Klienten denn gerade wütend (oder besorgt oder traurig) ist. Denn je nach Situation und Thema kann nahezu jedes Mitglied des Inneren Teams wütend (oder besorgt oder traurig) sein. Für Klienten mit wenig Introspektionsfähigkeit wäre diese Frage eine Überforderung, und man wird als Therapeutin hochzufrieden sein, wenn es mit Hilfe des Inneren Teams gelingt, verschiedene Affekte voneinander zu differenzieren. Wenn ein Teammitglied prägnant geworden ist, steht die Therapeutin auf und malt dieses Teammitglied mit Namen und Kernbotschaft auf – und zwar so klein, dass noch Platz bleibt für andere Teammitglieder. Denn es ist vorher nicht absehbar, wie viele sich melden werden, es können drei sein, aber auch achtzehn, und alles wäre „normal".

Wenn das erste Teammitglied zur Welt gebracht ist, lehnt die Therapeutin sich zurück und fragt den Klienten, wer sich als Nächstes in ihm meldet. Oder sie schweigt und wartet ab. Wichtig ist, dass sie dem Klienten vollständig die Regie überlässt und keine eigenen Vorschläge macht, wer jetzt kommen könnte. Denn die Teammitglieder folgen einander in einer inneren Logik, die sich von Klient zu Klient unterscheidet. Manchmal folgen sie dem Prinzip von Rede und Gegenrede, und jedes Teammitglied wird gefolgt von einem Kontrahenten. Manchmal meldet sich erst eine Legion von Stimmen, die sich ganz einig sind – und erst ganz am Ende kommen sehr leise noch ganz andere Stimmen. Manchmal kommen erst die starken und dann die verletzten – und manchmal erst einmal nur ängstliche und verletzte Stimmen, und die kompetenten Anteile bleiben zunächst vollständig verborgen. Die Reihenfolge, in der die inneren Anteile einander folgen, spiegelt unmittelbar die innere Dynamik, und es ist daher wichtig, den Klienten seinen eigenen roten Faden spinnen zu lassen.

*Die klassische Erhebung*

Erst wenn der Klient mit seinem Prozess am Ende ist und sich vorerst keine weiteren Teammitglieder mehr zu Wort melden, kann und sollte die Therapeutin eigene Rückmeldungen geben. Jetzt kann sie Anteile benennen, die sie glaubt, implizit gehört oder wahrgenommen zu haben, und den Klienten fragen, ob dieser mit ihrer Wahrnehmung etwas anfangen kann. Hierher gehörte meine Frage an Herrn Ortlieb, zu welchem Teammitglied die Fluchtphantasie gehörte und ob wir diese Stimme bereits auf dem Papier hatten. Wichtig ist hier wie an allen anderen Punkten der Erhebung: Der Klient entscheidet, was für ihn passend ist und was er annehmen möchte.

Die Erhebung des Inneren Teams ermöglicht es Therapeutin und Klient, sich ein differenziertes Bild der Inneren Dynamik zu verschaffen. Der Klient sieht die Dynamik, die er sonst als unklares und häufig sehr quälendes Durcheinander in sich spürt, wie in einem Spiegel von außen und kann das entstehende Bild mit seinem inneren Bild vergleichen. Die Klienten treten mit dem Bild in einen Dialog, in dem sie häufig sehr genau spüren, ob noch etwas fehlt und ob das Bild vollständig ist. Nicht immer rundet sich das Bild in der ersten Sitzung ab, häufig gibt es in einer weiteren Sitzung noch „Spätmelder" (Schulz von Thun, 1998, S. 28). Diese sind in der Regel wichtig, weil sie aus einer tieferen Bewusstseinsschicht stammen. Es lohnt sich, Klienten darauf vorzubereiten und sie einzuladen, von solchen Spätmeldern zu berichten.

Bei der Erhebung tritt der Klient einerseits einen Schritt zurück: Er betrachtet die Teammitglieder von außen. Zugleich tritt er in einen intensiven Dialog mit den einzelnen Teammitgliedern. Durch die Visualisierung kann er ängstigende oder beschämende Teammitglieder gemeinsam mit der Therapeutin außerhalb seiner selbst auf dem Flipchart betrachten. Der Dialog mit solchen Teammitgliedern ist häufig zunächst von Ablehnung und Herabsetzung geprägt. Indem die Therapeutin gegenüber allen Mitgliedern des Inneren Teams eine würdigende und zugewandte Haltung einnimmt, vermittelt sie dem Klienten implizit oder explizit eine Haltung und Respekt und Wertschätzung allen Mitgliedern des Inneren Teams gegenüber und kann so als Modell dienen.
Bei der klassischen Erhebung treten traumatisierte und verstörte Anteile genauso in den Blick wie Erwachsenen-Anteile und Ressourcen. Häufig wird schon hier deutlich, warum ein Klient in bestimmten Situationen keinen Zugang mehr zu diesen Ressourcen bekommt. Klient und Therapeutin können so Verstehensansätze und Orientierungspunkte für die weitere therapeutische Arbeit entwickeln.

### 3.2 Das Innere Team als Feedbackmethode

Wenn der Therapeut das Innere Team als Feedbackmethode einsetzt, dann erhebt er es (wie im Beispiel von Herrn Christensen) nicht Schritt für Schritt gemeinsam mit dem Klienten, sondern nutzt die Visualisierung, um diesem einen Eindruck zu spiegeln. Er kann ihm sagen, dass in ihm ein Bild davon entstanden sei, was womöglich im Klienten vorgehe, und diesen fragen, ob er das Bild aufmalen darf, und der Klient schaut, ob er etwas damit anfangen kann.
Dabei muss der Therapeut nicht von Anfang an alle Details vor Augen haben, manches klärt sich auch beim Malen im Dialog mit dem Klienten. Der Therapeut sollte sich bei jedem Schritt vergewissern, ob der Klient einverstanden ist und mit dem Bild etwas

anfangen kann. Auch bei dieser Methode ist das Bild also ein gemeinsames Produkt von Therapeut und Klient, auch hier hat der Klient die Deutungshoheit und bestimmt, was für ihn passt. Der Unterschied liegt darin, dass der Therapeut dem Klienten hier ein Angebot macht, statt diesen zu fragen, was in ihm vorgeht.

Diese Vorgehensweise bietet sich in der Psychotherapie vor allem an

- zur Arbeit mit Wächtern – was in psychodynamischer Begrifflichkeit ein Äquivalent zur Deutung von „Abwehr" und „Widerstand" ist
- um ein zentrales Thema zu fokussieren
- zur Förderung der Fähigkeit von Selbst- und Affektwahrnehmung

*Arbeit mit Wächtern*
Die Arbeit mit Wächtern haben wir am Beispiel von Herrn Christensen bereits kennen gelernt. Sowohl der „Ärgerliche" als auch der „Logiker" sind Wächter des verletzlichen, sehnsüchtigen Teammitglieds. Sie versperren den Weg zu diesem Teammitglied, auch dem Therapeuten gegenüber. Indem der Therapeut die Dynamik zwischen dem Wächter oder den Wächtern und dem Beschützten ins Bild bringt, kann er sich den beschützten, verletzlichen Anteilen nähern, ohne die Wächter zu übergehen, und gemeinsam mit dem Klienten über diese Dynamik, über die Beweggründe und Strategien der Wächter ins Gespräch kommen.

In psychodynamischer Begrifflichkeit entspricht dies einer Deutung: Abwehr und Abgewehrtes kommen zugleich ins Bild. Die Verbildlichung im Medium des Inneren Teams erleichtert dem Klienten die Einfühlung in sich selber und hält im Bild implizit präsent, dass es neben den Wächtern und den verletzten Anteile auch andere, erwachsene und stabile Anteile gibt, dass es im Inneren Team auch einen „Chef" gibt. Diese implizite Vergewisserung der eigenen Ressourcen (auf die der Therapeut natürlich auch explizit hinweisen kann) vermindert für viele Klienten Angst und Scham, die mit der Annäherung an solche Themen häufig verbunden sind.

*Fokussierung zentraler Themen*
Bei klar umgrenzten Themen kann der Therapeut der Klientin die zentralen Punkte als Bild anbieten, statt eine große Erhebung zu machen. Das liegt dann nahe, wenn er keinen intensiven Introspektionsprozess anstoßen, sondern unmittelbar ein zentrales Thema fokussieren und herausarbeiten will.

*Frau Veith deutet im ersten Gespräch mit starker Scham an, dass ihr zentrales Thema ja überaus sichtbar sei: Sie habe Probleme mit dem Essen. Tatsächlich ist sie etwas übergewichtig, und es ist deutlich, dass sie damit rechnet, dass ich dieses Übergewicht stark wahrnehme und missbillige. Eigentlich wisse sie genau, was vernünftig sei: auf Zucker verzichten, am besten vegan leben und nach 20 Uhr nichts mehr essen. Manchmal schaffe sie es auch, sich daran zu halten und abzunehmen. Dann sei sie stolz auf sich. Aber immer wieder gehe es mit ihr durch, dann „stopfe" sie abends Schokolade, Käsebrote und Kekse in sich hinein und nehme zu.*
*Ich sage Frau Veith, mir schiene, dass es zu diesem Thema mehrere Stimmen in ihr gebe, und frage sie, ob ich aufmalen dürfe, welche ich meinte, gehört zu haben. Einerseits scheine es mir eine Seite*

*zu geben, die klare Vorstellungen darüber habe, was „vernünftig" sei und für die es ganz selbstverständlich sei, sich beim Essen auch danach zu richten. Frau Veith stimmt mir zu: Das stimme! Diese Seite sei wütend auf sie und fände, mit diesem Thema solle sie doch allmählich auch mal durch sein! Frau Veith ist sehr einverstanden mit dieser Stimme und findet, dass diese recht habe. Ich biete ihr an, dass es aber offenbar noch eine andere Seite in ihr gebe, die das vollkommen anders sehe und die Schokoladeessen womöglich nicht so schlimm fände. Sie grinst, und Mimik und Körperhaltung verändern sich deutlich. Manchmal gehe ihr das ganze Diätzeug so was von auf die Nerven! Und dann habe sie den Satz im Kopf „Ich mache jetzt, was <u>ich</u> will!" Und in dem Moment genieße sie es dann auch, zu essen und sich über alles hinwegzusetzen. Wir malen beide Stimmen auf. Frau Veith nennt die eine Stimme „die Perfekte" und die andere die „Trotzige". Die „Perfekte" sei sehr wütend auf die „Trotzige" und überhaupt auf Frau Veith, weil sie es nicht schaffe, dieses Thema endlich in den Griff zu bekommen. Und sie mache ihr die Hölle heiß und unternehme alles Mögliche, um die „Trotzige" endlich zu bändigen. Aber diese gewinne letztlich immer und sei nicht zu kontrollieren.*

*Ich frage Frau Veith, warum es denn so wichtig sei, die Trotzige zu kontrollieren. Sie stutzt, schaut auf das Bild und fängt nach einiger Zeit zu weinen an. Weil sie sich so entsetzlich schäme, wenn sie „fresse" und wenn sie so dick werde und alle sehen könnten, dass sie sich nicht beherrschen könne. Wir malen diese Stimme, die sich so sehr schämt (und die im Gespräch vor allem zu Beginn szenisch sehr spürbar war) mit auf.*

*Ein zentrales Thema herausarbeiten: Der Kampf ums Essen*

*Frau Veith schaut lange auf das Bild und sagt: „Was für ein Kampf!" Und wie lange dieser schon ihr Leben beherrsche. Es wird deutlich, dass das Thema „Essen" eine lange Vorgeschichte in ihrer Biographie hat. Für ihren Vater sei es von extremer Wichtigkeit gewesen, dass Frauen „schlank und schön" seien. Er habe sie, die immer zu einer gewissen Beleibtheit geneigt habe, lächerlich gemacht und gedemütigt. Sie deutet eine Geschichte von körperlichen Misshandlungen und Grenzüberschreitungen an. Sie habe große Angst vor ihrem Vater gehabt, und die „Perfekte" sei Ausdruck ihres Versuchs, es ihm recht zu machen.*

*Ihre Schwester dagegen habe in allem das Gegenteil getan. Diese sei schlank gewesen und habe sich zugleich wütend und vehement gegen den Vater gewehrt. Sie habe ihre Schwester bewundert und zugleich gesehen, welchen Preis diese für ihre offene Rebellion gezahlt habe: Sie sei in der Familie immer mehr an den Rand geraten. Den Preis dieser Einsamkeit habe Frau Veith nicht zahlen wollen. Sie schaut auf das Bild und sagte: „Womöglich war die heimliche Rebellion der Trotzigen mein Weg, mich meinem Vater gegenüber zu behaupten." Ich erwidere, dass diese dann ja eine sehr wichtige Funktion gehabt habe, und sie stimmt mir sehr bewegt zu. Wahrscheinlich seien beide Seiten wichtig – wenn diese nur nicht so sehr gegeneinanderkämpfen würden.*

Durch die Visualisierung tritt der entscheidende Konflikt unmittelbar in den Fokus. Therapeutin und Klientin können diesen Faden weiterspinnen und von diesem Fokus aus andere Aspekte (die Scham, den biographischen Hintergrund) in den Blick nehmen.

**Förderung von Selbst- und Affektwahrnehmung**
Das Innere Team bietet Klienten, die wenig Introspektionsfähigkeit haben, eine einfache und zugleich differenzierte Einfühlungshilfe in sich selber an. Das Modell gibt die implizite Erlaubnis, dass man mehrere Gefühle auf einmal haben kann, zeigt, wie diese zusammenwirken, und birgt die Verheißung, dass dieses so kompliziert scheinende Innenleben „normal" ist und verständlich werden kann. Dabei erleichtert die Visualisierung vielen Klienten, ein Bild ihrer inneren Zustände zu entwickeln und auch über die Zeit festzuhalten.

Das bedeutet: Die Visualisierung fördert die Bildung innerer Repräsentanzen von Gefühlszuständen und kann daher entsprechende psychotherapeutische Konzepte ergänzen. In der psychodynamischen Therapie bieten sich Bezüge zur Mentalisierungstheorie (Fonagy, Gergely, Jurist & Target, 2004), in der Verhaltenstherapie Verbindungen zur Schematherapie an (Berbalk, 2010). Eine große Erhebung des Inneren Teams wäre für Klienten mit Defiziten in der Mentalisierungsfähigkeit am Anfang eine Überforderung. Hilfreich dagegen ist es, das Innere Team gezielt als Feedbackmöglichkeit für einzelne Aspekte zu nutzen. So könnte der Therapeut

- benennen und aufmalen, dass eine Klientin zwei Gefühle gleichzeitig hat: „Ich habe den Eindruck, einerseits gibt es eine Seite in Ihnen, die zornig auf ihre Mutter ist, und eine andere Seite hat große Angst, ihr das zu zeigen. Könnte da etwas dran sein?"

- einem Klienten sein eigenes Verhalten erklären: „Mir scheint eine Seite in Ihnen war durch das Verhalten Ihrer Frau sehr gekränkt. Eine andere war wütend. Stimmt das? Und mein Eindruck ist, dass die Wut gewissermaßen vorgeprescht ist. Die Wut konnte ihre Frau ja deutlich sehen, die Kränkung aber nicht."

*Unterstützung der basalen Einfühlung in sich selber – der Wächter*

Das Bild bietet einen äußeren Anker, der es erleichtert, die innere Dynamik zu identifizieren. Therapeut und Klient können ihre Erkenntnisse Schritt für Schritt im Bild festhalten und dieses so immer weiter differenzieren und verfeinern. So könnte der Therapeut das Bild nutzen, um gemeinsam mit dem Klienten zu überlegen, welchen Sinn es machen könnte, dass die Wut vor der Kränkung steht. Er könnte fragen, was genau die verletzte Stimme so gekränkt hat. Oder er könnte mit dem Klienten besprechen, wie genau sich diese Anteile bemerkbar machen: Was genau nimmt der Klient von ihnen wahr? Konnten daraus womöglich Frühwarnzeichen für einen Wutausbruch abgeleitet werden? Die Visualisierung hilft vielen Klienten dabei, innere Bilder auszuprägen, welche die Identifizierung und Wiedererkennung der Muster in realen Alltagssituationen erleichtert.

Ebenso können aus diesen Bildern Entwicklungsperspektiven abgeleitet werden: Wen oder was bräuchte der Klient, um seiner Wut Herr zu werden? Für den „Gekränkten" müsste gesorgt werden – und wie kann das gehen? Ist dieser womöglich durch frühere Erfahrungen sehr dünnhäutig? Vielleicht bräuchte es auch einen „Vernünftigen" oder einen „Inneren Therapeuten", der sich an das erinnert, was in der Therapie erarbeitet wurde, und den Wütenden dann bremst, um einen Raum zu schaffen, zunächst in Ruhe zu überlegen. Wie müsste dieser „Innere Therapeut" aussehen, und was müsste er können? Und wie kann er im Inneren Team verankert werden, woran würde gewissermaßen der „Chef" merken, dass er den „Therapeuten" von der Reservebank holen sollte? Auch diese Entwicklungsperspektiven können visualisiert werden, was den Transfer in den Alltag erleichtert.

Therapeut und Klient können das Innere Team auch für die Einfühlung in andere Menschen nutzen. Der Blick auf das Bild macht es Klienten oft leichter, sich gewissermaßen von außen zu betrachten und einen Eindruck davon zu bekommen, welche innere und äußere Reaktion eine solche Teamaufstellung beim Gegenüber ausgelöst haben wird.

In der Arbeit mit Klienten, denen die basale Einfühlung in sich selbst fehlt, ist es wichtig, die Namenssuche schlicht zu halten. Hier ist es ein großer Erfolg, wenn ein „Wütender" und ein „Gekränkter" identifiziert und voneinander differenziert worden sind. Die Frage, wer im Klienten wütend ist und aus welcher seelischen Quelle die Wut kommt, wäre hier eine Überforderung.

## 4. Vertiefung und Kombination mit anderen Ansätzen

Die Erhebung am Blatt lässt sich mit erlebnisaktivierenden Methoden gezielt vertiefen. Dabei kann die Dynamik entweder mit gestalttherapeutischen und psychodramatischen Methoden auf einer „äußeren Bühne" oder mit imaginativen Methoden auf der „inneren Bühne" inszeniert werden.

Bei gestalttherapeutischen und psychodramatischen Techniken bietet der Therapeut oder Berater dem Klienten an, ganz in die Haut eines einzelnen Teammitglieds hineinzuschlüpfen (Schulz von Thun, 1996; Benien, 2002). Dazu wird für jedes Teammitglied ein eigener leerer Stuhl bereitgestellt. Der Klient wechselt dann zwischen seiner Rolle als „Oberhaupt" des Inneren Teams und der Rolle des Teammitgliedes hin und her. Auch der Konflikt zwischen zwei oder mehr unterschiedlichen Teammitgliedern kann auf diese Weise in Szene gesetzt werden. Die innere Dynamik wird auf der „äußeren Bühne", also im Raum, inszeniert.

Der Klient fühlt sich bei dieser Arbeitsweise vertieft in die unterschiedlichen Teammitglieder ein und gewinnt ein häufig sehr intensives Verständnis der Dynamik zwischen diesen inneren Anteilen. Außerdem können Therapeut und Klient Veränderungen anstoßen und erproben, zum Beispiel einen Konflikt zwischen zwei Teammitgliedern klären und Lösungen verhandeln.

Bei imaginativen Techniken leitet der Therapeut den Klienten dazu an, über Körperwahrnehmung oder die Entwicklung innerer Bilder Kontakt zu einzelnen inneren Anteilen aufzunehmen (Schwartz, 1997; Reddemann, 2001, 2011, siehe dazu auch den Beitrag von Uta Sonneborn in diesem Band). Die Arbeit findet in der Vorstellung des Klienten statt, dieser durcherlebt einen intensiven inneren Prozess und lässt den Therapeuten daran teilhaben, indem er diesem davon erzählt. Die Arbeit in der Imagination führt erheblich tiefer in die innere Dynamik hinein als die Arbeit auf der äußeren Bühne. Auf der „inneren Bühne" entwickelt der Dialog mit inneren Anteilen häufig eine Eigendynamik, die sich tief aus dem Unbewussten speist. Die Bilder können dabei eine Feinheit, Kreativität und Expressivität entwickeln, die auf der Ebene des körperlichen Ausdrucks nicht möglich ist. Ein Körper kann sich nicht einfach in Nebel zurückziehen, auf einmal schrumpfen, explodieren und sich wieder zusammensetzen, schwarz werden oder sich in eine Hexe, eine Fee oder ein kleines Mädchen verwandeln. Wenn der Klient sich auf eine Imagination einlässt, setzt er sich seiner unbewussten Dynamik also sehr aus.

Zugleich kann der Klient auf der inneren Bühne mehr Distanz zu den ausgelösten Gefühlen einnehmen. Er schlüpft nicht in deren Haut, kann sich besser von den verletzten und traumatisierten inneren Anteilen distanzieren und diese bitten, ihn nicht zu überfluten (Schwartz, 1997, S. 150). Dadurch kann er sehr viel feiner steuern, wie nahe er den Gefühlen dieser Anteile kommen möchte. Daher ist die innere Bühne das angemessene Medium für die Bearbeitung von Traumata, und nicht umsonst waren es Traumatherapeuten wie Richard Schwartz und Luise Reddemann, welche die Arbeit auf der inneren Bühne entwickelt haben.

Neben diesen imaginativen Vertiefungsmöglichkeiten kann der Therapeut auch kleinere imaginative Elemente einsetzen, um einen Aspekt erlebnisaktivierend zu vertiefen oder ein Thema zu fokussieren.

Zuweilen mischen sich der Erhebung des Inneren Teams einzelne Teammitglieder immer wieder ein und lassen andere Teammitglieder nicht zu Wort kommen. Beispielsweise hatte Herrn Christensens „Logiker" meine Fragen an den „Sehnsüchtigen" und dessen Antworten immer wieder abgewehrt und kommentiert. Mit Hilfe imaginativer Techniken kann sich der Therapeut dann zunächst diesem Wächter zuwenden. Er kann dem Klienten vorschlagen, diesen zu bitten, beiseitezugehen und fragen, ob dieser dazu bereit sei. Wenn dieser nicht dazu bereit ist, kann er weiterfragen: „Und wenn Sie das Teammitglied fragen, warum es nicht beiseitegehen mag: Was sagt es dann? Was sind seine Bedenken?" Der Therapeut verlagert den Schwerpunkt also auf den Wächter und erkundet dessen Widerstand. Je nach Verlauf des Prozesses kann dies eine kurze Sequenz sein, welche die Fortsetzung der Erhebung möglich macht, oder zu vertiefter Arbeit mit dem Wächter führen.

Ebenso können kleinere imaginative Elemente dazu genutzt werden, einzelne Teammitglieder im Therapieraum präsent werden zu lassen. So könnte der Therapeut einem Klienten spiegeln, dass es sich so anhöre, als würde es neben dem erwachsenen, souveränen Mann auch einen Jungen in ihm geben, der sich ganz und gar nicht souverän, sondern eher verängstigt fühle. Und es klinge, als würde er diesem Jungen sehr ungnädig begegnen.

*Therapeut: „Wenn Sie sich diesen Jungen vorstellen – verängstigt und beschämt, weil er glaubt, gerade einen Fehler gemacht zu habe ... Und wenn Sie dann mit ihm in der Weise sprechen, wie Sie es mir gerade beschrieben haben, indem Sie ihn nämlich beschimpfen, er solle sich gefälligst zusammenreißen und ihm sagen, wie verdammt lästig es ist, dass er Ihnen immer wieder zwischen den Füßen herumläuft – was glauben Sie, wie er reagiert?"*

Er kann dem Jungen dabei mit Gesten einen Platz im Raum zuweisen, so dass beide ihn vor Augen haben. Wenn er den imaginären Jungen direkt anspricht und dabei Wortwahl und Tonfall des Selbstdialogs aufgreift, von dem der Klient zuvor berichtet hatte, dann kann er die Art und Weise, in welcher der Klient mit diesem verstörten kindlichen Anteil innerlich umgeht, im Therapieraum inszenieren. Dadurch wird deutlich, dass ein Kind, das in dieser Weise angeschnauzt wird, natürlich noch mehr Angst bekommt. Eltern frage ich häufig, wie ihr Sohn, ihre Tochter im gleichen Alter reagiert hätte, wenn sie so mit ihm gesprochen hätten und was der Sohn oder die Tochter in einer solchen Situation gebraucht hätte. Diese Art der Inszenierung erleichtert vielen Klienten die Einfühlung in sich selbst und macht deutlich, dass sie mit ihren Kindern nicht so würden umgehen wollen, wie sie es mit sich selbst alltäglich tun.

Die Erhebung am Blatt ist die niedrigschwelligste der dargestellten Arbeitsweisen, der Zugang ist bewusstseinsnäher als beispielsweise die Arbeit in der Imagination, und die Prozesse sind von den Klienten leichter steuerbar. Sie ermöglicht es Therapeut und Klient, sich einen Überblick über die innere Dynamik zu verschaffen und diese präsent zu halten. Dadurch hat die Erhebung am Blatt ein hohes diagnostisches Potential. Imaginative Methoden ermöglichen eine besondere therapeutische Tiefe, erfordern allerdings vom Klienten die Bereitschaft und die Fähigkeit, sich darauf einzulassen. Psychodramatische und gestalttherapeutische Techniken vertiefen ebenfalls und ermöglichen dem Therapeuten einen unmittelbaren Kontakt zu einzelnen inneren Anteilen, was vor allem dann Vorteile hat, wenn der Klient sehr stark mit einzelnen Anteilen identifiziert ist. Der Therapeut kann auf diese Weise den Prozess der Differenzierung von Oberhaupt und Anteil unterstützen.

Die Integration des Handwerkskoffers verschiedener therapeutischer Richtungen, die mit inneren Anteilen arbeiten, bietet dem Therapeuten also also eine große Bandbreite an Interventionsmöglichkeiten und ermöglicht es ihm, die Arbeitsweise sehr differenziert auf den Klienten, den Stand der Therapie und den aktuellen Prozess abzustimmen (Kumbier, 2013).

## 5 Psychodynamische Arbeit mit dem Inneren Team: Arbeit mit mehrfachen Bühnen und „Sprache der Kinder"

Die Methoden der Arbeit mit dem Inneren Team lassen sich für verschiedene Psychotherapeutische Schulen oder Ansätze nutzbar machen. Allerdings wird die Art ihres Einsatzes je nach therapeutischer Richtung anders aussehen. So nutzen die Verhaltenstherapeutinnen Gitta Jakob und Brunna Tuschen-Caffier imaginative Methoden zum „Überschreiben" und zur gezielten Veränderung „negativer innerer Bilder" (Jakob & Tuschen-Caffier, 2011). Für Psychodynamische Psychotherapeuten dagegen (zu denen ich mich zähle) öffnet sich in der Arbeit mit dem Inneren Team eine andere Bühne für die szenische Inszenierung und Bearbeitung einer unbewussten Dynamik.

Seit Argelander (1970) wissen wir die zentralen unbewussten Beziehungsmuster des Klienten in der szenischen Inszenierung zwischen Therapeut und Klient zu finden. Der Klient inszeniert in der Beziehung zum Therapeuten unbewusst seine frühen Beziehungsmuster, er „überträgt" die Erfahrungen und Erwartungen, die er mit seinen frühen Beziehungspartnern gemacht hat, auf den Therapeuten. Dieser reagiert unbewusst auf die derart angetragene Rolle und kann daher durch die Beobachtung seiner eigenen inneren Reaktion auf den Klienten, seiner „Gegenübertragung", ein Verständnis dieser frühen Beziehungsmuster gewinnen. Indem Therapeut und Klient diese unbewusste Inszenierung allmählich miteinander verstehen und durcharbeiten, kann der Klient sich allmählich von den alten Beziehungsmustern lösen und neue aufbauen. Die therapeutische Beziehung wird damit zur Bühne, auf der destruktive Beziehungsmuster erlebt, verstanden und verändert werden können. Darin liegt der Grundgedanke und das therapeutische Potential der Psychoanalyse. Mit dieser Arbeitsweise ist eine intensive Regression des Patienten verbunden, er regrediert im Kontakt mit dem den Psychoanalytiker auf frühe Beziehungsmuster und erlebt diesen analog zu seinen frühen Bindungsobjekten.

Seit den Anfangszeiten der Psychoanalyse haben bedeutende Psychoanalytiker auf die Schwierigkeiten hingewiesen, auf die diese Arbeitsweise bei traumabezogenen Übertragungsmustern stößt (Ferenczi, 1933/2004; Balint, 1968, 1970; Hirsch, 2011). Die Heftigkeit der damit verbundenen Gefühle droht die Beziehung von Klient und Therapeut übermäßig zu belasten oder zu sprengen. Bei vorsprachlichen (also sehr frühen) Beziehungsmustern stößt zudem die rein verbale und deutungsorientierte psychoanalytische „Sprache der Erwachsenen" (Balint, 1968, S. 19 f.) an ihre Grenzen. Im Bereich der vorsprachlichen frühen Erfahrungen sind Klienten über rein verbale Methoden nur schwer erreichbar.

Unbewusste Beziehungsmuster prägen nicht nur die Beziehung zwischen Therapeut und Klient, sondern auch die Beziehungen zwischen unterschiedlichen Teammitgliedern. So inszeniert sich beispielsweise die zynische, abwertende und kalte Art, mit der Herrn Christensens Vater seinem Sohn begegnete, nicht nur in seinem Verhalten mir gegenüber, sondern wiederholt sich auch in der Art, wie der „Logiker" mit dem verletzten und einsamen „Sehnsüchtigen" umgeht. Ebenso erwartet Frau Veith einerseits, von mir ebenso beschämt zu werden wie von ihrem Vater. Aber die aggressive, abwertende und dominante Art, in der ihr Vater mit seinen Töchtern umgegangen ist, prägt auch den Umgang der „Perfekten" in Frau Veiths Innerem Team mit der „Trotzigen".

Für eine psychodynamische Betrachtungsweise bedeutet dies: Das Innere Team bietet sich als Bühne für die Arbeit mit Übertragungsmustern an. Luise Reddemann hat für die Arbeit in der Imagination den Begriff der „inneren Bühne" geprägt (Reddemann, 2001, S. 25, ähnlich auch 2011, S. 85). In ähnlicher Weise lassen sich auch die Arbeit am Blatt und die Arbeit mit psychodramatischen Methoden als „Bühnen" nutzen und mit psychodynamischen Konzepten verbinden. Die Arbeit mit dem Inneren Team ermöglicht also die Inszenierung unbewusster Übertragungsmuster außerhalb der therapeutischen Beziehung. Dies erleichtert nicht nur die therapeutische Arbeit mit traumaassoziierten Übertragungsmustern, sondern macht auch eine tiefe Regression des Klienten in der Beziehung zum Therapeuten überflüssig. Damit eignet sich die Arbeit mit dem Inneren Team in besonderer Weise für den Einsatz in der tiefenpsychologisch fundierten Therapie. Die Beziehung zwischen Therapeutin und Klientin findet in der Arbeit mit Inneren Anteilen überwiegend auf der Erwachsenenebene statt, nämlich zwischen dem Therapeuten und dem Oberhaupt des Klienten. Zugleich wird auf der Bühne des Inneren Teams tiefe Regression ermöglicht: Die Klientin kann die leidvollen Teile der Inneren Dynamik unmittelbar erleben und daran arbeiten. Aber diese Regression findet im Raum des Inneren Teams statt, und die Therapeutin sorgt dafür, die Übertragung in der Beziehung nach Möglichkeit zu begrenzen. Damit bleibt die therapeutische Beziehung ein sicherer Ort und der Therapeut ein vertrauter Begleiter, der außerhalb des traumatischen Strudels steht. Fürstenau und Reddemann haben für eine solche Arbeitsweise das Bild geprägt, dass sich zwei Erwachsene um den verletzten inneren Anteil des einen kümmern (Reddemann, 2001, S. 25).

Natürlich findet auch in der Beziehung zum Therapeuten weiterhin Übertragung statt, und ein psychodynamisch arbeitender Therapeut wird diese beachten. Er arbeitet also mit mehrfachen Bühnen, und seine Herausforderung besteht darin, zwischen diesen Bühnen zu wechseln und diese Wechsel psychodynamisch zu reflektieren. Jaeggi und Riegels haben deutlich gemacht, dass sich diese Herausforderung integrativer Arbeit nicht grundsätzlich von den Herausforderungen unterscheidet, vor denen psychodynamisch arbeitende Psychotherapeuten ohnehin stehen. Denn jede Verhaltensweise des Therapeuten tangiert die Übertragung und muss entsprechend reflektiert werden. Und gerade Deutungen und „eine gewisse Zurückhaltung des Therapeuten" nehmen erheblichen Einfluss auf die Übertragung, die der Klient auf seinen Therapeuten entwickelt (Jaeggi & Riegels, 2008, S. 32, 60).

Und schließlich kann die Bilderwelt des Inneren Teams die deutungsorientierte verbale „Sprache der Erwachsenen" (Balint, 1968) ergänzen und damit die Reichweite der psychodynamischen Arbeitsweise vergrößern. Vor allem die inneren Bilder, die in der Imagination entstehen, ermöglichen die Arbeit mit sehr frühen vorsprachlichen Beziehungsmustern und bieten sich so als „Sprache der Kinder" an, deren Platz im Theoriegerüst der Psychoanalyse Balint lange vor der Entwicklung imaginativer Methoden implizit vorbereitete.

## 6 Fazit

Das Innere Team bietet für die Psychotherapie ein reichhaltiges Methodeninventar. Es kann andere Teile-Konzepte integrieren und selbst in Konzepte verschiedener therapeutischer ‚Schulen' integriert werden. Für den Bereich der psychodynamischen Therapie wurde eine entsprechende Integration skizziert (ausführlich siehe Kumbier 2013), für andere therapeutische Ansätze würde sich eine entsprechende Ausarbeitung lohnen.

## Literatur

Alberti, B. (2010). Seelische Trümmer. Geboren in den 50er und 60er Jahren: Die Nachkriegsgeneration im Schatten des Kriegstraumas. München: Kösel.
Argelander, H. (1970). Das Erstinterview in der Psychotherapie. Darmstadt: Wissenschaftliche Buchgesellschaft.
Balint, M. (2002). Therapeutische Aspekte der Regression. Die Theorie der Grundstörung (3. Aufl.). Stuttgart: Klett-Cotta. (Original veröffentlicht 1968).
Balint, M. (1970). Trauma und Objektbeziehung. Psyche, 24, 346-358.
Berbalk, H. (2010). Schematherapie. In J. Margraf & S. Schneider (Hrsg.), Lehrbuch der Verhaltenstherapie (Bd. 4: Materialien). New York: Springer.
Berne, E. (1970). Spiele der Erwachsenen. Reinbek: Rowohlt.
Benien, K. (2002). Beratung in Aktion. Erlebnisaktivierende Methoden im Kommunikationstraining. Hamburg: Windmühle.
Bohleber, W. (2008). Wege und Inhalte transgenerationaler Weitergabe. Psychoanalytische Perspektiven. In: H, Radebold, W. Bohleber & J. Zinnecker (Hrsg.), Transgenerationale Weitergabe kriegsbelasteter Kindheiten (S. 107-118). Weinheim: Beltz Juventa.
Ferenczi, S. (1933/2004). Sprachverwirrung zwischen den Erwachsenen und dem Kind. In H. Balint (Hrsg.), S. Ferenczi: Schriften zur Psychoanalyse II. Gießen: Psychosozial. (Original veröffentlicht 1970).
Fonagy, P., Gergely, G., Jurist, E.L. & Target, M. (2004). Affektregulierung, Mentalisierung und die Entwicklung des Selbst. Stuttgart: Klett-Cotta.
Fürstenau, P. (2001). Psychoanalytisch verstehen - Systemisch denken – Suggestiv intervenieren. Stuttgart: Klett-Cotta.
Hirsch, M. (2011). Trauma. Gießen: Psychosozial.
Huber, M. & Plassmann, R. (Hrsg.) (2012. Transgenerationale Traumatisierung. Paderborn: Junfermann.
Jaeggi, E. & Riegels, V. (2008). Techniken und Theorie der tiefenpsychologisch fundierten Psychotherapie. Stuttgart: Klett-Cotta.
Jakob, G. & Tuschen-Caffier, B. (2011). Imaginative Techniken in der Verhaltenstherapie. Psychotherapeutenjournal, 2, 139-145.

Kumbier, D. (2013). Das Innere Team in der Psychotherapie. Methoden- und Praxisbuch. Stuttgart: Klett-Cotta.

Peichl, J. (2007). Innere Kinder, Täter und Co. Stuttgart: Klett-Cotta.

Peichl, J. (2011). Hypno-analytische Teilearbeit. Ego-State-Therapie mit inneren Selbstanteilen. Stuttgart: Klett-Cotta.

Rauwald, M. (Hrsg.) (2013). Vererbte Wunden. Transgenerationale Weitergabe traumatischer Erfahrungen. Weinheim, Basel: Beltz.

Reddemann, L. (2001). Imagination als heilsame Kraft. Zur Behandlung von Traumafolgen mit ressourcenorientierten Verfahren. Stuttgart: Klett-Cotta.

Reddemann, L. (2011). Psychodynamisch imaginative Traumatherapie PITT - Das Manual: ein resilienzorientierter Ansatz in der Psychotraumatologie. Stuttgart: Klett-Cotta.

Satir, V. (1988). Meine vielen Gesichter. München: Kösel.

Schmidt, G. (2000). Konferenzen mit der inneren Familie. In P.U. Hesse (Hrsg.), Teilearbeit: Konzepte von Multiplizität in ausgewählten Bereichen moderner Psychotherapie. Heidelberg: Carl-Auer-Systeme.

Schmidt, G. (2003). Wer bin ich, und wenn ja, wie viele? Hypnosystemische Utilisationskonzepte für Arbeit mit der inneren Familie. Auditorium Netzwerk- Verlag.

Schulz von Thun, F. (1996). Praxisberatung in Gruppen. Erlebnisaktivierende Methoden mit 20 Fallbeispielen zum Selbsttraining für Trainerinnen und Trainer, Supervisoren und Coachs. Weinheim, Basel: Beltz.

Schulz von Thun, F. (1998). Miteinander Reden. 3: Das Innere Team und situationsgerechte Kommunikation. Reinbek: Rowohlt.

Schulz von Thun, F. (2004). Der Mensch als pluralistische Gesellschaft. Das Modell des Inneren Teams als Haltung und Methode. In: Schulz von F. Thun & W. Stegemann (Hrsg.), Das Innere Team in Aktion. Reinbek: Rowohlt.

Schulz von Thun, F. (2007). Miteinander Reden: Fragen und Antworten. Reinbek: Rowohlt.

Schulz von Thun, F. Ruppel, J. & Stratmann, R. (2000). Miteinander Reden für Führungskräfte. Reinbek: Rowohlt.

Schulz von Thun, F. & Kumbier, D. (2008). Impulse für Beratung und Therapie. Kommunikationspsychologische Miniaturen 1. Reinbek: Rowohlt.

Schwartz, R.C. (1997). Systemische Therapie mit der inneren Familie. Stuttgart: Klett-Cotta.

Watkins, J.G. & Watkins, H.H. (2003). Ego-States – Theorie und Therapie. Ein Handbuch. Heidelberg: Carl Auer.

## Korrespondenzadresse

Dipl.- Psych. Dagmar Kumbier, M.A., Psychologische Psychotherapeutin
Schulz von Thun-Institut für Kommunikation
Rothenbaumchaussee 20 | 20148 Hamburg
Tel: 040 / 88 18 74 43 | mail@dagmar-kumbier.de | www.dagmar-kumbier.de

Eva Faßbinder und Ulrich Schweiger

## Das schematherapeutische Modusmodell

The Schema Mode Concept

Die Arbeit mit dem Modusmodell ist eine der innovativen Techniken der dritten Welle der Verhaltenstherapie. Es bietet einen guten theoretischen Hintergrund bei der Erarbeitung eines individuellen Störungsmodells. Es stellt die häufig sehr komplexen Probleme von Patienten klar da und verdeutlicht den Zusammenhang zwischen gegenwärtigen Symptomen, interpersonellen Problemen und dem biografischen Kontext. Das Modusmodell ist prinzipiell als transdiagnostischer Ansatz zu verstehen, es exisistieren aber auch prototypische Modelle für die meisten Persönlichkeitsstörungen. So kann ein breites Spektrum von Psychopathologie, aber auch gesundes Verhalten, Denken und Fühlen in das Modusmodell eingeordnet werden. Die therapeutischen Interventionen der Schematherapie werden dann an den jeweils aktiven Modus angepasst. Hierbei stehen neben kognitven und behavioralen Techniken insbesondere emotionsaktivierende Techniken (v.a. Stuhldialoge und Imaginationstechniken) und eine spezifische Gestaltung der Therapiebeziehung („limited reparenting") im Vordergrund. Der folgende Artikel gibt einen Überblick über den aktuellen Forschungsstand, die theoretischen Grundlagen und die praktische Anwendung des schematherapeutischen Modusmodells.

Schlüsselwörter
Schemamodi – Modusmodell – emotionsorientierte Techniken – limited reparenting – Persönlichkeitsstörung

*The mode model is a comprehensive approach derived from Schema Therapy. It provides a theoretical basis for the development of individual case conceptualizations. The mode model clarifies the current symptoms and interpersonal problems of the patient and explains the connection with the biographical context of development. The mode model is intended to be transdiagnostic, yet there exist disorder-specific case concepts for personality disorders. A broad spectrum of psychopathology, but also healthy behavior, thoughts and emotions can be explained by the mode model. The schema-therapeutic interventions are adapted to the present mode in the specific situation. Besides cognitive and behavioral techniques there is a special focus on experiential techniques (especially chair dialogues and imagery re-scripting) and specific features of the therapeutic relationship ("limited re-parenting"). This paper provides an overview of current research findings, theoretical background and practical application of the schema mode model.*

*Keywords*
*schema modes – mode model – experiential techniques – limited re-parenting – personality disorders*

## Einleitung

Das Modusmodell wurde von Jeffrey Young (Young, Klosko & Weishaar, 2005) und Arnoud Arntz (Arntz & van Genderen, 2010) aus der Schematherapie heraus entwickelt. Das aktuelle Interesse für das Modusmodell ist nicht zuletzt auf die guten Studienergebnisse in der Behandlung von Patienten mit Borderline-Persönlichkeitsstörung zurückzuführen (Farrell, Shaw & Webber, 2009; Giesen-Bloo et al., 2006; Nadort et al., 2009; van Asselt et al., 2008). In allen kontrollierten Studien zur Schematherapie lag der Schwerpunkt der therapeutischen Arbeit in der Anwendung des Moduskonzepts. Die Schematherapie zeichnet sich durch eine Kombination „klassischer" verhaltenstherapeutischer Techniken mit emotionsaktivierenden Techniken aus und einer systematischen Berücksichtigung des biografischen Kontexts. Darüber hinaus spielt eine spezifische Gestaltung der therapeutischen Beziehung mit „limited reparenting" eine wesentliche Rolle.

Die Arbeit mit dem Modusmodell gehört zu den innovativen psychotherapeutischen Techniken der dritten Welle der Verhaltenstherapie. Die wichtigsten Vorteile der therapeutischen Arbeit mit dem Modusmodell bestehen dabei in folgenden Punkten:

(1) **Blick für das Wesentliche:** Das Modusmodell packt die Gesamtheit des Problemverhaltens von Patienten in ein übersichtliches, plausibles Modell und hilft dabei, rasch ein Metaverständnis für die wesentlichen Schwierigkeiten aufzubauen und direkt an diesen anzusetzen. Dabei wird es sowohl von Therapeuten als auch von Patienten schnell verstanden. Dies ist eine wesentliche Erweiterung und Ergänzung zur Verhaltensanalyse einzelner problematischer Verhaltensweisen oder der Analyse einzelner dysfunktionaler Schemata oder Kognitionen.
(2) **Individuelle Fallkonzeptualisierung:** Zu Beginn der Therapie wird mit jedem Patienten ein individuelles Störungsmodell mit den jeweils für den Patienten wichtigen Modi erarbeitet (Fallkonzeptualisierung). Das Modusmodell bringt alle wichtigen aktuellen Symptome und interpersonellen Probleme mit dem biografischen Kontext in Verbindung. Patienten erleben dies meist als ausgesprochen erleichternd. Im weiteren Verlauf werden alle auftretenden Probleme oder Symptome in diesem Modusmodell konzeptualisiert und behandelt.
(3) **Transparenz:** Die Ziele der Therapie werden transparent für Patient und Therapeut anhand des individuellen Modusmodells abgeleitet. Es besteht somit ein gemeinsamer „Fahrplan" für die Therapie, aus dem sich die therapeutischen Interventionen für den Patient gut erklären und sich auf den Alltag übertragen lassen.
(4) **Validierung und Veränderung:** Das aktuelle Fühlen, Denken und Handeln des Patienten kann unmittelbar in das Modusmodell eingeordnet und dadurch validiert werden. Gleichzeitig kann der Patient mit den problematischen Folgen seines Verhaltens empathisch konfrontiert werden, um wichtige Schritte in Richtung Veränderung zu ermöglichen.
(5) **Modusspezifische Interventionen:** Der Therapeut passt seine Interventionen an den jeweils aktiven Modus an und arbeitet somit an dem vorrangig bestehenden emotionalen Problem.
(6) **Transdiagnostische Anwendung:** In das Modusmodell kann ein breites Spektrum von Psychopathologie, aber auch gesundes Verhalten, Denken und Fühlen eingeordnet

werden. So kann beispielsweise auch bei Patienten mit komorbiden Erkrankungen, die den Großteil der Patienten mit chronischen psychischen Problemen darstellen, innerhalb eines Störungsmodelles gearbeitet werden, und es müssen nicht weitere, möglicherweise verwirrende Erklärungsmodelle hinzugezogen werden. Darüber hinaus bietet das Modusmodell auch für Supervision und Selbsterfahrung von Therapeuten einen guten Ansatz.

**(7) Entpathologisierung:** Ein weiterer wesentlicher Vorteil des Modusmodells besteht in seiner entpathologisierenden Wirkung. Die Tatsache, dass jeder Mensch sowohl gesunde als auch maladaptive Modi hat und diese ein Produkt seiner Erfahrungen sind, wirkt meist sehr entlastend auf Patienten. Dieser Punkt kann durch den geschickten therapeutischen Einsatz von Selbstöffnung besonders gefördert werden.

In diesem Beitrag sollen zunächst die Hintergründe der Entwicklung des Modusmodells beleuchtet werden. Anschließend wird erklärt, wie dysfunktionale Modi entstehen, und ein Überblick über die einzelnen Modi gegeben. Dann werden das therapeutische Vorgehen und die Ziele der Therapie vorgestellt. Anhand eines Fallbeispiels wird die Erstellung einer Fallkonzeptualisierung mit dem Modusmodell verdeutlicht und die Interventionstechniken erläutert. Der Beitrag schließt mit einem Überblick über den aktuellen Stand der Forschung und einem Fazit für die Praxis ab. Dem Leser sollen so die notwendigen Kenntnisse vermittelt werden, um Umsetzbarkeit, Effektivität und Behandlungserfolg für die eigene praktische Anwendung beurteilen zu können.

## Entwicklung des Modusmodell

Die Schematherapie nach Jeffrey Young ist eine Weiterentwicklung der kognitiven Verhaltenstherapie (KVT) und wurde ursprünglich für die Patienten entwickelt, die nicht ausreichend auf KVT respondierten. Dies waren typischerweise Patienten mit chronischen, sehr komplexen psychischen Problemen. Diagnostisch lag häufig zusätzlich zur Achse-I-Diagnose eine Persönlichkeitsstörung oder Persönlichkeitsakzentuierung vor. Schematherapie und damit auch die Arbeit mit dem Modusmodell unterscheiden sich von klassischer KVT durch die folgenden fünf Merkmale:

(1) Die Veränderung des **emotionalen Erlebens** hat einen zentralen Stellenwert. Dazu werden emotionsaktivierende Interventionen wie Imaginationsübungen und Stuhldialoge eingesetzt.
(2) Die Therapiebeziehung wird konzeptualisiert als begrenzte elterliche Fürsorge **(limited reparenting)** in dem Sinne, dass der Therapeut einen aktiven, fürsorglichen und teilweise elternartigen Beziehungsstil gegenüber dem Patienten einnimmt.
(3) Die aktuellen psychischen Probleme werden im Modusmodell mit den **Erfahrungen aus Kindheit und Jugend** in Zusammenhang gebracht und erklärt.
(4) Es liegt ein Schwerpunkt auf **überdauernden Bewältigungsmustern** (z. B. Vermeidung oder Überkompensation) und zugrunde liegenden Schemata.
(5) Handlungsleitend ist das Konzept der **Bedürfnisorientierung**; d. h. die Frage, welche Bedürfnisse beim Patienten frustriert wurden und wie er dabei unterstützt werden kann, seine heutigen Bedürfnisse angemessen zu befriedigen.

Die Schematherapie geht davon aus, dass Menschen in der Kindheit überdauernde, dysfunktionale Konzepte (Schemata) von sich selbst, von anderen und der Welt entwickeln, wenn bestimmte Grundbedürfnisse in der Kindheit nicht erfüllt werden. Ein Schema ist ein stabiles Muster aus zusammengehörigen Erinnerungen, Kognitionen, Emotionen und Körperreaktionen und dient der Informationsverarbeitung. Young beschrieb auf der Grundlage klinischer Beobachtung 18 maladaptive Schemata, die in fünf Schemadomänen untergliedert sind (Young et al., 2005).

Wird ein Schema aktiviert, so ist dies meist mit intensiven unangenehmen Emotionen wie z. B. Angst, Traurigkeit, Hilflosigkeit oder Ärger verbunden. Die daraus folgenden Mechanismen für den Umgang mit diesen unangenehmen Emotionen nennt man **Bewältigungsstrategien**. Hierbei werden drei Hauptstrategien unterschieden: Unterwerfung, Vermeidung und Überkompensation.

Die Vielfalt an Schemata und Bewältigungsmöglichkeiten (18 Schemata x 3 Bewältigungsstrategien = 54 verschiedene Möglichkeiten) führt insbesondere bei Patienten mit schwerem Persönlichkeitsstörungen, bei denen in der Regel mehrere Schemata bestehen und ein schneller Wechsel der Bewältigungsstrategien stattfindet, zu einer übermäßigen und unzweckmäßigen Komplexität der individuellen Störungsmodelle. Störungsmodelle, die mehr als fünf bis sieben Hauptelemente enthalten, überfordern das Arbeitsgedächtnis des Menschen. Patient und Therapeut haben dann Schwierigkeiten, den Überblick zu behalten und Wesentliches von Unwesentlichem zu trennen. Zudem ist es häufig schwierig, von dem nach außen sichtbaren Bewältigungsverhalten, auf das dahinterliegende Schema zu schließen. Diese Schwierigkeiten bei der Arbeit mit dem Schemamodell wurden vor allen Dingen bei der Behandlung von Patienten mit BPS deutlich, die verschiedene, schnell wechselnde emotionale Zustände zeigten. Diese emotionale Instabilität ist durch das Schemamodell nicht gut abzubilden. Jeffrey Young entwickelte daraufhin den Modus-Ansatz, der zunächst auf die Probleme von Patienten mit BPS zugeschnitten war, und übertrug diesen später auf Patienten mit narzisstischer Persönlichkeitsstörung (Young et al., 2005). Ein Modus beschreibt dabei den aktuellen Affektzustand im Hier und Jetzt („state"), während Schemata überdauernd sind („trait").

Von der Arbeitsgruppe um Arnoud Arntz wurde das Modusmodell mittlerweile stark ausgeweitet und um weitere mögliche Modi und störungsspezifische Moduskonzepte für die meisten Persönlichkeitsstörungen ergänzt und empirisch getestet (Bamelis, Renner, Heidkamp & Arntz, 2011; Lobbestael, Arntz & Sieswerda, 2005; Lobbestael, van Vreeswijk & Arntz, 2008; Lobbestael, van Vreeswijk, Spinhoven, Schouten, & Arntz, 2010).

## Was ist ein Modus?

Ein Modus ist ein situationsbezogenes Programm der Verhaltenssteuerung, das maßgeblich das Fühlen, Denken und Handeln in der aktuellen Situation beeinflusst. Man kann sich einen Modus (ähnlich wie beim Mindset-Konstrukt) wie eine DVD vorstellen: Wenn eine DVD in den Recorder eingelegt wird, erscheint auf dem Bildschirm eine bestimmte, vorgegebene Abfolge von Bildern und Musik. Übertragen gesehen, wird das Einlegen der jeweiligen „Modus-DVD" durch bestimmte Umgebungsbedingungen oder Gedanken ausgelöst (die „emotionalen Knöpfe"). Ist die „Modus-DVD" dann eingelegt, werden alle Informationen im Sinne des Modus ausgewertet, es besteht ein für den Modus typisches

Muster an Gefühlen, Gedanken, Körperreaktionen und Verhalten, und die Wahrnehmung ist so ausgerichtet, dass die Sichtweise des Modus bestätigt wird. Die DVD-Metapher gibt auch den Veränderungsprozess vor. Man kann eine DVD auswerfen und eine andere DVD einlegen, die Veränderung einer DVD ist dagegen viel schwieriger.

Jeder Mensch hat verschiedene gesunde und maladaptive Modi. Zu jedem Zeitpunkt sind einige dieser Modi inaktiv, während der vorherrschende aktive Modus („die eingelegte DVD") unsere Sicht auf uns selbst und die Umwelt, unsere Stimmungslage und unser Handeln bestimmt, ohne dabei vollständig bewusst zu sein. Ziel der Therapie ist es, dass Patienten lernen zu erkennen, welche „Modus-DVD" gerade eingelegt ist, um das eigene Handeln, Fühlen und Denken zu verstehen und gegebenenfalls schrittweise zu verändern, wenn es zu Schwierigkeiten führt („die DVD wechseln").

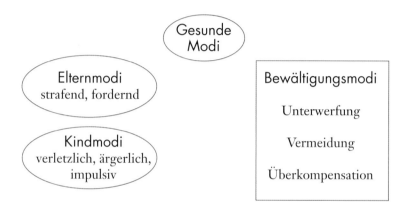

**Abbildung 1:** Überblick über die Grundstruktur des Modusmodells

## Die verschiedenen Modi nun im Detail

Es gibt vier Gruppen von Modi, die in Abbildung 1 in der Übersicht dargestellt werden: Kindliche Modi, Eltern-Modi, Bewältigungsmodi und gesunde Modi:

(1) **Maladaptive Kindmodi** entwickeln sich, wenn in der Kindheit wichtige Bedürfnisse, insbesondere Bindungsbedürfnisse, nicht angemessen erfüllt wurden. Kindmodi sind assoziiert mit intensiven negativen Gefühlen, z. B. große Angst vor Bedrohung oder Verlassenwerden, Hilflosigkeit, Traurigkeit (verletzliche Kindmodi), Wut oder Ärger (wütende Kindmodi).

(2) **Dysfunktionale Elternmodi** zeigen sich durch Selbstabwertung, Selbsthass oder extremen Druck auf sich selbst. Es wird davon ausgegangen, dass sie internalisierte negative Annahmen über das Selbst reflektieren, die der Patient in Kindheit und Jugend aufgrund des Verhaltens und der Reaktionen anderer Personen (Eltern, Lehrer, Peers) erworben hat.

(3) **Dysfunktionale Bewältigungsmodi** dienen der Abschwächung der emotionalen Schmerzen, die in den Kind- und Elternmodi empfunden werden, und beschreiben einen übermäßigen Einsatz der Bewältigungsstrategien Unterwerfung, Vermeidung und Überkompensation. Diese Modi wurden meist schon früh in der Kindheit erlernt und waren dazu da, das Kind vor erneuten Verletzungen, Abwertungen zu schützen bzw. die Verletzung erträglicher zu machen. Sie werden deshalb validierend als „Überlebensstrategie" betrachtet.

(4) Zu den **gesunden Modi** gehören der Modus des gesunden Erwachsenen und der Modus des fröhlichen Kindes. Im Modus des gesunden Erwachsenen können Menschen mit intensiven Emotionen umgehen, Probleme lösen und gesunde Beziehung zu anderen Menschen gestalten. Sie sind sich ihrer Bedürfnisse, Möglichkeiten und Grenzen bewusst und handeln entsprechend ihrer Werte und Ziele. Der Modus des fröhlichen Kindes geht einher mit Freude, Spaß, Ungezwungenheit und Spontaneität und hilft, Stress und Belastungen zu regulieren. Die gesunden Modi sind meist zu Beginn der Therapie nur schwach ausgebildet.

Einen detaillierten Überblick über die einzelnen Modi nach Lobbestael et al. (2008) gibt Tabelle 1 (Tab. leicht modifiziert nach Jacob & Arntz, 2011). Die Modi können mittlerweile mit Hilfe des Schema-Modus-Inventars (SMI) im Selbstbericht erhoben werden (Lobbestael et al., 2010).

## Die Entstehung und Aufrechterhaltung von Modi

Die Nichterfüllung von Grundbedürfnissen (s. u.), traumatische Erfahrungen, ungünstige Erziehungsfaktoren und Modelllernen führen in Kombination mit biologischen Faktoren zur Entwicklung von dysfunktionalen Schemata sowie Eltern- und Kindmodi. Um die dadurch entstehenden emotionalen Schmerzen abzumildern, entwickeln sich früh die Bewältigungsmodi (Unterwerfung, Vermeidung, Überkompensation), die auch noch im späteren Leben angewendet werden. Sie schützen einerseits die verletzlichen Kindmodi vor unangenehmen Gefühlen und erneuten verletzenden Erfahrungen, andererseits blockieren sie aber auch den Zugang zu Gefühlen und Bedürfnissen, behindern den Aufbau von gesunden, hilfreichen Beziehungen und führen häufig selbst zu Beschwerden und Problemen. Es können so auch im Erwachsenenleben keine korrigierenden emotionalen Erfahrungen gemacht sowie kein alternativer Umgang mit Gefühlen und interpersonellen Schwierigkeiten erlernt werden. Die Bedürfnisse werden so auch im Erwachsenenleben nicht erfüllt, so dass die Kindmodi erneut ausgelöst werden und der Druck auf die Bewältigungsmodi sich wiederum verstärkt.

Für die Arbeit mit dem Modusmodell spielt das Verständnis der Grundbedürfnisse eine wesentliche Rolle. Psychoedukation zu den Grundbedürfnissen und zur normalen Entwicklung von Kindern wird an jeder möglichen Stelle in den Therapieprozess mit eingewoben. Darüber hinaus ist die Kenntnis darüber, welche Grundbedürfnisse beim individuellen Patienten frustriert worden sind, essenziell für die Gestaltung der therapeutischen Beziehung und für den Therapieerfolg. Im Rahmen des „Limited Reparenting" erfüllt der Therapeut als Antidot zu den Erfahrungen in der Kindheit genau diese Bedürfnisse.

**Tabelle 1:** Schemamodi nach Jacob & Arntz, 2011 (leicht modifiziert)

| | **Kindliche Modi** |
|---|---|
| **Verletzlichkeit** | *Der Modus des einsames Kindes*<br>In diesem Modus fühlen sich Menschen wie ein einsames Kind, das nur dann Aufmerksamkeit und Liebe bekommt, wenn es seinen Eltern oder anderen Bezugspersonen alles recht macht. Die wichtigsten emotionalen Bedürfnisse bleiben unerfüllt, Menschen fühlen sich daher in diesem Modus einsam, ungeliebt, nicht wertgeschätzt und nicht liebenswürdig. |
| | *Der Modus des verletzten, verlassenen Kindes*<br>In diesem Modus erleben Menschen intensive emotionale Schmerzen und Verlassenheitsängste sowie Angst vor Missbrauch oder Vernachlässigung. Sie fühlen sich allein, verlassen traurig, verängstigt, extrem verletzlich, hilf- und hoffnungslos, bedürftig, wertlos, verloren oder bedroht. Patienten in diesem Zustand erscheinen fragil und kindlich, sie fühlen sich hoffnungslos verzweifelt und alleine und suchen nach einer fürsorglichen Elternfigur. |
| | *Der Modus des abhängigen Kindes*<br>Menschen fühlen sich in diesem Modus wie ein hilfloses, kleines Kind, das von den Anforderungen des Erwachsenenlebens überfordert ist. Sie suchen dringend Nachhilfe und jemanden, dem sie die Verantwortung übertragen können. |
| **Ärger** | *Modus des ärgerliches Kindes*<br>Menschen in diesem Modus sind ärgerlich, wütend, frustriert oder ungeduldig, weil emotionale (oder körperliche) Kernbedürfnisse nicht erfüllt werden. Der Ärger wird unangemessen ausgedrückt, z. B. durch unmäßige oder verwöhnte Forderungen, von denen sich andere vor den Kopf gestoßen fühlen. |
| | *Der Modus des wütendes Kindes*<br>Menschen in diesem Modus erleben intensive unkontrollierte Gefühle von Ärger und Wut, in denen sie andere Menschen verletzen oder Dinge beschädigen können. Der Affekt entspricht einem außer Rand und Band geratenen Kind, das schreit und sich impulsiv gegen einen (vermeintlichen) Gegner wehrt. |
| **Mangel an Disziplin** | *Der Modus des impulsiven Kindes*<br>In diesem Modus handeln Menschen sehr impulsiv, ohne nachzudenken, um situativ eigene Bedürfnisse zu befriedigen – ohne Rücksicht auf andere Personen oder mögliche negative Konsequenzen. Sie haben Schwierigkeiten, auf kurzfristige Verstärkung zugunsten längerfristiger Ziele zu verzichten. |
| | *Modus des undisziplinierten Kindes*<br>Menschen in diesem Modus haben eine sehr geringe Frustrationstoleranz und Schwierigkeiten mit Disziplin und Durchhaltevermögen. Sie geben leicht auf, haben große Schwierigkeiten mit der Einhaltung von Regeln und der Erledigung von Routine- oder langweiligen Aufgaben. |
| | *Modus des fröhlichen Kindes*<br>Ist zufrieden, weil emotionale Kernbedürfnisse erfüllt sind. Fühlt sich geliebt, mit anderen verbunden, sicher, wertvoll, verstanden, zuversichtlich, kompetent, widerstandsfähig, anpassungsfähig, optimistisch und spontan. |

| | **Dysfunktionale Elternmodi** |
|---|---|
| **Strafe** | *Der strafende Modus*<br>Dieser Modus gibt die internalisierten Botschaften von Eltern oder anderen wichtigen Bezugspersonen (Lehrer, ältere Geschwister, Mitschüler etc.) wieder, mit denen in der Kindheit negative Erfahrungen gemacht wurden. Dieser Modus ist geprägt von Selbstabwertung, Selbstverachtung, Selbstkritik und Selbsthass, Scham und Schuld. In diesem Modus denken Menschen, sie seien schlecht, wertlos, dumm, faul oder hässlich. Der Tonfall dieses Modus ist höhnisch, missbilligend und demütigend. Menschen bestrafen sich in diesem Modus und erlauben sich nicht, sich um sich selbst zu kümmern oder sich etwas Gutes zu tun. Sie glauben, dass Sie für das Ausdrücken von Bedürfnissen und Gefühlen sowie für alle Fehler bestraft werden müssen. |
| **Fordern** | *Der fordernde Modus*<br>In diesem Modus haben Menschen extrem hohe Standards und streben danach, perfekt zu sein, alles richtig zu machen, immer effektiv zu sein, einen hohen Status anzustreben, bescheiden zu bleiben und die Bedürfnisse anderer vor die eigenen zu stellen. Spontanität und der Ausdruck eigener Gefühle erscheinen unzulässig. Hierbei kann ein leistungsfordernder Modus (hohe Anforderungen in Bezug auf Leistung, Pflichten) von einem emotional fordernden Modus (hohe Anforderungen in Bezug auf das Verhalten in Beziehungen) unterschieden werden. |
| | **Maladaptive Bewältigungsmodi** |
| **Erdulden** | *Unterwerfung (Compliant Surrender)*<br>In diesem Bewältigungsmodus handeln Menschen passiv und unterwürfig, auch gegen eigene Interessen und suchen häufig Rückversicherung. Sie versuchen, Konflikte oder Zurückweisung zu vermeiden und verhalten sich so, wie sie glauben, dass die andere Person es sich wünscht. Sie erlauben, dass andere sie kontrollieren bzw. schlecht mit ihnen umgehen, verharren vielleicht sogar in missbräuchlichen Beziehungen. Aus Hoffnungslosigkeit unternehmen sie nichts, um die eigenen gesunden Bedürfnisse zu erfüllen |
| **Vermeidung** | *Distanzierter Selbstschutzmodus (Detached Protector)*<br>In diesem Modus distanzieren sich Menschen von emotionalen Leiden durch Folgendes: Vermeidung der Auseinandersetzung mit Gefühlen (nicht darüber reden oder nachdenken), sich in Beziehung zurückziehen andere auf Distanz halten, Gefühle durch Substanzgebrauch (z. B. Alkohol, dämpfende Medikamente oder Drogen) oder Dissoziation abzudämpfen.<br><br>*Vermeidender Selbstschutzmodus (Avoidant Protector)*<br>Bei diesem Modus liegt der Schwerpunkt des Bewältigungsverhaltens auf Vermeidung. Vermieden werden einerseits soziale Kontakte, Leistungssituationen oder Konfliktsituationen. Oft werden darüber hinaus aber auch Gefühlen im Allgemeinen, intensive Sinneseindrücke und Erlebnisse u. a. vermieden.<br><br>*Ärgerlicher Selbstschutzmodus (Angry Protector)*<br>In diesem Modus werden andere durch zynische oder wütende Verhaltensweisen auf Distanz gehalten. Das Gegenüber erlebt den Ärger nicht als intensiv und „echt", sondern eher als Mittel, um Distanz herzustellen. Anstelle von Ärger kann auch Klagen, etwa über Schmerzen oder die schlechte Stimmung, eingesetzt werden, um Distanz zu schaffen. Dann kann auch vom klagsamen Selbstschutzmodus (Complaining Protector) gesprochen werden. Dies findet sich nicht selten etwa bei Patienten mit somatoformen Störungen. |

| | |
|---|---|
| | *Distanzierende Selbstberuhigung und -stimulation (Detached Self-Soother)*<br>In diesem Modus schalten Menschen Gefühle aus, indem sie sich sich mit Dingen beschäftigen, die besänftigend oder stimulierend wirken. Das beinhaltet v. a. suchtartige oder zwanghafte Verhaltensweisen wie Workaholismus, Glücksspiel, Risikosportarten, Promiskuität oder Substanzgebrauch. Beispiele für eher besänftigende und beruhigende Aktivitäten in diesem Modus sind Computerspiele, übermäßiges Essen, Fernsehen oder Tagträumen. |
| **Überkompensation** | *Selbstüberhöhung (Self-Aggrandizer)*<br>In diesem Modus treten Menschen betont selbstbewusst auf und stellen eigene Stärken in den Vordergrund. Sie verhalten sich so, als hätten sie besondere Rechte; treten kompetitiv, angeberisch und überheblich auf und werten andere ab, um nicht selbst beschämt zu werden. |
| | *Suche nach Aufmerksamkeit und Bestätigung*<br>In diesem Modus versuchen Menschen im Mittelpunkt zu stehen, sich in Szene zu setzen oder flirten sehr intensiv, um Aufmerksamkeit und Bestätigung zu erhalten. Das Auftreten wirkt oberflächlich und effekthaschend, ggf. auch übermäßig flirtend oder sexualisiert. |
| | *Übermäßige zwanghafte Kontrolle (Perfectionistic Overcontroller)*<br>In diesem Modus versuchen Menschen, sich vor wahrgenommenen oder realen Bedrohungen durch erhöhte Aufmerksamkeit, Grübeln, Sich-Sorgen, vermehrtes Planen und extreme Kontrolle zu schützen. Bei perfektionistischer Kontrolle liegt der Fokus auf Perfektionismus, um Kritik, Unglück, Fehler oder Schuld zu vermeiden. |
| | *Übermäßige misstrauische Kontrolle (Paranoid Overcontroller)*<br>Auch hier soll durch Kontrolle ein Schutz vor Bedrohungen erreicht werden. Bei misstrauischer Kontrolle steht die Wachsamkeit im Vordergrund, andere Menschen und ihr Verhalten werden dauernd auf Indizien für Böswilligkeit hin geprüft, die Betroffenen bewältigen so ihre starken Gefühle von Misstrauen und Angst, erneut verletzt zu werden. |
| | *Schikane und Angriff (Bully and Attack)*<br>In diesem Modus verhalten sich Menschen aggressiv, schüchtern andere verbal ein oder bedrohen sie, um selbst die Kontrolle zu behalten und sich vor Verletzung zu schützen. |
| | *Gerissene Täuschung (Cunning Mode)*<br>In diesem Modus lügen Menschen, um andere zu täuschen, sich selbst in einem guten Licht erscheinen zu lassen oder eigene Ziele zu erreichen. Sie spielen anderen gezielt etwas vor, um ihre Interessen durchzusetzen. Häufig bei Personen mit kriminellen Verhaltensweisen. |
| | *Beute-Modus (Predator Mode)*<br>Beschreibt bei forensischen Patienten einen Modus, in dem andere absichtlich kaltblütig schwer beschädigt oder getötet werden, weil sie eigenen Bedürfnissen im Weg stehen. |
| | **Modus des gesunden Erwachsenen** |
| | Dieser Modus ist verbunden mit angemessenen erwachsenen Funktionen wie Arbeit, Elternschaft oder der Übernahme von Verantwortung und Verpflichtungen sowie mit angenehmen erwachsenen Aktivitäten wie Sexualität, intellektuellen, ästhetischen und kulturellen Interessen, Gesundheitsfürsorge oder Sport. |

Die Grundbedürfnisse von Kindern beinhalten nach Young und Arntz (Arntz & van Genderen, 2010; Young et al., 2005):

- Sicherheit, „Stabile Basis"
- Geborgenheit, Verbundenheit mit anderen Menschen
- Autonomie und Selbstständigkeit
- Anerkennung, Lob und Akzeptanz
- Freiheit, sich mitzuteilen (eigene Gedanken, Gefühle, Bedürfnisse)
- Realistische Grenzen
- Liebe, Wärme und Aufmerksamkeit
- Spontaneität, Spaß und Spiel

Wenn diese Bedürfnisse erfüllt werden, entwickeln Kinder einen starken Modus des fröhlichen Kindes sowie einen ausgeprägten Gesunden-Erwachsenen-Modus und haben einen guten Schutz vor psychischen Erkrankungen.

## Störungsspezifischer und transdiagnostischer Ansatz

Das Modusmodell umfasst sowohl einen störungsübergreifenden (transdiagnostischen) als auch einen störungsspezifischen Ansatz. Störungsspezifische Moduskonzepte liegen mittlerweile für die meisten Persönlichkeitsstörungen und forensischen Patienten vor (Bamelis et al., 2011; Lobbestael et al., 2008). In den störungsspezifischen Modusmodellen werden die Modi zusammengefasst, die bei Patienten mit dieser Erkrankung typischerweise gefunden werden. Dabei sind diese Modelle grundsätzlich als grobes Gerüst zu verstehen, das individuell an den Patienten, seine Problematik und Geschichte angepasst und ggf. erweitert wird.

Am weitesten verbreitet und am besten untersucht ist bisher das **Modell der Borderline-Persönlichkeitsstörung** (Arntz & van Genderen, 2010): Typische intensive Gefühle wie Angst vor Verlassenwerden, Einsamkeit, Traurigkeit und Misstrauen werden einem **verletzlichen, verlassenen Kindmodus** zugeordnet. Probleme mit Wut und impulsives Verhalten sind mit dem **wütenden, impulsiven Kindmodus** assoziiert. Die charakteristischen massiven Selbstabwertungen und Selbstverletzungen sowie die Gefühle von Selbsthass, Scham und Schuld werden durch einen stark ausgeprägten strafenden Modus erklärt und stehen häufig im Zusammenhang mit traumatischen Kindheitserlebnissen. Die meiste Zeit befinden sich Patienten mit Borderline-Persönlichkeitsstörung aber im **Selbstschutzmodus** (Bewältigungsmodus Vermeidung). In diesem Modus versuchen sie, sich durch Verhaltensweisen, wie beispielsweise Dissoziation, Substanzmissbrauch, Selbstverletzungen, Essanfälle und Hungern, sozialen Rückzug oder durch rastlose Aktivität von intensiven unangenehmen Emotionen und anderen Menschen abzukapseln, um nicht noch weiter verletzt zu werden. Dies bringt häufig ein chronisches Gefühl von innerer Leere und Einsamkeit mit sich. Die Symptome Identitätsstörung und affektive Instabilität werden mit den schnellen Wechseln zwischen den verschiedenen Modi („**Mode-flipping**") in Verbindung gebracht. Der **Modus des gesunden Erwachsenen** ist meist nur schwach ausgeprägt (siehe Fallbeispiel zur weiteren Verdeutlichung im Abschnitt Fallkonzeptualisierung).

## Therapeutisches Vorgehen

Das übergreifende **Ziel der Therapie** ist es, dem Patienten zu helfen, seine eigenen Bedürfnisse wahrzunehmen und zu erfüllen bzw. mit der Frustration umzugehen, wenn Bedürfnisse nicht erfüllt werden können. Hierzu ist es wichtig zu erkennen, welche Bedürfnisse in der Biografie frustriert wurden, wie sich dysfunktionale Modi entwickelt haben und wie diese den Patienten daran hindern, die Bedürfnisse im Hier und Jetzt angemessener zu erfüllen. Dazu wird zu Beginn der Therapie ein **individuelles Modusmodell** (Fallkonzeptualiserung) mit dem Patienten erarbeitet. In der folgenden Behandlung werden alle auftretenden Probleme oder Symptome in diesem Moduskonzept konzeptualisiert und behandelt. Das heißt, es wird jeweils erarbeitet, welche Modi bei einem bestimmten Problem beteiligt sind, und dann modusspezifisch interveniert.

Für jeden Modus-Typ werden dabei jeweils **spezifische Behandlungsziele** verfolgt und mit dem Patienten transparent besprochen: Kindliche Modi sollen versorgt und getröstet werden, so dass die frustrierten Bedürfnisse erfüllt werden und neue, gesündere Schemata erlernt werden können. Dysfunktionale Elternmodi werden bekämpft und reduziert. Die Bewältigungsmodi sollen hinterfragt und ggf. durch gesündere Strategien ersetzt werden. Das allerwichtigste Ziel ist es, den Modus des gesunden Erwachsenen so zu stärken, dass der Patient selbst mehr und mehr diese Aufgaben übernehmen kann. Abbildung 2 verdeutlicht diese Ziele (Fassbinder, Schweiger & Jacob, 2011).

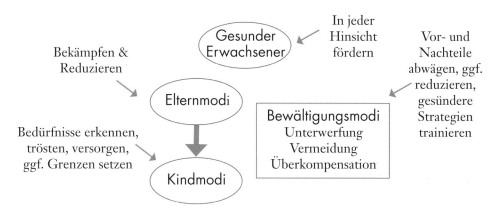

**Abbildung 2:** Therapeutische Ziele in Bezug auf das Modusmodell (Fassbinder et al., 2011)

Um diese Ziele zu erreichen, werden **kognitive, emotionsaktivierende** sowie **verhaltensorientierte Interventionen** modusspezifisch eingesetzt. Darüber hinaus wird die Therapiebeziehung als „begrenzte elterliche Fürsorge" **(limited reparenting)** konzeptualisiert. Limited reparenting beinhaltet neben der Fürsorge auch das Setzen von angemessenen Grenzen. Im Folgenden werden nach einer Vorstellung zur Struktur der Therapie, die Fallkonzeptualisierung mit dem Modusmodell anhand eines Fallbeispiels verdeutlicht und die therapeutischen Techniken mit Interventionsbeispielen vorgestellt. Für eine weitere Vertiefung zur Arbeit mit dem Modusmodell verweisen wir auf die ausführlichen Manuale, spezifisch für die Borderline-Persönlichkeitsstörung (Arntz & van Genderen, 2010) bzw. störungsübergreifend (Jacob & Arntz, 2011) und zum Einsatz in der Gruppentherapie (Farrell & Shaw, 2013).

## Struktur der Therapie

In der Arbeit mit dem Modusmodell lassen sich grob **drei Phasen** einteilen:

1. In der **ersten Phase** steht der Beziehungsaufbau, die Erhebung der aktuellen Problematik und der Biografie sowie **Psychoedukation** im Vordergrund mit dem Ziel, eine individuelle **Fallkonzeptualisierung** mit dem Modusmodell zu erarbeiten.
2. Die **zweite Phase** ist die **Veränderungsphase**, die beginnt, wenn das Modusmodell gut etabliert ist. Hierbei werden die aktuellen Probleme bzw. das aktuelle Verhalten ins Modusmodell eingeordnet und mit Techniken behandelt, die der emotionalen Aktivierung dienen. Hierbei gilt als Daumenregel, dass zunächst Bewältigungsmodi bearbeitet werden, um einen Zugang zu den dahinterliegenden Kindmodi zu bekommen. Hierzu müssen die Bewältigungsmodi erst identifiziert, verstanden, hinterfragt (Pro/Contra) und vor allem entängstigt werden. Nur wenn ausreichend Sicherheit in der Therapiebeziehung hergestellt wurde, lassen sich in der Regel Bewältigungsmodi reduzieren. Wenn die Kindmodi erreicht sind, sollen diese insbesondere mit Imaginationsübungen und über die therapeutische Beziehung bzw. den Aufbau von anderen hilfreichen Beziehungen, z. B. in der Gruppentherapie, versorgt und gestärkt werden. Im Anschluss sollen die dysfunktionalen Elternmodi bekämpft und reduziert werden.
3. Simultan über den gesamten Therapieprozess hinweg wird der Modus des gesunden Erwachsenen gestärkt, so dass der Patient selbst diese Aufgaben übernehmen und schließlich in die **dritte Phase**, die **Autonomiephase**, übertreten kann. Hier bekommt der Patient mehr und mehr Verantwortung und entwickelt andere hilfreiche, gesunde Beziehungen außerhalb der Therapiebeziehung. Die Therapiekontakte werden schrittweise reduziert, wobei ein Kontakt nach Ende der Therapie auch möglich, aber nicht notwendig ist.

Bezüglich der Dauer der Therapie lassen sich nur sehr allgemeine Hinweise geben, da sehr unterschiedliche Patienten mit dem Modusmodell behandelt werden können. Bei schwerkranken, multimorbiden Patienten wird von einer längeren Therapiedauer von ca. 2 Jahren ausgegangen. Bei leichter kranken Patienten oder beispielsweise in der Selbsterfahrung lassen sich ggf. schon nach wenigen Sitzungen mit den gleichen Prinzipien ausgeprägte Veränderungen erreichen.

## Fallkonzeptualisierung mit dem Modusmodell

Auch bei störungsspezifischen Therapien ist es notwendig, das Modusmodell individuell zu erstellen, um der individuellen Problematik und Geschichte des Patienten gerecht zu werden. Empfehlenswert ist zudem auch eine ausführliche, strukturierte Diagnostik, beispielsweise mit SKID-I- und -II-Interview, um alle wichtigen Symptome zu erfassen und gemeinsam mit dem Patienten im Modusmodell einzuordnen. Entscheidend für die Therapieplanung ist, dass zu Beginn der Behandlung das Modusmodell sowohl für den Patienten als auch für den Therapeuten in überzeugender Weise die wesentlichen Probleme des Patienten abbildet. Je besser der Patient seine individuelle Problematik und die jeweiligen Modi verstanden hat, umso sicherer wird er im weiteren Therapieverlauf seine Modi erkennen und umso mehr Akzeptanz und Bereitschaft wird von seiner Seite da sein, um diese ggf. zu verändern.

Eine Beschränkung auf vier bis sieben problematische Modi bei der Erstellung des Modusmodells ist dringend empfehlenswert, da das Konzept sonst seine bestechende Einfachheit und Eingängigkeit verliert. Es ist hierbei Aufgabe des Therapeuten, die für den Patienten relevanten Modi herauszusuchen. Bei der zunehmenden Anzahl von Schemamodi können die störungsspezifischen Konzepte bzw. eine orientierende Erhebung mit dem SMI (Lobbestael et al., 2010) hilfreich sein.

Anhand des folgenden Fallbeispiels wird die Erstellung einer Fallkonzeptualisierung verdeutlicht.

> **Fallbeispiel**
> Patrizia Z. (24 J.) kommt in die Behandlung und berichtet: „Ich komme einfach nicht mit meinen Gefühlen klar, und auch sonst kriege ich nichts auf die Reihe. Mein Freund hat mich vor einem Monat verlassen, weil ihm das ständige Auf und Ab mit mir zu anstrengend war. Seitdem fühle ich mich unglaublich einsam und traurig. Aber eigentlich war das auch schon immer so. Auch in der Beziehung oder mit Freunden habe ich mich immer alleine gefühlt und irgendwie nicht liebenswert. Das war eines der Hauptprobleme in unserer Beziehung, weil ich ständig dachte, dass mein Freund mich verlassen oder betrügen würde. Wir haben deshalb häufig gestritten. Oft habe ich dann heftige Wutanfälle bekommen, meinen Freund angeschrien oder mit Gegenständen nach ihm geworfen. Ein paarmal bin ich auch auf ihn losgegangen, und wir haben uns richtig geschlagen. Jetzt ist er weg, naja, das habe ich auch nicht anders verdient. So eine schrecklich dumme Kuh, wie ich bin. Mit mir hält es einfach keiner aus. ... Seit der Trennung habe ich mich jetzt total von allen zurückgezogen. Ich fühle mich zwar häufig wirklich sehr einsam und traurig, aber nach der Erfahrung will ich wirklich niemanden mehr an mich ranlassen. Das funktioniert bei mir einfach nicht mit anderen Menschen und tut allen nur weh. Manchmal fühle ich mich dann aber plötzlich so schrecklich traurig und allein, dass ich es nicht aushalten kann. In letzter Zeit trinke ich dann immer Alkohol. Das ist jetzt schon jeden Abend so. Manchmal habe ich auch Essanfälle, oder ich spiele bis tief in die Nacht am Computer. Wenn es ganz schlimm ist, dann habe ich mich auch selbst verletzt, damit diese blöden Gefühle endlich aufhören."
>
> Nach ihrer Ausbildung befragt, antwortet sie: „Ach, dafür bin ich einfach zu dumm. Ich vermassele einfach alles und hab kein Durchhaltevermögen. Das hat meine Mutter auch schon früh zu mir gesagt. Oh Mann, wenn ich darüber nachdenke, was ich alles schon verbockt habe, hasse ich mich selbst noch viel mehr und würde mich am liebsten bestrafen. Gestern habe ich mich mit einem Deospray vereist, das tut wenigstens ordentlich weh. Manchmal dusche ich mich auch solange eiskalt ab, bis ich ganz blau vor Kälte bin. Mein Stiefvater hat das früher auch häufig so mit mir gemacht, wenn ich mal wieder was falsch gemacht habe." Im weiteren Verlauf stellt sich heraus, dass der Stiefvater alkoholkrank war und Patrizia und ihre Mutter häufig heftig körperlich misshandelt und beschimpft hat. Der leibliche Vater hatte die Familie schon früh verlassen. Die Patienten hat sehr unter der Trennung gelitten und sich selbst dafür die Schuld gegeben.

Die Fallkonzeptualisierung (s. Abb. 3) wird mit der Patientin am Flipchart möglichst interaktiv erarbeitet. Dabei werden möglichst individuelle Namen für die jeweiligen Modi gesucht. Das Modusmodell wird während der gesamten Therapie weiter ergänzt, wenn beispielsweise neues Verhalten auftritt. Das Flipchart mit dem Modusmodell wird zu jeder Einzelsitzung aufgehängt, und es wird immer wieder darauf Bezug genommen.

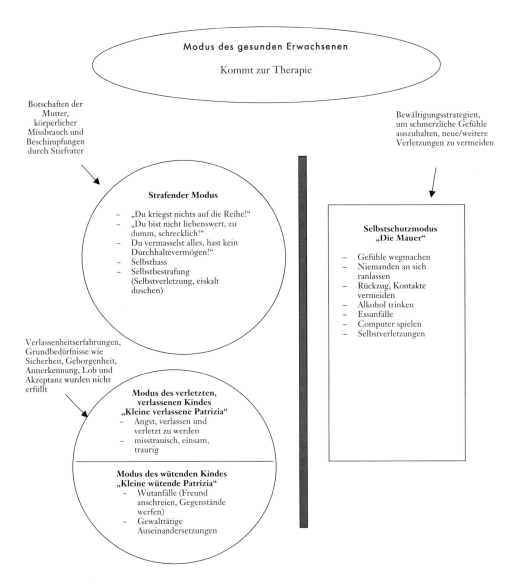

**Abbildung 3:** Das Schematherapeutische Modusmodell von Patrizia

**Kognitive Techniken**

Kognitive Techniken werden zur Psychoedukation des Patienten über seine Modi sowie ihre Entstehungsbedingungen eingesetzt. Für jeden Modus werden Erkennungsmerkmale (Gefühle, Gedanken, Körperreaktion, Erinnerungen und Verhaltensimpulse) und situative Auslöser herausgearbeitet. Auch die Informationsvermittlung zu Grundbedürfnissen von Kindern, normaler Entwicklung und Emotionen spielt eine wichtige Rolle. In diesem Zusammenhang können alle Techniken der kognitiven Therapie eingesetzt werden, wie beispielsweise Fokussierung von langfristigen Konsequenzen, Analyse von selektiven Aufmerksamkeitsprozessen oder Bearbeitung von schwarz-weißen Denkmustern. Ein Schwerpunkt liegt auf Pro- und Contra-Überlegungen, die insbesondere in der Bearbeitung der Bewältigungsmodi eine große Rolle spielen. Eine beispielhaft erarbeitete Pro-Contra-Liste zum Fallbeispiel von Patrizia Z. zeigt Abbildung 4. Vielfältige Anregungen für den Einsatz von kognitiven Techniken, wie beispielsweise Moduskarten, Modustagebuch oder Modusanalyse und Arbeitsmaterialien zur Psychoedukation, finden sich in Fassbinder et al., 2011.

**Abbildung 4:** Vor- und Nachteile des Selbstschutzmodus von Patrizia Z ...

| Vorteile der „Mauer" | Nachteile der „Mauer" |
|---|---|
| Keiner kann mir weh tun | Ich fühle mich einsam und alleine, habe keine Verbindung zu anderen Menschen |
| Ich muss schmerzhafte Gefühle nicht spüren | Gefühle und Probleme sind nur gedeckelt, kommen wieder, dann muss ich sie wieder wegdrücken |
| Ich funktioniere besser | Kostet viel Kraft und Energie |
| Ich kann mich besser kontrollieren, habe mich im Griff | Ich kann keine neuen Strategien im Umgang mit meinen Problemen/Gefühlen erlernen |
| Ich belaste andere nicht so sehr | Ich habe das mit dem Alkohol nicht mehr unter Kontrolle |
| Ich kann meine Maske aufrechterhalten, keiner sieht meine Gefühle | Ich habe keinen Kontakt zu meinen Gefühlen und Bedürfnissen, kann sie deshalb auch nicht erfüllen |
| Vergangene Situationen kommen nicht hoch | Kann mich selbst nicht kennenlernen, finde nicht raus, was ich im Leben will, habe dadurch wenig Kontrolle in meinem Leben |
| Ich fühle mich damit sicher. | |
| Ich habe die Kontrolle | |

**Behaviorale Techniken**

Zum Unterbrechen von ungünstigen Verhaltensmustern und zur Arbeit an Symptomen im Sinne von Verhaltensexzessen oder -defiziten werden grundsätzlich alle Techniken der Verhaltenstherapie zum Aufbau von neuem Verhalten eingesetzt. Dazu gehören Rollenspiele und Hausaufgaben ebenso wie Expositionsübungen, Verhaltensexperimente, Skill-Training, Aufbau angenehmer Aktivitäten oder Entspannungstechniken. Diese Techniken werden immer in Beziehung zum Modusmodell gesetzt, wie Abbildung 5 (Fassbinder et al., 2011) verdeutlicht. Das Hauptziel dabei ist, den Patienten zu fördern, dass er mehr Zeit im Modus des gesunden Erwachsenen verbringt.

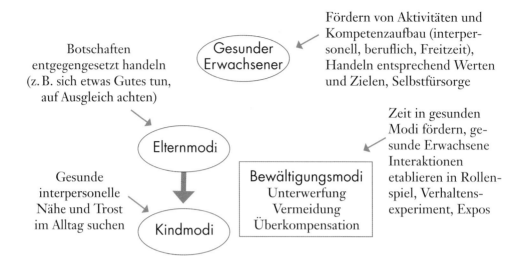

**Abbildung 5:** Behaviorale Techniken aus Fassbinder et al., 2011

**Emotionsorientierte Techniken**

Die emotionale Interventionsebene ist ein wichtiger Schwerpunkt der Therapie. Patienten sollen lernen, Gefühle, wie z. B. Traurigkeit und Wut, zum Ausdruck zu bringen und so Emotionen zu erleben, die die Fokussierung auf ihre eigenen Bedürfnisse und Ziele stärken. Die wichtigsten Techniken sind dabei Arbeit mit Stuhldialogen sowie imaginative Techniken (v. a. Imagery Rescripting).

In der **Stuhlarbeit** werden Dialoge zwischen verschiedenen Modi durchgeführt, wobei die Modi durch verschiedene Stühle dargestellt werden. Das Ziel ist, mehr Distanz zu den Modi zu bekommen, andere Sichtweisen zu verdeutlichen, Emotionen zu aktivieren bzw. „Emotionschaos" zu ordnen. Ggf. können Modi bekämpft oder relativiert werden, ohne den Patienten direkt anzugreifen. Der Therapeut bzw. der Modus des gesunden Erwachsenen verfolgt die oben beschriebenen modusspezifischen Ziele (s. Abb. 2) und passt Ton und Inhalt entsprechend an (Beispielintervention in Box 1).

Im Rahmen von Imaginationsübungen werden Modi aktiviert, indem aktuelle Emotionen vertieft und mit biografischen Gedächtnisbildern verbunden werden. Die wichtigste Intervention mit Kindheitsimaginationen ist das sogenannte **Imagery Rescripting** (Holmes, Arntz & Smucker, 2007), in dem die imaginierte (in der Regel emotional belastende) Situation so verändert wird, dass die Bedürfnisse des vorher nicht ausreichend versorgten Kindes befriedigt werden (Beispielintervention in Box 2). Hierzu kann als Helfer der Therapeut in das Bild eingeführt werden, je nach Ressourcen des Patienten auch andere hilfreiche Personen oder im letzten Schritt der Patient selbst im gesunden Erwachsenenmodus.

**Box 1: Beispielintervention Patrizia Z.: Stuhldialog mit dem Selbstschutzmodus**

Nachdem die Vor- und Nachteile der „Mauer" erhoben wurden, kommt Patrizia Z. erneut im Selbstschutzmodus in die Therapie. Der Therapeut schlägt einen Stuhldialog vor, um „die Mauer" besser zu verstehen. Er bittet Patrizia Z., auf einen für den Selbstschutzmodus bereitgestellten Stuhl Platz zunehmen und dort ganz in die Perspektive der „Mauer" einzutauchen und nur aus Sicht des Modus zu antworten. Er sagt anschließend etwa: „Hallo Mauer, du bist ja ungemein wichtig für Patrizia, das würde ich gerne besser verstehen. Kannst du mir sagen, warum du eigentlich da bist?", um den adaptiven Wert der „Mauer" herauszuarbeiten und zu validieren. Hierbei ist es wichtig, auch nach der Entwicklung des Modus zu fragen (z. B. „Seit wann gibt es dich denn eigentlich schon in Patrizias Leben?"). Wenn „die Mauer" in ihrer Funktion gut verstanden und ausführlich validiert wurde, exploriert der Therapeut die Nachteile im heutigen Leben und versucht, den Modus des verletzten Kindes hinter dem Selbstschutzmodus hervorzulocken, indem er auf die Traurigkeit und Einsamkeit der „kleinen Patrizia" zu sprechen kommt. Er macht deutlich, dass „die Mauer" ihn von der „kleinen Patrizia" fernhält und er ihr deshalb nur schwer helfen kann. Anschließend verhandelt er mit dem Modus, inwieweit er sich zurückziehen kann, um einen engeren Kontakt zu ermöglichen.

**Box 2: Bespielintervention Patrizia Z.: Imagery Rescripting**

Nach einigen Sitzungen hat „die Mauer" sich beruhigt, und Patrizia Z. kann besser über ihre Angst vor Ablehnung berichten. Sie möchte eine Situation aus der vergangenen Woche besprechen, bei der eine Freundin vergessen hatte, sie anzurufen, und sie sich plötzlich ganz traurig, wertlos und zurückgewiesen gefühlt habe, so dass es zu einem erneuten Alkoholrückfall gekommen war. Es wird eine Imaginationsübungen mit „Rescripting" durchgeführt, bei der die aktuellen Gefühle der Traurigkeit, Wertlosigkeit und Zurückweisung fokussiert werden. Mit Hilfe einer „Emotionsbrücke" wird die Verbindung zu einer Situation aus der Kindheit hergestellt: Der Stiefvater hat Briefe, die Patrizia an ihren Vater geschrieben hatte, gefunden. Er liest sie laut vor, macht sich darüber lustig und wertet sie anschließend massiv ab („Kein Wunder, dass der abgehauen ist. Dich will ja keiner haben!"). Der Therapeut betritt die imaginierte Szene und stellt sich schützend vor die „kleine Patrizia". Er begrenzt das Verhalten des Stiefvaters, stellt die Ungerechtigkeit dabei deutlich heraus. Anschließend tröstet er das Kind und sagt dem Mädchen, dass es nichts mit ihm zu tun hat, dass der Vater weggegangen ist und sie ein sehr liebenswertes Mädchen ist. Auf Wunsch des Kindes bringt er es dann zu seiner Oma Lina, bei der sich die kleine Patrizia sicher und gut aufgehoben fühlt. Die Patientin fühlt sich durch diese Übung gestärkt und bekommt die Hausaufgabe, eine Audioaufnahme mit der Übung zu Hause wiederholt anzuhören.

## Therapiebeziehung

Die Gestaltung der Therapiebeziehung nimmt ebenfalls einen zentralen Stellenwert ein. Der Therapeut stellt seinen Beziehungsstil gezielt auf die Modi und die frustrierten Bedürfnisse des Patienten ein. Mit dem Konzept des limited reparenting (begrenzte elterliche Fürsorge) wird beschrieben, dass der Therapeut sich wie ein guter Elternteil verhält, dabei aber natürlich die angemessenen Grenzen einer therapeutischen Beziehung beachtet. Eine wesentliche Leitfrage in der Gestaltung der Therapiebeziehung ist: „Was würde ein guter Elternteil tun?" Zu „limited reparenting" gehören Warmherzigkeit, Fürsorge, Schutz und Empathie. Es kann jedoch auch bedeuten, dem Patienten Grenzen zu setzen oder ihn zu autonomem Verhalten aufzufordern. Die Therapiebeziehung schafft einen „sicheren Hafen" für den Patienten, ist aber auch gleichzeitig eine Quelle der Veränderung. Eine wichtige Technik in der Therapiebeziehung ist dabei die sogenannte empathische Konfrontation. Hierbei validiert der Therapeut auf der einen Seite das modusassoziierte Problemverhalten und bringt es in Verbindung mit den biografischen Entstehungsbedingungen. Gleichzeitig aber konfrontiert er den Patienten auf freundliche, persönliche, aber sehr klare Weise auch mit den Konsequenzen seines Verhaltens und der Notwendigkeit für Veränderung. Hierbei spricht er insbesondere seine eigenen Emotionen an, die das Verhalten bei ihm auslöst.

## Stand der Forschung

Derzeit existieren störungsspezifische Modusmodelle für die Borderline-, die dependente, die selbstunsichere, die zwanghafte, die histrionische, die narzisstische, die antisoziale und die paranoide Persönlichkeitsstörung (Bamelis et al., 2011; Lobbestael et al., 2008; Lobbestael et al., 2010). Eine Studie konnte für Patienten mit Borderline-Persönlichkeitsstörung auch experimentell zeigen, dass sie auf emotionalen Stress mit einer Verstärkung des Selbstschutzmodus reagieren (Arntz, Klokman & Sieswerda, 2005).

Die erste große randomisierte, kontrollierte Studie wurde zur Behandlung von Patienten mit Borderline-Persönlichkeitsstörung durchgeführt. Hierbei wurde mit dem Modusmodell gearbeitet und die Schematherapie (ST) (N=44) mit übertragungsfokussierter Therapie (TFP) nach Kernberg (N= 42) verglichen. Patienten erhielten über drei Jahre zwei Einzeltherapiesitzungen pro Woche. ST zeigte im Vergleich zu TFP weniger Therapieabbrecher, höhere Remissionsraten, eine bessere Reduktion der typischen Symptomatik der Borderline-Persönlichkeitsstörung und der allgemeinen Symptombelastung sowie eine Verbesserung des psychosozialen Funktionsniveaus (Giesen-Bloo et al., 2006). Darüber hinaus hatte ST eine günstigere Kosten-Nutzen-Beziehung (van Asselt et al., 2008). Ein Prä-post-Vergleich bei Patienten mit Borderline-Persönlichkeitsstörung zeigte unter Versorgungsbedingungen mit reduzierter Frequenz und Dauer der Therapie vergleichbar gute Effekte (Nadort et al., 2009).

In einer zweiten randomisierten, kontrollierten Studie in den USA erhielten 32 Frauen mit Borderline-Persönlichkeitsstörung eine psychotherapeutische Behandlung, die der üblichen Praxis entsprach (treatment as usual, TAU). Sechzehn Frauen erhielten zusätzlich eine schematherapeutische Gruppenbehandlung nach dem Modusmodell mit 30 Sitzungen. Die ST-Gruppe zeigte nach nur 8 Monaten signifikante Reduktionen der typischen Symptomatik der Borderline-Persönlichkeitsstörung und der allgemeinen Symptombelastung sowie eine Verbesserung des psychosozialen Funktionsniveaus mit großen Effektstärken. In der ST-Gruppe gab es zudem deutlich höhere Remissionsraten und weniger Therapieabbrecher als in der TAU-Gruppe (Farrell et al., 2009). Die Vorteile der Gruppentherapie liegen dabei möglicherweise in folgenden Punkten: 1. Modi werden häufig im Kontakt mit anderen Menschen „getriggert" und führen dann zu interpersonellen Schwierigkeiten. In der Gruppe kann dies unmittelbar aufgegriffen und neues interpersonelles Lernen im sicheren Rahmen trainiert werden. 2. Gruppenspezifische Wirkfaktoren wie Zusammengehörigkeitsgefühl, gegenseitige Unterstützung und Validierung der Gruppenmitglieder untereinander, empathische Konfrontation durch andere Gruppenmitglieder fördern und katalysieren möglicherweise die Veränderungen von Modi. Ein Manual zur Durchführung der Gruppentherapie ist mittlerweile auch auf deutscher Sprache erschienen (Farrell & Shaw, 2013).

Aufgrund der guten Ergebnisse dieses RCT wird derzeit eine internationale multizentrische Studie durchgeführt, in der Effektivität und Kosten-Nutzen-Verhältnis von ambulanter Schematherapie als kombinierter Einzel- und Gruppentherapie in unterschiedlichen Formaten untersucht werden. Erste Ergebnisse einer einarmige Pilotstudie (N=10) mit schwerkranken, hochkomorbiden Patienten mit BPS in Deutschland sind in Bezug auf die Reduktion der typischen Symptomatik der Borderline-Persönlichkeitsstörung, der Steigerung des psychosozialen Funktionsniveaus und der Senkung der stationären Krankenhaustage sehr vielversprechend (Fassbinder et al., 2012).
Zudem wurde in den letzten Jahren unter Leitung von Arnoud Arntz eine randomisierte, kontrollierte Studie zur Behandlung von Patienten mit weiteren Persönlichkeitsstörungen, v. a. Cluster-C-Persönlichkeitsstörungen, durchgeführt (Bamelis, Evers & Arntz, 2012). Es ergaben sich positive Ergebnisse in Bezug auf Therapieabbruch und Reduktion der persönlichkeitsspezifischen sowie der depressiven Symptomatik. Eine weitere kontrollierte, randomisierte Studie wird aktuell mit forensischen Patienten durchgeführt, deren Zwischenergebnisse ebenfalls ermutigend sind. Interessante Pilotdaten gibt es zudem für Essstörungen (Simpson, Morrow & van Reid, 2010) und therapierefraktäre Zwangsstörungen (Knauss, Stelzer & Jacob, 2012).

## Fazit für die Praxis

Die Arbeit mit dem Modusmodell als neuer Therapietechnik ist in den letzten Jahren international und deutschlandweit mit großem Interesse aufgenommen worden. Anwendungsschwerpunkte liegen insbesondere bei Patienten mit Persönlichkeitsstörungen und ähnlichen komplexen chronischen Problemen. Das Modell ist aber auch gut auf weitere Patientengruppen oder auch Therapeuten in der Selbsterfahrung übertragbar. Es besticht durch seine Einfachheit und Eingängigkeit und schafft es schnell, ein Metaverständnis für die zugrunde liegende Problematik aufzubauen. Die Probleme und Symptome des Patienten werden verschiedenen Modi zugeordnet und mit der Biografie in Zusammenhang gebracht. Aus dem Modusmodell leiten sich transparent für Therapeut und

Patient die Therapieziele ab. Eine besondere Beachtung gilt emotionsaktivierenden Interventionen und der spezifischen Gestaltung der Therapiebeziehung im Rahmen des „limited reparenting". Bisherige Studien zeigen eine gute Wirksamkeit bei Patienten mit Borderline-Persönlichkeitsstörung, zu weiteren Persönlichkeitsstörungen und chronischen Achse-I-Störungen laufen aktuell kontrollierte Studien. Die Anwendung in der Gruppentherapie ist kostensparendend und effektiv und kann so mehr Patienten den Zugang zu dieser Therapie ermöglichen.

## Literatur

Arntz, A., Klokman, J. & Sieswerda, S. (2005). An experimental test of the schema mode model of borderline personality disorder. Journal of Behavior Therapy and Experimental Psychiatry, 36, 226-239.

Arntz, A. & van Genderen, H. (2010). Schematherapie bei Borderline-Persönlichkeitsstörung. Weinheim: Beltz.

Bamelis, L.L., Evers, S.M. & Arntz, A. (2012). Design of a multicentered randomized controlled trial on the clinical and cost effectiveness of schema therapy for personality disorders. BMC. Public Health, 12, 75.

Bamelis, L.L., Renner, F., Heidkamp, D. & Arntz, A. (2011). Extended Schema Mode conceptualizations for specific personality disorders: an empirical study. Journal of Personality Disorders, 25, 41-58.

Farrell, J.M. & Shaw, I.A. (2013). Schematherapie in Gruppen-Therapiemanual für die Borderline-Persönlichkeitsstörung. Weinheim: Beltz.

Farrell, J.M., Shaw, I.A. & Webber, M.A. (2009). A schema-focused approach to group psychotherapy for outpatients with borderline personality disorder: a randomized controlled trial. Journal of Behavior Therapy and Experimental Psychiatry, 40, 317-328.

Fassbinder, E., Diering, E., Wedemeyer, N., Schuetze, M., Greggersen, W., Sipos, V. et al. (2012). Group schema therapy for outpatients with severe borderline personality disorder in Germany: A pilot study . Presentation at the Conference of the International Society of Schematherapy, New York City, USA.

Fassbinder, E., Schweiger, U. & Jacob, G.A. (2011). Therapietools Schematherapie. Weinheim: Beltz.

Giesen-Bloo, J., van Dyck, R., Spinhoven, P., van Tilburg, W., Dirksen, C., van Asselt, T. et al. (2006). Outpatient psychotherapy for borderline personality disorder: randomized trial of schema-focused therapy vs transference-focused psychotherapy. Archives of General Psychiatry, 63, 649-658.

Holmes, E.A., Arntz, A. & Smucker, M.R. (2007). Imagery rescripting in cognitive behaviour therapy: images, treatment techniques and outcomes. Journal of Behavior Therapy and Experimental Psychiatry, 38, 297-305.

Jacob, G.A. & Arntz, A. (2011). Praxis der Schematherapie. Weinheim: Beltz.

Knauss, E., Stelzer, N. & Jacob, G.A. (2012). Treating obsessive-compulsive disorder with the Schema-Mode-Model. In M. van Vreeswijk, J. Boersen, M. Nadort (Hrsg), Handbook of schema therapy:theory, research and practice. Wiley, Sussex.

Lobbestael, J., Arntz, A. & Sieswerda, S. (2005). Schema modes and childhood abuse in borderline and antisocial personality disorders. Journal of Behavior Therapy and Experimental Psychiatry, 36, 240-253.

Lobbestael, J., van Vreeswijk, M., Spinhoven, P., Schouten, E. & Arntz, A. (2010). Reliability and validity of the short Schema Mode Inventory (SMI). Behavioural and Cognitive Psychotherapy, 38, 437-458.

Lobbestael, J., van Vreeswijk, M.F. & Arntz, A. (2008). An empirical test of schema mode conceptualizations in personality disorders. Behaviour Research and Therapy, 46, 854-860.

Nadort, M., Arntz, A., Smit, J.H., Giesen-Bloo, J., Eikelenboom, M., Spinhoven, P. et al. (2009). Implementation of outpatient schema therapy for borderline personality disorder with versus without crisis support by the therapist outside office hours: A randomized trial. Behaviour Research and Therapy, 47, 961-973.

Simpson, S.G., Morrow, E., van, V.M. & Reid, C. (2010). Group schema therapy for eating disorders: a pilot study. Frontiers in Psychology, 1, 182.

van Asselt, A.D., Dirksen, C.D., Arntz, A., Giesen-Bloo, J.H., van Dyck, R., Spinhoven, P. et al. (2008). Out-patient psychotherapy for borderline personality disorder: cost-effectiveness of schema-focused therapy v. transference-focused psychotherapy. British Journal of Psychiatry, 192, 450-457.

Young, J.E., Klosko, S. & Weishaar, M.E. (2005). Schematherapie. Ein praxisorientiertes Handbuch. Paderborn: Junfermann.

## Korrespondenzadressen

Dr. Eva Faßbinder (eva.fassbinder@uksh.de, 0451/500-2465)
Prof. Dr. Ulrich Schweiger (ulrich.schweiger@uksh.de, 0451/500-2450)
Klinik für Psychiatrie und Psychotherapie | Universität zu Lübeck
Ratzeburger Allee 160 | 23538 Lübeck

Sabine Löffler

# Die Ent-Wicklung des Selbst
# Reintegration und Stärkung von Selbstanteilen in der Pesso-Therapie

The Development of the Self

Reintegration and empowerment of parts of the self in PBSP

Anhand ausgewählter Interventionsmethoden und Konzepte wird die Psychomotorsystemtherapie (im deutschen Sprachraum unter Pesso-Therapie bekannt) von Al Pesso auf Ähnlichkeiten mit dem teiletheoretischen Ansatz der Ego-State-Therapie (nach Watkins) untersucht. Dazu wird aufgezeigt, wie Pesso das „Selbst" definiert und welche therapeutischen Interventionen er anbietet, um dem Selbst zu mehr Verwirklichung zu verhelfen. Näher eingegangen wird dazu auf die Möglichkeitssphäre, den Piloten als integrierenden Selbstanteil, das Microtracking und die Konstruktion neuer Erinnerungen. Am Schluss wird exemplarisch für die Pesso-Therapie die Arbeit mit „Seelenprojektion" und „Seeleninjektion" beschrieben. Es wird deutlich, dass viele Aspekte der Pesso-Therapie durchaus ihre Entsprechung in Elementen der Ego-State-Therapie haben.

Schlüsselwörter
Pesso-Therapie – Ego-State-Therapie – Möglichkeitssphäre – Pilot – Microtracking – Seelenprojektion – Seeleninjektion

*Al Pesso's PBSP therapy (Pesso Boyden System Psychomotor) (in Germany known by the name of "Pesso-Therapie") is compared to the Ego State Therapy of Watkins by means of selected concepts and methods of intervention focussing on personality parts. It will be shown how Pesso defines the „self", and which therapeutic interventions he offers to help the client's self to gain more fulfilment. The possibility sphere, the pilot as an integrating part of the self, microtracking and the construction of new memories are described in detail. In the end, the application of "soul projection" and "soul injection" will be given as examples for working with personality parts in PBSP. It will become clear that a lot of aspects of PBSP have their equivalent in Ego State Therapy.*

*Keywords*
*Pesso therapy – Ego State Therapy – possibility sphere – pilot – microtracking – soul projection – soul injection*

## Einführung

Nach der Beendigung meiner Pesso-Therapie-Ausbildung habe ich verschiedene Fortbildungen in Ego-State-Therapie besucht in der Annahme, dadurch noch mal etwas ganz anderes zur Erweiterung meines therapeutischen Handwerkszeugs zu machen.

Allerdings hatte ich in vielen Seminaren von Al Pesso von Teilnehmern mit unterschiedlichstem therapeutischen Hintergrund immer wieder gehört, wie viele Elemente anderer Therapieformen sich in der Pesso-Therapie wiederfänden. So war ich nicht überrascht von den vielen Überschneidungen und Ähnlichkeiten, die auch ich erkennen konnte, ob in der therapeutischen Haltung, einzelnen Konzepten oder direkten Interventionen.

Der folgende Artikel ist ein Versuch, die Pesso-Therapie aus teiletheoretischer Sicht zu betrachten und nach vergleichbarem Material zu suchen, das entweder direkt Elementen der Ego-State-Therapie entspricht oder zumindest unter diesem Blickwinkel gesehen werden könnte. Selbst wenn ich im Folgenden generell von einer teiletheoretischen Sicht spreche, meine ich hiermit vorrangig die Ego-State-Therapie, wie sie von Watkins oder auch Frederick und Philips gelehrt wird.

## Theoretischer Hintergrund – das Verständnis des Selbst in der Pesso-Therapie

Zunächst ist es wichtig darzulegen, welches Modell von Persönlichkeit oder vom Selbst Pesso seiner Therapie zugrunde legt. Er unterscheidet zwischen dem „wahren Selbst" und dem Selbst, das wir leben. „Wir werden mit einer Art genetischer Seele geboren. ...Wir verfügen über dieses unglaubliche Archiv, diesen Schatz des Seins, der aus Herzenskräften danach strebt, zu leben, sich zu erfüllen, er selbst zu werden. ... Ich postuliere also nun, dass das Wahre Selbst in diesem evolutionären Gedächtnis enthalten ist. ... Denn das, was als die Verschmelzung zweier Zellen zu einem Individuum beginnt, geht durch einen Entwicklungszyklus. Dieser Zellhaufen muss wachsen, sich ausdifferenzieren, und es müssen bestimmte Bedingungen erfüllt sein, damit dies in optimaler Weise geschehen kann, wie bei einem Baum, der aus einem Samen entsteht ..." (Pesso, 2008a, S. 45).

Das wahre Selbst ist also ein in unserer Genetik angelegtes Wissen darüber, wie Leben gelingen kann. Wir sind ausgestattet mit allem, was dazu nötig ist, es braucht aber auch Bedingungen und Interaktionsfiguren, die es uns erlauben, dieses Selbst zu leben. „Um es anders auszudrücken: Die Seele ist eine Gegebenheit, aber die Haut der Seele – das Ich – wird aufgebaut in Interaktion mit der äußeren Welt. Das Selbst besteht aus der Vereinigung der Seele und des Ich. Ein wahres, hoffnungsvolles Selbst entsteht, wenn die Interaktion der Seele mit der Welt hinreichend den genetischen Erwartungen entspricht, die in seiner DNA aufgezeichnet sind. Ein falsches, verzweifeltes Selbst kommt zustande, wenn die Interaktion der Seele mit dem Außen verbunden ist, mit einem Ich, das in einer Weise geformt wurde, die nicht mit den Bedürfnissen, wahren Dimensionen und Charakteristika der Seele übereinstimmt" (Pesso, 2008b, S.100).

Damit dies gelingen kann, brauchen wir
1. die Erfüllung unserer Grundbedürfnisse nach Platz, Nahrung, Unterstützung, Schutz und Grenzen
2. die Integration und Vereinigung von Polaritäten
3. die Entwicklung des Bewusstseins
4. die Entwicklung des Piloten
5. die Verwirklichung unserer persönlichen Einzigartigkeit und unseres Potentials

Was passiert nun mit den Teilen des wahren Selbst, die keine Passform und keine gute Interaktion in der Außenwelt finden? „Diejenigen Teile des Selbst, die sich als Form zeigen und keine validierende Passform durch unsere Bezugspersonen erhalten, verstecken sich und zeigen sich als Symptome, Körperempfindungen oder unbewusste Impulse und Ideen, die vielleicht gerade noch in Träumen an die Oberfläche gelangen" (Pesso, 2008c, S. 215). (Anm.: Die Passform ist die adäquate Reaktion einer Interaktionsfigur auf einen Emotionsausdruck.)
Das Selbst ist also eigentlich perfekt, wie es ist, es bedarf nur der Reifung und Entwicklung mit der Hilfe von Interaktionsfiguren. Oder aber – falls wir das nicht hatten – der Entwicklung von all dem, was diesen kostbaren Kern in uns während unseres Reifungsprozesses verdeckt hat.

## Therapeutische Techniken

### Die Möglichkeitssphäre

Hier setzt die Therapie an und beginnt damit, dass dem Klienten der Raum gegeben wird, in dem sein Selbst zutage treten darf. „Die Möglichkeitssphäre ist der psychologische, emotionale, Passform bietende Raum, den die Therapeuten in unserer Ausbildung anzubieten lernen und in dem sie einen Platz und eine sichere, annehmende Atmosphäre schaffen, in der es für die Klienten möglich wird, mehr sie selbst zu werden" (Pesso, 2008c, S. 215 f.). (Genauere Kriterien der Möglichkeitssphäre finden sich auch bei Schrenker, 2008, S. 186 f.) Insofern ist die Möglichkeitssphäre Ausdruck der grundlegenden Haltung des Pesso-Therapeuten und damit Basis jeder Intervention, denn nur wenn der Therapeut offen für alle Teile des Klienten ist, kann dieser sich auch mit allem zeigen. Vergleichbar ist die Möglichkeitssphäre mit der Grundhaltung humanistischer Therapieansätze, aber auch mit der Herangehensweise des Ego-State-Therapeuten, der keinen Anteil des Klienten als schlecht oder falsch ansieht oder bewertet, sondern davon ausgeht, dass jeder Teil irgendwann im Dienst des Klienten entstanden ist und eine Funktion hat. Auch Reddemanns (2001, S. 24 f.) Beschreibung der therapeutischen Beziehung ließe sich direkt auf die Pesso-Arbeit übertragen. Wie auch bei Luise Reddemann ist es Pesso wichtig, dass der Klient nicht regrediert, sondern immer als Erwachsener anwesend bleibt.

### Der Pilot

Der Pilot ist „derjenige Teil des Selbst, der wahrnimmt, der all die Informationen der inneren Sinne, der Außenwahrnehmung und der emotionalen Reaktionen auf das Wahrgenommene sammelt. In gewisser Weise sitzt dieser Pilot in der Zentrale aller eingehenden Informationen und versammelt die verschiedenen Bevölkerungsgruppen aus den verschiedenen Stimmbezirken des Selbst, die möglicherweise zueinander in Opposition stehen. Und dann trifft er eine Entscheidung ... Es ist der ausführende Teil des Selbst ... ich sehe diese Instanz als PräsidentIn der Vereinigten Staaten unseres Bewusstseins" (Pesso, 2008a, S. 47). Das Konzept des Piloten ist wahrscheinlich der Aspekt der Pesso-Therapie, der am direktesten mit Elementen der Teile-Arbeit gleichgesetzt werden kann, da sich in allen Teilemodellen vergleichbare Instanzen finden.

„In verschiedenen Psychotherapieschulen gibt es unterschiedliche Namen für diese ... beobachtende Instanz" (Harrer, 2013). Kurtz in der Achtsamkeitsarbeit des Hakomi, Peichl in der Ego-State-Arbeit und Reddemann in der Traumaarbeit (um nur einige zu nennen) verwenden den Begriff „Innerer Beobachter" und bieten Übungen an, um diesen zu stärken (z.B. Reddemann, 2001, S. 39 f.) und damit „ein klein wenig aus sich herauszutreten, sich selbst zu beobachten aus einer gewissen Distanz heraus" (Peichl, 2011). Pesso hat gemeinsam mit seiner Frau sehr viele Übungen entwickelt, die durch die damit verbundene Stärkung des Piloten oder Inneren Beobachters sehr großen therapeutischen Wert haben. Die Beschreibung einiger Übungen finden sich in Perquin (2008d, Kap. 8).

**Microtracking**
Unabhängig von gezielten Übungen gibt es ein anderes wesentliches Grundwerkzeug der Pessotherapie, das den Piloten des Klienten stärkt, trainiert und während der gesamten Therapiesitzung wach hält. Dies ist das „Microtracking". Für das Microtracking findet sich in der Ego-State-Arbeit keine direkte Entsprechung. Trotzdem lassen sich auch hier einige Elemente aus teiletheoretischer Sicht betrachten.

Das Microtracking ist „die therapeutische Technik, um äußerst genau körperliche Botschaften, wie den Gesichtsausdruck des Klienten wahrzunehmen ..., dies als affektive Information an den Klienten berichten und damit das Bewusstsein (Pilot) des Klienten sowohl mit Informationen über seinen affektiven Zustand als auch seine körperlichen Aktionstendenzen versorgen" (Perquin, 2008e, S. 35).
Kurz zusammengefasst werden dem Klienten durch eine hypothetische Zeugenfigur seine Emotionen gespiegelt und durch eine hypothetische Stimmenfigur seine Gedanken externalisiert. Eine detaillierte Beschreibung des Microtracking findet sich bei Bachg (2004).

Die Zeugenfigur hat aus teiletheoretischer Sicht einen doppelten Effekt. Einerseits stärkt sie den Piloten, indem sie dem Klienten dazu verhilft, sich seiner emotionalen Anteile genau bewusst zu werden. Andererseits verstärkt sie die Möglichkeitssphäre und damit die therapeutische Allianz, da durch die neutrale und bewertungsfreie Benennung der Gefühle die unausgesprochene Erlaubnis gegeben wird, alle Gefühle zu haben und zu zeigen.

Die Stimmenfiguren sind externalisierte Werthaltungen. „Es handelt sich dabei um Bewertungen, Einschätzungen oder Vermutungen, die sich als innere Schlussfolgerungen aus den Erfahrungen seiner Geschichte entwickeln und fast normativen Charakter haben" (Schrenker, 2008, S. 207). Zum Beispiel kann es sein, dass man das in der Mimik des Klienten beobachtete Gefühl von Verletzlichkeit bezeugt, indem man sagt: „Wenn ein Zeuge hier wäre, würde er sagen: ‚Ich sehe, wie verletzlich du dich fühlst, wenn du daran denkst (z.B.), dass deine Kollegen sich immer über dich lustig machen.'" Der Klient nickt vielleicht, sagt aber auch gleich: „Ich zeige es anderen aber nie, wenn mich etwas verletzt." Dann könnte der Therapeut sagen: „Ist das wie eine Stimme der Schutzstrategie, die sagt: ‚Zeige anderen nie, wenn dich etwas verletzt'?" Wenn die Botschaft genau in den Worten des Klienten zurückgegeben wird, wird er nicken, als ob es ein vertrautes Gefühl wäre, diese Stimme zu hören.

Die Stimmen können – obwohl von Pesso nie so bezeichnet – auch als Persönlichkeitsanteile gesehen werden. Gerade die Externalisierung von Stimmen der Strategie, der inneren Wahrheit, antreibenden oder dissoziierenden Stimmen kann dem Klienten helfen, eigene Muster und Anteile zu erkennen. Wenn man sowohl mit Pesso-Therapie als auch mit Ego-State-Strategien arbeitet, lassen sich durchaus Parallelen zwischen diesen Stimmen und z.B. den Anteilen erkennen, die in einer Teilekonferenz auftauchen, wenn es z.B. darum geht, Anteile einzuladen, die ein bestimmtes Symptom eines Klienten erhalten. In diesem Fall wäre das vielleicht die Strategie, immer eine Maske aufzusetzen und sich unberührt zu zeigen. Auch Fischer-Bartelmann erwähnt die Stimmen als vergleichbar mit Persönlichkeitsanteilen in der Imago-Therapie (vgl. Fischer-Bartelmann, 2004).

Auch die Externalisierung von Stimmen erfolgt ohne Wertung und ermöglicht dem Klienten damit, etwas, das er bisher vielleicht immer nur als Selbstverständlichkeit wahrgenommen hat, aus der Distanz (bzw. mit seinem Piloten) zu betrachten und eine neue Haltung dazu einzunehmen. In der Pesso-Therapie wird nicht direkt mit den Stimmen Kontakt aufgenommen (wie in der Ego-State-Arbeit mit vergleichbaren Anteilen). Doch die akkurate Benennung der Gefühle durch die Zeugenfigur und die Benennung der Gedanken durch die Stimmenfigur ermöglichen eine Affektbrücke. Durch das intensive und bewusste Erleben der Gefühle und Gedanken werden im neuronalen Netzwerk automatisch Situationen aus der Vergangenheit auftauchen, die ähnliche Gefühle und Gedanken hervorgerufen haben. (Eventuell kann der Therapeut auch nachfragen, woher der Klient diese Gefühle und Gedanken kennt.) Damit kommen wir an die historische Szene, die diese Gedanken und Gefühle erstmals auslöste.

**Das Antidot oder die Konstruktion neuer Erinnerungen**
Der oben genannte Klient könnte sich z.B. an Situationen erinnern, in denen ihn seine Eltern mit abwertenden Bemerkungen verletzt haben. Der Ego-State-Therapeut hat damit den Ursprung des Anteils, der dafür sorgt, dass der Klient sich nicht wirklich zeigt, und würdigt diesen Anteil als Schutz bietend. In der Pesso-Therapie ist die Information über die historische Szene die Basis der Konstruktion neuer Erinnerungen.

In anderen Arbeiten wird dieses Verfahren ausführlicher beschrieben (z.B. Schrenker, 2008). Im Wesentlichen geht es darum, in der Vergangenheit nicht erfüllte Grundbedürfnisse nachträglich durch neue Erfahrungen zu erfüllen, indem der Klient erleben kann, dass ideale Eltern, wie er sie gebraucht hätte, ihm das geben, was sein Bedürfnis (in diesem Fall nach Schutz) gewesen wäre. Am ehesten vergleichbar ist dieser Ansatz mit der Arbeit mit dem inneren Kind (z.B. Reddemann, 2001), nur dass Pesso ausdrücklich betont, dass die schützende, unterstützende oder versorgende Figur nicht ein erwachsener Anteil des Klienten, sondern ideale Eltern gewesen wären. Ohne es als Persönlichkeitsanteil des Klienten zu benennen, wird das Kind, das der Klient war, mit dem versorgt, was er in der historischen Szene, erinnert durch das Microtracking, gebraucht hätte. Pesso besteht auf der Versorgung durch ideale Eltern (die nichts mit den realen Eltern gemein haben und auch keine verbesserte Version der realen Eltern sind), weil er postuliert, dass es unsere genetische Erwartung ist, erstmal von Interaktionsfiguren im richtigen Alter, in der richtigen Verwandtschaftsbeziehung versorgt zu werden, bevor wir autonom werden und für uns selbst sorgen können. Je nach Thematik kann der Klient damit die Erfahrung machen, dass seinem Bedürfnis nach Platz Nahrung, Schutz, Unterstützung oder Grenzen entsprochen wird. Oder er erlebt ideale Eltern, die es ihm ermöglichen, verschiedene Polaritäten zu vereinen. Auch hier ergibt sich ein naheliegender Vergleich zur Teilearbeit, wenn z. B. männliche, väterliche und weibliche, mütterliche Anteile gelebt werden dürfen und damit eine Integration möglich ist.

Das Ziel ist, dass alle Teile des wahren Selbst gelebt werden dürfen und Überlebensstrategien zum Schutz (z. B. Maske) oder zur Nachnährung (z. B. Sucht) nicht mehr nötig sind. Vom teiletheoretischen Aspekt her betrachtet, wird durch das Erleben idealer Eltern auch die Möglichkeit geschaffen, nachträglich positive „Eltern-States" zu übernehmen und dem Klienten damit das Handwerkszeug gegeben, in Zukunft liebevoller und besser mit sich umzugehen.

Exkurs: Da ich sowohl mit Pesso-Therapie als auch mit Ego-State-Elementen arbeite, verbinde ich manchmal die beiden Strategien. In oben genanntem Beispiel könnte ich erstmal die Stimme (zeige niemandem, dass er dich verletzen kann) als schützenden Anteil würdigen und dann diese schützende Funktion auf ideale Eltern übertragen, die in dieser Situation gesagt hätten: „Wenn wir damals da gewesen wären, hätten wir dich nie verletzt, wir hätten dich liebevoll behandelt und nicht zugelassen, dass dir jemand zu nahekommt, der dich verletzt, und dich geschützt, so wie deine Maske dich jetzt schützt." Auf diese Weise wird der schützende Anteil gewürdigt, gleichzeitig erlebt der Klient den Schutz in Interaktion und muss nun nicht mehr selbst Strategien entwickeln, die ihn zwar vor Verletzungen schützen, aber verhindern, dass er seine Gefühle zeigen kann.

## Exemplarische Pesso-Interventionen

Wahrscheinlich könnte man jede Pesso-Arbeit vom teiletheoretischen Aspekt her beleuchten und untersuchen, wo z. B. nicht gelebte Anteile des Klienten gestärkt werden oder wo durch das Erleben z. B. von Schutz durch ideale Eltern die Notwendigkeit der Anwendung eigener (und inzwischen manchmal kontraproduktiver) Schutzstrategien nicht mehr notwendig ist. Es würde aber in diesem Rahmen zu weit führen, hier noch weiter ins Detail zu gehen. Exemplarisch für die Pesso-Arbeit möchte ich stattdessen zwei klassische Pesso-Interventionen beschreiben, die wohl am ehesten explizit mit Persönlichkeitsanteilen arbeiten.

### Seelenprojektion

Wenn das, was Pesso das „wahre Selbst" nennt, keine gute Passform gefunden hat und nicht in seiner Gesamtheit auf der Welt willkommen geheißen wird, verschwindet es nicht einfach. Aber es ist durchaus möglich, dass ein Klient es nicht als Teil seines Selbst erlebt. Trotzdem ist er voller Sehnsucht danach, diesen Teil seines Selbst zu leben. Um nicht völlig ohne diesen Teil sein zu müssen, erfindet das menschliche System Möglichkeiten, diesen kostbaren, wundervollen Anteil unseres Selbst, der in der eigenen Persönlichkeit keinen sicheren Platz hatte, in andere Menschen zu projizieren. Pesso selbst nennt dazu das Beispiel von Idolen aus der Medien- oder Prominentenwelt, für die wir voller Bewunderung sind.

Noch deutlicher – und in der psychotherapeutischen Praxis häufiger auftretend – wird dies am Beispiel von Eltern die – so sehr sie alle ihre Kinder lieben – von einem Kind auf besonders positive Art und Weise sprechen. Eventuell geht ihre Liebe sogar so weit, dass sie dieses Kind vor allem und jedem beschützen wollen, und wenn sie über dieses Kind sprechen, sind sie im Innersten berührt und emotional bewegt. In diesem Fall bittet der Pesso-Therapeut sie, einen Platzhalter für dieses Kind zu wählen. Ein Platzhalter ist ein neutrales Objekt (z. B. ein Kissen) das nicht stellvertretend für die Person steht, sondern für all die Gedanken, Assoziationen und Erinnerungen, die diese Person im Klienten auslöst. In gewisser Weise steht der Platzhalter also eher für den Teil des Gehirns, der mit dieser Person assoziiert ist.

Wenn der Platzhalter vor dem Klienten liegt, wird er voller Bewunderung und Liebe über all die positiven Eigenschaften dieses Kindes sprechen und über die Reaktionen, die dies in ihm auslöst. Ein Klient von mir sagte, das Erste, was ihm einfiele, wenn er auf den Platzhalter seines kleinen Sohnes blicke, wäre: „Mein Herz, wie soll ich dich beschützen?" Natürlich ist es völlig normal und wünschenswert, dass Eltern ihre Kinder lieben und beschützen wollen, doch manchmal ist dieser Liebe noch eine tiefe Sehnsucht beigefügt, die es diesem Elternteil unerträglich erscheinen lässt, ohne dieses Kind zu leben. In den Worten des oben genannten Klienten schwingt mit, dass er neben den Anteilen des Kindes noch etwas anderes in seinem Sohn sieht, nämlich sein eigenes Herz oder seine eigene Seele, die in seiner Vergangenheit keinen guten Platz hatte und die er nun in seinen Sohn projiziert, um sie dort beschützen zu können.

Pesso nennt als Beispiel eine Klientin, die nach einer Fehlgeburt in tiefe Depressionen fiel, weil sie das Gefühl hatte, dass mit ihrem Kind ein Teil ihres Selbst gestorben wäre (eine genaue Beschreibung seiner Arbeit mit dieser Klientin findet sich in Pesso, 2008f, S. 87-89).

Wenn deutlich wird, dass der Klient einen Teil seines Selbst auf das Kind projiziert, wird er gebeten, ein anderes, kleineres Objekt auf den Platzhalter zu legen. Dieses Objekt steht für den kostbaren Anteil seines Selbst, den er selbst nicht leben konnte.

Wahrscheinlich hat der Klient inzwischen auch schon erzählt, warum für diesen Teil in seiner Vergangenheit kein Platz war. Er wird daraufhin gebeten, zwei Rollenspieler als Ideale Eltern auszuwählen. Diese idealen Eltern betonen, dass, wenn sie in seiner Vergangenheit da gewesen wären, dieser Teil bei ihm sicher und willkommen gewesen wäre (die Worte, die hierfür gewählt werden, sind meist eine genaue Umkehrung dessen, was der Klient über seine realen Eltern gesagt hat).

Wenn der Klient jetzt von sich aus den Impuls äußert, diesen Teil wieder zu sich zu nehmen, begleiten die idealen Eltern diesen Prozess, indem sie buchstäblich seine Hände unterstützen mit denen er das Objekt, das den Anteil symbolisiert, wieder zu sich holt.

Ohne viel Anregung vom Therapeuten nimmt der Klient diesen Teil sehr langsam, bewusst und mit vielen Emotionen wieder in sich auf. Manche drücken ihn spontan ans Herz und beschreiben, dass sie das Gefühl haben, dass dieser Teil durch ihr Herz wieder zu ihnen zurückströmt. Andere halten ihn vor ihr Gesicht und nehmen ihn über die Atmung wieder in sich auf.

Alle beschreiben physiologische Veränderungen, die in ihnen stattfinden, dass z. B. mehr Energie durch sie fließt, ihre Atmung tiefer wird oder sich ein Gefühl von Wärme in ihnen ausbreitet. Begleitet ist dieser Prozess von sehr viel emotionaler Berührung. Die idealen Eltern unterstützen dies weiter, indem sie ihre Hände auf die Hände des Klienten legen und betonen, dass sie dafür gesorgt hätten, dass dieser Teil einen Platz im Klienten gehabt hätte und dort hätte gelebt werden können.

Wenn der Klient jetzt auf den Platzhalter für sein Kind schaut, sagt er oft spontan, dass er jetzt – sosehr er sein Kind immer noch liebe – viel besser loslassen und sein Kind klarer sehen kann.

**Seeleninjektion**
Die Seeleninjektion ist nicht zu verwechseln mit dem Begriff der Introjektion, der in der Ego-State-Therapie von fundamentaler Bedeutung ist (vgl. z. B. Phillips & Frederick, 2003, oder Reddemann, 2001). Trotzdem gibt es eine Parallele, denn in beiden Fällen geht es um Übergriffe. Beim Introjekt um einen traumatischen Übergriff der überlebt wird, indem ein Anteil des Täters übernommen wird, bei der Injektion um eine andere Art des elterlichen Übergriffs in die Selbstbestimmung des Klienten. Das klassische Beispiel für eine Injektion ist ein Elternteil, der sein eigenes Potential aufgrund von äußeren Umständen (z. B. Armut, fehlende Unterstützung durch die eigenen Eltern etc.) nicht leben konnte, aber nicht darauf verzichten will und nun die unausgesprochene, meist aber sogar ausgesprochene Erwartung hat, dass das eigene Kind dieses Potential leben soll.

Dies ist auch nicht zu verwechseln mit der Seelenprojektion, in der reale Anteile des Kindes bewundert werden, sondern es wird vom Kind ein Verhalten oder ein „Sein" erwartet, das möglicherweise überhaupt nicht zum „wahren Selbst" des Kindes passt. So mag ein Elternteil immer davon geträumt haben, Arzt zu werden, musste aber ein Handwerk erlernen, weil kein Geld für das Studium da war. Das Kind ist möglicherweise eher ein Künstler, muss aber Medizin studieren, um die nicht gelebten Anteile der Mutter oder des Vaters sozusagen in die Welt zu bringen. Was macht nun das „wahre Selbst", wenn es keinen Platz mehr bekommt? Pesso vermutet, dass es „in den Untergrund verschwindet" und eine Art Guerillakampf gegen die Invasion von außen führt. So kann es sein, dass dieses Kind zwar zu studieren beginnt, aber krank wird und damit ohne Schuld den Auftrag der Eltern verweigert.

Die Intervention, die Pesso hier anwendet, ist wie folgt: Erst wird ein Platzhalter für den entsprechenden Elternteil gewählt. Dann wird der Anteil, den der Klient leben sollte als kleines Objekt (z. B. ein Papierschnitzel) auf den Klienten platziert. In diesem Fall wird es auch nicht einfach auf ihn gelegt, sondern mit Nachdruck z. B. in das Bein des Klienten gedrückt. Jetzt werden ideale Eltern installiert, die Sätze sagen wie: „Wenn wir da gewesen wären, hätten wir unsere Potentiale selbst gelebt, und du wärst frei gewesen, deinen eigenen Weg zu finden" (wie immer werden die Sätze der idealen Eltern aus dem gebildet, was der Klient selber sagt).

Wenn dies glaubhaft installiert ist, geht ein Rollenspieler oder der Therapeut in die Rolle eines Ritualmeisters, entfernt das injizierte Objekt vom Klienten und platziert es auf den Platzhalter des Elternteils. Wichtig ist, dass dies geschieht, als ob er wirklich ein Ritual vollzöge. Auch beim Entfernen der Injektion nimmt er es nicht einfach weg, sondern bohrt es sozusagen aus dem Körper des Klienten. Dann geht er aus seiner Rolle. Dies mag magisch anmuten, tatsächlich berichten Klienten danach aber von einem wirklich empfundenen Gefühl von Freiheit.

## Resümee

Die vorangegangenen Seiten waren ein Versuch zu ergründen, wie viele Ego-State-Elemente in der Pesso-Therapie stecken; genauso gut könnte man natürlich schauen, wie viele Pesso-Elemente in der Ego-State-Therapie stecken.

Tatsächlich sind beides innovative und offene Therapieformen, die nie versuchen, den Klienten in ein Schema oder ein Theoriekonzept zu pressen, sondern die offen sind für alles, was vom Klienten kommt, und darauf vertrauen, dass die Heilung im Klienten stattfindet und wir nur den Rahmen schaffen können, der diesen Entwicklungsprozess erleichtert und fördert.

## Literatur

Bachg, M. (2004). Microtracking in der Pesso-Therapie: Brückengled zwischen vebaler und körperorientierter Psychotherapie. Psychotherapie 9 (2), 283-293.

Fischer-Bartelmann, B. (2004). Imago-Therapie und PBSP: Unbewußte Dynamik der Partnerwahl. Pesso-Bulletin 7/8.

Harrer, M.E. (2013). www.achtsamleben.at

Peichl, J. (2011). Workshop zum Thema Ego State. Institut für systemische Familientherapie.

Perquin, L. (2008d). Strukturierte Übungen als Werkzeige in PBSP. In A. Pesso & L. Perquin (Hrsg.), Die Bühnen des Bewusstseins oder: Werden, wer wir wirklich sind (S. 127-136). München: CIP-Medien.

Perquin, L. (2008e). Die Pesso-Psychotherapie und die Neurowissenschaft. In A. Pesso & L. Perquin (Hrsg.), Die Bühnen des Bewusstseins oder: Werden, wer wir wirklich sind (S. 27-42). München: CIP-Medien.

Pesso, A. (2008a). Werden, wer wir wirklich sind. In A. Pesso & L. Perquin (Hrsg.), Die Bühnen des Bewusstseins oder: Werden, wer wir wirklich sind (S. 43-58). München: CIP-Medien.

Pesso, A. (2008b). Die Saat der Hoffnung kultivieren. In A. Pesso & L. Perquin (Hrsg.), Die Bühnen des Bewusstseins oder: Werden, wer wir wirklich sind (S. 93-110). München: CIP-Medien.

Pesso, A. (2008c). Wie Löcher im Rollengefüge in der Vergangenheit mit den richtigen Leuten zur richtigen Zeit aufgefüllt werden können. In A. Pesso & L. Perquin (Hrsg.), Die Bühnen des Bewusstseins oder: Werden, wer wir wirklich sind (S. 207-251). München: CIP-Medien.

Pesso, A. (2008f). Einige Grundsatzfragen der Körperpsychotherapie. In A. Pesso & L. Perquin (Hrsg.), Die Bühnen des Bewusstseins oder: Werden, wer wir wirklich sind (S. 73-93). München: CIP-Medien.

Phillips, M. & Frederick, C. (2003). Handbuch der Hypnotherapie bei posttraumatischen und dissoziativen Störungen. Heidelberg: Auer.

Reddemann, L. (2001). Imagination als heilsame Kraft. Stuttgart: Pfeiffer bei Klett-Cotta.

Schrenker, L. (2008). Pesso-Therapie: Das Wissen zur Heilung liegt in uns. Stuttgart: Klett-Cotta.

Watkins, J.G. & Watkins, H. (2003). Ego State Theorie und Therapie. Heidelberg: Carl-Auer Systeme Verlag.

## Korrespondenzadresse

Sabine Löffler | Psychotherapeutin (HPG) | PBSP Therapist
Schillerstr. 114 | 86161 Augsburg
Tel.: 0821/2622720 | Therapie@jsloeffler.de

Kate Birdie (Pseudonym)

# Dissoziative Identitätsstörung oder das Leben als multiple Persönlichkeit

Dissociative Identity Disorder – Life as a multiple personality

Das Leben als multiple Persönlichkeit oder – wie die Diagnose heute genannt wird – das Leben mit der Diagnose dissoziative Identitätsstörung unterscheidet sich von dem normalen Leben, wie Sie es kennen. Es ist vergleichbar mit dem Leben in einer Großfamilie, das gemanagt werden will. Jede Persönlichkeit braucht ihren Raum, um ihrer Funktion und ihren Interessen nachgehen zu können. Was umso schwieriger wird, je mehr Persönlichkeiten es in einem Körper gibt. Insgesamt klingt das sehr spannend und faszinierend. Doch dahinter steckt harte Arbeit, ein harter Kampf und ein noch längerer Weg, bis ein halbwegs harmonisches Leben möglich ist. Denn viel zu oft, landet man mit dem Auto an Orten, zu denen man nicht wollte, oder entdeckt im Einkaufswagen alles, nur nicht das notwendige Essen fürs Wochenende. Wie dieses Leben als multiple Persönlichkeit aussieht, darüber möchte Ihnen dieser Artikel Einblicke geben.

Schlüsselwörter
dissoziative Identitätsstörung – multiple Persönlichkeit – multiple Persönlichkeitsstörung – DIS

*Living with the diagnosis of a „multiple personality" or what is now referred to as „dissociative identity disorder" is different from the normal way of life. It is rather comparable to living in an extended family that has to be managed. As a multiple personality you have to live with numerous personalities inside your body and mind and you are never on your own. They talk to you and cross your activities and your thinking. Every personality needs its space to live its life and realize its function. There are personalities which work, some will do homework, some will play like children and others will pursue a hobby. They are a big family where you have to coordinate things all day long. It sounds pretty but it is hard work. However, you cannot control everything: Sometimes you drive by car and never reach your actual destination. Or you start out to buy something to eat but in the end find anything but food in your cart. The article will give you an insight in what it is like to live as a multiple personality.*

*Keywords*
*dissociative identity disorder – multiple personality – multiple personality disorder – DIS*

Wie lebt man als Multiple? Diese Frage bekommt man häufig gestellt, wenn man seine Diagnose offenbart. Eine Diagnose, die selbst für viele Mediziner ein unbekanntes und fremdes Terrain ist. Aber für einen Betroffenen ist sie Alltag. Und der ist manchmal ruhig und manchmal ziemlich chaotisch. Nur eines ist er nie: normal.
Obwohl das beinah etwas irreführend ist. Denn das, was wir als Multiple erleben, kennen wir nicht anders und meinen – bis wir in der Therapie eines Besseren belehrt werden –, dass es anderen auch so geht. Dass Amnesien, Zeitverluste und seltsame Erlebnisse für jeden Menschen zum Alltag gehören.

Eigentlich lässt sich das Leben als Multiple vergleichen mit dem Leben einer Großfamilie, die auf engstem Raum zusammenwohnt und sich doch in unendlichen Weiten bewegt. Normalerweise hat jeder Mensch einen Körper, der zu ihm gehört, dessen er sich bewusst ist und den er mal mehr und mal weniger gern mag.
Als Multiple teilen sich viele Persönlichkeitsanteile diesen einen Körper und erheben Anspruch darauf. Und diese Anteile sind allesamt ganz unterschiedlich: Es gibt Männer und Frauen, Kinder, Babys und Jugendliche.
Am liebsten drängeln sich alle gleichzeitig hinaus. Was ungefähr damit vergleichbar ist, wie wenn eine Gruppe Menschen gleichzeitig durch eine Tür rennen will. Im günstigsten Fall kommt einer nach draußen. Im schlechtesten Fall bleiben alle in der Tür stecken und tun sich weh.

In der Realität sieht es dann so aus, dass man sich vornimmt, einkaufen zu gehen: Man schreibt einen Einkaufszettel, nimmt die notwendigen Einkaufstaschen und fährt in den Supermarkt. Bis dahin ist es nicht anders als bei anderen. Doch schon beim Einsteigen ins Auto fangen die Schwierigkeiten an. Der Anteil, der einkaufen fahren wollte, ist plötzlich nicht mehr draußen, wie Multiple sagen. Das heißt, er hat nicht mehr die Kontrolle über den Körper. Stattdessen hat ein anderer Anteil diese übernommen und nutzt die Zeit für eine Spritztour über Land. Mitten zwischen Feldern und Wiesen machen sich kindliche Persönlichkeitsanteile bemerkbar, die unbedingt die am Straßenrand entdeckten Kühe besuchen wollen. Also steuert das multiple System die nächste Parkmöglichkeit am Strassenrand an und geht die Kühe beobachten. Manchmal nur kurz, manchmal für Stunden. Wenn die Kinder sich an den Tieren satt gesehen haben, übernimmt ein neuer Anteil, steigt zurück ins Auto und fährt mit neuem Ziel weiter. So wird aus der Spritztour über Land die gezielte Fahrt in den Baumarkt, denn das Projekt Wohnzimmerverschönerung sollte schon längst begonnen sein. Durch hohe Konzentration kommt man sogar am Baumarkt an, tritt durch die sich selbst öffnenden Baumarkttüren und steht in einer Welt aus großen Regalen mit buntem unnützem Inhalt. Schnell finden sich allerlei Dinge im Einkaufswagen. Von Schraubenziehern über Wandaufkleber bis zur Autopolitur. Und irgendwann erreicht man auch die Regale mit den Farben – unzählige Farben, die sich dort vor einem auftürmen. Und schneller als die Drehtür am Adlon huschen die Persönlichkeitsanteile rein und raus. Farben werden in den Einkaufskorb gelegt und wieder zurückgetan, bis man vor lauter Farben und Schwirren im Kopf keinen klaren Gedanken mehr fassen kann. Am Ende wird ein erwachsener Persönlichkeitsanteil nach außen kommen, der etwas mehr Kontrolle und Einsicht hat. An ihm ist es nun, alle Dinge im Einkaufswagen, die niemand wirklich braucht, wieder an ihren Platz in den Regalen zurückzustellen, oft begleitet von den seltsam musternden Blicken der anderen Einkäufer. Mit leeren Taschen – so alles gut

geht (was nicht immer der Fall ist) – verlässt der Multiple wieder den Baumarkt, steigt ins Auto und anstelle des endlich notwendigen Weges zum Supermarkt beginnt die nächste Spritztour. Es ist nicht vorhersagbar, wo man überall langfährt und auf welchen Plätzen und in welchen Geschäften man landet, bevor man mit viel Mühe am Ende – und meistens kurz vor Ladenschluss – im Supermarkt landet. Alles wäre so einfach, wenn dann auch noch die geschriebene Einkaufsliste da wäre. Vielleicht liegt sie auf dem Küchentisch, vielleicht hat sie wer zerrissen oder zum Bau eines Papierflugzeuges missbraucht. Jedenfalls ist sie nicht da. Während der erwachsene Anteil sich zu erinnern versucht, was es einzukaufen gab, beginnt sich das mutliple System abermals selbständig zu machen. Spielzeug, Süßigkeiten, Zeitschriften und Duschbäder landen in Unmengen im Einkaufswagen. Und wieder fängt für den letztlich verantwortlichen Anteil der Spießrutenlauf an, alle Sachen in mühevoller Sisyphusarbeit wieder in die Regale zurückzubringen. Aber halt: Nicht alles darf zurück. Denn die Kindanteile haben beschlossen, die Schokolade von ihrem Taschengeld zu bezahlen. Sie müssten sich nur einigen, welche der vielen Sorten sie gern haben wollen. Und wie in jeder Großfamilie mit kleinen Kindern kommt es entweder innerhalb der nächsten 2 Minuten zu einer Entscheidung, oder der erwachsene Anteil übernimmt wieder das Ruder und packt eine Tafel in den Einkaufswagen. Und schafft es endlich auch, die notwendigen Dinge zu sammeln und zur Kasse zu gehen. Wer auch immer Kassen erfunden hat, wollte Eltern damit strafen, da bin ich ganz sicher. Denn auch Innenkinder verhalten sich nicht anders als jedes normal reale Kind: Jede Süßigkeit und jedes Spielzeug im Kassenbereich wird plötzlich überlebenswichtig und Schwüre, man hätte das ja noch nie gegessen und müsse es unbedingt probieren, prasseln von innen auf einen herein. Gott sei Dank, wenn die Schlange kurz und die Kassiererin schnell ist. „Bitte noch die Sammelbilder", stammelt man rasch, damit die Innenkinder auch zu ihren Sammelbildern kommen, die das Album füllen.
Müdigkeit und Erschöpfung machen sich breit. Niemand will mehr richtig ins Außen, sondern lieber im Innen ausruhen. So gestaltet sich die Rückfahrt weniger problematisch. Die Innenkinder staunen über die mittlerweile erleuchteten Straßenlaternen, während andere nach einem geeigneten Radiosender suchen.

Zu Hause angekommen, stellt sich die große Frage, wer denn jetzt den Weg vom Auto in die Wohnung meistert. Zwar fuhr man im Hellen los, doch durch die vielen Umwege ist es mittlerweile Abend und stockfinster. Und Dunkelheit ist eines der schlimmsten Dinge für ein multiples System. Dunkelheit bedeutet Angst, bedeutet Schmerz, bedeutet Panik und Missbrauch. Viel zu tief sitzen diese schlimmen Erfahrungen, um sich vergewissern zu können, dass man im Heute lebt und sicher ist. Der Weg durch die Dunkelheit vom Auto zur Wohnungstür – und mag er auch noch so kurz sein – ist eine Tortur: Das Herz rast, die Muskeln sind zum Bersten gespannt, Hände und Füße werden taub und unkontrollierbar, der Brustkorb steckt in einem Schraubstock, und man hat das Gefühl zu ersticken. Glücklich jene, die nicht allein leben und jemanden haben, der ihnen auf diesem Weg durch die Dunkelheit entgegenkommt. Die meisten Multiplen leben jedoch allein und müssen es allein schaffen, sich mit allen Einkaufstüten in die Wohnung zu befördern. Ein ratloses System, in dessen Kopf es kreist, wie man das bewerkstelligen könnte. Entweder es findet sich jemand im Inneren des multplen Systems, der mutig genug ist, das zu meistern. Oder das System ist gezwungen, jemanden zu erschaffen, der das kann. Etwas, was jedes multiple System perfekt beherrscht: die Schaffung neuer Per-

sönlichkeitsanteile, die eigens dafür entstehen, um eine bestimmte Aufgabe zu erfüllen. In unserem System gibt es bereits genügend Anteile, und irgendwo steckt auch jener, der schon beim letzten Mal den dunklen Weg mit den Einkaufstüten vom Auto ins Haus erledigt hat. Und tatsächlich: Auch diesmal wird gewechselt, wie man das Switchen zwischen den Persönlichkeitsanteilen nennt, und alle finden sich wohlbehalten und sicher in ihren eigenen vier Wänden wieder. Natürlich nicht, ohne zu kontrollieren, ob die Haustür verschlossen und das Licht in allen Räumen an ist. Man weiß ja nie, wer in die Wohnung eingedrungen ist und sich dort versteckt hat.
Doch die Wohnung ist still. Nur die Katze läuft einem entgegen. Ein Gradmesser – unser Gradmesser – für eine sichere Umgebung. Ist die Katze ruhig und entspannt, lauert auch keine Gefahr hinter irgendeiner Zimmertür.
In Ruhe können nun die Einkaufstaschen ausgepackt werden. Obwohl es um den Wochenendeinkauf ging, ist unter den eingekauften Dingen erstaunlich wenig Essbares. Stattdessen offenbart die Tasche Zeitschriften, Aufkleber und Buntstifte. Man könnte verzweifeln oder sich aufregen. Doch man kennt es nicht anders. Man nimmt es zur Kenntnis, ohne sich daran zu stören. Vermutlich wäre es eine viel massivere Störung, wenn man plötzlich wirklich mit vielen essbaren Lebensmitteln nach Hause käme. Es ist unwahrscheinlich wahrscheinlich. Das „Viel" an Essbarem könnte noch klappen, ob es sich dabei um sinnvolles Essbares handelt, steht auf einem anderen Blatt. In der Regel besteht das Viel dann aus Eis, Süßigkeiten, Kuchen, Unmengen an Obst und Joghurt. Jedem sein Joghurt, könnte man ja sagen. Aber bei über hundert Persönlichkeitsanteilen hat sich diese Strategie als problematisch erwiesen. Denn so viel Joghurt kann ja kein Mensch essen. Auch wenn jeder Persönlichkeitsanteil seinen Joghurt isst, teilen sich alle nur einen Körper mit nur einem Magen. Und am Ende müsste es irgendjemand ausbaden und die Nacht kopfüber über der Kloschüssel verbringen. Also besser kein Joghurt für jeden.

Das Leben als Multiple oder als Viele, wie einige sich selbst bezeichnen, ist anders, als man es sich vorstellen kann. Auch Bücher über komplex traumatisierte Menschen können nur annähernd beschreiben, wie man damit lebt.

Viele Menschen halten Multiple noch immer für verrückt und setzen uns mit Kriminellen und Schwerverbrechern gleich. Doch ein multipler Mensch ist weder kriminell noch ein Verbrecher noch ein Psychopath. Man ist ein ganz normaler im Alltag lebender Mensch, der lediglich seinen Körper mit vielen Persönlichkeitsanteilen teilt. Diese sind oft unterschiedlich alt, unterschiedlichen Geschlechts und haben unterschiedliche Handschriften. Ich habe viele Handschriften, und je unterschiedlicher sie in einem Text werden, umso mehr Anteile haben an diesem Text mitgeschrieben. Oft kann man von der jeweiligen Handschrift auf den Persönlichkeitsanteil rückschließen, der den Text verfasst hat.
Auch sonst sind die Anteile ganz verschieden. Jeder mag andere Farben, andere Kleidung und andere Speisen.

Es ist beinahe witzig, was die Auswahl von Speisen angeht. Am geeignetsten sind Selbstbedienungsrestaurants, in denen man sich am Büfett seinen Teller selbst zusammenstellen kann. So entgeht man entgeisterten Augen der Bedienung, an die man sich jedoch mit der Zeit gewöhnt. Und auch mit Lachern von Kollegen und Freunden kann man irgendwann umgehen. Mein Teller gleicht immer einer wüsten Mischung nicht zusammenpassender Speisen. Für die einzelnen Anteile ist das jedoch optimal, denn so kommt jeder zu seinem Recht und zu dem Essen, was er gern möchte. Unscheinbar sind noch Mischungen aus Rührei, Fisch, süßem Brötchen, Spinat und Salat. Ausgefallener werden dann Kombinationen aus Wackelpudding auf Pizza Margherita mit Pommes, Schokokuchen und Hotdog – auf einem Teller wohlgemerkt und auch nicht nacheinander gegessen, sondern abwechselnd von jedem etwas. Natürlich muss auch daran gedacht werden, dass die kleineren Kinder des multiplen Systems das richtige Essen bekommen. Es ist sicher unterschiedlich, was die Kinder brauchen. Aber mit Babybrei und Babymilch aus der Nuckelflasche kommt man immer weit. Und – wie jede Mutter weiß – ein sattes Baby bedeutet eine ruhige Zeit. So ist es auch mit den Innenkindern in einem multiplen System. Auch hier bedeutet ein sattes, zufriedenes Innenkind Ruhe und Sicherheit im System – gerade, wenn viele Kindanteile existieren, die Hunger, Vernachlässigung und Bestrafung durch Essensentzug erlebt haben.

Ähnliches gilt für die Kleiderordnung, sofern man überhaupt von einer Ordnung sprechen kann. Der Kleiderschrank eines multiplen Systems zeigt unzählige Stilrichtungen, von feminin bis undefinierbar. Manche Kleidungsstücke gibt es in unzähligen Varianten, andere in doppelter und dreifacher Ausführung. Sei es, weil man vergisst, dass man das jeweilige Kleidungsstück bereits erworben hatte, oder weil mehrere Anteile sich die Kleider nicht teilen wollen. Da geht es den Menschen wie den Leuten oder vielmehr den Anteilen wie Geschwistern. Wer will schon immer die aufgetragenen Sachen der Größeren anziehen.

Normalerweise entscheiden mittlerweile 1-2 Anteile, was getragen wird, wenn man das Haus verlässt. Das birgt dennoch die Gefahr, dass man etwas trägt, was plötzlich jemand anderem nicht gefällt. Ein grünes Kleid kann schon eine Zumutung sein, wenn man Grün nicht mag und Kleider schon gar nicht. Da hat man dann zwei Möglichkeiten: Entweder man erträgt es und kommt trotzdem ins Außen, oder man beschließt, lieber im Innen zu bleiben.

Innen und Außen sind zwei Begriffe, die für Multiple Alltag bedeuten. Als „Außen" benennen wir die Welt, die um uns herum existiert. Also die Welt, in der auch alle anderen Menschen leben und existieren. „Innen" beschreibt eine Welt, die sich in unserem Körper und in unserem Kopf abspielt. Man kann es sich ein wenig so vorstellen, als wäre der Körper ein großes Raumschiff, in dessen Raum sich alle Anteile aufhalten. Je nach Art des multiplen Systems gibt es Häuser oder Wohnungen, Burgen oder Höhlen. In meinem Inneren gibt es verschiedene Häuser mit hübschen, individuell eingerichteten Zimmern. Dazwischen Gärten und Wiesen und Tiere. Und – was wohl das Wichtigste ist – in meiner inneren Welt gibt es keine bösen Menschen und keine Gefahren. Diese Welt ist geschützt vor Eingriffen von außen.

Allerdings gibt es ein Haus, in dem programmierte Persönlichkeitsanteile leben, wie jeder Multiple sie besitzt. Anteile, die vom Täter eigens dafür geschaffen wurden zu tun, was der Täter will, und das auf sehr subtile Art und Weise. Vergleichbar mit einem abgerichteten Hund. Diese Anteile reagieren auf Töne, auf Worte, auf Gerüche oder auf Musik. Und es ist ganz egal, ob der Täter dabei ist oder nicht. So kann eine normale Autofahrt durch ein Lied im Radio außer Kontrolle geraten. Der programmierte Anteil erwacht und übernimmt die Kontrolle über den Körper. Im leichtesten Fall wird er nach Hause fahren und sich selbst verletzen. Im schlimmsten Fall wird er zu den Tätern fahren und mit diesen Kontakt aufnehmen.

Nichts ist so schwer in der Therapie, wie diese programmierten Anteile von der Realität zu überzeugen und die Programmierungen zu löschen. Immerhin besitzt man nicht nur einen programmierten Anteil, sondern je nach Art des Traumas unzählig viele.
Es sammeln sich also die Persönlichkeitsanteile mehr und mehr. Und da das Dissoziieren – also das Abspalten eines Persönlichkeitsanteils – die effektivste Maßnahme wurde, eine unaushaltbare Situation aushaltbar zu machen, und da Multiple nichts so gut beherrschen wie das Abspalten, werden auch im Erwachsenenalter noch Anteile abgespalten. Meist ist es wie ein Selbstläufer. Ein Schutzmechanismus, der so im Unterbewusstsein verankert ist, dass er wie ein Rauchmelder bei Rauch automatisch anspringt. Ohne zu differenzieren, ob es banaler Rauch durch einen verbrannten Kuchen oder ein Küchengroßbrand ist. Auch das multiple System muss erst lernen zu differenzieren, wann und wie es Situationen aushalten kann.

In aller Regel war die Welt, in der der Multiple lebte, völlig anders als die gängige Welt. Regeln und Vorschriften, Verhaltensweisen und Bestrafungen sind nicht einmal annähernd vergleichbar mit denen, die ein Nichtmultipler kennt. Selbst die einfachsten Dinge haben Multiple anders erleben müssen. Sei es, weil ihre Täter eine Scheinwelt konstruierten oder weil sie in einem rituellen Kreis aufwuchsen. Oftmals kommt alles zusammen. Da wird selbst die unscheinbare Handlung, eine Tür zu passieren, zum Hindernislauf: Denn das multiple System hat gelernt nie, aber auch wirklich nie als Erster durch eine Tür zu gehen. Auch das Betreten eines neuen Raumes wird eine Herausforderung. Während jeder Mensch den Raum betreten und sich umschauen würde, bleibt der Multiple in der Tür stehen und blickt mit Tunnelblick zu Boden. Sich im Raum umzusehen hätte Strafen zur Folge gehabt, an die das multiple System auch nach Abbruch des Täterkontaktes glaubt. Nur langsam und mit viel Geduld und Einfühlungsvermögen seitens der Therapeuten und der Freunde kann man lernen, was normal und erlaubt ist. Und wenn man sich sicher fühlt, schafft man es vielleicht sogar zu fragen, wie man etwas tut und ob die Art, wie man sich selbst verhält mit der realen Welt konform geht oder nicht. Woher soll man auch wissen, was richtig und was falsch ist, wenn man in einer Welt aufgewachsen ist, in der praktisch kein Gesetz des menschlichen Miteinanders existierte und alles verdreht war und auf dem Kopf stand. In einer Welt, in der grün eben nicht grün und ein Baum eben nicht ein Baum war, um es überspitzt zu formulieren.

Nun mag man sich fragen, wie kann ein Alltagsleben damit funktionieren? Ehrlich gesagt, weiß ich es selber nicht. Es ist ein Abenteuer, das ich jeden Tag aufs Neue eingehe, ohne zu wissen, was mich erwartet. Je besser jedoch die einzelnen Persönlichkeitsanteile miteinander kommunizieren und sich absprechen können, umso unspektakulärer verläuft der Alltag. Ich habe einen Tagesplan, in dem akribisch alle Zeiten, Termine und Aufgaben festgehalten werden. Selbst so banale Dinge wie das Essen, denn wenn jeder denkt, der andere hätte gegessen, dann hat unterm Strich niemand was gegessen. Jedoch schützt auch der beste Plan nicht vor Ausnahmezuständen und Unwohlsein. Oft wird der Tag durchkreuzt von Flashbacks, Triggern und Erinnerungsschmerzen, die einen ans Bett fesseln oder es unmöglich machen, die Wohnung zu verlassen. Viele Termine fallen dem zum Opfer. Und das von Perfektionismus geprägte multiple System muss mühsam lernen, dass das zum Vielesein dazugehört. Bei vielen Persönlichkeitsanteilen gibt es schlichtweg immer einen, dem es nicht gut geht und der einfach nicht am Leben teilnehmen kann. Dann muss man warten und gucken, was der Einzelne braucht. Manchmal geht es schnell vorüber, manchmal hält es tagelang an. Für einen Multiplen, der im Job steht, ist das eine Zerreißprobe. Oft weiß der Arbeitgeber nichts von der Traumageschichte und was sie mit sich bringt. Also spaltet man entweder weiter, oder man muss den Beruf aufgeben. Ein wenig hängt es von der Art des Berufes ab. Arbeiten, die man von zu Hause aus erledigen kann, klappen oft recht gut, vor allem wenn man sich noch die Zeit selbst einteilen kann. Andere Berufe hingegen sind für immer oder wenigstens zeitweise nicht mehr durchführbar. Sie sind zugespickt mit Triggern, Stress und Menschen, die eine permanente Stressreaktion des multiplen Systems bewirken und damit zur völligen Dekompensation führen. Plötzlich steht man vor einem Kollegen und weiß nicht mehr, wer derjenige ist. Oder mitten in einer Aufgabe vergisst man, wie man sie weiter ausführen und das Gerät bedienen soll. Man kann von Glück sagen, wenn es dabei nur zu Wechseln zwischen erwachsenen Persönlichkeitsanteilen kommt. Aber auch Kindanteile können unvermittelt auf der Bildfläche erscheinen. Vielleicht gerufen durch eine Musik im Radio oder eine Bemerkung des Kollegen. Das Berufsfeld ist wirklich ein Minenfeld für jeden Multiplen, und dennoch bemühen sich die meisten, ihre Berufe unauffällig und gewissenhaft weiter auszuführen, bis es nicht mehr geht.

Nicht ganz anders verhält es sich im Gesellschaftsleben. Es gibt Phasen, da geht alles wunderbar, und man kann Termine und Treffen mit Freunden wahrnehmen. Bis wieder Zeiten kommen, wo all das nicht mehr funktioniert und wo man es nicht einmal zum Zahnarzt schafft. Entweder vergisst man schlichtweg trotz Kalender, dass der Zahnarzttermin anstand, oder man vergisst den Weg dorthin. Ich weiß nicht, wie viel Außenstehende in einer Begegnung realisieren, dass sie mehr als eine Person vor sich haben. Für mich selbst stellt es sich oft dar wie eine Drehtür, die sich während eines Gesprächs unabänderlich dreht, und mit jedem Dreh kommt ein neuer Persönlichkeitsanteil zum Vorschein, der in das Gespräch eingreift. Was der rote Faden bei den Nichtmultiplen im Gespräch ist, ist bei mir ein ganzes buntes Fadenknäuel. Und man muss irrsinnig aufpassen, nicht plötzlich den falschen Faden in der Hand zu halten. Denn sonst kann so ein Gespräch wirklich sehr merkwürdige Wendungen nehmen.

All das klingt beinahe amüsant und witzig. Leider ist es das nicht wirklich, denn mit all dem ist das Alltagsleben ungemein kompliziert. Und trotzdem bemüht man sich, sich in den Alltag der anderen zu integrieren, möglichst nicht aufzufallen und am gesellschaftlichen Leben teilzunehmen. Oft geht das nur über die Missachtung des eigenen Selbst und der eigenen Bedürfnisse. Denn die Vorurteile in der Gesellschaft sind enorm. Zumal selbst Fachspezialisten uns nur selten glauben, uns mit ungläubigen Blicken anschauen oder ratlos mit den Schultern zucken.

Vor allem, wenn wir Symptome schildern, die eigentlich ein anderer Persönlichkeitsanteil hat. Nicht nur das Alltagsleben teilt sich unter uns auf, sondern auch Erkrankungen. Manch einer hat eine Nahrungsmittelallergie, manch einer Gallensteine und manch einer Migräne. Ja sogar das EKG kann sich verändern, wenn die Persönlichkeitsanteile wechseln. Es verändern sich die Augenfarbe und die Sprache, die Haltung und die Mimik. Ob man es erklären kann, weiß ich nicht. Aber ich kann es beweisen und mit mir jeder Multiple dieser Welt. Es gibt viele Dinge zwischen Himmel und Erde, die sich dem menschlichen Verstand entziehen, was jedoch nicht bedeutet, dass es sie nicht gibt. Vieles, was wir heute wissen, war vor 50 Jahren noch undenkbar. Und so bin ich der festen Überzeugung, dass wir irgendwann verstehen werden, wie das Gehirn diese Meisterleistung der Persönlichkeitsspaltung vollbringen kann. Auch wenn der Grund der Spaltung kein guter ist, sondern sich zusammensetzt auch maximaler Gewalterfahrung, Missbrauch und Vernachlässigung. So ist das Resultat ein Wunder Gottes.

Heute haben wir die Gewalt hinter uns gebracht und nähern uns dem normalen Leben. Normal, wie man normal definiert, wird unser Leben nie werden. Aber was ist schon Normalität gegen die Wunderwelt des Vieleseins mit allen kleinen und noch mehr allen großen Bergen, die es zu bewältigen gilt und hinter denen sich eine Welt erstreckt, die uns empfängt und in der wir vielleicht einmal sein können, wie wir sind. Denn zu sein, wie andere es wollten, mussten wir unser ganzes Leben.

Also seien Sie nicht davon abgeschreckt, wenn Sie einer multiplen Persönlichkeit begegnen. Sie wird Sie nicht überfallen und Sie nicht umbringen, denn sie ist kein Psychopath, sondern ein Mensch wie jeder andere und doch mit dem gewissen Etwas. Stellen Sie sich vor, Sie würden einer Großfamilie begegnen. Die gleiche Offenheit und den gleichen Respekt sollten Sie auch einem Multiplen entgegenbringen. Seien Sie offen für die Begegnung, stellen Sie Fragen, bieten Sie Hilfe an, und vor allem haben Sie keine Angst, etwas Falsches zu tun. Dann werden Sie auf einen Schlag viele neue Freunde gewinnen, die Ihnen eine Welt zeigen können, die Sie in keinem Film und keinem Buch finden werden.

## Korrespondenzadresse
Kate Birdie (Pseudonym) c/o CIP-Medien
Nymphenburger Str. 155 | 80634 München

Doris Eva Fischer

# Die Multiple Persönlichkeitsstörung (DID): Konzept, Diagnose und Behandlung
## Versuch einer Übersicht über die interdisziplinären Forschungs- und Behandlungsansätze eines komplexen psychischen Störungsbildes

Multiple Personality Disorder (DID): conception, diagnosis, and treatment
An attempt to focus on contemporary research and treatment of a complex mental disorder

Die Multiple Persönlichkeitsstörung (Dissociative Identity Disorder) steht auch mit dem Erscheinen des DSM-5 mit einer Erweiterung des Kriterienkatalogs weiterhin im Blickpunkt der wissenschaftlichen und gesellschaftlichen Diskussion. Ein interdisziplinärer Blick auf dieses Störungsbild zeigt die umfänglichen Verflechtungen dieses psychischen Problems mit anderen als physiologisch eingestuften Krankheiten, als deren Ausgangspunkt sie neuerdings mitunter angesehen wird. Die neurobiologischen Erkenntnisse neben den Erkenntnissen aus der Genetik machen deutlich, in welchem Spannungsfeld die Psychotherapie dieser seelischen Krankheit steht.

Schlüsselwörter
Multiple Persönlichkeitsstörung (DID) – DSM-5 – kulturelle Aspekte – Neurobiologie, Immunologie und Genetik – Diagnostik und Behandlung der MPS

*The Multiple Personality Disorder (Dissociative Identity Disorder) is still in the focus of scientific and general discussion, also after the publication of the DSM-5 with its new criterions for this disorder. New research in medicine, neurobiology, immunology, and genetics show that this mental disorder can also be the cause of many physiological disorders, which are the future challenge of psychotherapeutical and medical treatment.*

*Keywords*
*Dissociative Identity Disorder (MPD) – DSM-5 – cultural aspects – neurobiology, immunology and genetics – diagnostics and treatment of MPD*

*Il y a peut-être là-dessous une histoire!*
(Jean-Martin Charcot)

## Vorwort

Am 5. Juli 2013 erschien offiziell die Wiederauflage von Frank W. Putnams Standardwerk „Handbuch Dissoziative Identitätsstörung. Diagnose und psychotherapeutische Behandlung" in einem kaum veränderten Nachdruck der Originalfassung von 1989. Dies ist in einer schnelllebigen Zeit, in der zu diesem Thema jährlich Hunderte von Publikationen erscheinen, äußerst ungewöhnlich, zeigt aber, dass hinsichtlich der Behandlung im Wesentlichen dieses Buch nach wie vor ein unersetzlicher Ratgeber und eine unersetzliche Hilfe für die Behandlung dieses Störungsbildes darstellt, was die störungsspezifische Therapie betrifft. Das Verdienst Putnams ist und bleibt es, in jeder Phase der Behandlung praktische Tipps auf therapeutische Fragen zu geben, die auch heute unwidersprochen in der Summe einen Leitfaden bilden, der die Grundlage therapeutischen Handelns sein sollte.

## Einleitung

Die Multiple Persönlichkeitsstörung gilt als die schwerste Traumafolgestörung bzw. als die schwerste Störung der dissoziativen Störungen (Putnam, 1989/2013, S. 47). Im angloamerikanischen Raum wird sie seit dem Erscheinen des DSM-4 als Dissoziative Identitätsstörung (DID) bezeichnet, während sie in der ICD-10 auch nach Erscheinen des DSM-5 weiterhin als Multiple Persönlichkeitsstörung benannt wird. Die Änderung im DSM-4 geht auf die Tatsache zurück, dass sie als keine Persönlichkeitsstörung im Sinne der Achse-II-Diagnose des DSM angesehen wird. Insofern ist es fragwürdig, wieso sie in der ICD weiterhin als Multiple Persönlichkeitsstörung fortlebt, obwohl es angemessener wäre, den Begriff „Multiple Persönlichkeitsstörung" beispielsweise in den Begriff „Multiple Identitätsstörung" umzuwandeln, wie noch auszuführen sein wird. Als häufigste Ursachen gelten schwerster sexueller und physischer Missbrauch, die insbesondere in Verbindung mit Inzest auftreten (Fiedler, 2008, S. 218).

## Die Änderungen der diagnostischen Kriterien der DID im DSM-5

Die ursprünglichen Kriterien im DSM-4 TR für die Dissoziative Identitätsstörung (300.14) lauten wie folgt:

A. The presence of two or more distinct identities or personality states (each with its own relatively enduring pattern of perceiving, relating to, and thinking about the environment and self).
B. At least two of these identities or personality states recurrently take control of the person´s behavior.
C. Inability to recall important personal information that is too extensive to be explained by ordinary forgetfulness.

D. The disturbance is not due to the direct physiological effects of a substance (e.g., blackouts or chaotic behavior during Alcohol Intoxication) or a general medical condition (e.g., complex partial seizures). Note: In children, the symptoms are not attributable to imaginary playmates or other fantasy play.

Mit dem Erscheinen des DSM-5 im Mai 2013 wurden wesentliche Änderungen vorgenommen, die von der American Psychiatric Association wie folgt begründet werden:

A. Clarification of language, including indicating that different states can be reported or observed, reducing use of Dissociative Disorder Not Otherwise Specified. Including Trance and Possession Disorder by mentioning „experience of possession" increases global utility.
B. Noting that amnesia for everyday events is a common feature.
C. This criterion is included in DSM-4 Dissociative Trance Disorder. Including it may help differentiate normative cultural experiences from psychopathology.
D. Addition from DSM-4 Dissociative Trance Disorder to increase cross-cultural applicability

Specifier: a) A substantial proportion of patients with Dissociative Identity Disorder have conversion symptoms, which are related to their dissociative disorder and require special clinical attention and treatment. b) Some Dissociative Identity Disorder patients have dissociative variations in somatic symptoms that require clarification for differential medical diagnosis and treatment.

Reference: Spiegel D et al: Dissociative Disorders in DSM-5 (o. A.).

Die neuen Kriterien im DSM-5 lauten also wie folgt, wobei international die DID weiterhin der Multiplen Persönlichkeitsstörung (F44.81) gleichgestellt bleibt:

A. Disruption of identity characterized by two or more distinct personality states or an experience of possession. This involves marked discontinuity in sense of self and sense of agency, accompanied by related alterations in affect, behavior, consciousness, memory, perception, cognition, and/or sensory-motor functioning. These signs and symptoms may be observed by others or reported by the individual.
B. Recurrent gaps in the recall of everyday events, important personal information, and/or traumatic events that are inconsistent with ordinary forgetting.
C. The symptoms cause clinically significant distress or impairment in social, occupational, or other important areas of functioning.
D. The disturbance is not a normal part of a broadly accepted cultural or religious practice. (Note: In children, the symptoms are not attributable to imaginary playmates or other fantasy play.)
E. The symptoms are not attributable to the direct physiological effects of a substance (e.g., blackouts or chaotic behavior during Alcohol Intoxication) or another medical condition (e. g., complex partial seizures).

## Zur Kritik

Obwohl es zum jetzigen Zeitpunkt nicht möglich ist, eine Übersicht über wissenschaftliche Arbeiten zu erhalten, die sich kritisch mit den neuen Diagnosekriterien auseinandersetzen bzw. das Erscheinen der ICD-11 und die öffentliche Diskussion im Internet über die Erstellung der Kriterien für die Multiple Persönlichkeitsstörung noch nicht abgeschlossen wurden, zeigte sich, dass besonders zu Kriterium B im DSM-5 hinsichtlich der „wichtigen persönlichen Informationen", zu denen die Patientin vermeintlich neigt, sie zu „vergessen", es schon im Vorfeld heftige Debatten gab, zumal Forscher(innen) festgestellt hatten, dass die unterschiedlichen Persönlichkeiten hinsichtlich persönlicher Informationen untereinander nicht amnestisch sind (Huntjens, Verschuere & McNally, 2012).

Strittig bleibt, warum das DSM-5 spezifische Kriterien für Kinder hinsichtlich der DID nicht eingeführt hat, da es naheliegend wäre, entsprechende Kriterien für Kinder gemäß den Kriterien für Kinder bei der Posttraumatischen Belastungsstörung auszuarbeiten. Im Kriterium B.3 der Posttraumatic Stress Disorder for children six years and younger (309.81 for children) werden dissoziative Reaktionen aufgeführt (z. B. Flashbacks) oder „trauma-specific reenactment", die auch in einen Kriterienkatalog der DID passen würden, aber man sah offensichtlich von einer eigenen Kategorie für Kinder ab. Dies wird vermutlich der Tatsache geschuldet sein, dass viele Studien davon berichten, dass eine „alternate personality" erst ab dem 20. Lebensjahr auftritt. Aus der klinischen Praxis und auch aus dem E-Mail-Netzwerk von Michaela Huber ist uns jedoch bekannt, dass es sehr viele Fälle gibt, wo Kinder an einer voraussichtlichen DID leiden. Es ist nicht hilfreich, wenn dieser Gruppe keine besondere Aufmerksamkeit zukommt, da es dann nämlich weiterhin zu erheblichen Schwierigkeiten bei der klinischen wie ambulanten Versorgung dieser Patient(inn)engruppe kommt. Bedauerlicherweise wird diesbezüglich auch zukünftig die wichtige Frage in der Forschung und Wissenschaft unbeantwortet bleiben, ob eine frühe Behandlung der DID eine bessere Prognose verspricht. Es wäre daher wünschenswert, wenn diese wichtige Frage wenigstens bei der Erstellung der neuen ICD-11 aufgegriffen wird.

Dem Wunsch von Otto Kernberg (Kernberg, 2006, S. 29), die „hysterische Persönlichkeit" wieder in den DSM-5 aus dem DSM-3 aufzunehmen, wurde nicht entsprochen. Diese Überlegung würde m.E. den Vorteil mit sich bringen, dass sämtliche dissoziative Störungen quasi „unter ein Dach" gebracht werden würden, zumal ja auch im DSM-5 sowohl bei der Posttraumatischen Belastungsstörung Depersonalisation und Derealisation als Kriterien mitaufgenommen wurden als auch dissoziative und posttraumatische Symptome bei der DID subsumiert sind. Eine Überkategorie „Hysterie" über die dissoziativen Störungen und die Posttraumatische Belastungsstörung bzw. die Konversionsstörungen schiene mir auch deshalb berechtigt, weil es diagnostisch enge Zusammenhänge zwischen diesen Störungen gibt (siehe unten, „Diagnose der DID"). Es erschiene auch wichtig, die DID und die PTBS stärker von Störungen narzisstischer Symptomatik abzugrenzen, wie beispielsweise die Borderline- und die histrionische Persönlichkeitsstörung. Das DSM-5 verweist hier lediglich darauf, dass „individuals with dissociative identity disorder usually exhibit a large number of comorbid disorders". Es wäre aber künftig besser, die Störungen stärker voneinander abzugrenzen, indem z. B. ähnlich dem schizophrenen Formenkreis ein „hysterischer bzw. dissoziativer Formenkreis" etabliert wird. Colin Ross (Ross, 2000, Introduction) vertritt ebenfalls die Auffassung, dass ein generelles Trauma-Modell der Psychopathologie entwickelt werden sollte, besonders was die Bedeutung von Kindheitstraumata betrifft, die ja meistens Auslöser für eine DID sind. Pearson (1997) zeigt in ihrer Studie in gleicher Weise den engen Zusammenhang zwischen posttraumatischen und dissoziativen Störungen. Die Früherkennung dissoziativer Symptome ermöglicht ihrer Ansicht nach auch die Chance, bevor weitere Traumatisierungen eintreten, diese so bald wie möglich und daher effektiver zu behandeln, was vor allem im Interesse der Patientin liegt.

Auch die neuen Kriterien des DSM-5 werden jene Kritiker(innen) nicht verstummen lassen, die die Störung als iatrogen erzeugt betrachten bzw. diese Störung und das Ausmaß an Aufmerksamkeit dafür in den Medien als „von übereifrigen Therapeut(inn)en erfunden und hervorgerufen" begründet sehen (Zaudig, 2000, S. 317-323, bzw. Fiedler, 2008, S. 222 ff.), (siehe auch weiter unten in „Behandlung").

Abschließend sei noch Bezug genommen auf das fünfjährige Studienprojekt von Paul F. Dell (Dell, 2006), das die Kriterien des DSM-4 TR näher untersuchte und das sich auch auf die Kritik an den Kriterien des DSM-5 anwenden lässt. Dell untersuchte 220 in Therapie befindliche DID-Patient(inn)en und stellte sie 41 Patient(inn)en, die nach dem SKID-D als DID-Patient(inn)en diagnostiziert worden waren, gegenüber. Er testete danach beide Patient(inn)engruppen mit dem „Multidimensional Inventory of Dissociation" (MID) und kam zum Ergebnis, dass beide Patient(inn)engruppen bei 23 dissoziativen Symptomen nahezu gleiche Ausprägungswerte aufwiesen. Daraus entwickelte er einen eigenen Kriterienkatalog für die DID, da er die Kriterien des DSM-4 und teilweise auch DSM-5 (Anm. der Autorin) als ein soziokognitives Modell erachtet, das auf einem Konzept der sogenannten klassischen DID basiert, die er den Symptomen der Figur „Sybil" aus dem gleichnamigen Buch von Schreiber und dem Fernsehfilm aus den 1970er Jahren in den Vereinigten Staaten als ähnlich ansieht. Er stellt diesem Modell ein subjektiv/phänomenologisches Modell der DID gegenüber, das sich an den verschiedenen Schweregraden dissoziativer Symptome orientiert. Demnach wäre die DID in seinen Augen als kumulative Störung dissoziativer Verarbeitungsmechanismen und Symptome anzusehen bzw. haben laut seiner Sichtweise DID-Patient(inn)en generell den höchsten Anteil an allen dissoziativen Phänomenen. So gesehen, wäre die DID nicht „Prototyp" für die dissoziativen Störungen, sondern die stärkste Ausprägung der Summe aller dissoziativen Störungsbilder. Dies deckt sich mit meinen Erfahrungen, die ich weiter unten im Kapitel „Epidemiologie" unter „Symptomfluktuation" zusammengefasst habe. Auch Ross (2000, Introduction) sieht eine Anhäufung von traumabezogenen Symptomen als charakteristisch für DID an, wobei er darin auch (aufgrund der Komplexität der Symptome der Patient(inn)en) die Ursache für Fehldiagnosen und ineffektive Behandlung dieser Patient(inn)engruppe sieht.

Fazit: Die DID sorgt auch nach Erscheinen des DSM-5 für kontroverse Debatten in den Vereinigten Staaten und im angloamerikanischen Raum, so dass davon abzuleiten ist, dass die Diagnosekriterien für den künftigen DSM-6 aller Voraussicht nach einer weiteren Änderung unterworfen sein werden.

## Zur Kulturpsychologie eines Konzeptes: Hexen, Heilige und psychisch Kranke

Die im DSM-5 vorgenommene Entkoppelung kulturspezifischer Traditionen und Riten, indem Zustände individueller Besessenheit nun als Kriterium für die Krankheitswertigkeit mitaufgenommen wurden, markiert (da nun auch international akzeptiert) einen Meilenstein in der künftigen Forschungstätigkeit bzw. auch der Behandlung von Patient(inn)en mit einer DID.

Für die angloamerikanisch-europäische Sichtweise auf dieses Störungsbild bedeutet das, dass sich diese Störung nun vollständig einer theologischen Interpretation entzieht, wenngleich der Vatikan eine Aufwertung des Exorzismus durch die Neuerscheinung des Rituale Romanum vorgenommen hat und es auch heute sowohl in der BRD als auch in Österreich und der Schweiz noch üblich ist, dass Psychotherapeuten zugleich ihren Beruf als Exorzisten ausüben. Es steht jedoch noch aus, inwieweit die Kriterien des DSM-5 auch in die ICD-11 übernommen werden, zumal weltweit die Katholik(inn)en die größte Glaubensgemeinschaft repräsentieren. Noch lässt sich nicht ausschließen, dass Fälle, in denen Exorzismus ausgeübt wird, auch heutzutage vorkommen, obwohl diese Fälle jene von DID sind – wie etwa im berühmten Fall der Anneliese Michel, von der heute einhellig alle Expert(inn)en der Überzeugung sind, dass es sich um eine Patientin mit einer schweren dissoziativen Störung handelte (seit dem 20. Jahrhundert wandte sich der Protestantismus vom Teufelsglauben ab, infolgedessen existiert das Thema Teufelsaustreibung in dieser Religionsform nicht mehr (Neumann, 1997, S. 292).

Schwieriger gestaltet sich das Verhältnis in Bezug auf den „Satanismus", da der Satansglaube aus dem 19. Jahrhundert durch die Faszination des Bösen bis in die heutige Zeit überdauert hat und es viele sektenartige Gemeinschaften gibt, die nach wie vor dem Satanismus huldigen. Häufig berichteten Opfer in der Therapie von satanischen Riten, in denen sie kultischen Handlungen unterzogen wurden, in denen sie gequält bzw. mehrfach sexuell missbraucht wurden (Mayer, 1991). Richard Kluft meinte dazu im Dezember 1989, dass die Faktenlage dafür relativ dürftig sei, es jedoch einer weiteren interdisziplinären Erforschung dieser Phänomene bedürfe. Er vertrat die Ansicht, dass es Jahre dauern könne, bis wir verstehen, was ritueller Missbrauch bedeutet, bzw. bis wir die inzestuösen Verstrickungen (Familiensysteme) besser verstehen (Mayer, 1991, S. 263). In meiner Beobachtung entdeckte ich inzestuöse Familiensysteme sowohl unter Atheist(inn)en als auch unter Gläubigen bzw. Sektenmitgliedern. Patient(inn)en, die nicht gläubig erzogen worden waren, berichteten ebenso wie Patient(inn)en, die gläubig erzogen worden waren, dass eine ihrer Teilpersönlichkeiten (Selbstrepräsentanzen) der „Böse" oder der „Teufel" sei bzw. in der dessen Gestalt zeitweilig omnipräsent werde. Inwieweit damit religiöse Phänomene in Zusammenhang stehen bzw. sektenartig satanische Riten, entzieht sich meiner Kenntnis, obwohl es denkbar wäre, dass sie miteinander in Zusammenhang stehen. Mir fiel nur auf, dass inzestuöse Familiensysteme, in denen sexueller Missbrauch quasi an der Tagesordnung war und ist, häufig dazu führen, von Patient(inn)en als „rituell" wahrgenommen zu werden bzw. dass diese Patient(inn)en während, vor oder nach der Psychotherapie verstärkte Tendenzen zu „Ersatzreligionen" zeigen. Die Frage, inwieweit sexueller körperlicher und emotionaler Missbrauch eher in geschlossenen als in offenen Systemen auftritt, erfuhr gerade durch die Missbrauchsskandale in staatlichen wie kirchlichen Einrichtungen in letzter Zeit eine neue Dimension. Demgegenüber steht die Frage nach der Prävention: Ist sie hilfreich und sinnvoll im Rahmen einer verstärkten sexuellen Aufklärung, die auch das Thema Gewalt mit einbezieht, wenn dennoch nicht verhindert werden kann, dass Kinder in geschlossenen Systemen aufwachsen? – Auch dies ist Gegenstand zukünftiger Forschung.

Archetypische Vorstellungen von einer Welt des „Guten" und des „Bösen" bzw. einer Welt und einer Gegenwelt sind nahezu in allen Religionen vorhanden und reichen in ihrem Dualismus bis in die Gegenwart (in dem Zusammenhang sei an den Ausspruch G.W. Bushs erinnert von der „Achse des Bösen"). In der christlich-jüdischen Welt scheinen diese dualistischen Sichtweisen seit über 2000 Jahren verankert zu sein. Almut Neumann sieht im Satan die Verkörperung des alttestamentlichen Strafprinzips, dessen Verbindungen zu Dämonen reichen und diffus sind (Neumann, 1997, S. 26). Dieses wurde mit dem „Neuen Bund" ins Christentum übernommen und führte im Spätmittelalter bzw. der frühen Neuzeit zur Hochblüte des Teufelskultes. Medizinisch zu dieser Zeit schon vorhandene, wenn auch unausgereifte Konzepte der Hysterie wurden religiös durch die Hexenprozesse überformt bzw. komplett der geistlichen Gerichtsbarkeit überstellt. Der Hexenwahn erreichte unter Heinrich Institoris im „Malleus Maleficarum" und den darauffolgenden Hexenprozessen seinen Höhepunkt (erstaunlich ist dabei, dass der „Hexenhammer" vollkommen bedeutungslos für den Teufelspakt von Männern war, obwohl in der mittelalterlichen Literatur gerade diese als Teufelsbündler im Vordergrund standen. Wurden Männer der Hexerei bezichtigt, war dies nicht ohne das Zutun einer Frau möglich bzw. war diese schuld daran (Neumann, 1997, S. 287). Zweifelsohne bildete über Jahrhunderte dieses Werk eine Sichtweise auf die Frau in allen christlichen Religionen heraus, in der sie potenziell als dem Teufel nahestehend betrachtet wurde. Die Verführung durch eine Frau war also ein Akt des Teufels. Dass diese Vorstellung bis zum heutigen Tag fortwirkt, zeigt unmittelbar der „Fall Chantal" am Bundesgerichtshof der BRD im Jahr 2013, in dessen Urteil diese Vorstellung trotz einer modernen Gesetzgebung, die dadurch auch ausgehöhlt wird, weiter fortschwingt.

Trotz der folgenden Aufklärung und der Tatsache, dass bereits 1646 der erste Fall einer dissoziativen Störung von Paracelsus beschrieben wurde (Putnam, 1989/2003, S. 49), schien die Vorstellung bis in das tiefe 19. Jahrhundert fortzubestehen, dass die Sündhaftigkeit der Frau bzw. des weiblichen Kindes und deren bzw. dessen Verführungskraft mit höheren Mächten zusammenhängt. Diese Exkulpation der vornehmlich männlichen Täter wirkt heute darin fort, dass vor allem in ländlichen Regionen ohnedies die Frau bzw. das weibliche Kind bzw. deren Körper „schuld" daran seien, dass sie missbraucht werden, wie ich vor Kurzem wieder von der Mutter eines Missbrauchsopfers hören musste. Mathias Hirsch beschreibt diese Psychodynamik eindrucksvoll in seinem Kapitel „Vater-Tochter-Inzest" in seinem Buch „Realer Inzest" (Hirsch, 1999). All diese Kulturvorstellungen, die in Form einer kognitiven Dissonanz weiter existieren, betrachte ich daher als Internalisierungen, die einer Dissoziation Vorschub leisten bzw. maßgeblich Gestalt annehmen als Täterintrojekt, das als dämonisch oder dem Teufel ähnlich von den Patient(inn)en beschrieben wird.

Demgegenüber steht der Heiligen- und Märtyrer(innen)glaube, insbesondere die Stigmata betreffend. Die Debatte um die Selig- bzw. Heiligsprechung etwa der Theresia von Konnersreuth entfachte diesbezüglich auch eine Debatte darum, inwieweit es sich dabei um eine Form von dissoziativer Störung handelt. Insbesondere ist auffällig, dass die Nahrungslosigkeit von Theresia in strengem Widerspruch zu ihrem Körperumfang stand. Hinsichtlich der massiven Blutungen aus den Augen, auf dem Kopf und an den Händen beschreiben die Autoren Overbeck und Niemann in ihrem Buch „Stigmata" als Ursache dafür, dass Theresia sich diese vermutlich unter Amnesie in Zuständen von Besessenheit selbst beigebracht hat (Overbeck & Niemann, 2012, S. 49). Da sich Theresia als junge Frau auch in psychiatrischer Behandlung befand und bei ihr eine „traumatische Hysterie" festgestellt wurde (als Auslöser dafür war auf einen Brand verwiesen worden), wurde bei ihr damals schon vermutet, dass ihre psychischen Beschwerden eher darauf beruhten, dass sie als 14-Jährige einem 40-jährigen Nachbarn „anvertraut" worden war, während ihr Vater in den Ersten Weltkrieg zog. Da ihr der Vater später ein Bild von der heiligen Theresa von Lisieux schenkte, identifizierte sie sich mit ihr und übernahm später auch deren Namen, da sie durch intensives Gebet zu der Heiligen von vielen körperlichen Symptomen befreit wurde, währenddessen es vielmehr zu einer „Symptomverschiebung" kam und in der Folge die Stigmata auftraten (Overbeck & Niemann, 2012, S. 68 ff.). Auch in diesem Fall zeigen sich Besessenheitszustände, allerdings werden sie vor dem religiösen Hintergrund vollkommen anders gedeutet, und zwar als ein Ringen im Glauben und als Märtyrertum – ganz im Gegensatz zu den Hexen, deren Besessenheitszustände als Teufelswerk angesehen wurden.

Es ist interessant festzustellen, dass im Mittelalter – fast zeitgleich zum Teufels- und Hexenglauben – vermehrt auch der Reliquien- und Heiligenglaube – insbesondere, was Stigmata betrifft – auftritt, fast, als seien sie zwei Seiten einer Münze. Von der Heiligen, insbesondere der stigmatisierten Heiligen, die im doppelten Sinn als „patiens" angesehen wurde, leitete sich später die Vorstellung der Patientin in unserem heutigen psychologisch-psychiatrischen und auch medizinischen Verständnis ab, während im Hexen- und Teufelskult das „Böse" im Menschen fortexistiert. Diese Vorstellungen leben auch heute noch in der öffentlichen Stigmatisierung bzw. Selbststigmatisierung unserer Patient(inn)en fort bzw. in ihrer Diskriminierung (Schomerus, 2013, S. 413 ff.). Vermutlich zeigt auch keine andere Störung wie die der Dissoziation so klar den Widerspruch zwischen Wissenschaft versus öffentlicher Moral auf, insbesondere, da auch Opfer nicht selten selbst zu Täter(inne)n werden.

Die Vorstellung von den „Heiligen" und dem „Bösen" findet in unserer säkulären Welt ihre Entsprechung im „Star", der seine Selbstzerstörung öffentlich zelebriert und von Abertausenden verehrt wird bzw. in der (auch heute noch in vielen Staaten verbotenen und geheimen) Prostitution, die ebenfalls als ein Akt der Selbstzerstörung häufig in Zusammenhang mit dem Wiederholungszwang der Externalisierung des traumatischen Introjekts (Hirsch, 1999, S. 241 ff.) steht.

Während Menschen, die sich „alles leisten können" (sowohl in materieller als auch in moralischer Hinsicht), von uns verehrt werden, hegen wir für jene, die durch das gleiche excessive Verhalten an das andere Ende der Gesellschaft abgerückt sind, Verachtung.

Beide Phänomene haben jedoch gemein, dass sie sich häufig als sozialpsychologische Folgen der Dissoziation zeigen, die auch uns im Spiegel der Hysterie hysterisch erscheinen lassen, wodurch sich auch die anhaltende Faszination an dieser Störung erklären lässt – bis hin zu der Frage, inwieweit wir selbst nicht alle multiple Persönlichkeiten sind (Fiedler, 2008, S. 224).

## Epidemiologie der DID

Die Prävalenz der DID wird im DSM-5 mit 1,5 % angegeben, wobei 1,6 % der Männer und 1,4 % der Frauen daran erkranken (APA, S. 294). Fiedler weist darauf hin, dass die Prävalenzangaben beträchtlich schwanken und daher heftiger Kritik ausgesetzt sind. Dies führt er auf die nach wie vor geführte Diskussion um die Akzeptanz des Störungsbildes zurück (Fiedler, 2008, S. 74). Ich halte die Zahlen des DSM-5 auch deshalb nicht für besonders aussagekräftig, da die DID häufig als „Borderline-Störung" fehldiagnostiziert wird (Fiedler, 2008, S. 70). Aus meiner klinischen Erfahrung kann ich berichten, dass dies für die meisten Fälle, die ich behandelt habe, leider zutrifft. In vielen Fällen beobachte ich jedoch auch Fehldiagnosen aus dem schizophrenen Formenkreis (wie etwa „schizoaffektive Störung" bzw. „schizophrener Residualzustand"). Besonders ärgerlich ist der sich hartnäckig haltende Mythos, dass jemand, der sich selbst verletzt, zwangsläufig Borderline-Patientin bzw. -Patient sein muss, was im deutschsprachigen Raum extrem verbreitet ist. Nicht selten muss ich daher erleben, dass besonders von Psychiater(inne)n die Arme der Patient(inn)en nach selbst beigebrachten Schnitten bzw. Ritzverletzungen begutachtet werden und vorschnell die Diagnose „Borderline" gestellt wird, sofern die Patientin eingesteht, sich selbst zu verletzen. Kolleg(inn)en berichteten mir im In- und Ausland, dass sie erhebliche Schwierigkeiten hatten, eine „Dissoziative Identitätsstörung" (MPS), die sich auch per Test nachweisen ließ, zu stellen, da Psychiater(innen) und Neurolog(inn)en diese Störung nicht anerkennen wollten und sie sofort in „Borderline-Störung" umbenannt haben. Dies führt für die Patient(inn)en häufig zu einem jahrelangen Leidensweg durch die verschiedensten Kliniken, verbunden mit inadäquater Behandlung, obwohl die richtige und frühzeitig gestellte Diagnose für Patient(inn)en unersetzlich wichtig ist (siehe „Behandlung").

Häufig werden Patient(inn)en mit DID einem Intelligenztest unterzogen; auch dies wirft erhebliche Probleme auf, da die Patient(inn)en aufgrund ihres hohen Maßes an Vergesslichkeit und der Stresssituation, in die sie obendrein durch den Test geraten, Testergebnisse „produzieren", die auf eine Intelligenzminderung hindeuten. Dies verleitet nicht selten Psycholog(inn)en, Psychiater(innen) sowie Neurolog(inn)en dazu, eine organische Ursache als Grund für die psychische Erkrankung anzunehmen (etwa ein „hirnatrophisches Syndrom").

Ich selbst war schon mehrmals gezwungen, auf die Restkategorie der sogenannten sonstigen dissoziativen Störungen als Diagnose zurückzugreifen, um dadurch zu bewirken, dass Patient(inn)en erneut untersucht werden bzw. eine vollständige Exploration in Form eines Therapiegesprächs stattfindet. Reddemann und Sachsse forderten 1999 deshalb schon zu Recht (was selbstverständlich für alle dissoziativen Störungen inklusive der Posttraumatischen Belastungsstörung gilt): „Trauma first!" (hinsichtlich der Früherkennung sei hier noch einmal auf die Studie von Pearson (1997) verwiesen). Fiedler (2008, S. 53) führt die nachlässige Beschäftigung mit den dissoziativen und posttraumatischen Störungen bzw. Konversionsstörungen auch darauf zurück, dass Sigmund Freud seinerseits die Traumatheorie von Janet als gleichwertige Perspektive nicht akzeptiert habe und es dadurch im Zuge eines Machtkampfes unter den Schulen, in der die Psychoanalyse nach Freud obsiegte, zu einem Desinteresse an diesen Störungsbildern kam bzw. die ursprünglich von Freud und Breuer entwickelten strukturtheoretischen Konzepte nicht weiterverfolgt wurden. Eine große Ausnahme bildete in diesem Zusammenhang S. Ferenczi mit seiner Arbeit „Sprachverwirrung zwischen dem Erwachsenen und dem Kind (Die Sprache der Zärtlichkeit und der Leidenschaft)" (Ferenczi, 1932).

Neben den unterschiedlichen Testverfahren (siehe „Diagnose") besteht auch in der vorherrschenden Amnesie der Patient(inn)en ein großes Problem, feststellen zu können, ob eine DID vorliegt. Sexueller Missbrauch wird neben körperlicher Misshandlung (bzw. in Kombination) und extremer Vernachlässigung zwar als Hauptursachen von Patient(inn)en mit DID berichtet (Putnam, 1989/2013, S. 71), aber sehr viele Patient(inn)en verfügen über wenig bzw. gar keine Erinnerung daran, was ihnen während ihrer Kindheit widerfahren ist, so dass sich eine zweifelsfreie Diagnose nicht stellen lässt. Es ist auch bis heute nicht bewiesen, dass Kindheitstraumata DID verursachen, und es gibt kaum Quellen darüber, ob schwere Kindheitstraumata tatsächlich stattgefunden haben, da sich die Patient(inn)en auch im Zuge der Behandlung nur unzureichend, wenn nicht fragmentarisch daran erinnern können (Putnam, 1989/2013, 70). Die Anwendung der Testverfahren, die meist aus mehrseitigen Fragebögen bzw. Interviews bestehen, bedeuten zudem für viele Patient(inn)en eine Stresssituation, in der sie dazu neigen, sich „auszuklinken", so dass die Fragen häufig nicht korrekt beantwortet werden, wie ich oft feststellen musste. Beim „Fragebogen für Dissoziative Störungen" (FDS) (Freyberger et al., 1998) stellte ich beispielsweise fest, nachdem ich ihn mit Patient(inn)en noch einmal durchgesprochen hatte, dass ihnen teilweise selbst nicht bewusst war, dass sie diesen oder jenen Wert angegeben hatten, was mitunter sogar zu Aggressionsäußerungen gegen meine Person führte, da sie dachten, ich hätte den Test gefälscht. Mit einigen Patient(inn)en füllte ich während der Behandlung mehrmals im Abstand von 3 Monaten den o. g. Fragebogen aus, und es zeigte sich hinsichtlich der Symptomatik, dass ich Ergebnisse erhielt, die bis zu 40 %, wenn nicht 60 % auseinanderlagen. Im Nachgang verwundert mich das nicht, da es häufig während der Therapie zu einer Symptomfluktuation kommt, z. B. Depersonalisations- und Derealisationserleben, dissoziative Trancezustände und Ego-States, die das ganze Spektrum der Dissoziation und Konversion bedienen. Nicht selten veränderten sich die Testergebnisse auch dadurch, dass die Patient(inn)en im Zuge der Therapie „Recherchen" (fremdanamnestische Gespräche) mit Bekannten und Freund(inn)en etc. durchführten, die ihnen z. B. über Zustände berichteten, die eine dissoziative Fugue darstellen, an die sie sich zwar selbst nicht erinnern konnten, aber aufgrund der Vertrauenswürdigkeit der Aussagen den Patient(inn)en so glaubhaft erschienen, dass sie Eingang in die Testergebnisse fanden. Ein weiteres Phänomen, das ich vorfand, war, dass Patient(inn)en – sobald es ihnen in der Therapie nach eigenem Empfinden besser ging – häufig Symptome als nicht mehr vorhanden betrachteten und dadurch die Testergebnisse verfälscht wurden, obschon 2 Monate später dieselben Symptome als äußerst intensiv wieder wahrgenommen wurden (ich führe dies auf das schwankende Selbstbild der Patient(inn)en zurück bzw.

auf eine damit verbundene eingeschränkte Selbstempathie). Nicht zuletzt kann ich auf menschlicher Seite sehr gut nachvollziehen, dass sich Patient(inn)en, die unter schwersten Depressionen, jahrelangem massivem Substanzmissbrauch, unzähligen Selbstmordversuchen und nicht minder schweren Selbstverletzungstendenzen litten, in einem Zustand, in dem es ihnen momentan besser geht, anders einschätzen – vielleicht auch nur deshalb, weil sie für sich wieder eine Lebensperspektive gewonnen haben. In diesem Zusammenhang steht ja ohnedies die Frage im Raum, worin das Ziel der Behandlung bestehen soll: Auch dahingehend gibt es unterschiedliche Auffassungen (Putnam, 1989/2013, S. 350, bzw. Fiedler, 2008, S. 239).

Auch muss hinsichtlich kriminalpsychologischer Ergebnisse (sehr viele Opfer von Kindesmissbrauch mit einer DID werden später auch Täter(inn)en) die Prävalenzforschung aus methodischen Gründen massiv bezweifelt werden, da häufig Täter(innen) vorgeblich behaupten, sich nicht an die Straftat erinnern zu können, was nicht selten zur Strategie der Verteidigung im Strafprozess gehört. Da die Befragung durch Kriminalbeamte mitunter suggestiv ist („Haben Sie das früher schon einmal gehabt, dass Sie sich an Sachen nicht erinnern können?"), werden viele Delinquent(inn)en auch dazu neigen, eine Amnesie bzw. DID vorzutäuschen (besonders eindrucksvoll wurde dies in dem amerikanischen Thriller „Zwielicht" aus dem Jahr 1996 deutlich, in dem sich Edward Norton als – antisozialer – Straftäter der Symptomatik dieser Diagnose bedient und letzten Endes seinen Freispruch damit erwirkt). Auch amerikanische Psychiater(innen) im Strafrecht weisen auf diesen Umstand hin (Farrell, 2011).

Stellt man die Ergebnisse der Prävalenz den anderen dissoziativen Störungen gegenüber, so ergibt sich m.E. auch daraus kein klares Bild, da die unterschiedlichsten dissoziativen Störungen in den unterschiedlichsten Kombinationen gemeinsam auftreten und mitunter nicht klar ist, ob es sich bei vielen dieser Störungen nicht eigentlich prototypisch um eine DID handelt, da nicht selten Patient(inn)en auch dazu neigen, eine für sie „erträglichere" Antwort auf verschiedene Fragestellungen zu geben, und der Verweis auf unterschiedliche „Persönlichkeiten" nicht nur scham- und schuldbesetzt ist, sondern die Patientin häufig fürchtet, als „schizophren" eingestuft zu werden, womit in nicht wenigen Ländern dieser Erde die Gefahr droht, in die geschlossene Psychiatrie eingewiesen zu werden bzw. eine Stigmatisierung, verbunden mit sozialem Abstieg, eintritt, indem man für „verrückt" erklärt wird. Ich habe oftmals erlebt, dass Patient(inn)en sowohl beim Erstgespräch als auch beim „Fragebogen zu Dissoziativen Symptomen" (FDS) anfangs falsche Angaben machten, weil sie das Vertrauensverhältnis zwischen mir und ihnen für nicht genügend etabliert hielten, um mir „die ganze Wahrheit" zu sagen. Häufig taucht in diesem Zusammenhang im Erstgespräch die Frage auf, nachdem die Patient(inn)en unstrukturiert und häufig sehr affektlabil über ihre Zustände berichten, ob ich sie denn für „verrückt" halte?! Diffuse Ängste vor der Therapeutin oder der klinischen Psychologin bewirken, dass in Form einer Abwehr Fragen vollkommen inkorrekt beantwortet werden. In der Regel ist es häufig so, dass ich von komplex traumatisierten Patient(inn)en, die andere „Persönlichkeiten" haben, erst nach einer geraumen Zeit von etwa 2-3 Monaten von diesen „Persönlichkeiten" erfahre, obwohl Tagebuchaufzeichnungen bestätigen, dass diese Patient(inn)en schon jahrelang ein oder mehrere Alter Egos besitzen. Oft genug erlebe ich auch, dass die Patient(inn)en im klinisch-stationären Rahmen versucht haben,

Psychiater(innen) oder Psychotherapeut(inn)en auf diese Problematik aufmerksam zu machen, und damit barsch zurückgewiesen wurden, so dass es ihnen fortan äußerst schwerfällt, sowohl im Test als auch im Explorationsgespräch Angaben dazu zu machen.

Epidemiologische Untersuchungen in der Bundesrepublik belegen die hohe Diskrepanz zwischen dem Dunkelfeld und dem Hellfeld in Bezug auf Kindesmisshandlung in Deutschland, so dass sich auch daraus keine Rückschlüsse für die DID bzw. die anderen dissoziativen Störungen inklusive der Konversions-, Somatisierungs- sowie Posttraumatischen Belastungsstörungen ziehen lassen. Dasselbe gilt für internationale Studien – wobei hier freilich auch die Methoden zur Befragung und Exploration äußerst divergierend sind (Becker & Schulz, 2013, S. 13 ff.).

## Diagnose bzw. Differentialdiagnose der DID

Ich würde das Spannungsfeld von Psychotherapie und Psychologie zwischen Jaspers, wonach psychische Theorien aus der Verabsolutierung einzelner seelischer Erscheinungen entstehen (Jaspers, 1973, S. 447), und dem Zitat von Erickson: „Hier ist ein Mensch mit einem Problem – helfen Sie ihm!" (o.A.) verorten.

Dies zeigt sich insbesondere bei Patient(inn)en mit DID, wenn man nur auf die Vordiagnosen, die häufig gestellt werden, blickt: Diese reichen von „nichtorganisches, mnestisches Psychosyndrom", „schizoaffektive Störung, gegenwärtig depressiv", „leichte bis mittelgradige Intelligenzminderung", „Borderline-Störung", „ADHS", „Borderline-Störung und PTBS", „bipolare Störung" bis hin zu „akute polymorphe psychotische Störung mit Symptomen einer Schizophrenie" etc.

Offensichtlich ist es nicht selten so, dass diese Störungsbilder, wenn man die Patient(inn)en im Erstgespräch dazu näher befragt, an rein äußerlichen Symptomen festgemacht wurden, ohne dass eine vollumfängliche Persönlichkeitsdiagnostik vorliegt bzw. der Verdacht auf eine dissoziative Störung nicht in Erwägung gezogen wurde. Ich erwähne das, weil es in Zusammenhang mit dem jahrelangen Leidensweg der Patient(inn)en von 10 bis 40 Jahren steht, und pharmakotherapeutisch damit verbunden ist, dass die Patient(inn)en – wenn sie in Behandlung kommen – mitunter derart stark sediert sind, dass oftmals eine vernünftige Testung unmöglich ist. Ich erlebte eine Patientin, die mich aufsuchte und täglich 3000 mg Neuroleptika verordnet bekommen hatte. Ihre Aufnahmefähigkeit für meine Fragen im Erstgespräch war dermaßen herabgesetzt, dass ihr das Gespräch selbst als zu belastend erschien, so dass sie nie wieder vorstellig wurde, trotz der Tatsache, dass (wie mir von Mitpatient(inn)en aus der Psychiatrie mitgeteilt wurde) ein Verdacht auf DID gerechtfertigt erschien.

Marilyn van Derbur schreibt in ihrem Buch „Tagkind – Nachtkind", in dem sie ihren jahrzehntelangen Weg durch unzählige Therapien schildert, dass es erst dann wieder für sie voranging, als Therapeut(inn)en mit ihr ein wirkliches Gespräch führten, ihr Feedback gaben, Einsichten vermittelten und sie durch verschiedenste Szenarien hindurch begleiteten (Van Derbur, 2011, S. 199).

Deshalb sollten wir als Psycholog(inn)en wie auch als Therapeut(inn)en unabhängig von den bestehenden Vordiagnosen den Patient(inn)en im Erstgespräch in vertrauensvoller Umgebung genügend Zeit geben, uns ihre Probleme zu schildern, bzw., sofern die Patientin affektgeladen, ambivalent und unsicher erscheint, sie ggf. durch Nachfragen dazu zu ermutigen, uns näher ihre Sicht der Dinge zu schildern. Dies gilt grundsätzlich für Patient(inn)en aller Störungen; dennoch erscheint es mir hier explizit erwähnenswert, da gerade Patient(inn)en mit einer DID äußerst diffus und fragmentarisch über sich und ihr Leben erzählen (Putnam, 1989/2013, S. 97). M. und E. Balint vertraten 1961 die Auffassung, dass „die Interviews beim Psychiater wie auch die Testsitzungen plötzliche Ereignisse sind und daher im Gegensatz zu einer länger bestehenden Behandlung traumatisch wirken können. Der durch das Interview erlebte Schock kann eine therapeutische Wirkung haben, besonders, wenn er sich in einer vom Arzt geschaffenen und vom Patienten übernommenen, aufrichtigen, rückhaltlosen Beziehung ereignet" (Argelander, 1970, S. 81). Bei Patient(inn)en mit DID ist dem noch hinzuzufügen, dass es aufgrund der Ambivalenz und Affektlabilität, bzw. der Fragmentierung des Selbst, vernünftig erscheint, erst dann die Diagnose mitzuteilen, wenn sie zweifelsfrei feststeht bzw. sie der Patientin auch differentialdiagnostisch auseinandergesetzt werden kann. Ich habe die Erfahrung gemacht, dass es durchaus von Vorteil ist, eine zweite Kollegin darum zu bitten, eine unabhängige Testung vorzunehmen, so dass die Patientin mehr Sicherheit erlangt, welche Störung sie hat. Dies ist besonders wichtig, weil Patient(inn)en in der Regel dazu neigen (insbesondere wenn sie über Jahre hinweg fehldiagnostiziert wurden), die neue Diagnose schwer anzunehmen und zu akzeptieren. Wichtig ist es auch, der Patientin zu erklären, warum sie diese Störung und keine andere hat, indem man ihre Probleme vergleicht mit anderen Störungsbildern und mit einfachen Worten vermittelt, was vermutlich die Ursache ihrer Problematik ist (bei der DID teile ich den Patient(inn)en mit, dass ihnen eventuell in der Kindheit etwas sehr Schlimmes passiert sein könnte, das dazu geführt hat, dass sie sich daran nicht mehr erinnern können. Ich sage dann meistens auch, dass ihre Symptome darauf zurückzuführen sind, dass sie sich zwar an das schlimme Ereignis nicht mehr erinnern oder es abrufen können, sich die Erinnerung daran aber in ihren Symptomen zurückmeldet und es im Zuge der Therapie die gemeinsame Aufgabe ist, die Erinnerung wiederzufinden und das Erlittene aufzuarbeiten).

Ich erlebte so beispielsweise, dass ein Borderline-Patient, der fälschlicherweise als Trauma-Patient diagnostiziert worden war, mir im Erstinterview erzählte, er sei traumatisiert, weil seine Stiefmutter ihm einmal einen Klaps mit dem Teppichklopfer verpasst hätte, worauf er seine Probleme zurückführte. Erst später – im Zuge der Diagnostik – konnte ich ihm vermitteln, dass seine Schwierigkeiten auf eine frühkindliche Vernachlässigung zurückzuführen seien, an die er sich höchstwahrscheinlich nicht erinnern kann. Umgekehrt erlebte ich, dass eine Trauma-Patientin, die diverse Intelligenztests gemacht hatte, sich für „debil" hielt, weil ihr Vater angeblich Säufer gewesen sein soll. Erst in späteren Sitzungen stellte sich heraus, dass dem nicht so war, sondern schwerer emotionaler Missbrauch durch die Mutter als auch sexueller Missbrauch durch den Vater stattgefunden hatte.

Die entscheidenste Frage kommt m.E. im Erstinterview der Frage nach der Amnesie zu, worin sich nach meinem Kenntnisstand alle führenden Köpfe in der Erforschung der DID einig sind. Ich kann mich diesbezüglich nur Peter Fiedler anschließen, der zu

Recht sein Buch über „Dissoziative Störungen und Konversion" in memoriam Pierre Janet gewidmet hat: Janet verweist in seinen Werken nicht nur auf die Amnesie als ein entscheidendes Merkmal für viele hysterische Störungen, sondern er nimmt auch eine genaue Typifizierung vor (Janet, 1909/1919). Unabhängig davon, dass diesem Umstand mit Kriterium B für die DID im DSM-5 Rechnung getragen wird, denke ich, dass die systematische Erforschung von Amnesien, wie sie von Janet bereits betrieben wurde, einen weiteren wichtigen Faktor zur Diagnose und Früherkennung der DID darstellt. Verkürzt gesagt, konnte ich feststellen, dass der Grad der Amnesie sehr schnell einen Rückschluss darüber vermittelt, welcher Schweregrad einer dissoziativen Störung bzw. einer PTBS vorliegt. Dies bestätigte sich auch in der fortlaufenden Therapie und äußerte sich darin, dass sich Patient(inn)en mit einer PTBS früher und klarer an stattgefundene traumatische Ereignisse erinnern konnten, im Gegensatz zu Patient(inn)en mit einer DID, die auch am Ende der Therapie oft nur fragmentarisch die erlittenen Traumata in einzelnen Bildern wiedergeben konnten. In diesem Zusammenhang sehe ich auch den Schweregrad der Traumatisierung für die jeweilige Person: Je verheerender die Folgen des bzw. der erlittenen Traumas bzw. Traumata für die Patientin waren, umso tiefgehender, aber auch häufiger im Alltag trat die Amnesie in ihrem Leben auf. Als „leichteste" Form der Amnesie steht zwar die Erinnerungsfähigkeit an traumatisierende Vorgänge, demgegenüber jedoch die Abgespaltenheit der Gefühle, die vor, während und nach einem erlittenen Trauma empfunden wurden. Eine Systematisierung der Amnesie könnte wichtige Informationen nicht nur zur Entstehung des Traumas, sondern auch zur Klärung der Bedeutung des Traumas für die jeweilige Person und den Schweregrad der Dissoziation liefern. Würden diese Ergebnisse in Einklang mit den neurobiologischen Erkenntnissen gebracht, könnten sie auch das Verständnis für Verdrängungsprozesse auf neuronaler Ebene vertiefen (Anderson, 2006). Zweifelsohne ist der Schweregrad der Amnesie der Personen mit DID am höchsten, da die Erinnerung auf die verschiedenen Selbstanteile aufgeteilt wurde und dem „Gastgeber" bzw. der „Grundpersönlichkeit" (vor allem zu Beginn der Behandlung) kaum zugänglich ist.

Eine weitere wichtige Frage im Erstinterview oder den darauffolgenden Sitzungen ist auch jene nach den Schuldgefühlen der Patientin, da sie häufig als sehr intensiv empfunden werden und hinter ihnen häufig ein Täterintrojekt steckt, dass sich jedoch erst sehr viel später zeigt. Patient(inn)en leben sehr häufig in selbstdestruktiven Beziehungen, die ein quasi äußeres Pendant zu den tief empfundenen Schuldgefühlen darstellen. Diese Schuldgefühle stehen oftmals in Verbindung mit Verlustängsten und der Angst, benutzt zu werden, was mitunter zu Angst- und Panikattacken führt. In diesem Zusammenhang steht auch eine bei DID schwere Form der Depression, zumal die Patient(inn)en sich selbst ausgeliefert fühlen und dadurch keine Freude und keinen Spaß am Leben empfinden können, ohne sich dafür schuldig zu fühlen bzw. sich selbst bestrafen zu müssen. Deshalb ist es ratsam – sollte die Patientin selbstverletzendes Verhalten an den Tag legen bzw. darüber berichten – sich genau schildern zu lassen, was in der jeweiligen Situation die Gründe dafür sind. Häufig geht die Selbstverletzung, die bis zur Selbstverstümmelung reichen kann, mit schwersten Schuldgefühlen einher, wofür die Patientin sich zu bestrafen sucht. Nicht selten haben wir es mit Patient(inn)en zu tun, die uns die Narben ihrer Selbstverletzungen präsentieren; hierauf sollte man keinesfalls mit Unverständnis reagieren, sondern in jedem Falle die Patientin danach fragen, warum sie uns die Selbstverletzungen präsentiert bzw. wie häufig sie sich selbst verletzt und in welchen Situationen sie dies tut bzw. ob sie ein Muster dahinter erkennen kann. Zu den Ängsten ist auch noch zu bemerken, dass es das Phänomen der „Angst vor der Angst" gibt, das ich als „sekundäre Angst vor Kontrollverlust" bezeichnen möchte. Diese steht bei der DID damit in Zusammenhang, dass Täterintrojekte die Kontrolle über das Individuum übernehmen, was sehr beängstigend ist und wovor die Patientin verständlicherweise Angst hat. Ich konnte auch bei Patient(inn)en anderer dissoziativer Störungen diese spezielle Form der Angst schon bemerken, insbesondere wenn es darum geht, in bestimmten Situationen die Kontrolle über den Körper zu verlieren bzw. ihn nicht mehr wahrzunehmen. Es kann ohne Weiteres dienlich sein, eine ganze Therapiestunde darauf zu verwenden, mit der Patientin über ihre Ängste zu sprechen, da diese mitunter so belastend sind, dass die Patientin in Erwägung zieht, Suizid zu begehen, um sie loszuwerden bzw. um die Worte einer Patientin zu verwenden, „um endlich Ruhe zu haben!".

Eine besondere Herausforderung stellen im Erstinterview Patient(inn)en dar, die unter sehr starkem Drogen- und/oder Psychopharmakaeinfluss stehen. Nicht selten passiert es, dass Patient(inn)en im Zuge des „hilflosen Versuches der Selbstmedikation" (siehe auch „Pharmakotherapie der DID vs. Drogen") vor dem Erstgespräch die unterschiedlichsten Substanzen zu sich genommen haben, so dass selbst bei einfachsten Fragen die Gefahr unkontrollierbarer Switches und Flashbacks besteht und urplötzlich auch „Persönlichkeiten" die Kontrolle übernehmen, die äußerst aggressiv sind. Nach meinen Erfahrungen trifft dies besonders auf Patient(inn)en zu, die Amphetamine oder Kokain konsumiert haben und sich vor dem Gespräch mit Sedativa beruhigen wollten. Häufig spielt auch Alkohol in Verbindung mit Benzodiazepinen diese Rolle. Sollte die Therapeutin vor dem Erstgespräch nicht wissen, welche Patientin in die (ambulante) Praxis kommt, empfehle ich dringendst, in Türnähe zu sitzen, so dass man im Zweifelsfall den Raum verlassen kann bzw. um – so dies noch möglich ist – mitzuteilen, dass man „nebenan noch etwas zu erledigen" hat. Oftmals verlässt die Patientin in solchen Situationen mitunter selbst die Praxis; sollte diese jedoch von der Patientin verwüstet werden, scheint es dringend geboten, die Polizei zu informieren. Da ich trotz eines Therapievertrages häufig erlebt habe, dass Patient(inn)en unter bestimmten Bedingungen zeitweise zu unkontrolliertem Substanz- bzw. Psychopharmaka- bzw. Mischkonsum neigen, erwies es sich als psychoedukativ erfolgreicher, diese Patient(inn)en im Kaffeehaus oder im Park zu treffen, um ihnen zu vermitteln, dass sie erst dann wieder in die Praxis zurückkehren können, wenn ich mich dessen versichern kann, dass sie ihren Substanzmissbrauch unter Kontrolle gebracht haben. Generell erscheint es mir wichtig, Patient(inn)en, die zu Substanzmissbrauch neigen, klarzumachen, dass eine ambulante Therapie unter diesem Risikofaktor mitunter nicht durchführbar ist.

Im Gegensatz zu Putnam und Kluft (Putnam, 1989/2013, S. 113) vertrete ich nicht die Auffassung, dass langwierige Interviews von der Dauer mehrerer Stunden zweckdienlich sind, da sie dazu führen, dass sich die Patientin verschließt und die Therapie im Vorfeld als Belastung empfindet. Ich halte es für besser, das Erstinterview und die Diagnosestellung über mehrere Termine und Sitzungen auszudehnen, in denen Patient(inn)en auch die Möglichkeit haben, sich rückzuversichern, ob sie auch verstanden werden. Ich habe oft erlebt, dass die Patient(inn)en – wenn ich sie im Erstinterview gebeten hatte, mir Fragen zu stellen – mich darum ersuchten, ihnen einfach Tipps für die Bewältigung des Alltags zu geben. Dies ist in der Regel auch ohne eine definitive Diagnosestellung für fast alle Patient(inn)en möglich, und dient der so überaus wichtigen Festigung des Vertrauensverhältnisses. Ich bitte die Patient(inn)en häufig, die Zeit zwischen den Sitzungen darauf zu verwenden, entweder einzelne dissoziative Symptome an sich selbst näher zu betrachten bzw. Vertrauenspersonen darüber zu befragen. Bei Patient(inn)en, die unter hochgradiger Amnesie leiden, empfiehlt es sich auch, ihnen den „Fragebogen zu Dissoziativen Symptomen" (FDS) mit nach Hause zu geben, so dass sie ihn in Ruhe, am besten mit einer Person ihres Vertrauens, sich Frage für Frage erklären lassen, um sich darüber näher einzuschätzen. Dabei erscheint mir auch wichtig, den Fragebogen im Nachgang mit den Patient(inn)en hinsichtlich der Ergebnisse durchzusprechen, da sich die Symptome unterschiedlich stark manifestieren – wie bereits weiter oben ausgeführt.

Sollten sich durch den Fragebogen und die nachfolgende gemeinsame Erörterung der Beantwortung keine klaren Hinweise auf das Vorliegen einer dissoziativen Problematik ergeben, versuche ich mit Hilfe des „STIPO-D" (Kernberg, Clarkin, Caligor & Stern, 2004) differentialdiagnostisch Aufschlüsse über das Strukturniveau der Persönlichkeit zu erhalten, was auch hilfreich sein kann hinsichtlich möglicher Komorbiditäten.

Einen Überblick über sämtliche Komorbiditäten, auch was somatoforme Störungen in Verbindung mit einer DID oder anderen dissoziativen Störungen betrifft, erhält man mitunter ohnedies erst später im therapeutischen Setting, insbesondere wenn die Patient(inn)en so viel Vertrauen gefasst haben, ihre bisherige „Karriere" mitzuteilen. Anfälle von Trichotillomanie (also extrem zwanghaftem Verhalten) bis hin zur Agoraphobie (oder anderem phobischen Verhalten) bis hin zu Panikattacken, Anorexie, Bulimie, Binge-Eating, exzessivem Nägelkauen finden sich in diesem Spektrum ebenso wie selbstverletzendes und schwer depressives Verhalten, wobei dann die Patientin häufig über mehrere Sitzungen hinweg schweigt (sollte das vorkommen, sollte man keinen Druck auf sie ausüben, sich zu äußern). Ich halte es angesichts dieser Bandbreite von Komorbiditäten, die auch physiologische oder neurologische Auswirkungen (z. B. Autoimmunkrankheiten) haben, für zwingend indiziert, dass ab Bekanntwerden eines derartigen Verhaltens bzw. derartiger Phänomene mit physiologischen Auswirkungen eine Körperärztin beigezogen wird. Sollten Patient(inn)en sich parallel in psychiatrischer Behandlung befinden, ist es auch notwendig, so bald wie möglich in Kommunikation mit der Psychiaterin zu treten.

Mit Ausnahme dessen, dass die Patientin von sich aus freiwillig mehr Auskunft über ihre „Alter"-Persönlichkeiten gibt, ziehe ich es vor, diese Frage erst an das Ende der diagnostischen Befundung zu stellen, weil ich – wie oben erwähnt – immer wieder die Erfahrung machen musste, dass diese Frage extrem schambesetzt ist und die Patient(inn)en häufig in ihrer Vorgeschichte diesbezüglich nicht ernst genommen wurden. Im Wortlaut sage ich dann zur Patientin: „Sie haben mir schon sehr viel über sich erzählt, dass ich mir ein gutes Bild von Ihnen machen kann. Ich möchte Ihnen noch eine Frage stellen, die für uns beide zum Abschluss von wichtiger Bedeutung ist: Könnte es sein, dass Sie manchmal in Ihrem Kopf unterschiedliche Stimmen hören, die etwas Unterschiedliches wollen bzw. die miteinander streiten?" Meistens ergänze ich dann: „Wenn das so wäre, würde es mich nicht verwundern. Ich glaube aber nicht, dass Sie deshalb verrückt sind, sondern dass diese

Stimmen eine wichtige Bedeutung für unsere Arbeit haben!" Fühlen sich die Patient(inn)en durch die diagnostisch-therapeutischen Gespräche so weit verstanden und haben sie auch die Aussicht darauf, die therapeutische Arbeit mit mir fortzusetzen und nicht diskriminiert zu werden, beantworten sie im Regelfall diese Frage sehr ausführlich, so dass ich unverzüglich das Setting und die Therapieplanung mit der Patientin besprechen kann.

Nicht zuletzt halte ich es für empfehlenswert abzuklären, wie häufig sich die Patientin in den letzten zwei Jahren in Krankenhäusern, Kliniken oder Psychiatrien aufgehalten hat. Ich bitte sie dann, mir die entsprechenden Unterlagen mitzubringen. Kommt die Patientin dem unwillig oder gar nicht nach, könnte dies den Verdacht zulassen, dass sie zusätzlich an einer artifiziellen Störung leidet, insbesondere wenn sie unwillig ist, Auskünfte über die Aufenthalte im Krankenhaus bzw. der Psychiatrie zu geben. Nicht selten kommt es vor, dass Patient(inn)en, die zusätzlich eine artifizielle Störung ausgebildet haben, häufig schon Therapien abgebrochen haben und mitunter die Gefahr besteht, dass entweder die aktuelle Therapie ebenso abgebrochen wird bzw. das therapeutische Setting dazu benutzt wird, eine artifizielle Problematik auszuagieren, um erneut ins Krankenhaus eingeliefert zu werden. Fiedler (2008, S. 303) sieht hier einen engen Zusammenhang mit dissoziativen Störungen. Sollte dieses Verhalten schon bei Diagnosestellung vorliegen, rate ich davon ab, die Patientin in Behandlung zu nehmen, da im o. g. Sinne eine Therapie nicht durchführbar ist. Dies kann man der Patientin dadurch erläutern, indem man sie darauf hinweist, dass die notwendige Vertrauensgrundlage für ein therapeutisches Arbeitsverhältnis aufgrund dieses Problems nicht vorhanden ist.

## Zu den diagnostischen Verfahren

Im Gegensatz zu Fiedler (2008, S. 75) bin ich nicht der Auffassung, dass eine SKID-Einschätzung für Komorbiditätsdiagnosen nützlich ist, da auch bei mehrmaliger Testung von einzelnen Patient(inn)en fast immer die Diagnose „Borderline" gestellt wird, die aber nicht zwingend komorbid vorliegen muss. Häufig passiert es deshalb, dass Kolleg(inn)en, die als reine Diagnostiker(innen) arbeiten, so zu der Fehleinschätzung kommen, dass eine weitere Testung (z. B. der SKID-D [Gast, Oswald & Zündorf, 1999] für dissoziative Störungen) nicht vonnöten ist und es sich um besagte „Borderline-Störung" handelt. Als Leitsatz könnte daher für Diagnostiker(innen) gelten – sofern sie den SKID II (Wittchen, Zaudig & Fydrich, 1997) durchführen – ausschließlich immer auch ein weiteres diagnostisches Instrument, wie z. B. den SKID-D, das „Heidelberger Dissoziationsinventar" (HDI; Brunner, Resch, Parzer & Koch, 1999) oder den „Fragebogen zu Dissoziativen Symptomen" (FDS) ergänzend in die Testung mit einzubeziehen, um ganz im Sinne des „Trauma first" erkennen zu können, ob es sich primär um eine Traumafolgestörung handelt, was für die weitere Exploration und die darauffolgende Behandlung von großem Nutzen ist (und auch einen Zeitverlust vermeidet bei ohnedies immer weniger kassengenehmigten Therapiestunden).

Eine Abklärung hinsichtlich Schizophrenie kann im Zweifelsfall bei der Diagnostik geboten sein. In der Regel genügt es aber, die Patientin danach zu fragen, ob sie die Stimmen, die sie wahrnimmt, in ihrem Kopf hört oder durch das Ohr bzw. von außen her wahrnimmt. Zusätzlich kann man noch fragen, ob die Patientin mit der bzw. den Stimmen Kontakt aufnehmen kann und sie mit ihnen auch in Zwiesprache treten kann oder nicht. Die jeweils zweite Wahl der angebotenen Optionen deutet mit hoher Wahrscheinlichkeit auf das Vorhandensein einer schizophrenen Erkrankung hin und schließt das gleichzeitige Vorhandensein einer DID aus.

Als bisher wenig beachtet galt die Frage nach der kindlichen Enuresis der Patientin. Wie inzwischen durch die Arbeit von Gülsün, Doruk, Evrensel und Baykiz (2006) bestätigt wurde, dürfte eine über Jahre hin in der Kindheit andauernde Enuresis ein Zeichen für eine schwere Traumatisierung sein. Viele Patient(inn)en berichteten darüber, hilflos versucht zu haben, ins Bett zu nässen, um dadurch den Täter davon abzuhalten, sexuell gewalttätig gegen sie zu sein. Häufig unterstellte man ihnen dabei eine Blasenentzündung.

Ich verwende den „Fragebogen zu Dissoziativen Symptomen" (FDS), da er sehr umfangreich ist und mir eine gute Querschnittanalyse erlaubt, wie akut die Patientin vermutlich ist. Zudem erwies sich die Nachbesprechung des FDS in den Folgestunden des Erstinterviews als sehr aufschlussreich, besonders was die Psychodynamik der Patientin betrifft.

Putnam (1989/2013, S. 114 ff.) bemerkt hinsichtlich des Rorschach-Verfahrens (Rorschach, 1921), dass eine Rorschach-Auswertung aufgrund der unterschiedlichen Schulen noch nicht aussagekräftig genug für schwere dissoziative Pathologien ist. Da ich mich aus wissenschaftlichem Interesse häufig an Kolleg(inn)en gewandt habe, die verschiedene Auswertungen von Rorschach-Projektionen vornehmen, erlaube ich mir, ohne Gewähr festzustellen, dass der Rorschach bei allen Patient(inn)en, die eine mehr oder minder schwere dissoziative Störung hatten, eine starke Affektlabilität in den Antworten zeigte – im Gegensatz zu Borderline-Patient(inn)en, die der narzisstischen Störung ähnlich in der Mehrzahl primitive Spiegelantworten gaben. Häufig bemerkte ich bei Patient(inn)en, die unmittelbar vor oder nach einer Abreaktion standen, dass ihre Antworten auf die meisten Rorschachtafeln sehr stark mit dem erlittenen sexuellen bzw. Gewalttrauma in Verbindung standen, sofern sie nicht nachgerade quasi über die einzelnen Rorschachtafeln hinweg wie in einer Bildergeschichte ihren Missbrauch schilderten. Darüber hinaus berichteten die Patient(inn)en, dass sie während der Deutungen massive Körperempfindungen und auch Schmerzen verspürten, die mit dem erlittenen Trauma in Verbindung gebracht wurden. Ich denke, dass auch das Rorschach-Verfahren künftig noch eine große Rolle spielen könnte bei der Erforschung der Dissoziation.

Allgemein habe ich es mir auch zum Leitsatz gemacht, die Patient(inn)en keinen stundenlangen Testungen zu unterziehen, da die Konzentrationsfähigkeit mitunter nicht vorhanden ist. Es spricht auch nichts dagegen, den „Fragebogen zu Dissoziativen Symptomen" (FDS) der Patientin mitzugeben, aufgeteilt in je 20 Fragen über mehrere Stunden hinweg als „Hausaufgabe". Dies ermöglicht, ausführlicher mit den Patient(inn)en über die verschiedenen Items in den einzelnen Therapiestunden zu sprechen.

Da die durchschnittliche Zeitspanne vom Auftreten erster Symptome bis zur Diagnose von DID 6-7 Jahre umfasst (Fiedler, 2008, S. 219), ist relativ unklar, ob Patient(inn)en dieses Symptombild vor ihrem 20. Lebensjahr vollständig entwickeln. Bei 75 % der

Patient(inn)en liegt die erstmalige Manifestation sogar zwischen dem 17. und 32. Lebensjahr (Fiedler, 2008, S.74). Dies berechtigt dazu, äußerst vorsichtig diese Diagnose auch schon bei Kindern zu stellen. Laut Annette Streeck-Fischer (2013, S. 75) stehen die Daten einer randomisierten, kontrollierten Therapiestudie an 15- bis 19-jährigen Jugendlichen mit komplexen Traumatisierungen noch aus, so dass eine abschließende Beurteilung für die Diagnostik – ganz besonders auch die DID betreffend – zum jetzigen Zeitpunkt nicht möglich ist.

Die von Putnam (1989, S. 125) geäußerten Reaktionen der Patient(inn)en scheinen mir nicht zeitgemäß, da inzwischen fast jede Patientin über Internet verfügt. Ich erlebe kaum, dass Patient(inn)en mich nach der Diagnosestellung verängstigt anrufen, aber dafür fast immer, dass sie sich im Internet kundig machen, was es über diese Diagnose zu lesen gibt, sofern sie nicht verschiedene Selbsttestungen, die auf den unterschiedlichen Websites angeboten werden, durchführen. Nicht selten kommt es auch vor, dass Patient(inn)en einschlägige Therapieforen nutzen, um sich bei anderen Patient(inn)en zu erkundigen, was diese Diagnose für sie bedeutet. Die Qualität dieser Informationen ist unterschiedlich, aber es erscheint mir sehr wichtig, auf die daraus oft resultierenden Fragen der Patientin genau einzugehen; das beseitigt Unsicherheiten und verstärkt das Selbstverständnis der Patientin für ihre Problematik. Eine Frage, die dabei häufig auftaucht, ist, ob ich mich für kompetent halte, sie zu behandeln, die ich in der Regel damit beantworte, ihnen über meine Erfahrungen mit Patient(inn)en, die eine ähnliche dissoziative Störung haben, zu berichten bzw. darüber, wie deren Behandlung verlief. Ebenso häufig kommt vor, dass Patient(inn)en mich fragen, welche Websites ich für empfehlenswert halte, bzw. in welchem Rahmen ich dies tue. wenn ich mich im Internet äußere. Als hilfreich erwies sich für viele Patient(inn)en die Webseite der ISSD, auf der sie viele, auch plausible Erklärungen zu ihrer Problematik vorfinden können. Oft passiert es, dass sich Patient(inn)en ebenso wie Therapeut(inn)en vor Fragen gestellt sehen, die ihr Wissen überfordern. In diesem Zusammenhang ist es für Therapeut(inn)en sehr vorteilhaft, Teil einer Mailing-Liste wie der von Michaela Huber (internationales Netzwerk von Expert[inn]en multiprofessioneller Prävenienz, die traumaspezifisch tätig sind und sich untereinander über E-Mails austauschen) zu sein, um dort Fragestellungen zu deponieren und die entsprechenden Antworten an die Patient(inn)en weiterleiten zu können bzw. selbst neue Ansprechpartner(innen) zu finden. Das Wissen und die neuen Erkenntnisse über die DID sind in den letzten Jahren ja exponentiell angewachsen. Nicht zuletzt ist es aber auch wichtig, die Patient(inn)en darauf hinzuweisen, dass die Qualität der Websites, was die Informationen über DID betrifft, äußerst unterschiedlich ist und viele dieser Websites von der Pharmaindustrie gesponsert werden, um deren Produkte zu bewerben, was oft den irreführenden Eindruck vermittelt, dass die Pharmakotherapie die (alleinige) Lösung für das Problem ist (Mansell & Read, 2009).

Abschließend scheint es gerade aufgrund der Komplexität des Störungsbildes und sämtlicher Komorbiditäten, Symptomäußerungen und der Symptomfluktuation, aber auch aufgrund der andauernden Diskussion über das Störungsbild der DID einmal mehr so zu sein, wie ich es in Anlehnung an Kernberg ausdrücken möchte (Kernberg, 2006, S. 40): „Die weitere Exploration ist unverzichtbar für die Merkmale dieser Störung. Neben der weiteren Verfeinerung der Diagnostik und den therapeutischen Ansätzen gilt es, die

Beziehung zwischen den Befunden der Exploration und denen der damit in Zusammenhang stehenden Bereiche der Psychologie, Psychotherapie, Psychiatrie, Medizin und der Neurobiologie gründlich zu erforschen."

## Neurobiologie der DID bzw. der Posttraumatischen Belastungsstörungen

Katherine Button et al. von der University of Bristol untersuchten 49 Metaanalysen, die 2011 in den Neurowissenschaften publiziert wurden. Dabei wurden insgesamt 730 Studien mit den unterschiedlichsten Forschungsmethoden erfasst, die von den bildgebenden Verfahren, genetischen Untersuchungen bis hin zu Tierversuchen reichten. Erstaunlich war, dass die durchschnittliche Aussagekraft, statistisch betrachtet, nur 21 % betrug (Button et al., 2013). Diese Ergebnisse stehen in diametralem Widerspruch zu der Aufmerksamkeit, die die Neurowissenschaften für sich in jüngster Zeit beanspruchen. Zu dieser Frage äußerten Karl Clausenberg (Professor für Kunst- und Bildwissenschaften an der Universität Lüneburg) und Cornelius Weiller (Professor für Neurologie und Direktor der Klinik für Neurologie der Universitätsklinik Hamburg-Eppendorf) bereits 2004, dass die „funktionelle" Hirnbildgebung erstmals möglich macht, Hirnstoffwechselprozesse lebender Menschen zeitnah darzustellen. Man müsse sich jedoch darüber klar sein, dass die Bildgebung immer noch die Anatomie des menschlichen Gehirns sei – nicht mehr, aber auch nicht weniger (Clausenberg & Weiller 2004, S. 245). Ich mahne daher auch zur Vorsicht, vorschnell im Sinne verschiedentlicher Zuschreibungen bzw. im Sinne einer deterministischen Festlegung bestimmte Prozesse im Gehirn als neurologisch evident anzusehen, die sich von ihrem Wesen her auf andere Forschungsgebiete beziehen. Noch ist es beispielsweise nicht möglich, therapeutische Fortschritte oder Rückschläge in den Gehirnscans sichtbar zu machen – ganz abgesehen von gedanklichen oder emotionalen Inhalten, die aber für das Verständnis des Selbst als unmittelbar konstitutiv angesehen werden müssen. Allen diesen Forschungen ist daher eine gewisse Skepsis gegenüber angebracht; keinesfalls sollte eine verwandte Wissenschaft sie aus Gründen der Selbstlegitimation für sich vereinnahmen. Auch die Psychiatrie bleibt in diesem Zusammenhang die andere Seite der Medaille der Neurologie.

Einig ist sich die Forschung, dass Patient(inn)en mit schweren Traumatisierungen verstärkt zu einer rechtsseitigen Aktivierung der Amygdala und verwandter Strukturen tendieren und eine Abnahme der linken unteren Präfrontalaktivität zur Zeit der Aktivierung typisch ist. Auch zeigte sich eine verringerte Größe des Hippocampus bei chronischer PTBS, eine unterschiedliche Aktivierung des Cingulums als Antwort auf potenziell bedrohliche Stimuli und auch nach erfolgreicher Behandlung wiederum eine gesteigerte cinguläre und linksseitige präfrontale Aktivierung, ebenso wie eine Abnahme der Amygdalaaktivierung bei Erinnerung an das inzwischen erfolgreich behandelte Trauma. Wenn die rechte Hemisphäre, deren deutliche Lateralisation durch ein Trauma bewirkt werden kann, verstärkt aktiviert wird, scheint dies darauf hinzuweisen, dass möglicherweise beide Hirnhälften traumatische Erinnerungen unterschiedlich verarbeiten. Vermutungen, dass die rechte Hemisphäre enger mit der Amygdala verknüpft ist, lassen den Schluss zu, dass emotionale Reize besonders bei traumatischen Patient(inn)en unter Einbeziehung hormoneller Reaktionen stärker zum Tragen kommen. Dadurch werden u.U. Reize diffuser verarbeitet, und es kann zu sensorischen Modifikationen kommen, die eventuell ein Anzeichen für eine dissoziative Reizableitung in einzelne Körperteile darstellen könnten, sofern nicht ein Gefühl der Angst und Feindseligkeit sich einstellt. Sollte eine einseitige Verarbeitung durch die rechte Hemisphäre auftreten, deren frühere Reife auch in der Entwicklung des Kleinkindes auftritt, so besteht die Gefahr, dass diese Reize dem analytischen Denken, Kommunizieren oder logischen Schlussfolgerungen entzogen werden können, die eher in der linken Hemisphäre verarbeitet werden. (Könnte dies ein Hinweis darauf sein, dass Patient(inn)en mit schwerer Traumaproblematik verminderte Intelligenzleistungen in psychologischen Tests zeigen, weil die Testsituation per se als stressual empfunden wird?) Hierdurch kann es zu einer Reizüberflutung und einer Abwehr kommen (van der Kolk, Burbridge & Suzuki, 1998, S. 57 ff.).

In Tierversuchen wurden bei Ratten und Mäusen sowohl bei pränatalem Stress, aber auch bei Veränderungen des mütterlichen Pflegeverhaltens nach der Geburt, das zu Stress geführt hatte, bei den Nachkommen epigenetische Veränderungen festgestellt, die eine Veränderung der Genexpression von Stresshormonrezeptoren zur Folge haben. Ein kausaler Zusammenhang zwischen traumatischen Stresserfahrungen bzw. epigenetischen und hirnstrukturellen Veränderungen steht zwar im Fokus der aktuellen Forschung, lässt sich aber noch keinesfalls belegen (Braun & Bock, 2013, S. 24).

Hinsichtlich der Hypothalamus-Hypophysen-Nebennierenrinden-Achse (HHNA), die als Regulator neuroendokriner Stressreaktionen gesehen wird, und durch Ausschüttung von Andrenocorticotropin (ACTH) in den Blutkreislauf aus der Nebennierenrinde, die die Ausschüttung von Cortisol bewirkt, das einen immunregulierenden Effekt im Organismus ausübt, besteht die Vermutung, dass massiver Stress einen Mangel an Cortisoleffekten hervorruft und zentrale Stresssysteme möglicherweise darauf mit Angst oder Depression reagieren, wenn dies nicht zu einer Hyperaktivierung der HHNA unter Einbezug der Hormonausschüttung führen kann, so dass es zu einer verstärkten Aktivierung (verkürzt gesprochen) des präfrontalen Cortex, der Amygdala, des Hippocampus und des Hypothalamus u.a. durch Cortisolinhibition kommt. Diese Cortisolinhibition bezieht sich auf das unmittelbare Erleben schwerwiegender traumatischer Ereignisse, die jedoch im Nachgang zu einem Überschuss an Cortisol führen könnten, der chronifizieren könnte (und sich möglicherweise in der psychopathologischen Form des Hyperarousals manifestiert). Deshalb wird auch Patient(inn)en, die sich in einem unmittelbaren Schockzustand befinden, häufig Cortisol verabreicht, um die körpereigene Cortisolausschüttung anzuregen. Der Nebeneffekt von Cortisolmangel bzw. -überschuss auf psychischer Ebene ist den o. g. psychischen Auswirkungen sehr ähnlich mit Ausnahme der Tatsache, dass Cortisolmangel kurzfristig euphorisierend wirken kann. Neuroimmunologisch betrachtet, stellt sowohl ein Cortisolüberschuss als auch ein Cortisolmangel zumindest ein Defizit bei der Immunsuppression bzw. Immunmodulation dar.

Bei einer Untersuchung des Glucocorticoid-Rezeptor-Gens (GR-Gen), dem ein Feedbackmechanismus der Stressregulation zugrunde liegen soll, wurde im Rahmen einer Post-mortem-Studie festgestellt, dass Suizidopfer, die eine dokumentierte Geschichte frühen Missbrauchs aufwiesen, im hippocampalen Gewebe eine verstärkte Methylierung in der Promoter-Region des GR-Gens und generell eine verringerte GR-Expression aufwiesen – im Gegensatz zu Suizidopfern ohne Missbrauch. Könnten hier epigenetische Prozesse die Feedbacksensitivität der HHNA – durch traumatische Ereignisse hervorgerufen – dahingehend verändert haben und sich epigenetisch manifestieren, so dass Traumapatient(inn)en im Erwachsenenalter eine geringere Stresstoleranz aufweisen? Immerhin zeigte sich, dass sich die Feedbackregulation der HHNA schon nach erfolgreicher Symptombehandlung verbessern kann. Dies könnte auch den positiven Effekt konventioneller Antidepressiva (SSRI) auf die Funktion der HHNA bei traumatisierten Patient(inn)en erklären, aber auch ein Beleg für die Effektivität von psychotherapeutischer Behandlung sein (Wingenfeld & Heim, 2013, S. 36 ff.) (siehe auch „Pharmakotherapie").

Genetische Untersuchungen der Methylierung des GR-Gens (NR3C1) bei Erwachsenen zeigten, da dieses auch den Cortisolhaushalt regelt, dass Zusammenhänge zwischen dem Schweregrad und des Typus der Kindesmisshandlung bestehen – dies gilt ebenfalls für Borderline-Patient(inn)en (übrigens unabhängig von deren Substanzmittelmissbrauch). Deshalb lässt sich davon ableiten, dass die Qualität der elterlichen Fürsorge bzw. der frühen Lebensumgebung starke Effekte auf die Entwicklung des Gehirns bzw. die spätere sowohl psychische als auch körperliche Krankheitsanfälligkeit haben (Perroud et al., 2011).

Stresshormone werden auch als Ursachen für eine Vielzahl somatischer Erkrankungen genannt, unter ihnen die kardiovaskulären Erkrankungen und die Autoimmunkrankheiten. Am deutlichsten wird das bei der Multiplen Sklerose (MS), bei der die Aggregation der Lymphozyten, insbesondere auch die der T-Lymphozyten, die u.U. für den Ausbruch und das Fortschreiten der Krankheit verantwortlich sein könnten, durch erhöhte Cortisolwerte bewirkt wird. Um den Cortisolspiegel zu senken, werden deshalb häufig auch Cannabinoide verschrieben. Die TCM sieht die Multiple Sklerose als eine Erkrankung der Niere an, weil dort u.a. der Cortisolhaushalt reguliert wird. In einer Querschnittsuntersuchung fanden Spitzer & Heesen heraus, dass Patient(inn)en mit MS eine um den Faktor 2- bis 3,4-fach höhere Wahrscheinlichkeit aufwiesen, Opfer emotionalen und/oder sexuellen Missbrauchs geworden, bzw. emotionaler Vernachlässigung anheimgefallen zu sein (Spitzer & Heesen, 2013, S. 226). Welche Implikationen dies hinsichtlich der dysregulierten Stressachse in Bezug auf die psychotherapeutische Behandlung von MS-Patient(inn)en hat, ist noch unklar.

Fazit: Alle neurobiologischen Untersuchungen deuten darauf hin, dass sich traumatische Folgen (massiver Stress) mannigfach im Gehirn manifestieren, sich jedoch durch Psychotherapie (Verhaltenstherapie) und Psychopharmaka (SSRI) zumindest verbessern lassen, auch wenn dieser Aspekt bisher noch wenig untersucht wurde bzw. dies Gegenstand künftiger Forschung ist. Ob fürderhin auch epigenetische Untersuchungen im Vorfeld als Differentialdiagnose im Sinne einer Früherkennung der DID dienen können, lässt sich zum jrtzigen Zeitpunkt nicht beantworten.

## Pharmakotherapie der DID vs. Drogen

Pharmakotherapeutisch gelten die Serotonin-Wiederaufnahmehemmer (SSRI) als Präparate erster Wahl (Eckhardt-Henn, 2007, S. 82). Dennoch wird auch hier immer klarer, dass dokumentierte Fälle darauf hinweisen, dass SSRI aggressives oder gewalttätiges Verhalten bei bestimmten Patient(inn)en verstärken können. SSRI führen auch zu Schlafstörungen (was sicherlich bei höheren Dosen aufgrund eines euphorisierenden Charakters häufiger auftreten kann). Widersprüchlich sind die Ergebnisse für Benzodiazepine (deren suchterzeugendes Potenzial ebenfalls nicht unterschätzt werden darf) (Kunzke, 2008, S. 187).

Besonders kompliziert gestaltet sich die Pharmakotherapie von Patient(inn)en mit komplexen traumatischen Störungen, u.a. der DID, da die Patient(inn)en im Sinne der „Selbstmedikation" häufig auch den teilweise erfolgreichen Versuch unternehmen, Medikamente mit den unterschiedlichsten Substanzen zu kombinieren, um auf Symptomebene eine Verbesserung zu erreichen. In der Tat ist es so, dass die meisten legalen wie illegalen Drogen auch in Verbindung mit Psychopharmaka einen (oft auch nur kurzfristigen) Effekt hinsichtlich einer Symptomverbesserung haben (Kunzke, 2008, S. 292 ff.). Schwierigkeiten ergeben sich dadurch in erster Linie für die therapeutische Behandlung, da dann die Suchtbehandlung und die Behandlung des Traumas nahezu zeitgleich erfolgen müssen und die Patient(inn)en zudem ein Suchtverhalten entwickelt haben, das auf ein „Abstellen" der Symptome gerichtet ist und ein Entzug auch dazu führt, dass diese Symptome wieder verstärkt auftreten, womit die Patientin oftmals nicht umgehen kann. Dadurch wird es vermutlich zu verstärkten Rückfällen kommen bzw. zu Therapieabbrüchen und einer erneuten Regression in den Substanzmittelmissbrauch.

Dadurch, dass es auch keine klare Empfehlung für Medikamente gibt, die ebenso erfolgversprechend wie verschiedene Kombinationen der unterschiedlichsten legalen und illegalen Drogen sind, die Patient(inn)en häufig über die Jahre als eine ansatzweise Lösung ihres Problems angesehen haben, bleibt es eine der größten Herausforderungen der nächsten Zeit, Studien über die Wechselwirkungen zwischen Medikamenten und Drogen auch hinsichtlich der neuronalen Verarbeitungsprozesse durchzuführen, die hier ebenfalls mehr Licht ins Dunkel bringen könnten. Vielleicht bringen diese Untersuchungen auch mehr Klarheit in einzelne Stoffwechselprozesse, den gesamten Organismus und auch das Gehirn betreffend. Es kann und darf auch künftig nicht so sein, dass Patient(inn)en nicht darüber informiert werden können, was eine psychopharmakotherapeutische Alternative zu ihrem Drogenkonsum sein kann, da sie ansonsten zu Drogenpatient(inn)en werden und die Therapiefähigkeit dadurch massiv beeinträchtigt bleibt.

## Behandlungsansätze und Behandlung der DID

Die Grundhaltung, die die Therapeutin der Patientin gegenüber einnehmen sollte und von der m.E. der weitere Behandlungserfolg abhängig ist, beschrieb mir eine Patientin einmal so: „Der Therapeut muss an meinem Problem interessiert sein, und ich muss wissen, dass ich ihm wichtig bin!" Diese Aussage impliziert für mich schulenübergreifend das Spannungsfeld der Therapie. Es schließt ein, dass die Therapeutin die richtige Diagnose stellt bzw. sie der Patientin hinreichend erläutert, auf mögliche Schwierigkeiten während der Therapie hinweist bzw. der Patientin erklärt, welche äußeren Bedingungen neben der Therapie für sie hilfreich sind oder aber die therapeutische Arbeit in Gefahr bringen.

Andererseits ist es gerade für diese Patient(inn)engruppe, die mitunter an einer schweren Fragmentierung des Selbst leidet, zweifelsohne sehr wichtig, sich auch außerhalb der Therapiesitzungen in Notfällen an die Therapeutin wenden zu können, um Unterstützung zu erfahren. Es stellt sich natürlich die Frage, inwieweit eine bestimmte Regression der Patientin zugelassen werden kann. Eine Grenze ist hier der Versuch der Patientin, die Therapeutin quasi zur Bewältigung des Alltags heranzuziehen bzw. Probleme für sie zu lösen. Unabhängig davon, dass dies von Seiten der Patientin dazu führen könnte, dass sie massive Schuldgefühle der TherapeutIn gegenüber entwickelt (weil sie dadurch von ihr abhängig wird), besteht von Seiten der Therapeutin die Gefahr, zum Orakel der Patientin zu werden, weil es zu einer Vermischung der professionellen Tätigkeit und den privaten Anliegen der Patientin kommt. Hier ist es zwingend notwendig, von Anfang an eine klare Grenzlinie zu ziehen. Erteilt die Therapeutin der Patientin Ratschläge, so ist unbedingt darauf zu achten, dass die Therapeutin immer darauf hinweist, dass diese ein Angebot seien und daher unverbindlich. Es ist Fiedlers Ansicht nach (Fiedler, 2008, S. 259 ff.) erfolgreicher, sich mitunter auch außerhalb der Therapiesitzungen um die Patient(inn)en zu kümmern, dies ist aber meiner Erfahrung nach nur so weit möglich, wie die Patient(inn)en sich daran halten können, bestimmte Grenzen zwischen privat und professionell zu akzeptieren. Eine Therapeutin, die in ihrer Patientin ein „Sorgenkind" sieht, läuft Gefahr, ihrerseits durch ihre Zuwendung die Patientin unbewusst unter Druck zu setzen, sich ihr über die Maßen zuzuwenden, um narzisstische Zufuhr zu erhalten – wozu die Patientin nicht in der Lage ist, weshalb es auch deshalb häufig zu Therapieabbrüchen kommt. In anderen Fällen könnte hingegen die Therapeutin dazu neigen, das „Sorgenkind" fallen zu lassen, was einer „inneren Kündigung" der Therapie entspricht.

Die o. g. Grenze stellt meiner Erfahrung nach auch den wichtigsten Maßstab dafür dar, ob eine Patientin akut stationär versorgt werden muss oder ambulant behandelt werden kann. Ist die Patientin nicht fähig, ihren Alltag hinreichend zu bewältigen, ist zwingend ein stationärer Aufenthalt indiziert. Warum gilt dies als Maßstab? Ich habe Patient(inn)en erlebt, die suizidal gefährdet waren bzw. sich massive Selbstverletzungen zufügten, aber auch Patient(inn)en, die polizeilich als fremdgefährdend eingestuft wurden, sich jedoch immer an diese Grenze gehalten haben, weshalb ein stationärer Aufenthalt nicht vonnöten war. Im Zuge der weiteren Behandlung konnten sowohl die Suizidalität als auch das selbstverletzende Verhalten bzw. eine potenzielle Fremdgefährdung erfolgreich von der Patientin in den Griff bekommen werden, weil sie das therapeutische Verhältnis nicht zerstören wollte. In einigen Fällen war es umgekehrt so, dass Patient(inn)en zu massivem Substanzmissbrauch neigten, so dass sie sich vor sich selbst nicht mehr sicher fühlten und meine unverbindlichen Ratschläge ins Leere gingen, weshalb die Patient(inn)en von sich aus zur Einsicht kamen, dass ein stationärer Aufenthalt zwingend notwendig sei, um die ambulante Therapie nachher überhaupt fortsetzen zu können. Die Grenzsetzung verhindert also, dass es zu Therapieabbrüchen kommt, und die Patientin profitiert m.E. auch davon, dass ihr bewusst wird, woran sie arbeiten muss, um als Vorbedingung den Alltag so weit bewältigen zu können, dass sie ambulant therapiefähig bleibt.

Die ambulante Therapiefähigkeit der Patientin kann im Zweifelsfall auch dadurch aufrechterhalten werden, dass sie zusätzlich zur Einzeltherapie weitere Angebote, wie z. B. Gruppentherapie für selbstverletzendes Verhalten, den Besuch einer Gruppe bei den

Anonymen Alkoholiker(inne)n oder bei den entsprechenden Sozialeinrichtungen bis hin zur Schuldnerberatung, in Anspruch nimmt. Wichtig ist in diesem Zusammenhang auch, dass die Patientin häufig auf soziale Ressourcen in ihrem Umfeld aufmerksam gemacht wird, um mit Belastungssituationen (worunter auch die Therapie per se fallen kann) besser umgehen zu lernen, wodurch sie eine positive Selbstverstärkung erfährt und ein gewisses Maß an Selbststärke zugewinnen kann.

Schulenübergreifend ist zu bemerken, dass es ein hundert Prozent erfolgversprechendes Modell in der Behandlung dieser Patient(inn)engruppe nicht gibt. Dem ist hinzuzufügen, dass Trance- und Besessenheitszustände zwar im DSM-5 schon in das Störungsbild der DID integriert werden, jedoch diese Störung in den unterschiedlichsten Kulturen dieser Erde teilweise als religiös und damit nicht behandlungswürdig im streng medizinisch-therapeutischen Sinne angesehen wird. Es stellt sich daher die Frage, ob die Exerzizien eines Geister- und Dämonenglaubens u.U. dasselbe zu leisten vermögen, was westliche Therapiekonzepte zu leisten vorgeben. So wird z. B. auch in Mitteleuropa von Fällen einer Spontanremission bei sehr gläubigen Wallfahrer(inne)n nach Lourdes berichtet, die es aufgrund der Autosuggestion des Gebetes geschafft haben, relativ symptomfrei zu leben, weil es ihnen gelungen ist, den seelischen Stress damit zu überwinden. Wir können nicht mit aller Bestimmtheit ausschließen, dass allein eine kontemplative Lebensweise möglicherweise eine Therapie komplett ersetzt – ob dies nun ein buddhistisches Kloster ist, eine russisch-orthodoxe Einsiedelei oder die nachhaltige Umstellung der Lebensweise in der TCM. Über Jahrhunderte war Psychotherapie im modernen Sinne nicht bekannt, und dennoch gelang es sogenannten Besessenen nicht selten, ihrer Teufel oder Dämonen Herr zu werden. Zu vage sind jedoch die Überlieferungen, als dass wir mit Bestimmtheit sagen könnten, wodurch dies geschah, bzw. welche Möglichkeiten sich für die moderne Psychotherapie als Ressource anbieten könnten, um sie störungsspezifisch einzusetzen. Solange es international im Sinne der ICD-10 noch keine Klarheit darüber gibt, welche Besessenheitszustände als pathogen oder als kulturell normal angesehen werden können, lässt sich nicht abschließend klären, warum es gerade die westliche Psychotherapie sein soll, die ein Allheilmittel darstellt.

Auch unter diesem Gesichtspunkt stellt sich die Frage, was eine erfolgreiche Behandlung für die Patientin hinsichtlich ihrer Lebensqualität eigentlich bedeutet. Aufgrund meiner Erfahrungen als Therapeutin, aber auch aufgrund von Schilderungen meiner Patient(inn)en über Menschen aus deren Bekanntenkreis, die ohne Therapie eine DID so weit in den Griff bekamen, dass sie kaum eine Verminderung der Lebensqualität darstellt, bin ich auf **drei Faktoren** gestoßen, die ein mögliches Behandlungsziel darstellen:

## 1. Resilienz:
Patient(inn)en oder Nicht-Patient(inn)en, denen es gelungen ist, vor allem vertrauenswürdige soziale Bindungen aufzubauen bzw. einen Freundeskreis, der bei Problemen jederzeit hilfreich zur Verfügung steht bzw. zu dem sie eine vertrauensvolle Beziehung entwickeln, benötigen erheblich weniger Therapiestunden, sofern eine Therapie überhaupt vonnöten ist, weil sie es gelernt haben, mit ihren inneren Stresssituationen so umzugehen, dass sie sie in Gesprächen erfolgreich abbauen können.

**2. Vulnerabilität:**
Patient(inn)en oder Nicht-Patient(inn)en, die sich bewusst sind, welche Faktoren für sie belastend sind, und die eine ich-dystone Sichtweise darauf entwickeln, wissen vorzeitig, was für sie belastend sein könnte, um sich diesen Situationen gar nicht erst auszusetzen.

**3. Vigilanz:**
Patient(inn)en oder Nicht-Patient(inn)en, die die komplette Lebensführung darauf ausrichten, z. B. einen Beruf zu ergreifen oder unter bestimmten Bedingungen eine Familie zu gründen, indem sie diese als äußeren Schutzmechanismus etablieren können, neigen dazu, ein Gefühl der inneren und äußeren Sicherheit zu entwickeln, das ihnen ihre Lebensqualität erhält.

Ich würde an dieser Stelle noch einmal – phänomenologisch betrachtet – in Anlehnung an Kernberg folgenden Unterschied zwischen Borderline-Patient(inn)en und Patient(inn)en mit schwerer dissoziativer Problematik festmachen: Während die Patient(inn)en mit schwerer dissoziativer Problematik nach einem System der inneren und äußeren Sicherheit streben sollten, das möglichst nachhaltig und stabil ist, ist ein mögliches Behandlungsziel für eine Borderline-Patientin, eine äußere Ordnung zu etablieren, die ihr den Raum für die inneren, emotional instabilen (chaotischen?) oder widersprüchlichen Empfindungen ihrer Selbst- und Fremdwahrnehmung lässt, die ohnehin im Fokus der Behandlung stehen.

Onno van der Hart und Suzette Boon (1997) greifen in ihrer Arbeit m.E. genau diese o. g. drei Faktoren in ihrer Beschreibung des Behandlungsrahmens und des therapeutischen Bündnisses auf. Auch hier ist es so, dass die Therapeutin in Krisenfällen telefonisch zur Verfügung stehen sollte, Therapieferien vorgeplant werden müssen und dass mögliche Behandlungsziele bzw. der Prozess der Behandlung ständig auf dem Prüfstand stehen. Dies entspricht den Intentionen der jeweiligen Patient(inn)en, die von Stabilisierung bis zu einer vollständigen Aufarbeitung des Traumas reichen. Die o. g. drei Faktoren sollten deshalb nicht als finales Behandlungsziel aufgefasst werden, sondern auch jederzeit – zu jeder Behandlungsphase – als Möglichkeit zu einer Überprüfung der Intentionen der Patientin dienen, trotz der Tatsache, dass diese Intentionen mitunter widersprüchlich sind.

Abschließend möchte ich anhand einer **Fallvignette** darstellen, in welchem Spannungsverhältnis sich soziale Beziehungen, die innere Sicherheit und äußere Ordnung der Patientin, aber auch das Verhältnis in Bezug auf physische Krankheiten versus psychisch dissoziative Störungen und deren Rehabilitation gestalten können, vor allem wenn zum potenziellen Täter und seiner Mittäterin ein direktes wie indirektes Abhängigkeitsverhältnis besteht, das immer wieder zu selbstverletzendem Verhalten führt:
Frau Ramona K. ist Anfang 30 und lebt seit über 10 Jahren mit ihrem Lebensgefährten in einer stabilen Beziehung. Die Patientin verbrachte in ihrem 20. Lebensjahr mit ihrem Lebensgefährten, der aus dem Ausland stammt, mehrere Monate im Herkunftsland des Beziehungspartners, kehrte dann jedoch mit ihm an ihren Heimatort zurück, wo die beiden zunächst im Haus gemeinsam mit deren Eltern wohnten. Die Patientin leidet seit ihrem 18. Lebensjahr an Multipler Sklerose, wobei festzuhalten ist, dass auch deren Mutter eine Prädisposition zu einer Multiplen Sklerose aufweist, die jedoch symptomatisch niemals auffällig geworden ist, trotz der Tatsache, dass sie durch ein MRT festgestellt wurde.

Infolge der MS-Erkrankung der Patientin konnte sie niemals berufstätig werden und blieb deshalb von der Pflege- und Krankenversicherung her weitgehend von ihren Eltern, insbesondere ihrem Vater, abhängig. Trotz ihrer Tätigkeit als Kunstmalerin und einer späteren geringfügigen Tätigkeit in einem Verein für psychische Rehabilitation gelang es ihr nicht, finanziell unabhängig zu werden, so dass sie sich weiter in einem nahezu kindlichen Abhängigkeitsverhältnis zu ihren Eltern befand, die sie finanziell und materiell unterstützen. Diese Abhängigkeit verstärkte sich nun zusätzlich, indem ihr die Eltern ein Haus schenkten, in dem sie sich seelisch nie zu Hause und sicher fühlte.

Die Patientin befand sich zwischen dem 20. und 25. Lebensjahr zweimal in Psychotherapie, wobei die erste Therapie „gratis" erfolgte, sie sich deshalb schuldig fühlte und sie abbrach. Die zweite Therapie wurde von ihrer Mutter bezahlt, jedoch bat zur Mitte der Therapie die Psychotherapeutin die Mutter zu einem Gespräch, nach dem die Mutter sich abfällig über die Psychotherapeutin und deren Kosten äußerte. Dies verunsicherte die Patientin derart, dass sie sich neuerlich schuldig fühlte und die Therapie einige Monate später abbrach.

Bereits nach der Rückkehr aus dem Ausland mit ihrem Lebensgefährten verstärkten sich die selbstverletzenden Tendenzen der Patientin erheblich. Frau K. äußerte im Elternhaus dazu, dass ihre Mutter doch verstehen möge, dass sie sich depressiv und einsam fühle und zudem die ganze Situation des Zusammenlebens nicht mehr ertragen könne. Auch der Beziehungspartner erschien in dieser Situation machtlos, da auch er hinsichtlich der Unterkunft finanziell in einem Abhängigkeitsverhältnis zu ihren Eltern stand.

Nachdem die Patientin in ihr neues Haus eingezogen war und ihr Lebensgefährte mehrere Monate im Ausland weilte, verstärkten sich ihre Symptome der Depression, das selbstverletzende Verhalten und das Gefühl, dass eine Stimme in ihrem Kopf immer stärker wurde, derart, dass sie offen an Suizid dachte, sie sich jedoch davon abhalten konnte, indem sie insbesondere durch Laufen gegen die MS-Symptomatik anzukämpfen versuchte. Da sie durch das Laufen den Blicken der Allgemeinheit ausgesetzt war und dies Schuldgefühle, die zu einem verstärkten Selbsthass führten, evozierte, entwickelte sie in der Folge eine bulimisch-anorektische Störung, um damit körperlich weniger auffällig zu wirken. In ihrer Malerei fand sie eine symbolische Ebene, um sich mit ihrem Leiden auseinandersetzen zu können, ohne jedoch dafür die Ursache zu finden. Ihre Bilder betrachtet sie seitdem als ihre „Kinder", da sie ein eigenes Kind, auf das sie sich sehr gefreut hatte und das während der Schwangerschaft ihre Symptomatik teilweise verbesserte, in den ersten Monaten der Schwangerschaft verlor. Das selbstverletzende Verhalten der Patientin blieb währenddessen weiterhin bestehen und trat besonders hervor, wenn sie mit ihrer Mutter zu tun hatte. Situationen, in denen Frau K. mit mehreren Personen, z. B. bei ihren Ausstellungen, konfrontiert wurde, führten jeweils dazu, dass sie ein Schub im Rahmen ihrer MS-Krankheit ereilte, so dass sie sich kaum mehr bewegen konnte, um danach ins Krankenhaus eingeliefert zu werden, wo sie Cortison erhielt. Immunsuppressive Medikamente änderten an der Häufigkeit der Schübe bzw. deren Zusammenhang mit für die Patientin stressualen Situationen nichts. Neben den geschilderten MS-Symptomen leidet Frau K. unter Depersonalisations-, Derealisations- und dissoziativen Trancezuständen, die vermehrt vor und nach dem selbstverletzenden Verhalten – in dem sie sich Schnitte mit einer Rasierklinge zufügt – auftreten.

Da die Diagnose der Patientin aufgrund ihres selbstverletzenden Verhaltens durch den psychosozialen Dienst als Borderline-Störung eingestuft wurde, ohne dass sie jemals einer umfänglichen Psychodiagnostik unterzogen worden wäre, wurde Frau K. Mitglied einer Facebook-Gruppe von Borderline-Patient(inn)en. Dort erfuhr sie von einer anderen Patientin, die ebenfalls fälschlicherweise als Borderline-Patientin aufgrund ihres selbstverletzenden Verhaltens eingestuft worden war, dass sie möglicherweise an einer dissoziativen Störung leiden könnte. Die Mitpatientin bot ihr auch an, sich dafür einzusetzen, dass sie therapeutische Hilfe erhält, was Frau K. annahm, trotz der Tatsache, dass die Mitpatientin erhebliche Suchtprobleme hatte und ihr nicht besonders glaubhaft erschien.

Durch die Vermittlung der Mitpatientin entschloss sich Frau K., noch einmal psychotherapeutische Hilfe in Anspruch zu nehmen, obwohl sie sich anfänglich wenig davon versprach. Frau K. wurde zu Beginn ihrer Therapie mitgeteilt, dass vorerst eine umfängliche Diagnostik zu erfolgen hätte, da erhebliche Zweifel an der Diagnosefindung (selbstverletzendes Verhalten = Borderline) bestünden. Im Fragebogen für Dissoziative Symptome (FDS) zeigte sich dann, dass die Patientin unter dem Verdacht steht, eine Multiple Persönlichkeitsstörung (DID) zu haben. Da die Patientin im therapeutischen Erstgespräch zwar diffus, aber durchaus nachvollziehbar ihre Gesamtsituation schildern konnte, erschien es therapeutisch als notwendig, eine hochfrequente Langzeittherapie ins Auge zu fassen, um ihrer persönlichen Situation, ihrem Abhängigkeitsverhältnis und der Überschneidung von MS-Symptomatik versus dissoziativer Symptomatik hinreichend Rechnung tragen zu können.

Frau K. war von Anfang an sehr motiviert, und es war ihr ein wichtiges Anliegen, sowohl über ihre Bilder, die sie per E-Mail zusandte, als auch über ihre Tagebucheinträge, die bis in die frühe Kindheit zurückreichen, zu sprechen. Insbesondere die Tagebuchaufzeichnungen dienten der Patientin dabei als Erinnerungsstütze. Charlotte Bühler (1925, S. 7) schrieb dazu, dass auch, wenn „Selbstbetrug und Eitelkeit die Feder führen, sind sie selbst als Tatbestand von Interesse, weil für jugendliches Seelenleben charakteristisch". Später kamen Fotos aus der Kindheit hinzu, zu denen sie jedoch keinen emotionalen Bezug aufbauen konnte und die sie als „Bilder aus einem fremden Leben" bezeichnete. Die Kindheitserinnerungen erwiesen sich zwar als lückenhaft, ohne Zweifel war es jedoch so, dass wichtige biographische Einzelheiten die Patientin aus ihrem Gedächtnis abrufen konnte, ohne sie aber mit emotionalen Situationen zu verbinden. Das Grundgefühl ihrer Kindheit beschrieb Frau K. so, dass es von Selbstmord- und Schuldgedanken geprägt war. Emotional war der Patientin auch gegenwärtig, dass sie schon ab dem Alter von 6 Jahren massiv masturbiert hatte, wobei die Erregung darin bestand sich vorzustellen, dass sie durch die Masturbation tot werden wollte, um den befürchteten Tod der Mutter damit abzuwenden. Dennoch hat Frau K. extreme Hassgefühle ihrer Mutter gegenüber, weil sie sich „für deren Sexualität zuständig fühlte", ohne zu wissen, warum. Die Sexualität mit ihrem Beziehungspartner empfindet sie häufig als einen Akt der Vergewaltigung. Während des Sexualaktes fühlt sie sich zeitweilig benutzt, andererseits hört sie das Täterintrojekt laut schreien: „Du hast es ja verdient, du dreckige Schlampe!" Auch heute neigt die Patientin dazu, mehrmals täglich zu masturbieren, um eine innere Anspannung loszuwerden, „damit es endlich vorbei ist". Da ihr dies nicht gelingt, neigt sie besonders bei massiven Schuldgefühlen nach der Masturbation dazu, sich selbst zu verletzen, um mit dem Blut „den ganzen inneren Dreck rauszulassen". In der Masturbation befällt sie häufig das Gefühl, „dass es zu Ende gebracht werden müsse": Frau K. bezieht sich dabei darauf, dass ein vollendeter Koitus bei einem Missbrauch als Kind zumindest ihr Hymen zerstört hätte, so dass sie einen Beweis dafür hätte, „dass ihr etwas passiert sei und dass sie wirklich missbraucht worden war", da sie sich an einen Missbrauch aktiv nicht erinnern kann und sie permanent in einem ihr unerträglichen Erregungszustand gefangen ist. Frau K. litt zwischen dem 6. und 11. Lebensjahr unter Enuresis, die auch heute noch in für sie besonders stressualen Situationen unkontrolliert auftritt, jedoch nicht durch die MS bedingt ist. In der Enuresis ihrer Kindheit sieht Frau K. eine Abwehrhaltung, da sie auch heute, besonders vor dem Geschlechtsverkehr, vor dem ihr ekelt, einen heftigen Harndrang verspürt.

Zu ihren Träumen ist zu bemerken, dass zumindest ein Traummotiv in verschiedenen Variationen immer wiederkehrte, nämlich, dass sie ihre Mutter schüttelte bzw. auf ihre Mutter mit Gegenständen einschlug, bis diese blutete, um sie „zum Reden zu bringen". Dies gelang ihr aber nicht. Träume von ihrem Vater waren relativ selten, mitunter wirkte dieser in den Träumen traurig, betroffen, manchmal aber auch anzüglich.

Die Bilder, die Frau K. malt, sind eine Vielzahl von Selbstportraits, auf denen sie mit ihren Selbstverletzungen zu sehen ist bzw. als jemand, der in seine einzelnen Körperteile zerfällt, die vermodern. Der Hintergrund der Bilder ist meist schwarz – Symbol für den Zustand einer innersten Leere bzw. des „Seelenmordes". Wenn sie sich als Kind malt, sind auch die Augen schwarz, so dass sie nichts sehen können, weil sie nach innen gewandt sind. Dabei rinnt Blut aus den Augen, das gleichwie Symbol für den verschütteten Schmerz als auch für das Leben ist, um „sich durch das Blut wieder zu spüren". In manchen Bildern werden stumpfe Rasierklingen in das Bild montiert, auf denen ihr echtes Blut klebt. Rasierklingen und Blut stammen von den selbstverletzenden Handlungen. In manchen Bildern ist sie selbst als Erwachsene zu sehen, neben einer Kinderdarstellung von ihr und dem Täterintrojekt, zumeist als Dämon oder Teufel dargestellt (Abb. 1). Es fällt der Patientin sehr schwer, andere Personen zu malen, die sie wertschätzt. Wenn sie sich zwingen will, andere Personen zu malen, hat sie das Gefühl, diese damit umzubringen, bzw. fühlt sie sich schuldig, sie nicht ihrem Innenleben entsprechend richtig malen zu können.

**Abbildung 1**

Tagsüber, wenn die Patientin andere Menschen – insbesondere beim Essen von Speiseeis – beobachtet, hat sie das Gefühl, in diesen das Kind, das sie mal waren, zu sehen, das sterben muss. Im Zuge der Therapie stellte Frau K. jedoch fest, dass sie sich selbst in anderen Personen als Kind sieht, dass sterben muss, nur dieses Gefühl für sich nicht zulassen kann, weil sie schlecht und dreckig ist. Am schmutzigsten fühlt sie sich während der Menstruation. Bei Berührungen durch ihre Eltern fühlt sie sich von denen beschmutzt bzw. lösen Berührungen von ihnen Taubheits- und Lähmungsgefühle in den Gliedmaßen aus, die sie zugleich als brennend schmerzhaft empfindet. Die Patientin erscheint besonders depressiv, wenn sie sich nach einer seelischen oder körperlichen Überforderung nahezu kaum bewegen kann und sich wie gelähmt – auch nicht zum Sitzen fähig – auf ihr Sofa legen muss. Die Patientin stürzt nicht selten, ohne den Sturz kontrolliert abfangen zu können, und verletzt sich dabei mitunter schwer. Manchmal hat sie dann den Wunsch, sich so schwer zu verletzen, dass sie nie mehr aufstehen kann, um endlich sterben zu können. In den Tagen der Bewegungsunfähigkeit denkt sie ständig über Suizid nach, hat aber entweder Angst davor, dies ihrem Lebensgefährten anzutun, oder Angst davor, einen Zugführer damit zu belasten, wenn sie sich auf die Gleise legt. Über Medikamente für einen Suizid verfügt Frau K. nicht; zu Anfang der Therapie hatte sie SSRI genommen, die sie jedoch nach drei Monaten absetzte und daraufhin auch nicht wieder eingeschlichen hat, weil sie „sich spüren wollte und will".

Jeden Sonnenuntergang, den Frau K. erlebt, empfindet sie derart, dass sie rundherum alles sterben sieht – Tiere wie Menschen, unter anderem auch die Tiere in ihrem Garten und ihre Hauskatzen. Den Sonnenaufgang empfindet sie in kurzen Momenten so, dass „nun alles vorbei ist", dann aber in weiterer Folge so, dass sie funktionieren muss und nicht richtig leben kann, um Freude zu empfinden, weil ja auch der Tag wieder mit einem Sonnenuntergang enden wird. An bewölkten Tagen fühlt sich die Patientin hingegen erheblich besser. Die Sonne empfindet sie als „Verräter", weil sie bei Sonnenuntergang ins elterliche Haus zurückmusste, um schlafen zu gehen, wo unter ihrem Kinderbett Monster lauerten. Das Mondlicht durch das Fenster zu betrachten vermittelt der Patientin den Eindruck, im Haus eingesperrt zu sein; wenn sie jedoch den Mond im Freien betrachtet, empfindet sie das Mondlicht als angenehm und beruhigend: Schieben sich hingegen Wolken vor den Mond, entsteht in ihr eine unerträgliche Wut, weil alles im Schwarz der Nacht versinkt, das sie an die innere totale Leere des Seelentodes mahnt. Der sichere Ort ihrer Kindheit war ein kleiner Hügel, auf dem ein paar Bäume standen, wo sie als Kind häufig hinlief, um dem Haus ihrer Eltern zu entfliehen. Dieser Ort ist heute jedoch bebaut und umzäunt, außerdem vermutet die Patientin, dass sie ihn wegen ihrer MS ohnedies nicht erreichen könnte. Es gelang jedoch während der Therapie in einigen tranceartigen Sitzungen, sich diesen Ort bildhaft wieder vorzustellen, um ihn zeitweise als sicheren Ort vor sich sehen zu können. Trotzdem bleibt ein Gefühl der Wehmut bei dem Gedanken an diesen Ort zurück, da sie damals in ihrer Bewegungsfähigkeit nicht beeinträchtigt war, als sie als Kind dorthin lief. Das Hinauflaufen auf diesen Hügel empfand sie damals als befreiend, jedoch als sie sich bergab wieder auf den Heimweg machte, fühlte sie sich, als ob sie sich nicht mehr bewegen könne. Der Ort, an dem sie sich bisher am häufigsten sicher fühlte, seien eben die Therapiesitzungen, auch wenn sie sich ohne Einrede des Täterintrojekts in fast jeder zweiten Sitzung darüber beklagt, dass sie zu feige ist, um Selbstmord zu begehen, wo ihr doch das Leben auch durch die schwankende MS-Symptomatik zunehmend unerträglich erscheint. Der therapeutischen Hilfe steht sie ambivalent gegenüber, weil sie ja keine Hoffnung für sich sieht, auf der anderen Seite sich aber schuldig fühlt, die Therapie für sich in Anspruch zu nehmen. Trotz eines Wechsels von einem Bezirkskrankenhaus an eine Universitätsklinik zur Behandlung ihrer MS-Symptomatik, wo sie sich besser verstanden und aufgehoben fühlt, weil sie dort einen verständigen Chefarzt hat, der auch ihre dissoziative Problematik würdigt, ändert sich nichts an ihrer Lebenseinstellung.

Rumpelstilzchen – schwarzer Schatten – kleine Ramona – Solveig

Nach den ersten Therapiesitzungen erzählte Frau K. zuerst von einer „Stimme", bei der sie sich nicht sicher war, ob dies nun ein Selbstgespräch oder eine Selbstbeschimpfung sei, wenn sie diese hörte. Diese „Stimme" sei schon seit längerer Zeit in ihr vorhanden (ungefähr seit dem 23. Lebensjahr), sie meinte aber, dass sie selbst dazu neige, sich für bestimmte Tätigkeiten im Alltag, die ihr misslingen, nicht nur bestrafen zu müssen (also selbst zu verletzen), sondern sich auch beschimpfen müsse. In ihren Tagebüchern war nachvollziehbar, dass sie diese „Stimme" im Text am Computer fett hervorhob bzw. später aus dem Fließtext herausnahm und absetzte, bis sie sie schließlich rechtsbündig fett und kursiv markierte. Damit wollte sie mehr und mehr betonen, dass diese „Stimme" ein Eigenleben angenommen hatte bzw. eine andere Identität widerspiegelt, die sie als „fremd und bedrohlich" erlebt. Diese „Stimme" wurde schließlich als „mein Rumpelstilzchen" bezeichnet, das folgende Charaktereigenschaften hat: Es beschimpft die Patientin ständig als „Schlampe", „Drecksau", „faul" und „unfähig", wirft ihr vor, zu dick zu sein, dass sie abmagern müsse, fordert sie zur Selbstverletzung auf, weil sie sich nicht um ihre Mutter und ihren Vater kümmern würde. Es hat aber manchmal auch positive Eigenschaften, indem es sie motiviert, laufen zu gehen bzw. indem es aus ihrem Bauch, wo es wohnt, eine Leiter hochklettert und ganz laut schreit, wenn sich jemand ihr anzüglich nähert – es sei also ein „Wechselbalg". Als die Patientin ein Video im Internet vom Exorzismus der Anneliese Michel gesehen hat, war sie erschrocken darüber, wie ähnlich deren veränderte Stimme der Stimmqualität ihres Rumpelstilzchens war. Während des Sexualaktes mit ihrem Lebensgefährten kreischt Rumpelstilzchen und wird zu ihrem Vergewaltiger, so dass sie sich nach dem Sexualakt wie ein „toter, verwesender Leichnam" fühlt, der im Bett zurückbleibt, während sie selbst ins Bad geht, um sich zu waschen. Das Rumpelstilzchen ist sehr mächtig, aber es gibt jemand, der noch mächtiger, und das ist ein „schwarzer Schatten", der die vollkommene innere Leere und den Seelentod symbolisiert. Dieser schwarze Schatten ist „irgendwie mit dem Rumpelstilzchen" verbunden und tritt besonders während der Masturbation derart in Erscheinung, dass sie denkt, jemand beuge sich mit einer schwarzen Latexmaske und funkelnden Augen über sie und spreche dabei leise und flehentlich mit der Stimme eines 30- bis 40-jährigen Mannes: „Das ist doch schön, das willst du doch, zieh' doch dein Höschen aus!"

Seltener sieht sie die „kleine Ramona", die älter als das Rumpelstilzchen und der schwarze Schatten ist und die „immer schon da war". Die kleine Ramona ist ein Kind, das ungefähr 10 Jahre alt ist und in einem zerrissenen, schmutzigen, halb vermoderten Kleid mit einem leichenbleichen Gesicht häufig in einer Kellerecke hockt. Ihre Augen sind schwarz und nach innen gerichtet, manchmal auch geschlossen. Der Mund der kleinen Ramona war usprünglich zugenäht; später war sie zwar weiterhin fast sprachlos, aber die Fäden aus ihrem Mund waren weg. Ganz selten sagt die kleine Ramona nach der Masturbation zu Frau K.: „Ich will das nicht! Lass' mich doch bitte!" Frau K. würde gerne mit der kleinen Ramona sprechen, doch das Rumpelstilzchen sagt, dass dafür die Zeit noch nicht reif sei. Andererseits ist das Rumpelstilzchen das „Schoßhündchen" der kleinen Ramona, und wenn sie sprechen würde, müsste das Rumpelstilzchen als „Übersetzer" fungieren – wobei für Frau K. außer Zweifel steht, dass die kleine Ramona vom Rumpelstilzchen richtig übersetzt werden würde, weil sie mächtiger ist als es. Der Rumpelstilzchen ahnt, was mit der kleinen Ramona passiert ist, aber wissen tut es nur die Kleine selbst.

Auffällig ist, dass das Rumpelstilzchen häufig auch Vorwürfe erhebt, die Frau K. ihren beiden Eltern zuschreibt. Im Falle ihres Vaters sind es zusätzlich noch Selbstvorwürfe, die dieser sich manchmal machte und die nun Vorwürfe des Rumpelstilzchen sind, die es Frau K. an den Kopf wirft.

Solveig ist die „Vernunft-Stimme". Solveig ist ungefähr 50 Jahre alt, sieht aus wie ein Hippie mit längerem grauen Haar und läuft barfuß durch den Wald, wo sich auch Frau K. immer freier gefühlt hat als an allen anderen Orten, wie z. B. in ihrem Haus. Sie ist ein freies Wesen, deshalb nur selten da, und im Gegensatz zu Frau K. ist Solveig sehr unpünktlich. Manchmal, wenn Solveig da ist, ist sie „links" und redet der Patientin gut zu, während im Kopf zur gleichen Zeit das Rumpelstilzchen „rechts" da ist und Frau K. – die sich in der Mitte zwischen beiden wähnt – mit seinen negativen Aussagen beeinflussen will, was für sie sehr anstrengend ist. Solveig verkörpert einen positiven Selbstanteil, da sie Frau K. (wenn sie alleine mit ihr spricht) Mut zuspricht, sie darin bestärkt, ihre rehabilitativen Übungen für die MS fortzusetzen, und Frau K. zu überzeugen versucht, dass sie ein guter, freundlicher und netter Mensch ist. Frau K. meint, sie müsste öfter auf Solveig hören, aber dies gelinge ihr nicht, weil die meiste Zeit „ihr" Rumpelstilzchen da sei und sie beschimpfe.

Das Rumpelstilzchen ist meist auch während der Therapiesitzungen anwesend und kommentiert die Therapie. Mit Solveig kann ein Außenstehender nicht sprechen, auch nicht mit der kleinen Ramona oder dem schwarzen Schatten. Das Rumpelstilzchen ist von seinem Wesen her eher als narzisstisch anzusehen – es mag es auch, wenn man ihm seine ganze Aufmerksamkeit schenkt. Sollte in der Therapie etwas besprochen werden, was an ein sexuelles Missbrauchsgeschehen rührt, schreit das Rumpelstilzchen und beschimpft die TherapeutIn mit: „Halt's Maul! Fick dich!" Andererseits zeigt es sich sehr interessiert am therapeutischen Fortgang, hat aber Angst, dass es verschwinden muss, wenn die Therapie erfolgreich ist. Es bezeichnet die Therapie als eine „hochsensible Angelegenheit, bei der man sehr vorsichtig sein muss".

Ruth A. Blizard (1997) beschreibt in ihrer Arbeit das therapeutische Bündnis mit den Täterintrojekten derart, dass es möglich ist, mit ihnen Kontakt aufzunehmen, es jedoch sehr wichtig sei, deren Macht anzuerkennen, die Bindungen zwischen der Gastgeber-Persönlichkeit und den Täterintrojekten zu verstehen bzw. eine Art „Bewusstseinswandel" in den Täterintrojekten zu bewirken, so dass deren negativer Einfluss auf die Gastgeber-Persönlichkeit weniger bedrohlich wird. Ich möchte dem anfügen, dass es, auch wenn

**Abbildung 2**

traumatisches Material fragmentarisch erinnert wird, sehr wichtig ist, die bedrohlichen Selbstanteile einzubinden, um ihnen das Gefühl zu geben, dass sie nicht überflüssig werden müssen, wenn sich die Patientin an die traumatischen Ereignisse erinnert, da sie ja immer noch die Möglichkeit haben, in positiver Weise der Patientin beizustehen und später ihr als „Wächter" helfen können, indem sie sie vor Retraumatisierungen schützen. Blizards Auffassung, dass die Täterintrojekte während des Missbrauchs entstehen, um dem Kind zu überleben helfen, vertrete ich nicht, da diese sich erst später entwickeln und von ihrer Funktion her primär darauf ausgelegt sind, die erwachsene Patientin davon abzuhalten, sich an die traumatischen Kindheitsereignisse zu erinnern, um „funktionieren" zu können. Es sei hier auf Abbildung 2 verwiesen, in der die Geschichte des Rumpelstilzchens von Frau K. gezeichnet wurde. Als „Vorstufen" zur Entstehung des Rumpelstilzchens beschreibt die Patientin zudem noch eine fortschreitende Amnesie, die ihre Alltagskonzentration beeinträchtigte, Depressionen und Selbstmordgedanken, die einen Rückzug in sie selbst bewirkten. Auch die Anorexie, die Bulimie und das selbstverletzende Verhalten entstanden schon, bevor das Rumpelstilzchen das erste Mal vollständig in Erscheinung trat. Von sehr jungen Patient(inn)en, die ich zur Behandlung von Anorexie bzw. Bulimie hatte, wurde ebenfalls schon von einer Kindheitsamnesie und Konzentrationsschwierigkeiten berichtet. Häufig, sofern ich Kontakt mit den Patient(inn)en halten konnte, erfuhr ich von ihnen, dass später Derealisations- wie Depersonalisationserleben bzw. Trancezustände zunahmen, bis auch sie schließlich Stimmen hörten und andere Introjekte Gestalt annahmen. Es ist mir kein Fall bekannt, in dem vor dem 20. Lebensjahr ein vollständiges Täterintrojekt ausgeprägt vorhanden war – jedoch deuteten bei jungen Patient(inn)en die o. g. Symptome häufig darauf hin, dass sie später eine DID ausprägen würden, was dann meistens auch zutraf. Es ist mir nicht gelungen – auch wenn die jungen Patient(inn)en ihre Symptome in der Therapie überwinden konnten –, eine spätere DID zu verhindern, was auch dadurch begünstigt wurde, dass sie später retraumatisiert wurden. Der Bezug zwischen Täterintrojekten und Täter(inne)n zeichnet sich m.E. dadurch aus, dass sich Täterintrojekte vermehrt der Vorwürfe und Beschimpfungen, aber auch der eindringlichen Warnungen und Verbote ehemaliger Täter(innen) und Mittäter(innen) bedienen, was von den Patient(inn)en so auch bestätigt wird. Dennoch widerstrebt es mir, von einer „zweiten" oder „mehreren Persönlichkeiten" zu sprechen, da die Gastgeber-Persönlichkeit die Grundpersönlichkeit ist und später weitere Identitäten erst dazukommen, die, wie von Huntjens et al. (2012) erforscht, wesentliche biographische Daten in Bezug auf die Gastgeber-Persönlichkeit als die ihren ansehen – auch wenn sie später entstanden sind. Ich denke, es ist daher besser, von unterschiedlichen „States" oder „Identitäten" zu sprechen, weil es in erster Linie auch in der Therapie darum geht, bevor diese integriert werden können, sie ihrer Funktion nach zu beurteilen bzw. das Augenmerk der Patientin darauf zu richten. Frau K. meinte in diesem Zusammenhang, dass es für sie besser wäre, wenn sie mehr auf Solveig hören würde, um dadurch mehr Selbstvertrauen und Selbststärke aufzubauen.

## Äußere Ordnung – innere Sicherheit

Sämann, Höhn, Spoormaker und Czisch (2010) beschreiben in ihren Überlegungen aus den bildgebenden Verfahren bei der Posttraumatischen Belastungsstörung anhand eines Kontextualisierungsmodells, dass Patient(inn)en mit komplexen traumatischen Störungen Kontextinformationen unzureichend verarbeiten können. Dies betrifft sowohl äußere Stimuli der Umwelt als auch mit dem Trauma assoziierte Stimuli. Diese Patient(inn)en neigen zudem vermehrt zu Angst, einem Fluchtverhalten oder spontaner und übertriebener Wut und Aggression, einhergehend mit Depression, Schuldgefühlen, selbstschädigendem und selbstverletzendem Verhalten bis hin zu einer mehr oder minder ausgeprägten Körperfeindlichkeit. Umso wichtiger erscheint es mir im Sinne der o. g. drei Faktoren (Resilienz, Vulnerabilität, Vigilanz), ein System der äußeren Ordnung und inneren Sicherheit für die Patientin zu etablieren.

Richard Kluft (1997) erwähnt hierbei in Bezug auf die traumatischen Erinnerungen, dass es für die Patientin bedeutsam ist, ein Meister darin zu werden zu verstehen, was ihr widerfahren ist. Er wendet ein System der fraktionierten oder partiellen Auseinandersetzung mit dem traumatischen Material an, das die Patientin zur Zusammenarbeit einlädt, indem sie selbst bestimmt, wann und unter welchen Umständen in welchen Schritten traumatische Ereignisse besprochen und bearbeitet werden können. Es ist dabei besonders wichtig, auch aktuelle Lebensereignisse, die retraumatisierenden Charakter haben können, mit in die Therapie einzubeziehen bzw. Belastungssituationen zu erkennen, die die Unterbrechung der Traumaarbeit erfordern. Dabei ist auf einen stabilen Rahmen zu achten, der sich an den Ressourcen der Patientin orientiert und ihre Fähigkeit zur Alltagsbewältigung garantiert. Im Zweifelsfall, wenn die Patientin durch aktuelle Lebenskrisen absorbiert ist, kann auch eine Therapiepause notwendig sein, um die Patientin in ihrer Stabilität durch die Traumaarbeit nicht zu überlasten.

Dem füge ich hinzu, dass es von Bedeutung ist, ein System der inneren Sicherheit zu etablieren, so dass die Patientin merkt, welche Lebenssituationen, Beziehungskrisen und Alltagsgeschehnisse sie belasten und wie sie adäquat darauf reagieren kann. Vielen Patient(inn)en hilft, sich eine kurze Pause im Alltag zu nehmen, um sich wieder „zusammenzusetzen". Manche bevorzugen die Vorstellung eines „inneren sicheren Ortes", an den sie denken, um zu ihrer inneren Ruhe zu finden. Im Falle von Frau K. war es eine „Vertrauensperson", der sie sich rückhaltlos und immer mitteilen konnte, und die sich auch bemüht hat, sie zu verstehen, weil sie ihr freundschaftlich verbunden war und ist. Dieser teilte sie alle Therapieerkenntnisse mit, was für die Vertrauensperson zwar sehr belastend war, aber der Patientin selbst half, sich mit den Augen ihrer Vertrauensperson zu sehen. Die innere Sicherheit bei Frau K. besteht auch darin, zeitweilig das Täterintrojekt ignorieren zu können bzw. einen stärkeren Bezug zu ihrem Körper aufzubauen und diesen nicht nur als „Schlachtfeld" zu betrachten. Nach 12 Jahren beschloss sie daher erstmals, in eine Rehabilitationsklinik für MS-Kranke zu gehen, um sich dort weiterbehandeln zu lassen. Zwar überlastete sie sich dort körperlich, so dass ihre MS-Symptomatik dazu führte, dass sie sich kaum mehr bewegen konnte, aber nach einer kurzen Phase war ihr bewusst, dass sie trotz alledem weiter an ihrem körperlichen Zustand arbeiten müsse bzw. erneut in eine Reha gehen solle, weil ihr Körper sie braucht und sie das Verhältnis zu ihrem Körper ändern muss, um die Traumaarbeit fortsetzen zu können.

Hinsichtlich der äußeren Ordnung war es notwendig, eine Kontaktsperre zu ihren Eltern, die auch die Patientin früher oder später als mögliche Täter vermutete, einzurichten. Dies widerstrebte ihr anfangs, weil sie sich dadurch wieder schuldig fühlte; später übernahm sie mehr und mehr aber auch die Verantwortung für ihre finanzielle Situation, so dass sie sich auch diesbezüglich weitgehend von ihren Eltern lösen konnte. In ihrer Partnerbeziehung war ihr sehr wichtig, auch mit ihrem Lebensgefährten genaue Grenzen in Bezug auf die Sexualität und hinsichtlich einzelner Plätze im Haus zu vereinbaren, um sich nicht benutzt und ausgebeutet zu fühlen. Da Frau K. in absehbarer Zeit Cannabinoide erhalten soll, um ihre Bewegungsfähigkeit hinsichtlich der MS zu verbessern, muss sie auch ihren Speiseplan komplett umstellen, da ein Nebeneffekt der Cannabinoide darin besteht, dass sie sehr appetitanregend wirken. Ihr ist klar, dass dies eine Bedrohung ist, weil dies zu einer erneuten bulimischen Reaktion führen kann, die sie in jedem Fall vermeiden will, ebenso wie sie Abstand zu ihrem selbstverletzenden Verhalten dadurch gewinnt, dass sie sich in Entspannungstechniken einübt. Frau K. bemüht sich auch um eine Behindertenassistenz, um sich im Alltag nicht mehr so sehr zu überlasten, und auch, um jemanden zu haben, mit dem sie gemeinsam ihre Reha-Übungen zu Hause umsetzen kann. An der Fortsetzung ihrer Therapie ist ihr deshalb gelegen, weil sie verstehen will, was möglicherweise zu ihrer MS geführt hat, und um alles aufzuarbeiten.

Ramona K. setzt ihre Therapie fort, auch wenn diese häufig wegen Krankenhausaufenthalten unterbrochen werden muss, die sie jedoch nicht mehr entmutigen.

## Nachwort und Ausblick

Die Multiple Persönlichkeitsstörung (DID) und ihre Behandlung ist, wie die neuesten Forschungsergebnisse zeigen, bzw. wie auch die vielfältigen Ansätze in der Behandlung repräsentieren, auch weiterhin ein wichtiges und breit angelegtes interdisziplinäres Projekt verschiedenster Forschungsdisziplinen, das in den nächsten Jahren Hunderte, wenn nicht Tausende von Forschenden begeistern, interessieren und auf unterschiedlichste Weise zusammenarbeiten lassen wird. Wir sollten dabei nicht vergessen, dass im Mittelpunkt der umfangreichen Debatten unsere Patient(inn)en stehen, denen wir dahingehend verpflichtet sind, sie auf dem bestmöglichen Weg zu ihrer Genesung zu begleiten.

## Literaturverzeichnis

Anderson, M.C. (2006). Repression: A Cognitive Neuroscience Approach. In M. Mancia (Ed.), Psychoanalysis and Neuroscience. Milan, Berlin, Heidelberg, New York: Springer.

APA, American Psychiatric Association (2000). Diagnostic and statistical manual of mental disorders – DSM-IV-TR (4th ed.; Text Revision). Washington, DC: American Psychiatric Association.

APA American Psychiatric Association (2013). Diagnostic and statistical manual of mental disorders – DSM-V (5th ed.). Arlington, VA: American Psychiatric Association.

Argelander, H. (1970). Das Erstinterview in der Psychotherapie. Darmstadt: Wissenschaftliche Buchgesellschaft.

Becker, M. & Schulz, A. (2013). Kindesmisshandlung. In C. Spitzer & H.J. Grabe (Hrsg.), Kindesmisshandlung. Stuttgart: W. Kohlhammer.

Blizard, R.A. (1997). Therapeutic alliance with abuser alters in DID: the paradox of attachment to the abuser. Dissociation, X(4), 246-254.

Braun, K. & Bock, J. (2013). Tierexperimentelle Befunde zum Einfluss von biographisch frühem Stress. In C. Spitzer & H.J. Grabe (Hrsg.), Kindesmisshandlung. Stuttgart: W. Kohlhammer.

Brunner, R.M., Resch, F., Parzer, P. & Koch, E. (1999). Heidelberger Dissoziationsinventar (HDI). Frankfurt a.M.: Swets Tests Services.

Bühler, C. (1925). Das Seelenleben des Jugendlichen. Jena: Gustav Fischer.

Button, K.S., Ioannidis, J.P.A., Mokrysz, C., Nosek, B.A., Flint, J., Robinson, E.S.J. & Munafò, M.R. (2013). Power-failure: why small sample size undermines the reliability of neuroscience. Nature Reviews Neuroscience, 14, 365-376.

Clausenberg, K. & Weiller, C. (2004). Wie Denken aussieht. Zu den bildgebenden Verfahren der Hirnforschung. In C. Geyer (Hrsg.), Hirnforschung und Willensfreiheit. Zur Deutung der neuesten Experimente. Frankfurt a.M.: Suhrkamp.

Dell, P.F. (2006). A New Model of Dissociative Identity Disorder. Psychiatric Clinics of North America, 29, 1-26.

Dilling, H. & Freyberger, H.J. (Hrsg.). (1999/2001). Taschenführer zur ICD-10 Klassifikation psychischer Störungen (2. korr. und erg. Aufl.; Hrsg. für die deutsche Version der WHO-ICD). Bern: Hans Huber.

Eckhardt-Henn, A. (2007). Pharmakotherapie bei traumainduzierten Störungsbildern. Eine aktuelle Übersicht. In F. Lamprecht (Hrsg.), Wohin entwickelt sich die Traumatherapie (S. 71-84)? Stuttgart: Klett-Cotta.

Farrell, H.M. (2011). Dissociative Identity Disorder: Medicolegal Challenges. Journal of the American Academy of Psychiatry and the Law, 39, 102-6.

Ferenczi, S. (1932). Sprachverwirrung zwischen den Erwachsenen und dem Kind (Die Sprache der Zärtlichkeit und der Leidenschaft). In V. Kovács (Hrsg.), Bausteine zur Psychoanalyse, Bd. III. Bern und Stuttgart: Hans Huber.

Fiedler, P. (2008). Dissoziative Störungen und Konversion. Weinheim, Basel: Beltz.

Freyberger, H.J., Spitzer, C., Stieglitz, R.D., Kuhn, G., Magdeburg, N. & Bernstein-Carlson, E. (1998). Deutsche Adaptation, Reliabilität und Validität der amerikanischen Dissociative Experiences Scale (DES). Psychotherapie, Psychosomatik und medizinische Psychologie, 48, 223-229.

Gast, U., Oswald, T. & Zündorf, F. (1999). Strukturiertes Klinisches Interview für DSM-4 – Dissoziative Störungen (SKID-D). Göttingen: Hogrefe.

Gülsün, M., Doruk, A., Evrensel, A. & Baykız, A.F. (2006). Erişkin Bireylerde Çocukluk Ça ğı Enürezis Noktürna Öyküsü ve Dissosiyasyon Düzeylerinin Ara ştırılması. (Evaluation of Enuresis Nocturna History of Childhood in Adults and Their Dissociation Levels.) Düşünen Adam, 19(3), 131-136.

Hirsch, M. (1999). Realer Inzest. Gießen: Psychosozial-Verlag.

Huntjens, R.J.C, Verschuere, B. & McNally, R.J. (2012). Interidentity autobiographical amnesia in patients with Dissociative Identity Disorder. PloS ONE 7, no.7:e40580. Citable link http://nrs.harvard.edu/urn-3:HUL.InstRepos:10459025 (zuletzt abgerufen 21.07.2013).

Janet, P. (1919). Les Névroses. In E. Flammarion (Ed.), Collection: Bibliothèque de Philosophie scientifique (pp. 397 ff.). Paris: Flammarion. (Original veröffentlicht 1909).

Jaspers, K. (1973). Allgemeine Psychopathologie. Berlin, Heidelberg, New York: Springer.

Kernberg, O.F. (2006). Narzissmus, Aggression und Selbstzerstörung. Stuttgart: Klett-Cotta.

Kernberg, O.F., Clarkin, J.F., Caligor, E. & Stern, B. (2004). Strukturiertes Interview zur Persönlichkeitsorganisation (STIPO-D). New York: Weill Medical College of Cornell University.

Kluft, R. (1997). On the treatment of traumatic memories of DID patients: always? never? sometimes? now? later? Dissociation, X(2), 80-90.

Kunzke, D. (2008). Sucht und Trauma. Gießen: Psychosozial-Verlag.

Mansell, P. & Read, J. (2009). Posttraumatic Stress Disorder, Drug Companies, and the Internet. Journal of Trauma & Dissociation, 10, 9-23.

Mayer, R.S. (1991). Satan's Children: Case Studies in Multiple Personality. New York, G.P: Putnam's Sons.

Neumann, A. (1997). Verträge und Pakte mit dem Teufel. St. Ingbert: Röhrig Universitätsverlag.

Overbeck, G. & Niemann, U. (2012). Stigmata. Darmstadt: Wissenschaftliche Buchgesellschaft.

Perroud, N., Paoloni-Giacobino, A., Prada, P., Olie, E., Salzmann, A., Nicastro, R., Guillaume, S., Mouthon, D., Stouder, C., Dieben, K., Huguelet, P., Courtet, P. & Malafosse, A. (2011). Increased methylation of glucocorticoid receptor gene (NR3C1) in adults with a history of childhood maltreatment: a link with the severity and type of trauma. Translational Psychiatry (2011) 1, e59, doi: 10.1038/tp.2011.60, Macmillan Publishers Limited. www.nature.com/tp

Pearson, M.L. (1997). Childhood trauma, adult trauma, and dissociation. Dissociation, X(1), 58-62.

Putnam, F.W. (1989). Diagnose und Behandlung der Dissoziativen Identitätsstörung. Paderborn: Junfermann. (dt. Erstausgabe 2003).

Rorschach, H. (1921). Psychodiagnostik. Methodik und Ergebnisse eines wahrnehmungsdiagnostischen Experiments (Deutenlassen von Zufallsformen). Bern, E. Bircher.

Ross, C.A. (2000). The Osiris Complex: Case-Studies in Multiple Personality Disorder. Toronto: University of Toronto Press.

Sämann, P.G., Höhn, D., Spoormaker, V.I. & Czisch, M. (2010). Bildgebende Verfahren bei der Posttraumatischen Belastungsstörung (PTBS). Psychotherapie, 15. Jg., Bd. 15, Heft 2, 232-248.

Schomerus, G. (2013): Stigmatisierung der Opfer von Kindesmisshandlung. In C. Spitzer & H.J. Grabe (Hrsg.), Kindesmisshandlung. Stuttgart: W. Kohlhammer.

Spitzer, C. & Heesen, C. (2013): Autoimmunkrankheiten. In C. Spitzer & H.J. Grabe (Hrsg.), Kindesmisshandlung. Stuttgart: W. Kohlhammer.

Streeck-Fischer A (2013): Kindesmisshandlung aus kinder- und jugendpsychiatrischer Perspektive. In C. Spitzer & H.J. Grabe (Hrsg.), Kindesmisshandlung. Stuttgart: W. Kohlhammer.

Van Derbur M (2011): Tagkind – Nachtkind. Das Trauma sexueller Gewalt. Kröning: Asanger.

Van der Hart, O. & Boon, S. (1997). Treatment strategies for complex dissociative disorders: two dutch case examples. Dissociation, X(3), 157-165.

Van der Kolk, B., Burbridge, J.A. & Suzuki, J. (1998). Die Psychobiologie traumatischer Erinnerungen. In A. Streeck-Fischer (Hrsg.), Adoleszenz und Trauma (S. 57-79). Göttingen: Vandenhoeck & Ruprecht.

Wingenfeld, K. & Heim, C. (2013). Psychobiologische Aspekte bei früher Traumatisierung. In C. Spitzer & H.J. Grabe (Hrsg.), Kindesmisshandlung. Stuttgart: Kohlhammer.

Wittchen, H.U., Zaudig, M. & Fydrich, T. (1997). Strukturiertes Klinisches Interview für DSM-IV. Göttingen: Hogrefe.

Zaudig, M. (2000). DSM-4 und ICD-10-Fallbuch: Fallübungen zur Differentialdiagnose nach DSM-4 und ICD-10. Göttingen, Bern, Toronto, Seattle: Hogrefe.

**Bildnachweise**

Copyright der Abbildungen bei Frau Ramona K. (Name der Autorin bekannt)

## Korrespondenzadresse

Mag. Doris Fischer
Diplom-Psychologin
Brigittenauer Lände 36/15 | 1200 Wien, Österreich
Tel.: 0043/1/968 11 25 | Mobil: 0043/699/102 43 564
dorisevafischer@gmail.com

Jochen Peichl

# Das Verhältnis des Selbst zu seinen Teilen: basisdemokratische Vielfalt oder hierarchische Struktur – ein Vergleich der Theoriekonzepte

The relation of the self to its parts: basic democratic diversity or hierarchical structure – a comparison of the theoretical concepts

In vielen Teilemodellen einer modernen Psychotherapie, gibt es die Unterscheidung zwischen erlebnis- und handlungsorientierten Anteilen/Parts/Ego-States der Persönlichkeit und einer davon unterscheidbaren Instanz, die mit Selbstreflexion, Steuerung, Sinngebung usw. dieser ersten Erfahrung für ein Gesamtbild der Persönlichkeit verbunden ist – häufig das „Selbst" genannt. Diese Arbeit untersucht die Beziehung des Selbst zu den Teilen in dem basisdemokratischen Ansatz der klassischen Ego-State-Therapie von John und Helen Watkins, dem Top-down-Modell der „Innere-Familie-System-Theorie" von Richard Schwartz und dem ökologischen Ansatz der hypnosystemischen Therapie von Gunther Schmidt.

Schlüsselwörter
Teiletherapie – Selbst – Innere Anteile – Beziehungsmodell

*In many parts models of a modern psychotherapy a distinction is made between experience- and action-oriented components/parts/ego-states of the personality and an instance that is distinguishable from them and linked to self-reflection, control, meaning, etc. of this first experience for an overall view of the personality – often called the „self." This paper examines the relationship of the self to the parts in the grassroots approach of the classical ego-state therapy of John and Helen Watkins, the top-down model of „Internal Family Systems Theory" by Richard Schwartz and the ecological approach of hypno-systemic therapy by Gunther Schmidt.*

*Keywords*
*parts therapy – self – inner parts – relation model*

Die Frage, ob das Gehirn hierarchiefrei ist oder doch einen Dirigenten braucht, ist Teil einer seit Langem geführten historischen Diskussion. Einige Hirnforscher wie Georg Northoff, Wolf Singer und Gerhard Roth plädieren dafür, die Macht einer Zentralregion – mit Sitz zum Beispiel hinter der Stirn im präfrontalen Cortex (PFC) – für die willentliche Entscheidungsfindung nicht zu überschätzen. Sie sprechen mehr von Gehirn als einem „Orchester ohne Dirigenten" (Singer, 2005). Für mein hier gewähltes Thema bedeutet dies:

- stimmt Watkins Konzept des Selbst als einem basisdemokratisch organisierten System von Ego-States, die je nach Besetzung mit „Ich-Energie" das aktuell erlebte exekutive Selbst ausmachen, oder
- stimmt Richard Schwarz' Idee eines „wahren Selbst", das Führungsqualität besitzt, oder gar Gunther Schmidts „steuernde Instanz"?

Diese Frage zu beantworten wird nicht leicht werden, setzt sie doch Wissen in neueren neurobiologischen Modellen zum Selbst voraus, die ich an anderer Stelle ausführlich beschrieben habe (Peichl, 2012). Hier soll es mehr um die phänomenologische und pragmatische Seite des Ganzen gehen, um die unterscheidbaren Möglichkeiten, sich der Frage nach dem Verhältnis zwischen Selbst und Teilen sinnvoll zu nähern (das Bottom-up-, Top-down- und ökologische Modell) und die daraus folgenden Konsequenzen für die Praxis.

## Die drei Ebenen des Selbstmodells

Schon Westen (1990) hat darauf hingewiesen, dass das Konzept des Selbst allein schon in der psychoanalytischen Theorie in sieben unterschiedlichen Definitionen vorkommt – kein Wunder, dass dieser schillernde Begriff für so viel Verwirrung sorgt. Um mehr Klarheit in die Beziehung zwischen dem „Selbst und den Teilen" zu bekommen, versuche ich mich mit Falkenström (2003) an einer genaueren Erkundung des Feldes und ordne die unterschiedlichen Phänomene und Konzepte des Selbst nach drei Ebenen: (1) das Selbst als eine Erfahrung, (2) das Selbst als eine Repräsentanz (das repräsentionale Selbst) und (3) das Selbst als System.

### Ad 1: Erfahrungsebene: Das Selbst als eine innere Erfahrung
In der postklassischen psychoanalytischen Theorie gehen wir mit Michell (1991) von zwei praxisnahen, aber sich widersprechenden Theorien des Selbst aus, die für mein Thema entscheidend sind.

### Position 1: Das Selbst als Inhalt der Erfahrung
Das Selbst ist relational, multipel und nicht einheitlich – das ist die Position der Objektbeziehungs- und interpersonalen Theorie. Danach ist der Geist von verschiedenen Selbsten und Objekten, die miteinander in Interaktion stehen, besiedelt, was sich in unterschiedlichen Selbstgefühlen und Arten des Seins zu unterschiedlichen Kontextbedingungen äußert – das Selbsterleben ist in ständiger Veränderung begriffen.

### Position 2: Das Selbst als Beobachter
Das Selbst ist unabhängig und ganzheitlich (integral), das ist die Sicht der selbstpsychologischen Theorien (Kohut). Es gilt: „Der Kern des Selbst ist eine kontinuierliche Linie subjektiver Erfahrung, und das höchste menschliche Ziel ist Selbst-Integration" (Falkenström, 2003, S. 1552). Das Selbst steht für eine Kontinuität im Erleben, eine selbst-reflexive Funktion, die von einem subjektiven Zustand zum anderen mit sich identisch bleibt. Hier wird das Wort „Selbst" für den Teil gebraucht, der diese Erfahrung mit den verschiedenen Inhalten macht – also so etwas wie ein innerer Beobachter in der Systemtheorie.
Der wichtige Unterschied zwischen den Positionen ist, dass die erstere „den Inhalt einer

Erfahrung das „Selbst" nennt, während die andere das Wort „Selbst" für den Teil benützt, der den Inhalt erfährt" (ebenda S. 1553).

Um es schon einmal vorwegzunehmen: In diesem Zitat ist von Falkenström genau der Unterschied markiert, den wir in Laufe meiner Erkundung immer wieder antreffen werden:
- die Ego-State-Theorie behauptet, das Selbst ist die Erfahrung des Ich-Zustandes im Hier und Jetzt, und
- Richard Schwartz, der Vater der „Innere-Familie-System-Theorie" schreibt, das Selbst sei eine zeitüberdauernde Instanz, den Teilen übergeordnet. Ähnlich sieht es Gunther Schmidt in seiner hypnosystemischen Theorie der „Inneren Familie".

Diese Unterscheidung in das Selbst als Inhalt der Erfahrung und als Beobachter der Erfahrung kennen wir schon von der therapeutischen Ich-Spaltung von Richard Sterba (1934).

### Ad 2: Repräsentionale Ebene: das repräsentionale Selbst

Die Selbst-Repräsentanz ist in diesem Sinne die intrapsychische Repräsentation der ganzen Person (Hartmann, 1950), was den Körper, die Körperteile, die psychische Organisation und ihre Funktionseinheiten mit einschließt. In dieser Sicht ist das Selbst eine reale Person und nicht ein psychologisches Konstrukt, und das Wort „Selbst" wird gebraucht als ein Hinweis oder eine Benennung, wenn wir über eine spezielle Person reden wollen. Das Wort Selbst-Repräsentanz ist hingegen ein psychologisches Konstrukt, eine intrapsychische Struktur, die das Selbst repräsentiert – eine Repräsentanz ist nicht die Person, so wie eine Landkarte nicht die Landschaft ist, die sie repräsentiert.

### Ad 3: Das Selbst als System

Otto Kernberg (1981) hat in seiner Objektbeziehungstheorie den Vorschlag gemacht, den Begriff Selbst für die Summe aller Selbst-Repräsentanzen, die in intimer Beziehung mit den Objektrepräsentanzen verbunden sind, zu benützen. Damit ist Kernbergs Selbstkonzept auf einem hohen Level der Abstraktion angesiedelt und hat sich vom aktuellen Erleben weit entfernt. „Ein Selbstbild ist ein Schnappschuss einer Person selbst in einem bestimmten Moment, eine Selbst-Repräsentanz besteht aus verschiedenen Bildern, und das Selbst (in Kernbergs Definition) besteht aus einer Anzahl von Repräsentanzen" (Falkenström, 2003, S. 1554).

Nachdem wir nun die verschiedenen Perspektiven geordnet haben, möchte ich Sie einladen, sich mit mir drei moderne Konzepte der Teiletherapie genauer anzusehen: Die Ego-State-Therapie von John und Helen Watkins (siehe auch K. Fritsche in diesem Heft), die Innere-Familie-System-Theorie (IFS) von Richard Schwartz (siehe auch Uta Sonneborn in diesem Heft) und den hypnosystemischen Ansatz von Gunther Schmidt. Unser Fokus ist das Selbst als eine innere Erfahrung, wie ich diese oben unter Ad 1 mit Falkenström (2003) beschrieben habe. Ist mein Selbst mehr als die Summe meiner Teile, oder ist die Summe meiner Teile die Erfahrung des Selbst?

### Die Ego-State-Theorie von John und Helen Watkins: ein Bottom-up-Modell

Die heute im deutschsprachigen Raum populäre Ego-State-Theorie geht auf John und Helen Watkins (Watkins & Watkins, 2003) zurück – zwei Pioniere der Teilearbeit, die in den 1970er Jahren psychoanalytische Theorie und Praxis der Hypnosetechnik zu einer innovativen Arbeit mit inneren Anteilen amalgamierten (siehe auch den Beitrag von Kai Fritzsche in diesem Heft).

Gemäß meinem gewählten Thema möchte ich in der sog. klassischen Ego-State-Therapie der beiden Watkins das Verhältnis der einzelnen Ich-Zustände zueinander und zu einer möglichen übergeordneten Struktur untersuchen. Dabei stößt man im Lehrbuch von 2003 immer wieder auf die Metapher der „Selbstfamilie" - also der Organisation der einzelnen Selbstanteile wie in einem Familienverband. „Die Therapie der Ich-Zustände beruht auf der Anwendung von Techniken aus Einzel-, Gruppen- und Familientherapie zur Lösung von Konflikten zwischen den verschiedenen Ich-Zuständen, die eine Selbst-Familie konstituieren" (ebenda S. 128). Bei Phillips und Frederick heißt es dazu: „ Innerhalb der menschlichen Persönlichkeit bilden die Ich-Zustände eine „Selbst-Familie" (2003, S. 95). Daraus leiten Ego-State-Therapeuten häufig für die Psychoedukation der Patienten die Metapher des Hauses mit vielen Zimmern ab, in denen die einzelnen Teile unseres Selbst leben – draußen an der Eingangstüre steht der Familienname, der die corporate identity des System verdeutlicht.

Watkins definieren Ego-State »als organisiertes Verhaltens- und Erfahrungssystem, dessen Elemente durch ein gemeinsames Prinzip zusammengehalten werden und das von anderen Ich-Zuständen durch eine mehr oder weniger durchlässige Grenze getrennt ist« (Watkins & Watkins, 2003, S.45). Diese Sichtweise erklärt den Persönlichkeitscharakter dieser phänomenologisch abgrenzbaren psychischen Einheiten. Claire Frederick (Phillips & Frederick, 2003, S. 95) betont dagegen die Wichtigkeit der Auffassung von Ego-States als Energiezuständen.

In dieser klassischen Definition haben wir drei Elemente:
- Grenze: Ich-Zustände sind abgegrenzt, und diese Grenze erlaubt mehr oder weniger den Austausch zwischen den States;
- Inhalt: Ein Ego-State setzt sich aus einer Ansammlung von Verhaltens- und Erfahrungselementen zusammen, die die biografisch entstandenen Begegnungen der Menschen mit der Welt umfassen – man könnte sagen: Niederschläge von Beziehungserfahrungen und
- Ordnungsprinzip: Die Elemente sind durch ein „Prinzip" in einem System organisiert.

So wird aus jedem einzelnen Ego-State eine unverwechselbare, einmalige Vernetzung von Erfahrungselementen, deren Funktion es ist, Probleme zu lösen oder Konflikte zu bewältigen, um so die Anpassung an die Umwelt zu erhöhen. „Jeder Ich-Zustand besitzt seine eigenen, relativ überdauernden Affekte, Körperempfindungen, Erinnerungen, Fantasien und Verhaltensweisen, und er hat auch seine eigenen Wünsche, Träume und Bedürfnisse. Ich-Zustände stehen in ähnlicher Beziehung zueinander wie Familienmitglieder" (Frederick, 2007, S. 19).

Wie so eine Selbst-Familie aus Sicht von Watkins aussehen könnte, zeigt Abbildung 1 (Watkins, 2003, S. 47)

Wir sehen verschiedene Ego-States, die sich zum Teil überschneiden, die einzeln stehen, mit fester oder mit punktierter Grenze. In der Mitte der Abbildung gibt es ein „ziemlich amorphes Gebilde" (Watkins, 2003, S. 46), eine graue Struktur, die Watkins als Kern-Selbst bezeichnet (mit der Nummer 1 versehen).

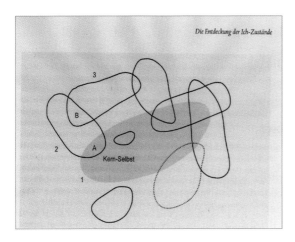

**Abbildung 1:** Die Ich-Zustände (Watkins 2003, S. 47)

Was können wir daraus für die Frage der Beziehung der Teile zueinander und zu einer möglichen Metastruktur gewinnen?
Wir sehen auf dem Bild die Teile des Selbst, die sich im Lauf der Entwicklung aus Gründen der Anpassung an die Umwelt herausgebildet haben:
- im Rahmen einer normalen Entwicklung als Ausdruck der Differenzierung (Rollen),
- durch Introjektion von bedeutsamen anderen,
- als Reaktion auf ein Trauma oder
- durch Herausbildung eines Übergangsobjektes (Frederick, 2007, S. 23 ff.).

Interessant ist, dass sich Ego-States, wenn sie durchlässig und nicht zu starr sind, überschneiden, d. h., das Verhaltens- und Erfahrungselemente, die den Inhalt der Ego-States ausmachen, Teil von verschiedenen States sein können. Watkins erklärt das so: „Beachten Sie die Ich-Zustände 2 und 3 in der Abbildung 1; sie überschneiden sich in einem bestimmten Bereich, dem Bereich B. Vielleicht ist der Ich-Zustand 2 aus den Verhaltensweisen und Erfahrungen zusammengesetzt, die aktiv gewesen sind, als das Individuum 6 Jahre alt war, und der Ich-Zustand 3 repräsentiert Verhaltensweisen und Erfahrungen im Umgang mit Autoritätsfiguren, den Vater eingeschlossen. Der Bereich B enthält dann jene psychischen Strukturen und Prozesse, die aktiv waren, als das betreffende Individuum im Alter von sechs Jahren mit seinem Vater interagierte" (Watkins, 2003, S. 47).
Sind die Grenzen eines Ego-State starr und undurchlässig (meist durch Trauma entstanden), dann bezeichnet Watkins einen solchen State als dissoziiert, was in der extremen Form zu einer Alter-Persönlichkeit einer DIS führen kann (auf der Abbildung am unteren Bildrand). Ist ein Ego-State aktiviert und im Vordergrund – Watkins würde sagen: mit Ich-Energie besetzt –, dann nennen wir das den ausführenden oder exekutiven Ich-Zustand, und alle anderen Ich-Zustände sind im Hintergrund – d. h. mit Objekt-Energie besetzt.
Die Struktur in der Mitte, ohne eine so akzentuierte Grenze wie bei den Ego-States in der Abbildung dargestellt, nennt Watkins das Kern-Selbst (core self) oder in anderen Publikationen auch das Kern-Ich. Es enthält eine Reihe von Verhaltens- und Erfahrungselementen, „die bei einem normalen Individuum mehr oder weniger konstant sind und

die – sowohl in den Augen des Individuums selbst wie auch der Welt gegenüber – das einigermaßen konsistente Bild bestimmen, wie jemand selbst und andere sein ‚Selbst' wahrnehmen" (Watkins, 2003, S. 46). Die Grenzen dieses Kern-Selbst sind jedoch nicht rigide festgelegt, sondern können in aktiven Perioden des Individuums (er fühlt sich stark und lebendig) erweitert und im Schlaf oder in einer Depression zusammengezogen werden. Aus diesen Zitaten ergibt sich für mich, dass Watkins von der Existenz eines Zentrums oder eines Kerns (center core) des Selbst ausging, der dem Individuum ein Gefühl der Ganzheit vermittelt. Da er sich aus Verhaltens- und Erfahrungselementen einzelner Ego-States bildet, die sich zu einer „recht konsistenten" Gestalt verbinden, müssen wir logischerweise von einer Metastruktur ausgehen, die mehr ist als die Summe der einzelnen Ego-States. Die Struktur im Inneren des Kern-Selbst in der Abbildung 1 wurde von Watkins nach mir bekannten Quellen nie explizit beschrieben, aber nach Äußerungen von Claire Frederick (siehe 2007, S. 24 ff.) spricht für mich vieles dafür, dass es sich um den Inneren Beobachter („Beobachter-Ich-Zustand"; Watkins, 2003) handelt. Dieser Kern des Selbst – an anderer Stelle von Watkins (2003) auch „höheres Selbst" oder „Lebensenergie" genannt – dürfen wir uns in der klassischen Ego-State-Theorie nicht als eine übergeordnete Schalt- und Steuerungszentrale vorstellen, sondern entsprechend der Energien-Theorie von Paul Federn ist sie der Ort der sog. Selbst-Energie, mit der die Ego-States eine Ich- oder Objektbesetzung erfahren. „Als Energie ist sie in der Lage, einen Prozess zu aktivieren, und als Selbstenergie hat sie die Eigenschaft, das, was durch sie besetzt ist, mit dem Gefühl des Selbst zu erfüllen (Ich-Gefühl). (...) Das Kern-Selbst ist so etwas wie ein Lagerhaus der Selbst-Energie, die dann in Ich-Zustände verlegt oder (wie zum Beispiel im Schlaf) in Reserve gehalten wird" (Watkins, 2003, S. 43). Das Konzept der klassischen Ego-State-Theorie in der Zusammenfassung zeigt Abbildung 2.

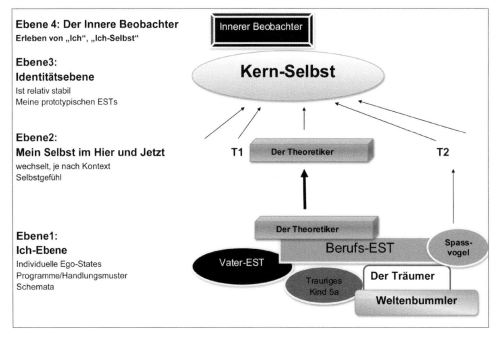

**Abbildung 2:** Das Selbstsystem bei Watkins

## Das Top-down-Modell bei Richard Schwartz

Die Watkins erwähnen in der Danksagung zu Beginn des Handbuches explizit den amerikanischen Hypnoseforscher Ernest R. Hilgard (1904-2001) und die von ihm definierte „Neo-Dissoziations-Theorie"; auch bezogen sie sich in ihrer Darstellung der Ego-State-Theorie auf die Entdeckung des „verborgenen Beobachters" (hidden observer) als einer besonderen Form von Ego-State, aber Hilgarts Vorstellungen von der Struktur der Hierarchie der mentalen Kontrollsysteme, zentralen Steuerungsinstanzen und seine Theorie der parallel angelegten zerebralen Funktionssysteme blenden sie geflissentlich aus, um das basisdemokratische Selbstkonzept der „Inneren Familie" nicht zu gefährden. Nach Kossak (2013) gibt es drei Grundannahmen der Neo-Dissoziations-Theorie:

- „Es gibt unterschiedliche kognitive Verarbeitungssysteme, die miteinander interagieren, aber auch isoliert (dissoziiert) voneinander tätig sein können.
- Die einzelnen kognitiven Systeme werden durch übergeordnete Kontrolle in ihrer Interaktion und Konkurrenz geregelt. Durch selektive Dominanz wird in den gleichzeitig ablaufenden Gedanken und Handlungen Ordnung geschaffen.
- Es gibt für alle kognitiven Systeme eine zentrale Überwachungs- und Kontrollstruktur, da die hierarchischen Verhältnisse zwischen den einzelnen kognitiven Strukturen sich je nach Anforderung ändern" (S. 95).

Auf dieses hierarchisch strukturierte Model beziehen sich implizit, aber auch explizit die Teilekonzepte, die ich mir jetzt näher anschauen will und die als nicht basisdemokratisch bezeichnet werden dürfen. Dabei werde ich das IFS-Modell von Richard Schwartz breiter würdigen und auf andere ähnliche theoretische Vorstellungen der hierarchischen Beziehung des Selbst zu den Teilen nur hinweisen.
Die systemische Therapie mit der inneren Familie („Internal Family Systems Therapy", IFS) wurde seit den 1980er Jahren von Richard Schwartz, einem der führenden systemischen Familientherapeuten in den USA, entwickelt (siehe die Arbeit von Uta Sonneborn in diesem Heft).
Schwartz kam in seiner therapeutischen Tätigkeit zu dem Schluss, dass die Psyche des Menschen nicht homogen, sondern aus vielen Teilen zusammengesetzt ist, und die Fähigkeit zu einer solchen Differenzierung sieht er im Menschen biologisch angelegt - welche Anteile jemand besonders entwickelt, hängt von dessen kindlicher Lebenserfahrung ab. Die in der erwachsenen Psyche zu findenden Selbstanteile ordnet Schwartz nach ihrer Funktionalität und nicht nach ihrem Inhalt und postuliert folgende Anteile:
- Manager (manager)
- Verbannte (exiles) (verletzte Selbstanteile) und
- Notfallaktivisten (firefighters) („Feuerbekämpfer").

Wichtiger Unterschied zur klassischen Ego-State-Therapie von Watkins: Die Teile sind in Kategorien eingeteilt, die deren Funktion beschreiben, ohne eine einzigartige Individualität zu unterschieben.

In dem Therapie-Modell der „Inneren Familie" gibt es einen zentralen Bezugspunkt: das „Selbst" – als Bezeichnung für die gesunde und heilende Instanz in uns, die sich durch

Weisheit, Vertrauen, Mitgefühl und Akzeptanz auszeichnet, ungeachtet der Tatsache, dass viele Menschen zunächst wenig Zugang zu ihr haben.

„Das Selbst hat gegenüber all diesen Teilen einen besonderen Status. Schwartz hat es nicht als weiteren Teil der Psyche konzipiert, sondern als eine Instanz, einen inneren Ort oder Zustand, von dem aus ein Mensch sich auf all seine Teile beziehen kann mit Neugier, Mitgefühl, Ruhe, Zuversicht, Mut, Klarheit, Kreativität, Perspektive, Vertrauen und Verbundenheit. Das Selbst tritt in dem Maße ins Bewusstsein, in dem ein Mensch sich von seinen extremen Gefühlen und Gedanken separieren kann" (Waterholter, 2008, S. 47).

Schwartz geht in seinem Modell davon aus, dass jeder Mensch verschiedene innerpersönliche Anteile hat, die er jeweils wie eigenständige Persönlichkeiten mit typischen Körperempfindungen, Gedanken, Gefühlen, Anschauungen, Erinnerungen usw. empfindet und erlebt.

„Ein Teil ist nicht nur ein vorübergehender emotionaler Zustand oder ein gewohnheitsmäßiges Gedankenmuster. Vielmehr ist es ein einzelnes und autonomes Denksystem, das seinen eigenen Emotionsbereich, Ausdrucksstil, seine eigenen Fähigkeiten, Wünsche und seine eigene Weltsicht hat. In anderen Worten, es ist, als enthielte jeder von uns eine Gesellschaft von Leuten, von denen jeder ein anderes Alter und andere Interessen, Talente und Temperamente hat." (Schwartz 1997, S. 61)

So gibt es seiner Auffassung nach Persönlichkeitsanteile, die wie **„Manager"** funktionieren, alles regelnd, planend und dabei das innere Gleichgewicht kontrollierend. Sie versuchen, die Gesamtpersönlichkeit so zu führen, dass sie den Alltag gut bewältigt, persönliche Ziele erreicht und ihre Bedürfnisse befriedigt. Ihr Hauptziel ist es, schmerzliche Erfahrungen und traumatische Erinnerungen proaktiv vom Bewusstsein fernzuhalten – um diese zu deponieren gibt es die **„Verbannten"**.

Diese **„Exiles"** sind die sensibelsten Mitglieder des Systems und werden, wenn sie verletzt oder traumatisiert wurden, von den Managern zu ihrem eigenen Schutz und dem des ganzen Systems eingesperrt, deshalb nennt Schwartz sie auch die **Verbannten**.

In Situationen, die von den Manager-Anteilen nicht mehr souverän gehandhabt werden, übernehmen häufig andere Mitglieder des Inneren Teams – die sog. **Feuerbekämpfer** – reaktiv die Führung. Sie treten impulsiv und unreflektiert als Beschützer in Aktion, was sich etwa in Form von Aggression, Rückzug oder Ablenkungen (z. B. als Suchtverhalten, Selbstverletzung, Suizidversuch, bulimischer Anfall) zeigen kann. Ihr Anliegen besteht in der Suche nach starken Reizen, um unangenehme Gefühle zu überlagern.

### Welcher Art ist nun die Beziehung des Selbst („true self", „core self") zu den funktionalen Teilen?

In einer stützenden Entwicklungsumgebung, d. h. einer Kindheit mit ressourcenfördernden, liebevollen Erwachsenen, die das Kind fordern, aber nicht überfordern, gruppieren sich diese Teilpersönlichkeiten (Exiles, Manager, Firefighter) um den Kern der Person, das Selbst, das von Natur aus hervorragend ausgerüstet ist, um die innere Familie zu führen. In einer einschränkenden Entwicklungsumgebung dagegen, in der Polarisierungen und Verstrickungen vorherrschen, die keine selbst-geleitete Führung hat, werden dem inneren System Lasten aufgeladen. Dadurch wird, wie Waterholter (2008) schreibt, das Selbst in seiner Möglichkeit zu führen eingeschränkt, oder es verschwindet sogar völlig von der inneren Bühne, und einzelne Teilpersönlichkeiten übernehmen je nach Situation abwechselnd die Führung. Die zentrale therapeutische Strategie besteht für Schwartz darin, das Kern-Selbst so zügig wie möglich wieder in seine angestammte Führungsposition zu bringen. Die Aufgabe, die das „wahre Selbst" im inneren System zu erfüllen hast, ist:

- **Kontrolle**: Selbstkontrolle, Selbstbeherrschung
- **Moderation**: innere Teamkonferenz
- **Integration**: aus dem Haufen ein Team machen
- **Konfliktmanagement**: Polare Teile versöhnen
- **Teamentwicklung**: Förderung eines kooperativen Gesamtklimas
- **Einsatzleitung**: für bestimmte Aufgaben das geeignete Team aufstellen

Noch ein par Worte zur Organisation des inneren Systems: Im inneren System gibt es, wie in jeder Familie, förderliche und hinderliche Faktoren. Für das innere System

| hinderlich | förderlich |
|---|---|
| – Ungleichgewicht | → Gleichgewicht |
| – Disharmonie | Harmonie |
| – Führungsprobleme | → Führung durch das Selbst |
| – Entwicklungsblockaden | → Entwicklung |

**Ungleichgewicht** entsteht durch die Dominanz eines oder mehrerer Teile, die in extremen Rollen mit heftigen Affekten und/oder rigiden Vorstellungen das innere System und das Selbst beherrschen. **Disharmonie** wird ausgelöst durch Polarisierungen einzelner Teile oder durch Bildung von Allianzen bzw. Gruppierungen mehrerer Teile. Beispiel für **Führungsprobleme** können sein:

- – mangelnde Fähigkeit des Selbst zur Distanz
- – Unfähigkeit, zwischen polarisierten Teilen zu vermitteln oder
- – Gruppierungen bzw. Allianzen aufzulösen
- – Bevorzugung oder Ablehnung einzelner Teile oder Gruppierungen

**Blockierte Entwicklungen** entstehen zum Beispiel durch Traumatisierungen oder andere Verletzungen, was zur Folge hat, dass Mitglieder des inneren Systems erstarren und nicht zur Verfügung stehen.

Wir haben hier also ein klar gegliedertes Modell (siehe Abb. 3) mit einem Selbst in Führung. Schwarz geht davon aus, das jeder von uns von Geburt an einen Geisteszustand in seinem Inneren trägt, der Führungsqualitäten besitzt. Auch wenn unser inneres System durch Traumatisierung mit schwerwiegenden Symptomen belastet ist oder das inneres System durch feindliche Interessensgegensätze polarisiert ist, so verfügt unser Selbst dennoch über eine Klarheit der Perspektive und viele andere Eigenschaften, die zu einer effektiven Führung notwendig sind. Ziel der Therapie ist es, „so rasch wie möglich ein Selbst abzugrenzen, so dass er seinen Status als Führer zurückgewinnen kann (Schwartz, 1997, S. 70).

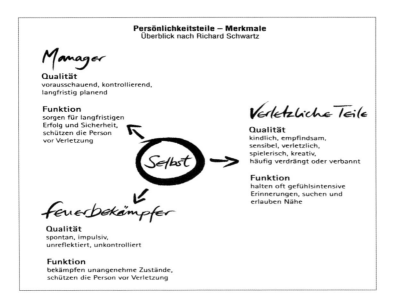

**Abbildung 3:** Das Selbst und die Teile (aus I u. Th. Diertz: Selbst in Führung, 2011)

Zusammenfassung:
- Das wahre Selbst ist eine Kerninstanz, die von den Teilen unterschieden ist
- Es existiert in zwei Zustandsformen:
- ein passiver Zeuge des inneren Geschehens mit einer meditativen Haltung des Geschehenlassens (Innerer Beobachter)
- ein aktiver, eingreifender Führer, der sich auch verstrickt und verwickelt
- Ziel der Therapie ist es, das Selbst anzuleiten, zu den Teilen einen mitfühlenden und neugierigen Kontakt herzustellen

Andere Teilemodelle mit einer hierarchischen Struktur zwischen dem Selbst und den Teilen, sind
- Das „Innere Team" von Schulz von Thun mit einem Oberhaupt, Chef, Häuptling und den Teamspielern (Schulz von Thun, 2005)
- Die Theorie der „Psychosynthese" von Roberto Assagioli mit einem „Higher Self" und den „Subpersonalities" (Dönges & Brunner Dubey, 2005)
- Die „Transpersonale Psychologie" von Ken Wilber mit dem „Transpersonalen Selbst" und den Parts, den „Subpersonalities" (Wilber, 2001)
- Das Teilemodell von Kate Cohen-Posey mit einer sehr detailliert ausgearbeiteten Hierarche des Selbst (=Vorstand) mit 4 Unterabteilungen („corporate self") einer Geschäftsführerebene (rollenabhängigen Teilen) und der Mannschaft der Kind-Anteile und von außen aufgenommenen Introjekten (Cohen-Posey, 2008)

**Der hypnosystemische Ansatz bei Gunther Schmidt: ein ökologischer Ansatz**
Gunter Schmidts Modell der „Inneren Familie" postuliert eine Organisationsstruktur, die er „die innere Steuerungsinstanz" nennt, hierarchisch den einzelnen „Seiten" (Ego-States) einer Person übergeordnet. Siehe dazu Abbildung 4.

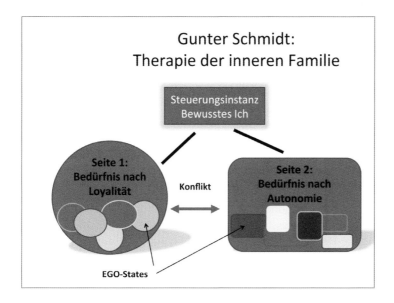

**Abbildung 4:** Steuerungs-Ich und die „innere Familie"

In einem Workshop bei der Jahrestagung der MEG 2003 in Bad Orb kritisierte er die Watkin'sche Ego-State-Therapie und meinte, diese Konzepte befassten sich zu wenig mit der Interdependenz zwischen den Teilen und zu sehr mit der personalen Einzigartigkeit der Anteile. Was nach seiner Ansicht in den meisten Anteile-Modellen überbetont wird, ist, dass der inhaltliche Teil der Verhandlungen, die Auseinandersetzungen mit diesen Teilen, eine zu große Rolle spielt - also was will der Teil X sagen, wie fühlt es sich, was braucht es usw.? Bekannt geworden ist dieses Vorgehen als die sog. Arbeit mir dem Inneren Kind. Die Folge ist: Wenn man sich inhaltlich mit diesen Teilen beschäftigt, erhöht sich die Komplexität ganz enorm – schnell werden es eins, zwei, drei und mehrere, und zum anderen schafft man, wenn man auf diese Teile inhaltlich eingeht, ein Folgeproblem: Durch Überladung der Komplexität ist der Klient eher verwirrt und damit handlungsunfähig. Dem ist aus meiner Sicht nur zuzustimmen. In seinem Therapiemodell der Inneren Familienkonferenz oder des „Inneren Parlaments" sind die Therapieziel folgende:

- mehr Eigenkompetenz
- mehr Erleben von eigener Gestaltungsfähigkeit und
- mehr Wahlfreiheit

Dadurch kann ein erhöhtes Maß an Selbstachtung und Wertschätzung für sich selbst und die anderen geschaffen werden und erhöht so ein tieferes und neues Erleben von eigener Gestaltungsfähigkeit.

Gibt es in diesem Denk-System ein Selbst?
Lebewesen sind dadurch charakterisiert, dass sie sich ständig selbst erzeugen: Lebende Systeme organisieren sich autopoietisch (d.h. griech. „selbstgemacht") und operieren selbstreferenziell (vgl. Maturana & Varela, 1987, S. 50 ff.). „Die innere Gestaltbarkeit

und Flexibilität lebender Systeme, deren Funktionieren mehr von dynamischen Zusammenhängen als von starren mechanischen Strukturen kontrolliert wird, lässt eine Anzahl charakteristischer Eigenschaften entstehen, die man als verschiedene Aspekte desselben dynamischen Prinzips verstehen kann – das Prinzip der Selbstorganisation" (Capra, 1983, S. 298/1999).

Nach Cormann (2011) gehört zu den autonomen, selbstgesteuerten Prozessen im Wesentlichen die Konfiguration der inneren Persönlichkeitsanteile. „Die Person als selbstorganisierendes System schafft sich ihre eigene Welt, eine Art Persönlichkeitslandschaft. (...) Diese Anteile, verkörpern jeweils spezifische Persönlichkeitseigenschaften. Die Integration dieser Eigenschaften bildet die personale Identität. Die, sinnbildlich gesprochen, persönliche ‚Mitte' das zentrale Kraftfeld einer Person" (Cormann, 2011, S. 15). Somit sind Ego-States auch nichts Statisches, sondern sie und die Beziehung zueinander werden ständig neu konstruiert. „Damit gibt es für Schmidt auch keine einzelnen symptomtragenden States und kranke Persönlichkeitsanteile. Das eigentlich kompetente innere System ist nur durch eine Problemtrance - eine unwillkürliche Vernetzung automatisierter Muster unter Druck geraten. In seiner Art der Teiletherapie geht es so letztlich um einen ökologischen Ansatz. Die gegenseitige Beeinflussung der Teile ist sehr viel wesentlicher als die Verfasstheit jedes einzelnen Teils an sich. Und diese Aufstellung des inneren Systems wird an jeder Anforderung der Gegenwart neu konstruiert" (Rießbeck, 2013, S. 51). Somit ist die menschliche Psyche nicht mehr als ein einziges zusammenhängendes Ganzes zu denken, sondern die systemischen, konstruktivistischen Konzepte betrachten den Menschen so, als ob wir unterschiedliche Persönlichkeitsanteile in uns haben, die wechselseitig miteinander darüber im Wettstreit (metaphorisch) liegen, welcher Anteil sich durchsetzt und damit nach außen in Erscheinung tritt. Nach dieser Sichtweise gibt es kein ausschließliches Entweder-oder mehr, sondern je nach Kontext und eigenen Gestaltungsmöglichkeiten sind wir mal diese oder mal jene Person. „Je nachdem, was durch Fokussierung gerade am meisten assoziiert wird, erleben wir uns (und andere und die Welt) entsprechend anders. Wir sind also quasi multiple Persönlichkeiten (dies ist durchaus als wertvolles Potenzial gemeint). Eine zentrale Aufgabe wird dadurch jeweils, eine optimal koordinierende Steuerungsfunktion (ein steuerndes ‚Ich') in uns aufzubauen/ zu aktivieren, welche die diversen ‚Teilpersönlichkeiten/ Potenziale' zu einer optimalen Synergie/‚Orchestrierung' führen kann" (Schmidt, 2012).

Nach dieser Aussage ist es keine Frage mehr, dass es aus Schmidts Sicht eine innere Steuerungsinstanz (den Vorsitzenden der inneren Familie, den Leiter des inneren Parlaments) braucht, welche(r) entscheidet, wer wann wie in Erscheinung tritt. Denn irgendeine Form der inneren Selbstorganisation findet immer statt, aber ist sie gewünscht oder nicht, führt sie zum erwünschten Ergebnis oder eher weniger? Interessanterweise ist dieser innere Familienvorsitzende dem inneren Beobachter der spirituellen Traditionen sehr ähnlich.

## Die Etablierung der Steuerungsinstanz

Aus systemischer Sicht ist es nicht hilfreich und entscheidend, sich mit einem Element im System zu beschäftigen, sondern mit den Wechselwirkungen im System, und damit kriegen wir eine wunderbare Komplexitätsreduktion.

Ein Beispiel:
Der Patient klagt über massive Angstzustände.
Optimale Kurzversion des Therapeuten:
1. „Das sind nicht Sie, das ist nur eine Seite von Ihnen."
2. Wir imaginieren das Ganze nach außen.
3. Wir fokussieren auf die Körperkoordination, die in dem Menschen selber da ist, und etablieren die Idee einer unabhängigen Steuerungsinstanz. Diese Steuerungsinstanz umfasst die Wahrnehmung von: Das sind Sie, als Präsidentin des Parlaments, als Konferenzleiter, als der Geschäftsführer, Dirigent usw.

Also die Imagination einer steuernden Innen-Person, die eine Geschäftsordnung vorgibt und auch darauf achtet, dass keiner im System zu kurz kommt, aber auch keiner bevorzugt wird, die integrierend wirken würde, um die Kooperation im System besser zu machen. Wenn wir das fokussieren, brauchen wir gar nicht auf die einzelnen Teile einzugehen, dadurch wird die Arbeit effektiver und auch schneller
Das Einfachste nach Schmidt ist, dass man dabei auf die Körperkoordination geht, da jedes Erleben mit einer Physiologie einhergeht. „Wenn wir auf das fokussieren, was die optimale Körperkoordination wäre, so dass die Person sich optimal steuernd erleben kann und sagen kann: ‚Jetzt kommt die dran, jetzt der, jetzt ist dahinten Ruhe, was ist da? Was ist hier?' Die einfachste Form: Sie laufen etwas im Raum herum und fragen Ihren eigenen Organismus. Wie würdest du dich gerade bewegen wollen. wenn er dir gerade vermitteln wollte durch sein organismisches Feedback: Wow, jetzt bist du optimal in der steuernden Position, und deinen ganzen Verein hast du dabei? – Aber keiner haut dir ins Genick und keine in den Bauch, aber sie sind ein optimales Team, ein Team. Wie würde Ihr Organismus laufen, Ihre Hände, die Dirigentenfunktionshelfer, die sagen: dahin, dahin, dahin, und was wäre die orchestrierende Musik?" (Schmidt G., Mitschrift in einem Übungsseminar 2008).

Wie wir sehen, wird die steuernde Instanz oder die „koordinierende Steuerungsfunktion (ein steuerndes „Ich")" (Schmidt, 2012) über die Wahrnehmung optimaler Körperkoordination erzeugt. Der Patient bringt sich mit Hilfe der Therapeuten in einen optimal balancierten inneren State, der einer Mischung aus Innerem Beobachter und dem Handlungs-Ich des NLP entspricht – ein interpersonelles Grundverständis des Selbstbegriffs. Hatte die Palo-Alto-Gruppe um Gregory Bateson – auf den sich wohl auch Gunther Schmidt als Systemiker bezieht – noch vorgeschlagen, den Begriff „Selbst" möglichst aus dem Wortschatz zu verbannen, so geht die ökologische Variante der Teiletherapie einen anderen Weg: Ohne den Kontext zu vergessen oder aber überzubetonen, gelte es, ein Modell des Selbst zu entwickeln, das der Multiplizität von sich selbst organisierenden Subsystemen und der Möglichkeit des Gehirns zur Parallelverarbeitung gerecht wird. Schmidts Auffassung hebt sich mit seinem prozessualen Verständnis des Selbst als Steuerungs-Ich in einem Meer von Seiten oder inneren Teilen, deutlich von einem Selbst (Ich) als Einheit, als Top-down-Steuerung – wie z. B. in der Psychoanalyse – ab.

## Diskussion

In allen beschriebenen Theoriemodellen ist deutlich geworden, sinnvollerweise davon auszugehen, dass die Identität einer Persönlichkeit keine psychische Einheit darstellt, keine letztlich unteilbare psychische Monade. „Vielmehr eröffnen sich dem Blick psychische Untersysteme, wenn man will: Sub-Selbste, die untereinander komplexe Beziehungen eingehen, die füreinander Kontexte bilden und somit vom Beobachter eine besondere Art von (individuumszentrierter) Kontextsensibilisierung verlangen" (Stierlin, 1994, S. 105). Ob es eine Instanz des Verbindens zwischen den Teilen, den Identitäten, den Ego-States braucht, um kontextangepasst optimal zu funktionieren, ist eine offene Streitfrage und je nach Menschenbild und Theorieverständnis anders zu beantworten. Schon aus pragmatischen Gründen scheint es aber sinnvoll, eine Beschreibungsebene der individuellen, somatopsychischen Aktion (Handeln, Fühlen Denken usw.) von einer selbstreflexiven Ebene der Beobachtung dieser Aktion zu unterscheiden: Gemeinhin sprechen wir im ersten Fall von Ich-Zuständen des Organismus, im zweiten Fall vom Selbst oder dem Selbstgefühl.

Auch wenn wir uns ständig in wechselnden Rollen, Ego-States oder Ich-Zuständen erfahren, auch wenn wir vielfältig sind und aus „multiplen" Teilen bestehen, es braucht einen Teil in uns, der das alles „zusammendenkt", „zusammenfühlt", um uns als Einheit wahrzunehmen – es braucht eine selbstreflexive Funktion. Auf dieser Ebene des „Selbst als Erfahrung" wechseln sich meine Möglichkeiten, mich als Person in einer Rolle, einem Ich-Zustand oder Ego-State im Hier und Jetzt zu erleben (exekutives Ego-State, das „eigentliche Selbst" nach Watkins), mit der Reflexion über diesen Ich-Zustand als Teil von mir selbst ständig ab – das ist der Wechsel zwischen Selbst als Inhalt der Erfahrungen und als Beobachter dieser Erfahrung.
Aber wie soll man sich das Verhältnis eines solchen Erfahrungsselbst, dass sich durch den unaufhörlichen Bewusstseinsstrom konstituiert, mit den inneren Anteilen vorstellen? Ist die Selbstsystemebene eine hierarchisch höhere Organisationsstruktur von Repräsentationen, und kann dieses Selbst dann steuernd auf die Ich-Zustände einwirken, wie von Gunther Schmidt und Richard Schwartz postuliert? Oder ist das Selbst nur ein „Geschichtenerzähler" in einer Nussschale auf dem Ozean meines Bewusstseins, der unablässig meine Lebensgeschichte als ein zusammenhängendes Ganzes erzählt, wobei die wesentlichen Entscheidungen tief unter der Wasseroberfläche im „Mare Limbicum" getroffen werden?

Für all diese Fragen, habe ich in diesem Artikel Argumente, Bilder und Ideen geliefert; die Antworten, die Sie für sich und Ihre praktische Arbeit als Teiletherapeut(in) finden werden, werden sicher nicht „die Wahrheit" sein, sondern Ihre subjektive Konstruktion.

## Literatur

Capra, F. (1999). Wendezeit – Bausteine für ein neues Weltbild. München: Knaur. (Original veröffentlicht 1983).
Cohen-Posey, K. (2008). Empowering dialogues within. Hoboken, NJ: John Wiley & Sons.
Cormann, W. (2011). Selbstorganisation als kreativer Prozess. Ein systemisch-integrativer Ansatz zur Persönlichkeitsentwicklung. Stuttgart: Klett-Cotta.
Dietz, I. & Th. (2011). Selbst in Führung (3. Aufl.). Paderborn: Junfermann.
Dönges, S. & Brunner Dubey, C. (2005). Psychosynthese für die Praxis. Grundlagen, Methoden, Anwendungsgebiete. München: Kösel.
Falkenström, F. (2003). A Buddhist contribution to the psychoanalytic psychology of self. The International Journal of Psychoanalysis, 84/66, 1551-1568.
Frederick, C. (2007). Ausgewählte Themen der Ego State Therapie. Hypnose, 2 (1+2), 5-100.
Hartmann, H. (1950). Psychoanalyse und Entwicklungspsychologie. Psyche, 18, 354-366.
Kernberg, O. (1981). Self, ego, affects, and drives. Journal of the American Psychoanalytic Association, 30, 893-917.
Kossak, H.C. (2013). Hypnose (5. Aufl.). Lehrbuch für Psychotherapeuten und Ärzte. Weinheim, Basel: Beltz.
Maturana, H.R. & Varela, F.J. (1987). Der Baum der Erkenntnis. Die biologischen Wurzeln des menschlichen Erkennens. Bern: Scherz.
Mitchell, S.A. (1991). Contemporary perspectives on self: Toward an integration. Psychoanalytic Dialogues, 1, 121-148.
Peichl, J. (2012). Hypno-analytische Teilearbeit. Stuttgart: Klett-Cotta.
Phillips, M. & Frederick, C. (2003). Handbuch der Hypnotherapie bei posttraumatischen und dissoziativen Störungen. Heidelberg: Carl Auer.
Rießbeck, H. (2013). Einführung in die hypno-dynamische Teiletherapie. Heidelberg: Carl Auer.
Singer, W. (2005). Das Gehirn – ein Orchester ohne Dirigenten. MaxPlanckForschung, 2, 15-18.
Schmidt, G. (2012). Navigieren im Nebel der Unklarheit und dabei geborgen im Ungewissen – Strategien des polynesischen Segelns u. von Effectuation: Kompetenz-aktivierendes hypnosystemisches Coaching für Krisen-Management. Coaching-Congress 2012: Handout.
Schulz von Thun, F. (2005). Miteinander Reden #3; Das „Innere Team" und situationsgerechte Kommunikation (14. Aufl.). Reinbek: Rowohlt Taschenbuch.
Schwartz, R.C. (1997). Systemische Therapie mit der inneren Familie. München: J. Pfeiffer.
Sterba, R. (1934). The fate of the ego in analytic therapy. International Journal of Psychoanalysis, 15, 117-126.
Stierlin, H. (1994). Das Ich und die anderen. Psychotherapie inj einer sich wandelnden Gesellschaft. Stuttgart: Klett-Cotta.
Waterholter, G. (2008). Systemische Therapie mit der inneren Familie. Systema, 1, 46-53.
Watkins, J. & H. (2003). Ego-States. Theorie und Therapie. Heidelberg: Carl Auer.
Westen, D. (1990). The relations among narcissism, egocentrism, self-concept, and self-esteem. Psychoanalysis and Contemporary Thought, 13, 183-239.
Wilber, K. (2001). Integrale Psychologie: Geist, Bewußtsein, Psychologie, Therapie. Schönau: Arbor.

## Korrespondenzadresse

Dr. Jochen Peichl
Innere Hallerstr 5/RG | D-90419 Nürnberg
Jochen.Peichl@t-online.de | www.teiletherapie.de

Achim Votsmeier-Röhr

# Die Stärkung des Gesunden-Erwachsenen-Modus in der Schematherapie von Borderline-Störungen

Strengthening the Healthy Adult Mode in Schematherapy of Borderline Disorders

Die Schematherapie betrachtet den sogenannten Gesunden-Erwachsenen-Modus bei Menschen mit Borderline-Störungen als schwach und unterentwickelt. Ziel der Therapie ist daher die Stärkung dieses Modus. Dies geschieht üblicherweise indirekt durch die Bearbeitung der übrigen dysfunktionalen Schema-Modi (Kind-, Eltern-, Bewältigungsmodi). In diesem Artikel wird skizziert, wie direkter am Modus des gesunden Erwachsenen gearbeitet werden kann. Dabei wird der Gesunde-Erwachsenen-Modus nach einem strukturellen und einem funktionalen Aspekt unterschieden. Bezogen auf den strukturellen Aspekt der Fähigkeiten, wird vorgeschlagen, Elemente aus der strukturbezogenen Psychotherapie nach Rudolf für die Schematherapie nutzbar zu machen. Bezogen auf den funktionalen Aspekt der Organisation momentanen Erlebens und Handelns, wird, basierend auf der Konsistenztheorie von Grawe, davon ausgegangen, dass bei Borderline-Patienten eine hohe Inkonsistenz durch eine mangelnde Koordination von mentalen und neuronalen Teilprozessen besteht. Dies wird durch ein neuropsychologisches Zwei-Prozess-Modell automatisierter und reflektierender Prozesse unter Rückgriff auf Arbeiten von Goldstein und Lieberman erklärt. Die sich daraus ergebenden Schlussfolgerungen für die schematherapeutische Borderline-Behandlung werden skizziert.

Schlüsselwörter
Schematherapie – Borderline-Störung – Zwei-Prozess-Modell – Neuropsychologie – strukturbezogene Psychotherapie

*Schema therapy regards the so-called healthy adult mode as weak and underdeveloped with pateints with borderline disturbances. The aim of therapy is therefore the strengthening of this mode. This normally happens indirectly by the processing of the other dysfunctional schema modes (child-, parent-, coping-modes). In this article it is outlined how the healthy adult mode can be worked on more directly. The healthy adult mode is distinguished in a structural and a functional aspect. Related to the structural aspect of abilities it is suggested to utilize elements from the structure-related psychotherapy by Rudolf for schema therapy. Related to the functional aspect of the organisation of experiencing and behaviour at the moment, based on the consistency theory of Grawe it is assumed that borderline patients suffer from high inconsistency coming from a lacking coordination of mental and neural sub-processes. This is explained by a neuropsychological dual process model of automatic and reflective processes drawing on Goldstein and Lieberman. The conclusions for the schema therapeutical borderline treatment arising from this are outlined.*

*Keywords*
*schema therapy – borderline-disorder – dual process model – neuropsychology – structure related psychotherapy*

## Einleitung

Die Schematherapie versteht psychische Störungen und insbesondere Persönlichkeitsstörungen als Folge des Zusammenwirkens dysfunktionaler Schemata, also überdauernder automatisierter Reaktionsbereitschaften, und deren Auswirkungen im Zusammenspiel der verschiedenen Selbstanteile, Schema-Modi genannt. Es werden verschiedene sogenannte Kind-Modi, dysfunktionale Eltern-Modi, maladaptive Bewältigungsmodi und ein Gesunder-Erwachsenen-Modus unterschieden (vgl. Roediger, 2011a, S. 96 ff.).
Hinsichtlich der Borderline-Störung hat der Schema-Modus des gesunden Erwachsenen eine besondere Bedeutung. Der Gesunde-Erwachsenen-Modus hat die Aufgabe, Kohärenz zwischen den verschiedenen Selbstanteilen herzustellen und ein kohäsives Selbsterleben von Moment zu Moment zu ermöglichen und aufrechtzuerhalten. Wie ein Konzertmeister sein Orchester dirigiert und dadurch die kohärente Ganzheit eines Musikstücks entsteht, so organisiert der Gesunde-Erwachsenen-Modus die Facetten des Erlebens (Modi) zu der kohärenten Ganzheit einer Erfahrung. Neben dieser integrativen Funktion hat der Gesunde-Erwachsenen-Modus auch eine ausführende Funktion. Er sorgt dafür, dass die Grundbedürfnisse der Person in der Welt befriedigt werden und die Person mit den Anforderungen der Umwelt zurechtkommt.
Bei Borderline-Patienten ist der Gesunde-Erwachsenen-Modus nach Young, Klosko und Weishaar (2005, S. 346, 379) extrem schwach und unterentwickelt. Das wichtigste Behandlungsziel ist daher die Stärkung des Gesunden-Erwachsenen-Modus. Dies wird in der Schematherapie meist über ein indirektes Vorgehen umgesetzt, indem die Patientin oder der Patient lernt, mit den dysfunktionalen Modi umzugehen und sie je nach Bedarf zu mäßigen, zu nähren, mit ihnen zu verhandeln oder sie zu neutralisieren (vgl. Young et al., 2005, S. 76, 80; Jacob & Arntz, 2011, S. 195). Eine weitere Strategie besteht nach Young et al. darin, dass der Therapeut vorbildhaft die Rolle des Gesunden-Erwachsenen-Modus übernimmt und die Patientin oder der Patient diesen mit der Zeit internalisiert (2005, S. 347, 379).

In diesem Beitrag möchte ich skizzieren, wie in der Borderline-Behandlung direkter am Modus des gesunden Erwachsenen gearbeitet werden kann, um diesen zu fördern und zu stärken. Dazu möchte ich ausgehend von o. g. Befund von Young et al. die Frage stellen: Was genau ist denn beim Gesunden-Erwachsenen-Modus von Borderline-Patienten so extrem schwach ausgebildet? Und: Wie kommt es zu der Unterentwicklung? Über die Beschreibung der Auswirkungen eines schwachen Gesunden-Erwachsenen-Modus (vgl. Young et al., 2005, S. 378) hinaus wird hier gleichzeitig auch ein Erklärungsmodell für diese Zustände vorgelegt.

## Die Struktur des Gesunden-Erwachsenen-Modus

Borderline-Patienten haben im Umgang mit ihren Bedürfnissen und den Anforderungen der Umwelt Mühe, sich selbst und andere Menschen realistisch wahrzunehmen, eigene Impulse und Affekte sowie Nähe und Distanz zu anderen Menschen zu steuern, ihr körperliches und emotionales Selbsterleben zu nutzen, danach zu handeln und emotional mit anderen zu kommunizieren sowie sich mit Hilfe innerer Bilder von bedeutungsvollen Anderen zu regulieren und reale Beziehungen zu gestalten. Dies sind zweifellos Fähigkeiten, die dem Gesunden-Erwachsenen-Modus zuzuschreiben sind. Sie stammen jedoch aus einer psychodynamischen Systematik, der OPD (Operationalisierte Psychodynamische Diagnostik; Arbeitskreis OPD, 2006) bzw. der Strukturbezogenen Psychotherapie nach Rudolf (2006). Beide bilden nach Roediger & Dornberg (2011) eine Konvergenzzone mit der Schematherapie, denn sie verzichten weitgehend auf psychoanalytische Theorienbildung und betonen konkret handlungsorientierte und übende Elemente sowie eine aktive Haltung des Therapeuten. Derzeit steht im wissenschaftlichen Umfeld keine besser ausgearbeitete Systematik sogenannter struktureller Fähigkeiten zur Verfügung. Daher liegt es meines Erachtens nahe, in Ermangelung einer eigenen schematherapeutischen Ausdifferenzierung der Fähigkeiten des Gesunden-Erwachsenen-Modus die Systematik der OPD-Struktur-Achse zu verwenden und mit der Schematherapie kompatible Handlungsempfehlungen der strukturbezogenen Psychotherapie zu nutzen.

Ein weiterer konkreter Nutzen liegt auch darin, dass die OPD strukturelle Fähigkeiten auf einer kognitiven Ebene (Selbstwahrnehmung und Wahrnehmung des anderen), einer regulativen Ebene (Selbstregulierung und Regulierung des Bezugs zu anderen), einer emotionalen Ebene (emotionale Kommunikation nach innen und mit anderen) und einer Bindungsebene (innere Bindung und äußere Beziehung) beschreibt, sie in jeweils 6 Unterkategorien unterteilt (siehe Tab. 1) und die Möglichkeit bietet, Einschränkungen dieser 24 Fähigkeiten mit Hilfe eines diagnostischen Manuals auf einer Skala von gut integriert, mäßig, gering bis desintegriert einzuschätzen. Schematherapeutisch adaptiert ließen sich dann – je nachdem – ein oder mehrere therapeutische Foci bestimmen, an denen übend gearbeitet werden kann. So ließen sich durch direkte Interventionen die Fähigkeiten des Gesunden-Erwachsenen-Modus fördern und stärken.

| Selbstwahrnehmung und Objektwahrnehmung ||
|---|---|
| **Selbstwahrnehmung** | **Objektwahrnehmung** |
| 1.1 Selbstreflexion (Selbstbild) | 1.4 Selbst-Objekt-Differenzierung |
| 1.2 Affektdifferenzierung | 1.5 Ganzheitliche Objektwahrnehmung |
| 1.3 Identität | 1.6 Realistische Objektwahrnehmung |
| Steuerung ||
| **Selbststeuerung** | **Bezug zum Objekt steuern** |
| 2.1 Impulssteuerung | 2.4 Beziehung schützen |
| 2.2 Affekttoleranz | 2.5 Interessenausgleich |
| 2.3 Selbstwertregulierung | 2.6 Antizipation |
| Emotionale Kommunikation ||
| **Kommunikation nach innen** | **Kommunikation nach außen** |
| 3.1 Affekt erleben | 3.4 Kontaktaufnahme |
| 3.2 Phantasie nutzen | 3.5 Affektmitteilung |
| 3.3 Körperselbst | 3.6 Empathie |
| Bindung ||
| **Bindung innen** | **Bindung außen** |
| 4.1 Internalisierung | 4.4 Bindungsfähigkeit |
| 4.2 Introjekte nutzen | 4.5 Hilfe annehmen |
| 4.3 Variable Bindungen | 4.6 Bindung lösen |

**Tabelle 1:** Strukturelle Fähigkeiten nach OPD-2

Ein anderer Vorteil liegt darin, dass in der OPD strukturelle Einschränkungen als Entwicklungsdefizite verstanden werden und eine Verbindung hergestellt werden kann zu Belastungserfahrungen in der Kindheit bzw. Erschütterungen des Selbst durch reale, oft traumatisierende Beziehungserfahrungen, die zu Entwicklungseinschnitten im Ausreifungsprozess der strukturellen Fähigkeiten (des Gesunden-Erwachsenen-Modus) führen können.

Dies ist eine Erweiterung gegenüber den bisherigen schematherapeutischen Konzeptualisierungen der Borderline-Störung durch Young et al. (2005, S. 383 f.) sowie Arntz und van Genderen (2010, S. 3), die zwar einen Zusammenhang zwischen konstitutionellen und Umgebungsfaktoren wie traumatischen Erfahrungen sehen, aber nicht erklären, wie dies zu der Borderline-Symptomatik führt. Der entscheidende Punkt der hier vorgestellten Perspektive ist, dass sich die Borderline-Symptomatik primär als Auswirkung der defizitären Fähigkeiten des Gesunden-Erwachsenen-Modus aufgrund von Erschütterungen im Entwicklungsprozess dieser Fähigkeiten bzw. als Ausdruck der Versuche zur Bewältigung der defizitären Fähigkeiten erklären lässt.

Während Young et al. sowie Arntz und van Genderen an den wechselnden Selbstanteilen (Modi) ansetzen, diese bearbeiten, wenn sie auftreten, und in diesem Bearbeitungsprozess en passant den Gesunden-Erwachsenen-Modus schulen, impliziert die hier dargestellte Perspektive ein sequenzielles Vorgehen, das der direkten Arbeit an der Stärkung des Gesunden-Erwachsenen-Modus einen eigenen, primären Stellenwert einräumt. Zu Beginn der Behandlung wird auf die Verringerung automatisierter, destruktiver Bewältigungsmodi, die eingesetzt werden, um Inkonsistenzspannung (s.u.) abzubauen, und auf das Fördern von funktionalen Bewältigungsstrategien fokussiert. Darin fließt die Arbeit an der Stärkung des Gesunden-Erwachsenen-Modus indirekt bereits ein und wird ausgeweitet, je wirksamer die funktionalen Bewältigungsstrategien genutzt werden können. Erst bei ausreichenden Fähigkeiten des Gesunden-Erwachsenen-Modus wird die erlebnisaktivierende emotionale Arbeit an der Integration der übrigen Schema-Modi sowie die Modifikation zentraler dysfunktionaler Schemata fokussiert (vgl. Votsmeier-Röhr, 2001).

Für eine modusorientierte Fallkonzeption bedeutet dies, dass durch die vorrangige Arbeit an den Fähigkeiten des Gesunden-Erwachsenen-Modus die Arbeit an der erlebnisaktivierenden, emotionsbezogenen Integration der übrigen Modi erleichtert und teilweise überhaupt erst möglich wird. So werden beispielsweise hoch emotionale therapeutische Sequenzen mit Stuhldialogen zu konflikthaften Themen, etwa zwischen strafendem Eltern-Modus und verletzbarem oder ärgerlichem Kind-Modus, erst fruchtbar und integrierbar, wenn die Fähigkeit der Selbstregulierung des Gesunden-Erwachsenen-Modus gestärkt worden ist. Ist dies nicht der Fall, kann eine solche Arbeit negative therapeutische Reaktionen hervorrufen, weil der Gesunde-Erwachsenen-Modus des Patienten überfordert ist.

## Die Funktion des Gesunden-Erwachsenen-Modus

Wir haben uns bisher mit den Fähigkeiten des Gesunden-Erwachsenen-Modus beschäftigt, die dem Individuum helfen, mit sich selbst und der Umwelt zurechtzukommen. Die Fähigkeiten des Gesunden-Erwachsenen-Modus sind die Ressourcen, die entweder gut ausgebildet oder mehr oder weniger eingeschränkt sein können. Wegen der mangelnden „Ausreifung" dieser Fähigkeiten aufgrund von Erschütterungen durch Belastungserfahrungen ist das therapeutische Ziel die „Nachreifung" dieser Fähigkeiten.

Darüber hinaus ist der Gesunde-Erwachsenen-Modus der Organisator des momentanen Erlebens. Im Unterschied zur inhaltlichen Betrachtung der unterschiedlichen Fähigkeiten des Gesunden-Erwachsenen-Modus, des „Werkzeugkastens" gewissermaßen, geht es hierbei um eine Prozessqualität, ob und wie der „Werkzeugkasten" von Moment zu Moment nutzbar ist.
Borderline-Patienten haben Schwierigkeiten, ihre Erfahrung im Verlauf eines Kontaktprozesses adäquat zu organisieren und in einen Kontext zu integrieren. Dabei geraten sie häufig in Zustände hoher, dauerhafter Inkonsistenz. Nach der Konsistenztheorie von Grawe (2004, S. 311) wird Inkonsistenz als Konflikt, Unvereinbarkeit, Disharmonie, Uneindeutigkeit und Unklarheit, Konsistenz hingegen als Harmonie, mit sich eins sein, als Eindeutigkeit und Klarheit erlebt. Jeder Organismus strebt danach, Konsistenz einerseits zu sichern und andererseits Inkonsistenz zu verhindern oder zu reduzieren. Inkonsistenz steht einer guten Befriedigung der Grundbedürfnisse entgegen und beeinträchtigt die wirksame Auseinandersetzung mit der Umgebung, was bei Borderline-Patienten besonders auffällig ist. Diese leiden unter oft unerträglicher Inkonsistenzspannung und setzen meist destruktive Bewältigungsmechanismen ein (selbst- oder beziehungsschädigendes Verhalten wie Impulsdurchbrüche, Selbstverletzung, Suchtverhalten, Kontaktabbruch, feindseliges Verhalten etc.), um diese zu reduzieren (vgl. a.a.O., S. 322 f.).

Wie wird nun Konsistenz reguliert und was läuft bei Borderline-Patienten schief? Konsistenz stellt sich bei Übereinstimmung bzw. Vereinbarkeit der gleichzeitig ablaufenden neuronalen bzw. psychischen Prozesse ein (Grawe, 2004, S. 186 ff., 311 ff.). Die Vereinbarkeit, Abstimmung und Koordination von mentalen bzw. neuronalen Teilprozessen spielt dabei eine wichtige Rolle, hinsichtlich der Borderline-Störung insbesondere die zwischen impliziten und expliziten bzw. automatisierten und reflektierenden Prozesse im Gehirn. Das Zusammenspiel dieser Prozesse ist bei Borderline-Patienten häufig gestört, und Ziel der Behandlung muss es sein, dieses Zusammenspiel zu verbessern. Darauf möchte ich im Weiteren ausführlicher eingehen.

In einer früheren Veröffentlichung zur gestalttherapeutischen Konzeptualisierung der Borderline-Störung (Votsmeier, 1988) habe ich unter Rückgriff auf die Arbeiten des der Gestaltpsychologie nahestehenden Neurologen Kurt Goldstein aus den 1930er Jahren (Goldstein & Scheerer, 1971), einem Pionier der ganzheitlichen neuropsychologischen Rehabilitation, die Hypothese formuliert, dass bei Borderline-Patienten das Zusammenspiel zweier Funktionsmodi, die Goldstein als „konkrete" und „abstrakte" Einstellung bezeichnet, gestört ist. Nach Goldstein arbeitet das Gehirn als ein ganzheitliches Netzwerk, und alle Leistungen des Organismus bzw. des Nervensystems geschehen koordiniert nach dem gestaltpsychologischen Figur-Hintergrund-Prinzip. Das gilt für Handeln, Fühlen, Denken, Sprechen etc. Ein Teil des Organismus erfüllt direkt die Aufgabe, die von ihm abverlangt wird (Figur), der übrige Organismus repräsentiert den Hintergrund, der die adäquate Ausführung garantiert. Ein erhobener Arm ist Figur, der übrige Körper (Körperhaltung) ist der Hintergrund. Ein Gefühl der Wut ist Figur, der übrige Organismus (verstärkte Atmung etc.) der Hintergrund. Ein gesprochenes Wort ist Figur, der Satz, die innere Einstellung zu dem Gesagten ist der Hintergrund (Goldstein, 1947, S. 13). Welche Funktion jeweils als Figur in den Vordergrund tritt, hängt von der entsprechenden Situation ab, mit der der Organismus fertig werden muss.

Erfahrung wird organisiert durch das Zusammenspiel der beiden genannten Funktionsmodi, des „konkreten" Modus als unmittelbares und unreflektiertes Erleben und meist automatisiert und des „abstrakten" Modus, in dem man sich von den gegebenen inneren und äußeren Eindrücken reflektierend distanzieren kann. Durch reale Erfahrung von Erschütterungen, existenzieller Bedrohung und Angst geht dieses koordinierte Figur-Grund-Zusammenspiel verloren, und die betroffene Person reagiert vordergründig übermäßig „konkret", beispielsweise übermäßig emotional, zwischen Extremen wechselnd usw. – das Erleben ist nicht mehr eingebettet in einen modulierenden Hintergrund. Dies kann temporär erfolgen oder dauerhaft sein, indem bestimmte Bereiche der Psyche oder des Nervensystems isoliert vom Gesamtsystem existieren (vgl. Votsmeier, 1988, S. 8).

Diese frühere Hypothese, ausgehend von Goldstein, dass bei Borderline-Patienten die Koordination reflektierender („abstrakter") und automatisierter („konkreter") Prozesse in Situationen von Angst und hohem Stress oder dauerhaft desintegriert ist, wird heute von aktueller neuropsychologischer Seite im Forschungskontext sogenannter Zwei-Prozess-Modelle (dual process models; vgl. Evans & Frankish, 2009) bestätigt (vgl. Votsmeier-Röhr, 2011). Insbesondere die Forschungsergebnisse des amerikanischen Neurowissenschaftlers Matthew Lieberman von der University of California, Los Angeles, zeigen auf, wie auf neuronaler Ebene diese Koordination stattfindet, und auch, wie sie verloren gehen kann (vgl. Lieberman, 2007; Satpute & Lieberman, 2006)[1].

Bevor ich näher auf die Erkenntnisse von Goldstein und Lieberman und ihre Bedeutung für die Borderline-Behandlung eingehe, ist hervorzuheben, dass es auch in der Schematherapie einzelne Ansätze gibt, den Gesunden-Erwachsenen-Modus prozessorientiert zu verstehen (vgl. Roediger, 2011a, 2011b).

So unterscheidet Roediger (2011a) ebenfalls zwei Ebenen, eine spontane, automatisierte, emotionale Erlebensebene (Modi) und die selbstreflexive Ebene des Gesunden-Erwachsenen-Modus. Diese stehen in einem Verhältnis zueinander wie ein Reiter (selbstreflexive Ebene) zu seinem Pferd (autonom organisierter Prozess), und der „Reiter" hat die Aufgabe, die von seinem „Pferd" ausgehenden emotionalen Erregungszustände zu zügeln. Als Zügel wirken Achtsamkeit, innere Dialoge bzw. Selbstinstruktionen als Funktionen des Gesunden-Erwachsenen-Modus (vgl. a.a.O., S. 70). Der Gesunde-Erwachsenen-Modus beinhaltet die steuernde Fähigkeit, sich von Zuständen zu distanzieren und zwischen Zuständen zu wechseln. Als Brücke zwischen der emotionalen und der kognitiv-selbstreflexiven bzw. versprachlichenden Ebene sieht Roediger die Mentalisierung, die damit auch eine Funktion des Gesunden-Erwachsenen-Modus darstellt (vgl. Roediger, 2011b, S. 181 ff.). Kommt es unter hohem Stress zu Entgleisungen der automatisierten, emotionsgesteuerten Ebene in Form eines „emotional hijacking" (Goleman, 1995), also bottom-up durch „das unreflektierte ‚Durchschlagen' emotionsverbundener Impulse in die Handlungen" (Roediger, 2011b, S. 331), erfordert eine gelungene Selbstregulierung top-down im Sinne eines „cortical override" (Siegel, 2006, S. 303), die emotionale Anspannung durch innere Dialoge herunterzuregulieren (vgl. Roediger, 2011b, S. 65).

Goldstein und Lieberman unterlegen dieses Zusammenspiel automatisierter und reflektierender Prozesse mit neurowissenschaftlichen Forschungsergebnissen und konzeptualisieren diese jeweils in Form eines Zwei-Prozess-Modells.

## Ein neuropsychologisches Zwei-Prozess-Modell des Gesunden-Erwachsenen-Modus

Zwei-Prozess-Modelle unterscheiden zwei unterschiedliche Herangehensweisen an äußere und innere Anforderungssituationen – meist als automatisierte bzw. reflektierende Prozesse unterschieden – mit am Ende ähnlichen Ergebnissen (vgl. Evans & Frankish, 2009). Neurowissenschaftliche Forschungsergebnisse legen nahe, dass in der Organisation von Erfahrung zwischen automatisierten und reflektierenden Prozessen ein bestimmtes Zusammenspiel besteht. Nach Lieberman funktionieren die dazugehörigen neuronalen Systeme zwar unabhängig voneinander, manchmal konkurrieren sie auch miteinander, aber meist arbeiten sie zusammen (vgl. Lieberman, 2007, 2009). Goldstein beschreibt dieses Zusammenspiel in Anlehnung an die Gestaltpsychologie als einen Figur-Hintergrund-Prozess, wobei je nach situativer Anforderung der eine oder andere Modus in den Vordergrund tritt (Goldstein & Scheerer, 1971, S. 372 f.).

Was charakterisiert automatisierte und reflektierende Prozesse, und wie sieht deren Zusammenspiel konkret aus?
Im **automatisierten** Funktionsmodus verbinden wir den Strom der eintreffenden Sinneswahrnehmungen mit früheren Erfahrungen und aktuellen Motiven oder Zielen, so dass die Information Sinn macht. So erhalten wir einen gleichmäßigen, ununterbrochenen Erfahrungsfluss oder Bewusstseinsstrom. Dieser Bewusstseinsstrom der ständig auftauchenden und wieder verschwindenden inneren und äußeren Bilder fällt uns gar nicht auf – so wie die Tapete in unserem Wohnzimmer, die wir erst dann bemerken, wenn etwas mit ihr nicht stimmt (wenn beispielsweise der 3-jährige Sohn die Tapete als Leinwand zum Malen verwendet hat).

Diese Form von Bewusstsein ist die Folge von parallelen Verarbeitungsprozessen, durch die das, was ähnlich ist, zusammengefügt wird, so dass es einigermaßen zusammenpasst und Sinn macht, Muster abgeglichen und vervollständigt werden (vgl. Lieberman, Gaunt, Gilbert & Trope, 2002, S. 22). Ein Beispiel für ein solch einfaches Muster wäre die Aussage eines wütend-eifersüchtigen Ehemannes: „Meine Frau macht mich rasend, wenn sie alleine mit ihren Freundinnen ausgeht!", wobei ein emotionaler Zustand unreflektiert mit einer Wahrnehmung assoziiert und die Urheberschaft external attribuiert wird.

Im automatisierten („konkreten") Modus lassen wir uns von äußeren und inneren Stimuli leiten, die Beziehung zur Welt ist konkret und direkt, wir überlassen uns dem sinnlichen Eindruck der gegebenen Situation. Dies geschieht ohne schlussfolgerndes Denken, ohne Bewusstsein der Urheberschaft, also auch ohne Bewusstheit für die aktuellen Gründe für das eigene Tun. Wir überlassen uns Erfahrungen also unreflektiert.
Unser Denken und Tun wird gelenkt durch die unmittelbaren praktischen Erfordernisse eines bestimmten Aspekts eines Objekts oder einer Situation. Wir reagieren unreflektiert

auf diese situativen Anforderungen, seien sie von außen oder innen kommend. Auch auf innere Prozesse wie Ideen, Gedanken und Gefühle reagieren wir unmittelbar und unreflektiert (vgl. Goldstein & Scheerer, 1971, S. 367 f.).

Das automatisierte System in Aktion fühlt sich spontan an, automatisch, intuitiv. Obwohl es langsam lernt, arbeitet es sehr schnell. Seine Reaktion ist oft schon abgeschlossen, bevor das Bewusstsein überhaupt registriert hat, dass eine Reaktion notwendig war (wie einer Gefahrensituation auf der Autobahn ausweichen). Das automatisierte System steht also an vorderster Front, um auf Anforderungen zu reagieren, Situationen zu beurteilen und Entscheidungen zu treffen. Solange es äußere Auslösereize mit seinem vorhandenen Repertoire von affektiven Repräsentationen in Übereinstimmung bringen kann, kann sich das Individuum nahtlos durch die Welt bewegen, ohne große mentale Anstrengung.

Daraus ergeben sich all die Automatismen, Gewohnheiten und Routinehandlungen und schema-geleiteten Reaktionen, mit denen wir den Großteil unserer Lebenszeit bestreiten. Der automatisierte („konkrete") Modus ist ein Energiesparmodus des Gehirns, das Gehirn spart Energie für die Situationen, in denen der Organismus im „konkreten" Modus nicht mehr weiterkommt.

Trifft das automatisierte System nämlich auf Probleme, die es nicht lösen kann, trifft es auf Eindrücke, mit denen es nicht zurechtkommt oder bringt es uns mit seinen automatisierten Reaktionen (wie schemafixierte Reaktionen) in Schwierigkeiten, dann wird das reflektierende System alarmiert. Die Aufmerksamkeit wird auf die schwierige Anforderungssituation gelenkt, und wir benutzen unser reflektierendes Bewusstsein, um herauszufinden, was los ist, und um die Sache in Ordnung zu bringen (vgl. Lieberman et al., 2002, S. 14 f.).

Der **reflektierende** („abstrakte") Modus umfasst mehr als die faktische Stimulussituation. Er beinhaltet bewusste Aktivität von Gewahrsein, von Schlussfolgern und das Bewusstsein von Eigenverantwortlichkeit. Wir transzendieren die unmittelbar gegebene Situation. Wir lösen uns von den gegebenen Eindrücken, seien sie Situationen im Außen oder innere Erfahrungen. Wir können uns von diesen reflektierend distanzieren, können unterschiedliche Gesichtspunkte einnehmen, können absichtlich von einem Aspekt einer Situation zu einem anderen wechseln. Wir sind nicht nur auf Faktisches eingestellt, wir können uns auch auf „Mögliches" einstellen, wir können planen und antizipieren, auf eine Metaebene gehen. All dies geschieht bewusst reflektierend und willentlich (vgl. Goldstein & Scheerer, 1971, S. 368 ff.).

Im Unterschied zum automatisierten Bewusstsein fühlt sich diese Aktivität gewollt an, verbunden mit einem Gefühl der eigenen Urheberschaft, Kontrollierbarkeit und einer gewissen Anstrengung. Wir generieren, initiieren und steuern unser reflektierendes Denken (vgl. Lieberman et al., 2002, S. 13). Es ist ungemein flexibel, lernt schnell, arbeitet allerdings langsam. Reflektierendes Bewusstsein benutzt symbolisches, schlussfolgerndes Denken und produziert die bewussten Gedanken, die wir als Reflexionen über den Bewusstseinsstrom erfahren. Dies erlaubt uns, uns über die Repräsentation der gegenwärtigen Ereignisse hinaus im Bereich des Möglichen zu bewegen.

Die oben genannte Aussage des Ehemannes könnte sich durch Aktivierung des reflektierenden Bewusstseins ändern in: „Ah, Moment mal, möglicherweise hat das Verhalten meiner Frau mein Verlassenheitsschema aktiviert, und *das* hat meine Wut und Eifersucht verursacht!", wobei ein emotionaler Zustand mit der Möglichkeit eines eigenen Erlebensmusters assoziiert und die Urheberschaft internal attribuiert wird.

Anders als das automatisierte System, das verschiedene Dinge parallel und gleichzeitig verarbeiten kann, arbeitet das reflektierende System seriell, ist begrenzt auf die Verarbeitung *eines* Objekts oder *eines* Aspekts einer Situation in einem Moment (wir wissen, dass es nicht möglich ist, zwei Gedanken zur gleichen Zeit zu haben).
Dies ist energetisch aufwändig und erklärt einen Teil der gewissen Anstrengung, die wir bei dieser Aktivität erleben. Das reflektierende System ist sehr flexibel, aber die Anstrengung, die es erfordert, und die sequenzielle Funktionsweise macht es anfällig, schon kleine momentane Irritationen können es zu Fall bringen. Aufgrund seiner energetischen Aufwändigkeit wird das reflektierende System also möglichst sparsam eingesetzt (vgl. Lieberman et al., 2002, S. 14).

Erleben wir jedoch Zustände von Ratlosigkeit, Verwirrung, Zögern und Zweifel als Ausdruck dafür, dass das automatisierte System auf Probleme trifft, die es nicht unmittelbar lösen kann, dann ist seine Zeit gekommen, sich um eine Lösung zu bemühen.
Das reflektierende System wird dabei automatisch „geweckt" durch ein Alarmsystem (auf neuronaler Ebene durch Aktivität des anterioren cingulären Cortex [ACC]). Dieses Alarmsystem funktioniert wie ein Thermostat, der bei einer Differenz zwischen einem momentanen und einem gewünschten Zustand anspringt. Der gewünschte Zustand wird vorab durch das reflektierende Bewusstsein mitbestimmt. Das reflektierende System kann man daher vergleichen mit einer Person, die einen Wecker stellt und damit die Bedingungen bestimmt, unter denen die Weckfunktion ausgelöst wird, ohne weiter darauf achten zu müssen. Die Bedingungen für das Einsetzen der Weckfunktion sind ausreichend irritierende Probleme, beispielsweise Konflikte im automatisierten System. Wenn die Störung durch das reflektierende System behoben ist, wird die Steuerung wieder an das automatisierte System zurückgegeben (vgl. Lieberman et al., 2002, S. 14 ff.).

Dazu ein Beispiel: Ein Autofahrer ist in seinem Auto auf dem Weg nach Hause. Er kennt den Weg „im Schlaf", die Fahrt ist absolut mühelos (das automatisierte System läuft im Vordergrund – bottom-up – ungestört ab). Plötzlich sieht er ein Baustellenschild, der Weg ist unterbrochen. Er schaut nach einem Umleitungsschild (das automatisierte System sucht eine Lösung). Ein Umleitungsschild ist nicht zu sehen, der Autofahrer wird nervös (das automatisierte System kommt nicht weiter – Ratlosigkeit, Zweifel, Konflikt – das reflektierende System wird alarmiert [ACC]). Er beginnt, sich zu orientieren, im Kopf alternative Fahrstrecken zu vergleichen, entscheidet sich, wählt die neue Richtung und fährt los (das reflektierende System bringt die Sache in Ordnung – top-down). Der Fahrer entspannt sich und fährt die alternative Strecke nach Hause (das reflektierende System übergibt wieder an das automatisierte System).

Üblicherweise kombiniert ein Individuum also beide Funktionsmodi miteinander und ist in der Lage, von einem zum anderen zu wechseln, je nach Anforderung der Situation. Dabei sind jeweils beide Modi präsent und in einem bestimmten Figur-Hintergrund-Verhältnis organisiert. Welcher Modus jeweils im Vordergrund ist, bestimmt die Situation, der jeweils andere Modus ist dann im Hintergrund. So wird häufig mit Hilfe des reflektierenden („abstrakten") Modus eine Richtung vorgegeben, der anschließende Vorgang läuft dann im automatisierten („konkreten") Modus ab, bis es zu Schwierigkeiten kommt. Dann bringt der erforderliche Wechsel den reflektierenden („abstrakten") Modus wieder ins Spiel, in Form von antizipierendem Überlegen oder ähnlichen Operationen, mit denen sich das Individuum von der Situation distanziert. Es kontrolliert dann den weiteren Ablauf oder wechselt wieder in den automatisierten („konkreten") Modus und überlässt sich erneut der Situation. Der reflektierende („abstrakte") Modus tritt wieder in den Hintergrund (Goldstein & Scheerer, 1971, S. 372 f.).

Wenn das Zusammenspiel der Funktionsmodi gestört ist, kommt es zu pathologischen Zuständen. Das Figur-Hintergrund-Verhältnis beider Modi kann desorganisiert, wenn nicht desintegriert werden. Meist geschieht dies dadurch, dass der reflektierende („abstrakte") Modus in seiner Funktion beeinträchtigt ist (entweder dauerhaft durch Hirnverletzungen im Bereich des Großhirns oder zeitweise, z. B. bei starker Angst oder hohem, unkontrollierbarem Stress) und ohne dessen funktionelle Kontrolle die konkrete Verhaltensebene in automatisierter Weise die Oberhand gewinnt und zu abnormen Zuständen führt (vgl. Goldstein & Scheerer, 1971, S. 373).

Bestimmte Umstände können also dazu führen, dass ein automatisierter Modus aufrechterhalten und die Aktivität des reflektierenden Systems gehemmt wird (vgl. Lieberman, 2007, S. 306 ff.). So kann Belastung die Sensitivität des Alarmsystems auf Null stellen, wodurch das reflektierende System unempfindlich für die Inkohärenz des automatisierten Systems wird und – im Bild der oben genannten Weckfunktion – quasi „durchschläft". Dadurch wird beispielsweise eine starke emotionale Reaktion auf ein verstörendes Ereignis nicht reguliert.
Hoher Stress führt also zu einer Ermüdung bzw. Erschöpfung des reflektierenden Systems. Ganz anders im automatisierten System: Hohe Erregung führt hier zu verstärkter Aktivität, die sich nicht erschöpft. Daraus lässt sich schließen, dass reflektierende Systemstrukturen am besten bei einem geringen bis mittleren Erregungsniveau funktionieren, wogegen das automatisierte System besser bei hohem Erregungsniveau funktioniert. Bei Angst und Bedrohung nimmt das Gehirn dem reflektierenden System die Entscheidung aus der Hand und überlässt sie dem automatisierten System. Wenn dieses über situativ angemessene Gewohnheiten und Impulse verfügt, kann die Person die Situation unbeschadet überstehen. Wenn nicht, hat das reflektierende System den zweiten Versuch; wenn ihm eine Regulierung ebenfalls nicht gelingt, übergibt das Gehirn wieder an das automatisierte System.
Der fehlende oder beeinträchtigte Bezugsrahmen des reflektierenden („abstrakten") Funktionsmodus wirkt sich auch auf den kreativen Umgang mit Ideen, Gedanken und Gefühlen aus, macht es unmöglich, diese absichtlich hervorzurufen, zu organisieren, zu lenken und unter Kontrolle zu halten. Die Person kann ihr Ich nicht von ihren inneren Erfahrungen loslösen, ist daher mehr ihr passives Objekt, als sie aktiv zu dirigieren wie ein Dirigent sein Orchester (man erlebt also beispielsweise nicht: „Ich habe eine Emotion", sondern „Die Emotion hat mich").

Was bedeuten diese Zusammenhänge für unser Verständnis des Gesunden-Erwachsenen-Modus?

Der Gesunde-Erwachsenen-Modus entspricht nicht nur einfach dem reflektierenden Modus, der natürlich ein wichtiger Aspekt von ihm ist, sondern im Wesentlichen dem Zusammenspiel der automatisierten und reflektierenden Prozesse im Organisieren der aktuellen Erfahrung. Der Gesunde-Erwachsenen-Modus ist der Koordinator dieser beiden Prozesse, die Fähigkeit und Funktion des flexiblen Figur-Hintergrund-Wechsels dieser beiden Prozesse je nach Situation. Eine Störung des Gesunden-Erwachsenen-Modus ist daher im Wesentlichen eine Störung dieser koordinativen Funktion, die zu hoher Inkonsistenz führt, deren Folgen wir bei Borderline-Patienten besonders eindrücklich erleben. Daher muss die Behandlung vor allem die Verbesserung dieses Zusammenspiels zum Ziel haben.

## Die neuronalen Grundlagen des automatisierten und reflektierenden Systems – das A-System und das R-System[2]

Im Folgenden möchte ich kurz skizzieren, welche neuralen Strukturen nach Liebermans Auffassung jeweils dem automatisierten A- und reflektierenden R-System unterliegen.

Die neuralen Strukturen des A-Systems und des R-Systems sind im Sinne eines Zwei-Prozess-Modells qualitativ unterschiedlich und funktionieren getrennt und unabhängig voneinander. Beide Systeme interagieren jedoch miteinander, sie bilden spezifische Muster der Aktivierung bestimmter neuronaler Strukturen und Funktionen bei gleichzeitiger Deaktivierung anderer neuronaler Strukturen und Funktionen. Beide Systeme können sich gegenseitig beeinflussen und auch miteinander konkurrieren.

**Das A-System** besteht aus der Amygdala, den Basalganglien, dem lateralen temporalen Cortex (LTC), dem ventromedialen präfrontalen Cortex (vmPFC) und dem dorsalen anterioren cingulären Cortex (dACC).

Die Amygdala ist sensitiv für neue und emotional evokative Stimuli, reagiert allerdings stärker auf Stimuli mit negativer als mit positiver Wertigkeit. Sie dient als Frühwarnsystem („Rauchmelder") und triggert top-down kontrollierte Prozesse im präfrontalen Cortex (PFC) und Reaktionen des autonomen Nervensystems, wodurch Energieressourcen im Körper verschoben werden, um den Organismus für Kampf oder Flucht vorzubereiten. Die Amygdala reagiert besonders stark auf Bedrohung. Bezogen auf Hinweise auf Gefahren, lernt sie unter Umständen sehr schnell, typischerweise jedoch langsam über Konditionierungen. Sie reagiert spontan auf Gefahrenhinweise, sogar wenn sie unterschwellig sind. Die Amygdala ist daher Teil des automatischen Vermeidungssystems (vgl. Lieberman, 2007, S. 293 f.).

Die Basalganglien sind Teil des automatischen Annäherungssystems. Sie bewerten angenehme und unangenehme Stimuli („Was ist das?") und reagieren auf verschiedene Prädiktoren für Belohnung. Das heißt, sie werden aktiviert, wenn ein erwünschtes Ergebnis vorhergesagt wird, und reagieren auf Hinweisreize, die positive Affekte ankündigen. Es bestehen zahlreiche Projektionen, die Verhalten initiieren (vgl. Lieberman, 2003, S. 48). Lernen erfolgt implizit, motorische Fertigkeiten werden langsam erworben, sind dann aber schnell ausführbar, wenn sie einmal gelernt sind. Die Aktivität der Basalganglien liegt sozialer Intuition zugrunde: Intuitive soziale Prozesse wie Regeln, Erwartungen, Normen werden durch sie mit emotionalen und motivationalen Zuständen verknüpft (vgl. Satpute & Lieberman, 2006, S. 88 f.).

Der laterale temporale Cortex (LTC) beinhaltet weniger affektive als vielmehr semantische Informationen und ist zuständig für die Konstruktion von Stereotypen, von individuellen Eindrücken und Attributionen. Der LTC ist daran beteiligt, die Identität, Eigenschaften/ Merkmale und Verhalten von sozialen (und nichtsozialen) Objekten zu erkennen. Der tieferliegende ventrale Teil des LTC ist Teil des „Was"-Systems im visuellen Verarbeitungsstrom („Was bedeutet das?").
Ein Teil des LTC, der superiore temporale Sulcus (STS), ist spezialisiert auf das Erkennen von anderen Personen, deren Handlungen und um aus diesen die Intentionen hinter bestimmten Verhaltensweisen zu extrahieren. Mit anderen Worten: Diese Region ist an automatischer visueller Wahrnehmung von sozialen Zielen beteiligt sowie daran, entsprechende Handlungen zu identifizieren und an der Attribution von derart zugeordneten mentalen Zielzuständen auf Verhaltensweisen. Neurale Entladungen treten sehr schnell auf, was ein A-System-Merkmal ist (vgl. Satpute & Lieberman, 2006, S. 90). So können Schlussfolgerungen über individuelle und Gruppen-Eigenschaften (traits) aufgrund von beobachtetem Verhalten und Schlussfolgerungen über die Implikationen von Verhaltensweisen gezogen werden, gestützt darauf, wer sie ausgeführt hat (vgl. Lieberman, 2003, S. 49).

Der ventromediale präfrontale Cortex (vmPFC) hat starke parallele Verbindungen mit den Basalganglien, der Amygdala und anderen limbischen Strukturen. Dies ermöglicht die langfristige Bildung von Intuitionen hinsichtlich Stimulus-Wirkungs-Wahrscheinlichkeiten, die früher als bzw. unabhängig von expliziter Bewusstheit über sie stattfinden (vgl. Satpute & Lieberman, 2006, S. 89).

Der anteriore cinguläre Cortex (ACC) als Ganzes ist zuständig für das Monitoring von Konflikten, ein Überwachungssystem, das aktiviert wird, wenn Inkonsistenz im neuronalen Geschehen auftritt (vgl. Grawe, 2004, S. 149). Er ist ein Konfliktanzeiger, der erkennt, wenn Erwartungen verletzt werden oder wenn kontextuell unpassende Antworten gegeben werden („Passt das zu den gewohnten Mustern?"). Dann ist der ACC so etwas wie ein Alarmsystem, das Kontrollprozesse auslöst, besonders im lateralen präfrontalen Cortex (LPFC), um sich über unpassende Antworten hinwegsetzen zu können. Er gilt als eine Größe, die die Gesamtspannung im System widerspiegelt.
Der ACC besteht aus zwei Teilbereichen, wobei der eine dem A-System zugerechnet wird, der andere dem R-System.
Das dem A-System zugehörige Teilgebiet des ACC, der dorsale anteriore cinguläre Cortex (dACC), ist bei emotionaler Not aufgrund von physischem und sozialem Schmerz aktiviert. Es ist ein automatisches Alarmsystem, das daher zum A-System gehört, aber entscheidend dafür ist, das R-System zu benachrichtigen, wenn dessen Fähigkeiten, flexibel zu antworten und mit Neuem umzugehen, gebraucht werden (vgl. Satpute & Lieberman,

2006, S. 89). Nichtsymbolische Spannungsprozesse, z. B. unerwartete Schmerzstimulation, aktivieren den dACC. Angst, die ähnlich wie Furcht, aber ohne spezifischen Fokus auf ein spezifisches Objekt oder Ausgang definiert ist, aktiviert den dACC.

**Das R-System** besteht aus dem lateralen präfrontalen Cortex (LPFC), dem posterioren parietalen Cortex (PPC), dem rostralen anterioren cingulären Cortex (rACC), dem Hippocampus und der umgebenden Region des medialen Temporallappens (MTL) sowie dem medialen präfrontalen Cortex (mPFC).

Der laterale präfrontale Cortex (LPFC) ist die primäre Struktur in R-System-Prozessen und ist in vielen aufwändigen und ressourcenintensiven kognitiven Aufgaben aktiviert, die symbolische Manipulation einschließlich Arbeitsgedächtnis, Schlussfolgern, Logik, Analogien erzeugen, mathematisches Problemlösen und anderes erfordern. Der LPFC ist einbezogen in kausale Folgerungen, bei denen Beziehungen zwischen Ereignissen eindirektional statt zweidirektional (seriell statt parallel) bestehen (x bewirkt y heißt nicht, dass y auch x bewirkt). Dies macht symbolische Berechnungen erforderlich. LPFC-Aktivität ist auf Erfahrungen von willentlichen und absichtlichen Handlungen bezogen (eine entscheidende Komponente von R-System-Prozessen) und ist beteiligt am Implementieren von top-down vermittelten Zielen und Plänen sowie an Prozessen der Selbstkontrolle, Emotionsregulierung und Verhaltensinhibition (vgl. Satpute & Lieberman, 2006, S. 90). Statt die fortlaufende Erfahrung der Welt, den Bewusstseinsstrom durch semantische und affektive Aspekte zu tönen (als ein A-System-Prozess), ist der LPFC mit der Erfahrung verknüpft, auf die Welt und unsere eigenen Impulse mit unserem freien Willen zu reagieren (vgl. Lieberman, 2007, S. 296).
Wenn der ACC Alarm schlägt, wird kontrolliertes Verarbeiten (Arbeitsgedächtnis, logisches Denken, kausales Schlussfolgern, linguistische Konstruktionen, Ziele generieren, Hypothesen bilden) aktiviert. Viele dieser Prozesse haben die Funktion, sich über das A-System hinwegzusetzen oder es so zu beeinflussen, dass es vorübergehend stärker in kontextuell angemessener Weise funktioniert (vgl. Lieberman, 2003, S. 50 f.).

Der posteriore parietale Cortex (PPC) mit seinen lateralen und medialen Bereichen wird ebenfalls dem R-System zugerechnet. Die lateralen Regionen (LPPC) sind in Aufgaben aktiviert, die kontrolliertes Verarbeiten, Arbeitsgedächtnis, Logik und Schlussfolgern erfordern. Die medialen Regionen (MPPC) sind bei auf sich selbst fokussierter Aufmerksamkeit aktiviert, wenn es darum geht, die eigene Perspektive von der eines anderen zu unterscheiden, was eine gewisse Anstrengung und symbolische Repräsentationen erfordert, um andere von sich selbst zu unterscheiden (vgl. Satpute & Lieberman, 2006, S. 90).

Der rostrale anteriore cinguläre Cortex (rACC) ist ein Teilbereich des ACC. Wie bereits erwähnt ist der ACC verbunden mit Konflikterkennung oder Fehlerverarbeitung im A-System, wenn z. B. etwas entgegen einer Erwartung verläuft. Er ist in Regionen für symbolische (rACC) und nichtsymbolische (dACC) Repräsentation von Konflikten aufgeteilt. Existiert ein explizites Objekt als Teil des Konflikts (über das man nachdenken kann), wird der rACC aktiviert. So wird beispielsweise bei negativen Emotionen einer Person oder einem Objekt gegenüber der rACC aktiviert, wogegen Angst (als ohne Objekt definiert) mehr mit dACC-Aktivität verbunden ist. Unerwartete Schmerzen, die über sensorische

Prozesse wahrgenommen werden, aktivieren den dACC, erwarteter Schmerz jedoch den rACC (vgl. Satpute & Lieberman, 2006, S. 90).

Der Hippocampus und die umgebende Region des medialen Temporallappens (MTL) haben die Funktion des „Bibliothekars", der neue Erfahrungen einordnet und mit alten verknüpft. Diese Bereiche spielen daher eine integrale Rolle bei der Erinnerung oder Gedächtnisabfrage, die von einer bewussten Erfahrung einer bestimmten vorherigen Lernepisode begleitet ist. Phänomenologisch erfordert dies, sich vorübergehend über gegenwärtige Wahrnehmungseindrücke hinwegzusetzen, die dem A-System dargeboten werden, um an der Erinnerungserfahrung teilzuhaben. MTL ist hilfreich bei der Abfrage von Erinnerungen, die identifizieren helfen, wann Kontrolle gebraucht wird, und stellt alternative Verhaltensmöglichkeiten zur Verfügung, die gegenläufig zu gewohnheitsmäßigen Reaktionsmustern sind. Der Hippocampus ist eine schnelle und flexible Lernstruktur und kann an der Außerkraftsetzung des langsamen und routinemäßigen Lernens von habituellen Reaktionen des A-Systems beteiligt sein. Wenn man einer neuen Situation oft genug begegnet, wird das A-System seine Gewohnheiten ändern, um sich der Situation anzupassen. Aber da dieses sich generell langsam verändert, können diese R-System-Erinnerungen in der Zwischenzeit nützlich sein (vgl. Satpute & Lieberman, 2006, S. 90 f.). Der MTL speichert Informationen über frühere Episoden, in denen kontrolliertes Verarbeiten erforderlich war (vgl. Lieberman, 2003, S. 50).

Der mediale präfrontale Cortex (mPFC) ist beteiligt an auf sich selbst fokussierter Aufmerksamkeit (vgl. Lieberman, 2007, S. 296). Kognitive Belastung verringert Aktivität im mPFC, d.h., dieser kann möglicherweise nicht parallel mit anderen kontrollierten Prozessen operieren.

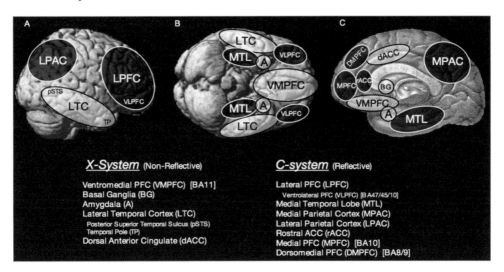

**Abbildung 1:** Die neuronalen Strukturen des automatisierten und des reflektierenden Systems; aus: Lieberman, 2009, S. 303)

## Beispiele für das Zusammenwirken des A-Systems und des R-Systems

Das Zusammenwirken des A-Systems und des R-Systems ist charakterisiert durch spezifische Muster von Aktivierung bestimmter und gleichzeitiger Deaktivierung anderer neuronaler Strukturen und Funktionen (vgl. Lieberman, 2009, S. 303 f.).
Es wurde beispielsweise untersucht, dass bei der Aufgabe, sich in andere Menschen hineinzudenken, das R-System aktiviert ist, die eigene Erfahrung (A-System) parallel dazu jedoch gehemmt wird.
Des Weiteren konnte festgestellt werden, dass es ein Unterschied ist, ob man aktiv über sich selbst reflektiert oder eher passiv Wissen über sich abruft. Bei aktiver Selbstreflexion wird das R-System aktiviert und die Amygdala als Teil des A-Systems deaktiviert. Wissen über sich abzurufen ist dagegen ein automatischer Prozess im A-System.
Emotionen werden reguliert, wenn sie benannt, also in Worte gefasst werden. Dabei ist das R-System aktiviert, die Amygdala deaktiviert.
Schmerzhafte soziale Ablehnung wird durch Nachdenken, durch Benennen und Bewerten der Situation (statt sie ausschließlich unmittelbar zu „erleben") erträglicher. Hierbei ist das R-System aktiviert, das A-System deaktiviert.
Bei der Entscheidungsfindung bewegen wir uns mit Hilfe impliziter Urteile und Entscheidungen nahtlos durch unsere soziale Welt. Erst wenn unsere Erwartungen nicht eintreffen bzw. bei Zweifel und Mehrdeutigkeit, werden explizite, reflektierende Entscheidungsprozesse aktiviert. Bei den meisten Urteilen und Entscheidungen hat das A-System den ersten Versuch!

## Der Funktionszyklus in der Organisation von Erfahrung und die Rolle des Gesunden-Erwachsenen-Modus

Nachdem wir bisher die strukturellen und funktionalen einschließlich der neuropsychologischen Aspekte des Gesunden-Erwachsenen-Modus dargestellt haben, wollen wir nun den Gesunden-Erwachsenen-Modus in der Interaktion und der Dynamik mit den anderen Bestandteilen der Erfahrung betrachten und mit o. g. genannten Aspekten verknüpfen.
Im Modell der Schematherapie wird Erfahrung aus verschiedenen Elementen konstituiert: Bedürfnisse, Schemata, Schema-Bewältigungsstrategien, Schema-Modi (Kind-Modi, Eltern-Modi, Gesunder-Erwachsenen-Modus, Dysfunktionale Bewältigungs-Modi (unterordnend-erduldende, gefühlsvermeidende, kontrollierend-überkompensierende Modi)), siehe Abbildung 2.

Als Ausgangspunkt von Erfahrung werden Bedürfnisse – als organismische Hintergrundfunktionen – angenommen und sind Grundlage der Motive der Kind-Modi im Vordergrund des Erlebens. Dem stehen die verinnerlichten Anforderungen der Umwelt als Eltern-Modi gegenüber. Beide Arten von Selbstanteilen (Schema-Modi) konstituieren zusammen mit dem funktionalen Gesunden-Erwachsenen-Modus das erlebende und handelnde Selbst. Der Gesunde-Erwachsenen-Modus mit seinen adaptiven Bewältigungsmöglichkeiten ist die organisierende und ausführende Funktion des Selbst.

Aus der Entwicklungsgeschichte des Individuums kommen weitere Elemente hinzu. Werden Bedürfnisse in der Kindheit adäquat befriedigt, entstehen adaptive funktionale

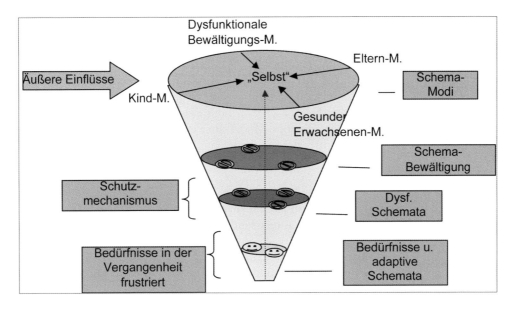

**Abbildung 2:** Bedürfnisse, Schemata und Schema-Modi konstituieren das Selbst-Erleben

Schemata. Werden Bedürfnisse in der Kindheit dauerhaft nicht adäquat befriedigt oder frustriert, dann werden diese Erfahrungen durch die Bildung von dysfunktionalen Schemata verarbeitet. Dies sind Konstruktionen (vgl. Young, 2005; Greenberg, Rice & Elliott, 2003, und das Konzept der „Entscheidungen" bei Goulding & Goulding, 1981) im Sinne von verinnerlichten, geronnenen Erfahrungen („Introjekte") und daraus folgenden überdauernden, automatisierten, unbewussten Reaktionsbereitschaften, die bis in die neuronale Ebene als Erregungsbereitschaften verankert sind (vgl. Roediger, 2011b). Als solche lenken sie das Wahrnehmen, das Symbolisieren, das körperlich-emotionale Erleben und beinhalten Handlungstendenzen. Um die schmerzhafte oder beängstigende Aktivierung dysfunktionaler Schemata zu verhindern, werden dysfunktionale Bewältigungsmechanismen gebildet (sich erduldend dem Schema überlassen, Schema-Auslösesituationen vermeiden, das Schema überkompensieren). Diese sind in der Regel ebenfalls nicht bewusst, automatisiert, sind habituelle, fixierte Einstellungs- und Verhaltensmuster („traits").

Schemata und Schema-Bewältigungsmechanismen beeinflussen als implizite Hintergrundprozesse die aktuelle Kontaktregulierung des Selbst im Vordergrund. Sie zeigen sich im Verhältnis der Kind-Modi zu den eigenen Bedürfnissen sowie in den inneren Bildern über sich und andere und den Motiven, die daraus im aktuellen Kontakt erwachsen. Diese werden durch verschiedene dysfunktionale (z.B. verletzlich, ärgerlich, impulsiv) und funktionale (spontan, glücklich, zufrieden) kindliche Modi repräsentiert.

Die dysfunktionalen Eltern-Modi (strafend, fordernd) sind ebenfalls von Schemata und Schema-Bewältigungsmechanismen beeinflusst. Sie zeigen sich in introjizierten Bewertungen und Regeln und versuchen, aus diesen Motiven heraus das aktuelle Selbst-Erleben und Handeln zu steuern.

Der Gesunde-Erwachsenen-Modus hat die Aufgabe, aus all diesen inneren Einflüssen und den aktuellen äußeren Anforderungen das aktuelle Erleben des Selbst zu organisieren und das Verhalten nach außen zu steuern. Je besser die Struktur und Funktion des Gesunden-Erwachsenen-Modus sind, desto eher wird es der Person gelingen, adaptiv auf innere und äußere Anforderungen zu antworten. Je geringer die Struktur und das Funktionsniveau des Gesunden-Erwachsenen-Modus integriert sind, desto eher werden maladaptive, dysfunktionale Bewältigungs-Modi (unterordnend, vermeidend, kontrollierend/überkompensierend) in den Vordergrund treten und die adaptive Kontaktregulierung beeinträchtigen.

Schaut man sich eine gesamte Kontaktepisode an, lassen sich – je nach situativen inneren und äußeren Bedingungen – ein adaptiver und ein maladaptiver Funktionszyklus mit den verschiedenen Erfahrungselementen unterscheiden.

Ein adaptiver Zyklus beginnt mit einer dem Individuum adäquaten, also seinen Fähigkeiten und Möglichkeiten entsprechenden Stimulussituation (im obigen Beispiel die Autofahrt nach Hause). Ein adaptives Schema, wie etwa: „Ich kann mich gelassen auf meine Fähigkeiten und die Umwelt verlassen", ist im Hintergrund aktiviert und beeinflusst das Erleben und Verhalten. Ein Zufriedener-Kind-Modus ist aktiviert, der Gesunde-Erwachsenen-Modus tut nur das Nötigste, um der Situation im Augenblick zu entsprechen. Er wird jedoch plötzlich aktiviert und tritt ganz in den Vordergrund, wenn (wie im obigen Beispiel) eine Baustelle auftaucht und keine Umleitung beschildert ist. Mit seinen reflektierenden Funktionen orientiert sich der Fahrer neu, entscheidet sich neu und schlägt einen alternativen Weg ein. Er wechselt in einen adaptiven Bewältigungsmodus, und der Gesunde-Erwachsenen-Modus tritt wieder mehr in den Hintergrund.
Roediger (2011a, S. 71) verwendet zur Veranschaulichung eines solchen Ablaufs die Kupplungsmetapher von Schore (1997): Eine Problemsituation erfordert ein „Auskuppeln" aus dem bisherigen Verhalten (Desidentifikation), dann – im „Leerlauf" der Orientierung – einen „Gangwechsel" vorzunehmen (Neubewertung) und mit Selbstinstruktionen einen „neuen Gang einzulegen", also ein neues Verhalten zu initiieren.

Ein maladaptiver Zyklus beginnt zum Beispiel mit einer dem Individuum inadäquaten, also seinen Fähigkeiten und Möglichkeiten nicht entsprechenden Stimulussituation (beispielsweise der Erfahrung einer Ablehnung durch einen wichtigen Anderen). Die Person hat auf der automatisierten Ebene keine adaptiven Schemata für diese Problemsituation, sondern ein maladaptives Schema wird unbewusst im Hintergrund ausgelöst (Kognition: „Ich bin wertlos und überflüssig", mit entsprechenden Wahrnehmungs- und emotional-körperlichen Reaktionen sowie Handlungstendenzen). In dieser Stresssituation wird der Verletzliche-Kind-Modus kurzzeitig im Vordergrund aktiviert (Erleben von Schmerz und Angst), wird jedoch unvermittelt abgelöst von einem Strafenden-Eltern-Modus („Was bist du für ein Nichtsnutz!") und dann von einem Distanzierten-Selbstschutz-Modus, also einem vermeidenden Bewältigungsmodus (sozialer Rückzug, ausweichen, dissoziieren). Diese Selbstanteile werden isoliert aktiviert, der Gesunde-Erwachsenen-Modus ist deaktiviert. Denn unter hohem Stress ist das Zusammenspiel (der Figur-Hintergrund-Prozess) zwischen automatisierten Schema-Prozessen und reflektierenden Prozessen desintegriert: Das Alarmsystem (ACC) wird nicht aktiviert, bzw. das hohe Erregungsniveau führt zur

Erschöpfung des reflektierenden Systems. Es finden keine hilfreichen Selbstinstruktionen oder inneren Dialoge zwischen Kind-Modus, Eltern-Modus und Gesundem-Erwachsenen-Modus statt. Das automatisierte System wird mit dem Problem allein gelassen und reagiert übermäßig („mehr desselben") mit einem fixierten, habituellen Bewältigungsmodus (unterordnend-erduldend, gefühlvermeidend oder kontrollierend-überkompensierend) – in diesem beispielhaften Fall mit einem vermeidenden Bewältigungsmodus.

Analog zur Kupplungsmetapher gelingt hier das „Auskuppeln" nicht, es ist der Person nicht möglich, sich von den dysfunktionalen Schema-Prozessen zu distanzieren, also einen „Gangwechsel" einzuleiten, und bleibt so in einem dysfunktionalen Bewältigungsmodus stecken.

Ein wichtiger Ansatzpunkt zur Einflussnahme auf einen solchen maladaptiven Zyklus ist es, neben der Stress-Regulierung die Patienten darin zu schulen, den oft raschen und ich-synton erlebten Wechsel zwischen verschiedenen Erlebens-Modi mitzubekommen (vgl. Roediger, 2011b, S. 130 ff.; Zarbock & Zens, 2011, S. 52 f.). Dabei helfen einerseits Achtsamkeitsstrategien, andererseits kann das Modusmodell selbst als „Landkarte" eingesetzt werden: Patienten können erkennen und benennen lernen, welcher Erlebens- oder Bewältigungsmodus gerade aktiviert ist. Dadurch wird das Erleben ich-dyston, und das Benennen fördert die Möglichkeit, sich innerlich von dem Erleben zu distanzieren, und stärkt die Funktion des Gesunden-Erwachsenen-Modus.

Gegenüber der Auffassung von Young et al. (2005) sowie Arntz und van Genderen (2010), die neben dem schwachen Gesunden-Erwachsenen-Modus vier charakteristische Schema-Modi als für die Borderline-Persönlichkeitsstörung typisch ansehen (Verlassenes-Kind-, Ärgerliches- und Impulsives-Kind-, Strafender-Eltern- und Distanzierter-Selbstschutz-Modus), wird hier aufgrund klinischer Erfahrungen in der stationären Borderline-Behandlung die Auffassung vertreten, dass prinzipiell bei Borderline-Patienten alle Modi auftreten können. Das Entscheidende ist die dysfunktionale Dynamik zwischen den Modi aufgrund der Schwäche und defizitären Entwicklung des Gesunden-Erwachsenen-Modus. Daher ist der primäre Behandlungsfokus die Stärkung des Gesunden-Erwachsenen-Modus. Dies ist dann erst die Grundlage für die weitere gezielte Behandlung und Integration der übrigen Schema-Modi.

## Schlussfolgerungen für die schematherapeutische Borderline-Behandlung

Borderline-Patienten leiden unter den Auswirkungen von hoher Inkonsistenz mentaler und neuronaler Vorgänge. Ziel der Behandlung ist es, Inkonsistenz zu reduzieren, indem die Abstimmung und Koordination mentaler und neuronaler Teilprozesse gefördert werden, insbesondere das Zusammenspiel und Figur-Hintergrund-Geschehen automatisierter und reflektierender Prozesse. In der Konzeptualisierung der Schematherapie ist dies die Aufgabe des Gesunden-Erwachsenen-Modus. Da dieser bei Borderline-Patienten sehr schwach ist, sieht die Schematherapie die therapeutische Aufgabe darin, diesen Modus zu stärken. Aus den bisherigen Ausführungen ergibt sich, dass ein direktes Ansetzen am Gesunden-Erwachsenen-Modus möglich und sinnvoll ist und dass es sich anbietet, strukturelle und funktionale Ansatzpunkte voneinander zu unterscheiden.

Die Verbesserung der **Struktur** des Gesunden-Erwachsenen-Modus ist möglich durch die Verbesserung basaler struktureller Fähigkeiten der Wahrnehmung, Steuerung, Kommunikation und Bindung. Fähigkeiten, die besonders eingeschränkt sind, können gemeinsam mit dem Patienten fokussiert und mit Hilfe übender Interventionen verbessert werden und auf diese Weise „nachreifen". Anregungen dazu gibt der Ansatz von Rudolf (2006, S. 116 ff.) zur strukturbezogenen Psychotherapie. Beispielsweise kann mit dem Ziel, eine realistische Wahrnehmung von sich zu erreichen, eingeübt werden, eigene Affekte zu differenzieren. Mit spiegelnden Interventionen kann der Therapeut mitteilen, welche Affekte des Patienten er wahrnimmt, die Eigenwahrnehmung wird mit der Fremdwahrnehmung verglichen. Die zu einem Ereignis gehörenden Affekte werden gemeinsam untersucht (vgl. a.a.O., S. 149). In ähnlicher Weise lassen sich zu allen 24 Teilaspekten der strukturellen Fähigkeiten aus Tabelle 1 therapeutische Strategien entwerfen.

Die Verbesserung der **Funktion** des Gesunden-Erwachsenen-Modus bezieht sich auf seine Aufgabe, momentanes Erleben zu organisieren, den „Werkzeugkasten" der strukturellen Fähigkeiten sozusagen sinnvoll einzusetzen, wenn dies aktuell erforderlich ist, und bei Bedarf zwischen automatisierten und reflektierenden Prozessen flexibel zu wechseln.

Um den Wechsel zwischen dem automatisierten und reflektierenden Funktionsmodus zu fördern, ist es zunächst wichtig, das Ausmaß der Desorganisation (des Figur-Hintergrund-Geschehens) beider Funktionsmodi zu beachten. Hier lassen sich eine Desintegration von einer Vulnerabilität der Organisation der Funktionsmodi unterscheiden.
Bei einer **Desintegration** ist die Funktion des reflektierenden Bewusstseins beeinträchtigt. Dies ist häufig bei Fragmentierungen der Repräsentationen von Erfahrung als Folge von komplexen Traumatisierungen und bei dissoziativen Störungen der Fall. In diesem Zustand kann das reflektierende Bewusstsein nur geringen Einfluss auf die isolierten, automatisierten Bereiche und Prozesse nehmen, seien es maladaptive Schemata über sich, andere oder die Welt, seien es Schema-Modi wie sadistische Eltern-Introjekte oder andere isolierte und fixierte Selbstanteile oder sogenannte Ego-States (Peichl, 2007), die, wenn sie stimuliert werden, mit abnormer Stärke und Einseitigkeit auftreten und auch rasch wechseln können.
Es muss also therapeutisch darum gehen, das reflektierende System selbst zu stärken, um dann isolierte bzw. fragmentierte Bereiche narrativ verbinden zu können.
Das reflektierende System kann durch Einsetzen reflexiver Bewusstheit dadurch gestärkt werden, dass man übt, Emotionen in Worte zu fassen oder mittels sogenannter mentalisierender Fragen wie: „Bemerken Sie, wie Ihr Körper gerade reagiert?", „Fällt Ihnen auf, was gerade passiert?" Oder indem man übt, Perspektiven zu wechseln, „sich selbst von außen und den anderen von innen sehen zu lernen" (Roediger, 2011b, S. 177) und zu fragen: „Haben Sie eine Idee, was das mit Ihrem Gegenüber macht?" Auch kann man zu problemlösendem, schlussfolgerndem Denken ermutigen, üben, Wesentliches von Unwesentlichem zu unterscheiden, und üben, die Folgen des eigenen Handelns zu antizipieren. Auch hier kann man den Überblick über die strukturellen Fähigkeiten nach OPD für weitere Ansatzpunkte nutzen.

Bei einer **Vulnerabilität** des Figur-Hintergrund-Geschehens (der Organisation) zwischen automatisierten und reflektierenden Prozessen, zu der es unter aktuellem Stress kommen kann, kommt es im therapeutischen Alltag darauf an, den Wechsel zwischen den Funktionsmodi in Problemsituationen therapeutisch gezielt zu fördern, indem im sicheren therapeutischen Rahmen Situationen erzeugt werden, die einen Wechsel zwischen beiden Systemen erforderlich machen und auf diese Weise korrigierende emotionale Neuerfahrungen ermöglichen. Oft verhalten sich Borderline-Patienten beispielsweise passiv-reaktiv auf das Gegebene, ohne die Perspektive wechseln zu können und sich zu fragen: „Was ist das Muster?" „Was möchte ich wirklich?", „Welche neue Erfahrung möchte ich machen?" Anfangs muss es die Therapeutin oder der Therapeut häufig übernehmen, diese Fragen zu stellen, mit der Zeit übernimmt dies die Patientin oder der Patient mehr und mehr selbst. Mit Roediger (2011a, S. 68 ff.) kann dieser Prozess ebenfalls mit Hilfe der bereits oben verwendeten Kupplungsmetapher von Schore (1997) veranschaulicht werden. Den Wechsel in den reflektierenden Funktionsmodus versteht er als eine bewusst geführte Denktätigkeit, einen bewussten „Gangwechsel", der mit dem „Auskuppeln" beginnt, einer Unterbrechung des automatisierten Handlungsstroms durch eine über Achtsamkeit vermittelte desidentifizierende Selbstbeschreibung. Das Akzeptieren des in der Belastungssituation aktivierten emotionalen Verwundetseins hilft dabei, die hohe innere Anspannung zu verringern. Danach erfolgt der bewusste, selbstreflexive „Gangwechsel" unter Einbeziehung von Bedürfnissen, Werten und Zielen als eine freie Wahl von Handlungsoptionen. Durch gezielte Selbstinstruktion, also top-down initiiert, wird ein „neuer Gang eingelegt" und führt zu einer neuen Reaktion, die durch Tagebuchschreiben oder Ähnliches ausgewertet und tiefer verankert werden kann.

Nach einem solchen „Gangwechsel" tritt das selbstreflexive Bewusstsein wieder in den Hintergrund und gibt erneut Raum für das automatisierte System.

Natürlich spielt es für die Borderline-Behandlung auch eine Rolle, wie das automatisierte System selbst ausgestattet ist, welche Schemata und welche automatisierten Bewältigungsmuster zur Verfügung stehen, insbesondere zum Abbau von Inkonsistenzspannung. Das automatisierte System wird gestärkt, indem dysfunktionale automatisierte Bewältigungsmuster oder Schemata entautomatisiert werden, indem die Aufmerksamkeit auf sie fokussiert, sie exploriert und damit auch dem reflektierenden Bewusstsein zugänglich werden. Dann wird es möglich, sie weiter zu bearbeiten und mit Alternativen zu experimentieren. Funktionale Muster oder Schemata können dagegen automatisiert werden, indem man emotional korrigierende Neuerfahrungen – wie in Lernschleifen – oft wiederholt. Außerdem können einfache und wirkungsvolle Strategien, wie z. B. Fertigkeiten im Umgang mit Krisensituationen (vgl. Bohus & Wolf, 2009), eingeübt oder hilfreiche Heuristiken hervorgehoben werden (z. B. eine Faustregel wie: „Wenn man Mist gebaut hat, kann man sich entschuldigen und es wiedergutmachen").

Ein weiterer Ansatzpunkt besteht darin, die Funktion des Alarmsystems (ACC) zu verbessern. Dies ist beispielsweise möglich, indem Zustände von Konflikt, Irritation, Ratlosigkeit, Verwirrung, Zögern, Zweifel etc. gezielt als Gelegenheiten wahrgenommen und genutzt werden, das reflektierende Bewusstsein zu aktivieren. Auch hier übernimmt es die Therapeutin oder der Therapeut anfangs, verstärkt auf solche Situationen hinzuweisen und die Bewusstheit darauf zu fokussieren, bevor mit der Zeit die Patientin oder der Patient mehr und mehr für solche Situationen sensibilisiert wird.

Die wichtigste Rahmenbedingung für die Verbesserung der Struktur und Funktion des Gesunden-Erwachsenen-Modus ist eine feinfühlige, sichere therapeutische Bindungsbeziehung (vgl. Brisch, 2009). Die Bindungsforschung hat festgestellt, dass die Mentalisierungsfähigkeit (die Fähigkeit, affektive und mentale Vorgänge bei sich und anderen zu erkennen bzw. zu vermuten und als Ursache von Handlungen zu betrachten) in hohem Maße von der Qualität der Primärbeziehungen abhängig ist (vgl. Fonagy, Gergely, Jurist & Target, 2002). Das Herstellen einer sicheren Bindung zwischen Therapeut und Patient stellt daher einen wichtigen Wirkfaktor zur Verbesserung des Gesunden-Erwachsenen-Modus dar. In der Schematherapie wird dies durch eine gute Balance zwischen „begrenztem Nachbeeltern (Reparenting)" in Form von Unterstützen, Annehmen, Akzeptieren sowie begrenztem Befriedigen emotionaler Bedürfnisse und „empathischer Konfrontation" in Form von Verstehen und Anerkennen sowie gleichzeitigem wohlwollenden Konfrontieren, Fordern und maßvollem Grenzensetzen angestrebt (vgl. Roediger, 2011b, S. 162 ff.).

Wie zu Anfang diese Artikels bereits erwähnt, ist es erfahrungsgemäß sinnvoll, die ausgiebige Bearbeitung des Gesunden-Erwachsenen-Modus in ein sequenzielles therapeutisches Vorgehen einzubetten (vgl. Votsmeier-Röhr, 2001), bei dem anfangs das Verringern destruktiver Bewältigungsmodi zum Abbau von Inkonsistenzspannung und das Fördern funktionaler Bewältigungsmodi, um Kontrollierbarkeit und Selbstwirksamkeit in Problemsituationen zu erleben, im Vordergrund der Behandlung steht. Obwohl auch hier schon eine Verbesserung des Gesunden-Erwachsenen-Modus, beispielsweise durch die Arbeit mit therapeutischen Verträgen zur Reduzierung destruktiven Verhaltens, indirekt stattfindet (vgl. Votsmeier, 1998, S. 29 f.), wird dieses Ziel erst im Anschluss an diese erste Phase zum primären Behandlungsschwerpunkt. Stehen im Anschluss daran ausreichend basale strukturelle Fähigkeiten zur Verfügung und hat sich damit die Funktionsweise des Gesunden-Erwachsenen-Modus verbessert, kann sich der Behandlungsschwerpunkt vertieft auf die Integration der Schema-Modi und die Schema-Modifikation ausrichten.

Eine Bemerkung zum Abschluss: Auch die Gruppe um Fonagy hat die neurowissenschaftlichen Forschungsergebnisse von Lieberman aufgegriffen (Fonagy & Luyten, 2010). Sie betrachten das automatisierte und das reflektierende System allerdings als Polaritäten und ordnen diesen zwei Formen der Mentalisierung zu, eine implizit-automatisierte sowie explizit-kontrollierte Form der Mentalisierung. Sie sehen bei der Borderline-Störung niedrige Schwellen für die Deaktivierung der Fähigkeit zu kontrollierter Mentalisierung in Verbindung mit einer erhöhten Aktivierung des Bindungssystems unter Stress (a.a.O., S. 272). Sie betrachten allerdings nicht die Koordination dieser Teilprozesse, das Zusammenspiel automatisierter und reflektierender Prozesse in der Organisation momentanen Erlebens, die im vorliegenden Artikel als Funktion des Gesunden-Erwachsenen-Modus postuliert wird.

## Fußnoten

1. Die Zusammenhänge zwischen den neuropsychologischen Forschungsergebnissen von Goldstein und Lieberman und ihre Bedeutung für das Verständnis und die Behandlung von Borderline-Störungen habe ich bereits in einem Vortrag im Jahr 2009 öffentlich gemacht. Die Verbindung mit dem Gesunden-Erwachsenen-Modus ergab sich 2011 während der Vorbereitungen auf ein Seminar zum Thema Schematherapie bei Borderline-Störungen.

2. Lieberman bezeichnet in seiner Terminologie das automatisierte bzw. das reflektierende System im Englischen als „reflexive" (X-System) bzw. „reflective" (C-System). Da es diese unterschiedliche Schreibweise im Deutschen nicht gibt, verwende ich – wie bisher in diesem Text – die inhaltlich sinnhafte Unterscheidung in „automatisierte" und „reflektierende" Prozesse und unterscheide daher entsprechend das „A-System" und das „R-System" in der weiteren Betrachtung.

## Literatur

Arbeitskreis OPD (2006). Operationalisierte Psychodynamische Diagnostik OPD-2. Bern: Huber.
Arntz, A. & van Genderen, H. (2010). Schematherapie bei Borderline-Persönlichkeitsstörung. Weinheim: Beltz.
Bohus, M. & Wolf, M. (2009). Interaktives Skills-Training für Borderline-Patienten. Stuttgart: Schattauer.
Brisch, K.H. (2009). Bindungsstörungen – Von der Bindungstheorie zur Therapie. Stuttgart: Klett-Cotta.
Evans, J. & Frankish, K. (2009). In two minds: Dual processes and beyond. Oxford, N.Y.: Oxford University Press.
Fonagy, P., Gergely, G., Jurist, E. & Target, M. (2002). Affektregulierung, Mentalisierung und die Entwicklung des Selbst. Stuttgart: Klett-Cotta.
Fonagy, P. & Luyten, P. (2010). Mentalization – Understanding Borderline Personality Disorder. In T. Fuchs, H.C. Sattel & P. Henningsen (Eds.), The Embodied Self. Dimensions, Coherence and Disorders (pp. 260-278). Stuttgart: Schattauer.
Goulding, M. & Goulding, R.L. (1981). Neuentscheidung. Ein Modell der Psychotherapie. Stuttgart: Klett-Cotta.
Goldstein, K. (1947). Human Nature in the Light of Psychopathology. Cambridge: Harvard University Press.
Goldstein, K. & Scheerer, M. (1971). Abstract and Concrete Behavior. In K. Goldstein (Ed.), Selected Writings/Ausgewählte Schriften (pp. 365-399). Nyhoff: The Hague.
Goleman, D. (1995). Emotionale Intelligenz. München: Hanser.
Grawe, K. (2004). Neuropsychotherapie. Göttingen: Hogrefe.
Greenberg, L.S., Rice, L.N. & Elliott, R. (2003). Emotionale Veränderung fördern – Grundlagen einer prozess- und erlebensorientierten Therapie. Paderborn: Junfermann.
Jacob, G. & Arntz, A. (2011). Schematherapie in der Praxis. Weinheim: Beltz.
Lieberman, M.D. (2003). Reflexive and reflective judgement processes. A social cognitive neuroscience approach. In J.P. Forgas, K.R. Williams & W. von Hippel (Eds.), Social judgements – implicit and explicit processes (pp. 44-67). New York: Cambridge University Press.
Lieberman, M.D. (2007). The X- and C-Systems: The neural basis of automatic and controlled social cognition. In E. Harmon-Jones & P. Winkelman (Eds.), Fundamentals of social neuroscience (pp. 290-315). New York: Guilford.

Lieberman, M.D. (2009). What zombies can't do: A social cognitive neuroscience approach to the irreducibility of reflective consciousness. In: Evans J & Frankish K (2009): In two minds: Dual processes and beyond. Oxford, N.Y., Oxford University Press, 293-316.

Lieberman, M.D., Gaunt, R., Gilbert, D.T. & Trope, Y. (2002). Reflection and reflexion: A social cognitive neuroscience approach to attributional inference. Advances in Experimental Social Psychology, 34, 199-249.

Peichl, J. (2007). Die inneren Traum-Landschaften. Borderline, Ego-State, Täter-Introjekt. Stuttgart: Schattauer.

Roediger, E. & Dornberg, M. (2011). Wie „psychodynamisch" ist die Schematherapie? Gemeinsamkeiten und Unterschiede zwischen Schematherapie und psychodynamischer Psychotherapie. In E. Roediger & G. Jacob (Hrsg.), Fortschritte der Schematherapie. Konzepte und Anwendungen (S. 30-44). Göttingen: Hogrefe.

Roediger, E. (2011a). Wie können Achtsamkeit und Akzeptanz in den Modus des Gesunden Erwachsenen integriert werden oder: Die Quadratur des Kreises. In E. Roediger & G. Jacob (Hrsg.), Fortschritte der Schematherapie. Konzepte und Anwendungen (S. 66-73). Göttingen, Hogrefe

Roediger, E. (2011b). Praxis der Schematherapie. Stuttgart: Schattauer.

Rudolf, G. (2006). Strukturbezogene Psychotherapie. Stuttgart: Schattauer.

Satpute, A.B. & Lieberman, M.D. (2006). Integrating automatic and controlled processing into neurocognitive models of social cognition. Brain Research, 1079, 86-97.

Schore, A.N. (1997). Early organization of the nonlinear right brain and development of a predisposition to psychiatric disorders. Development and Psychopathology, 9, 595-631.

Siegel, D.J. (2006). Wie wir werden die wir sind. Paderborn: Junfermann.

Votsmeier, A. (1988). Gestalttherapie mit Borderline-Patienten. Gestalttherapie, 2, 2-16.

Votsmeier, A. (1998). Stationäre Therapie von Borderline-Störungen nach einem psychodynamisch-integrativen Ansatz – Das Grönenbacher Modell. Psychotherapie in Psychiatrie, Psychotherapeutischer Medizin und Klinischer Psychologie, 3 (1), 24-39.

Votsmeier-Röhr, A. (2001). Stationäre psychodynamisch-erfahrungsorientierte Therapie bei Borderline-Störungen. Das Grönenbacher Modell. In G. Dammann & P.L. Janssen (Hrsg.), Psychotherapie der Borderline-Störungen (S. 178-190). Stuttgart: Thieme.

Votsmeier-Röhr, A. (2011). Gestalttherapie und Neurowissenschaft. Befruchtende Verwandtschaften mit Implikationen für die Borderline-Behandlung. Gestalttherapie, 2, 35-45.

Young, J.E., Klosko, J.S. & Weishaar, M.E. (2005). Schematherapie. Ein praxisorientiertes Handbuch. Paderborn: Junfermann.

Zarbock, G. & Zens, C. (2011). Bedürfnis- und Emotionsdynamik – Handlungsleitende Konzepte für die Schematherapiepraxis. In E. Roediger & G. Jacob (Hrsg.), Fortschritte der Schematherapie. Konzepte und Anwendungen (S. 45-65). Göttingen: Hogrefe.

## Korrespondenzadresse

Dipl.-Psych. Achim Votsmeier-Röhr
HELIOS Klinik Bad Grönenbach
Sebastian Kneipp Allee 3a/5 | 87730 Bad Grönenbach
Tel. 08334-981-100, Fax 08334-981-299 | achim.votsmeier-roehr@helios-kliniken.de

Serge K. D. Sulz

# Weiterbildung nach der dualen Direktausbildung in Psychotherapie – ein Konzept zur Gestaltung der Zukunft der Psychotherapie

Supplementary Training after Dual Direct Training in Psychotherapy

Die hier vorgeschlagene duale Direktausbildung verlegt die Praktika in Psychiatrie und Psychotherapie in das Masterstudium Psychotherapie als BAföG finanzierte Praxissemester analog des Praktischen Jahres in der Medizin. Die bisher 4200 Stunden umfassende Ausbildung nach dem Psychotherapeutengesetz wird auf 2820 Stunden (400 Stunden prakt. Ausbildung) in drei berufsbegleitenden Jahren gekürzt. Anschließend erfolgt in Zuständigkeit der Kammern die berufsbegleitende Weiterbildung an einem Weiterbildungsinstitut mit weiteren 200 Stunden eigenen Therapien unter Supervision, ein mit den Kassen abrechnungsfähiges Zweitverfahren und Zusatzbezeichnungen (Gruppentherapie, Kinder- und Jugendlichentherapie, Traumatherapie, Schmerztherapie, Psychotherapie im Alter etc.). Eine alternative Ausbildung zum „Medizinischen Psychotherapeuten", der z. B. auf einem Medizin-Bachelor-Studium mit Schwerpunkt Psychiatrie und Psychosomatische Medizin aufbaut wird auch diskutiert. Der approbierte Beruf des Kinder- und Jugendlichenpsychotherapeuten soll analog bewahrt werden.

Schlüsselwörter
Psychotherapie-Weiterbildung – Psychotherapie-Ausbildung – Psychotherapie-Masterstudium – praktische Tätigkeit in der Ausbildung – praktische Ausbildung in Psychotherapie – Zweitverfahren Psychotherapie – Zusatzbezeichnungen in der Psychotherapie – Finanzierung der Psychotherapie-Ausbildung

*Although Germany has one of the best psychotherapy training systems, the 1.5 years of unpaid internship in psychiatry and psychotherapy is to be scrapped. The dual direct training proposed here shifts these internships to the master studies of psychotherapy as a practical semester financed by a state grant analogously to the practical year in medicine. The 4,200 hours of training in accordance with the Psychotherapist Act is being reduced to 2,820 hours (400 hours of practical training) alongside work over three years. This is followed under the authority of the chambers by further training with 200 hours of own therapies under supervision, a dual procedure paid for by the health insurance companies, and additional specialized areas (group therapy, child and teenager therapy, trauma therapy, pain therapy, psychotherapy in advanced age etc.). A further training course to become a „Medical Psychotherapist", based, for example, on a medical bachelor degree specializing in psychiatry and psychosomatic medicine is also being discussed. The accredited profession of Child and Teenager Psychotherapist is to be retained.*

*Key words*
*psychotherapy further training – psychotherapy training – psychotherapy master's degree – practical work during training – practical training in psychotherapy – dual procedure in psychotherapy – additional specializations in psychotherapy – financing of psychotherapy training*

## Einleitung

Deutschland hat europa- und weltweit eine der besten Psychotherapieversorgungen und Psychotherapieausbildungen (Strauß, 2013; Fliegel, 2013; Hagspiel & Sulz, 2011). Getragen von umfangreicher Forschung und langjähriger klinischer Erfahrung, ist ein Gesundheitsbereich entstanden, der in seiner Bedeutung gleichrangig neben Innere Medizin und Chirurgie gestellt werden muss.

Trotzdem plant das Bundesgesundheitsministerium die 1999 durch das Psychotherapeutengesetz eingeführte Ausbildung zum approbierten Psychologischen Psychotherapeuten abzuschaffen und die Inhalte in das Studium vorzuverlegen. Ein Masterstudium in Psychologie und Psychotherapie wird dann im Alter von 22 bis 23 Jahren zur Approbation und damit zur Berechtigung führen, selbständig Psychotherapie heilberuflich auszuüben. Das bisherige Psychiatrie- und Psychosomatikpraktikum im Umfang von 1,5 Jahren soll nach dem Studium als voll bezahlter Angestellter (Weiterbildungsassistent) einer Klinik erfolgen, jedoch nicht Bedingung der Approbation sein. Dieser Plan entspricht einer einfachen „Direktausbildung" (das Studium führt direkt zum Beruf). Dass so wenig bezahlt wurde, lag auch an der Festschreibung des Praktikums als bloße „Beteiligung" an der klinischen Versorgung. In nicht verantwortlicher Position mitgehen, mithören, mitsehen - ohne eigene therapeutische Aufgabenstellung. Rasch haben Kliniken und Praktikanten vom Gesetz abweichende Fakten hergestellt, so dass fast immer psychotherapeutische Tätigkeit resultierte - die hätte dann aber bezahlt werden müssen. Hält man sich dagegen eng an das Gesetz, so würde der Inhalt des Praktikums eher dem Praktischen Jahr im Medizinstudium entsprechen und müsste auf das Master-Studium vorgezogen werden.

Von der Versorgungsperspektive her wäre es am naheliegendsten, dass Psychotherapie ein Bereich der Medizin ist, und wir haben ja auch die Fachärzte für Psychiatrie und Psychotherapie, Fachärzte für Psychosomatische Medizin und Psychotherapie sowie die Zusatzbezeichnung Psychotherapie und die Zusatzbezeichnung Psychoanalyse (Beutel, Porsch & Subic-Wrana, 2013).

Von der Wissenschaftsperspektive her wäre es naheliegend, dass Psychotherapie eine Anwendungsrichtung der Psychologie ist (Benecke 2012, Lubisch 2012, Richter, 2013; Rief, Fydrich, Margraf & Schulte, 2012). Aufbauend auf der Grundlagenforschung haben sich die Klinische Psychologie, die Präventionspsychologie und die Rehabilitationspsychologie entwickelt. Analog zu den Fachärzten entstand der Beruf des Psychologischen Psychotherapeuten.

Wenn es um die bestmögliche Krankenversorgung geht, muss die Devise sein, das zu bewahren und weiterzuentwickeln, was wir als gegenwärtiges Niveau der Psychotherapie-Versorgung erreicht haben. Nichts wegnehmen und nichts abschaffen. Das hört sich selbstverständlich an, aber gesetzliche Neuerungen kommen nicht von Psychotherapeuten, sondern von den Ministerien. Sie haben andere – ordnungspolitische – Prioritäten, und denen muss Rechnung getragen werden. Das Psychotherapeutengesetz von 1999 hat zwei wesentliche Mängel (Gleiniger 2013a,b; Ströhm et al. 2013).

Es hat keine 100-prozentige Gleichstellung des Psychologischen Psychotherapeuten und des Kinder- und Jugendlichenpsychotherapeuten mit anderen Gesundheitsberufen als heilkundliche Tätige hergestellt (Jordan et al. 2011). Um dies zu ermöglichen, müssten entweder antiquierte Gesetze an das Psychotherapeutengesetz angepasst werden (was vielleicht der einfachere und folgerichtigere Weg wäre) oder das Psychotherapeutengesetz muss in diesen beiden Punkten geändert werden. Etwas Neues, was sich in fast jeder Hinsicht bestens bewährt hat, kann man wieder stutzen und in alte Schablonen pressen, der Ordnung halber. Oder man verändert verkrustete gesetzliche Strukturen so, dass eine hochkarätige Psychotherapie in zeitgemäßen Ordnungen ihren Platz finden kann. Das Bild eines gut gewachsenen Baumes, dessen Äste und Wurzeln beschnitten werden, um ihn in einen großen Quader rein zupressen, würde hier passen.

Der zweite Mangel ist schwerwiegend. Nach fünf Jahren Studium in Psychologie beginnt die drei- bis fünfjährige Psychotherapieausbildung oder Kinder- und Jugendlichenpsychotherapieausbildung bzw. nach fünf Jahren Pädagogikstudium oder vier Jahren Sozialpädagogikstudium beginnt die Kinder- und Jugendlichenpsychotherapieausbildung. In dieser Zeit sind ein Jahr in einer psychiatrischen Einrichtung und ein halbes Jahr in einer psychosomatisch-psychotherapeutischen Einrichtung als praktische Tätigkeit zu verbringen im Sinne einer Beteiligung an deren Krankenversorgung. Für diese beiden Praktika ist keine verbindliche Vorgabe zur Bezahlung geschaffen worden. Deshalb verlangten in den ersten Jahren einzelne Kliniken von den Ausbildungsinstituten Geld dafür, dass die Praktikanten zu ihnen kommen konnten. Und erst allmählich entstand die Bereitschaft, diese praktische Tätigkeit zu bezahlen – nachdem deutlich wurde, dass die Praktikanten die personelle Situation und die Krankenversorgung verbesserten. Im Durchschnitt ist jedoch der BAföG-Satz noch nicht erreicht. Wer neunhundert oder tausend Euro netto monatlich erhält, kann sich glücklich schätzen.

Der Vergleich der praktischen Tätigkeit mit dem Praktischen Jahr am Ende des Medizinstudiums ist naheliegend. Im Praktischen Jahr wird die konkrete Durchführung der Krankenversorgung in der Klinik beobachtet, und der lehrende Arzt erklärt, weshalb er bei welchem Patienten welche konkrete Behandlungsmaßnahme wie durchführt. Diese Lehre am Krankenbett schafft die erste Verbindung der im Studium gelernten Theorie mit deren praktischer Anwendung. Nur sehr einfache therapeutische Interventionen können im Praktischen Jahr schon selbst erprobt werden. Die Verantwortung liegt völlig beim Klinikarzt. In der Medizin ist dies eine wichtige Brücke vom Studium zum Arztberuf. Das Praktische Jahr ist in Trimester eingeteilt: vier Monate Innere Medizin, vier Monate Chirurgie und vier Monate ein Bereich freier Wahl. Nur ausgewählte Lehrkrankenhäuser der Universität stehen für das Praktische Jahr zur Verfügung. Damit ist es noch eindeutig Bestandteil des Studiums.

Die Verlagerung eines Teil der praktischen Tätigkeit der Psychotherapieausbildung nach dem Psychotherapiegesetz als Praktisches Jahr in ein Universitätsstudium, gibt nur Sinn, wenn dieses Studium auf den Beruf des Psychotherapeuten vorbereitet und nicht ein breiteres Studium ist wie Psychologie oder Pädagogik – also ein neu zu schaffendes Psychotherapiestudium, das sowohl in der Medizinischen Fakultät als auch in einer Psychologisch-Pädagogischen Fakultät angesiedelt sein kann.

Ich möchte im Folgenden drei inhaltliche und prozessuale Möglichkeiten der Optimierung der Psychotherapieausbildung und -weiterbildung darlegen, die auf dem Modell der dualen Direktausbildung (Gleiniger, 2013) basieren und die meines Erachtens durch Forschung, Therapiepraxis und Ausbildungspraxis nahegelegt werden und die genannten Ordnungsprobleme beheben (Abbildung 1):

- Das Universitäts-Masterstudium der Psychotherapie mit dem Ziel der Zulassung zur Psychotherapieausbildung
- Die Psychotherapieausbildung mit dem Ziel der Approbation
- Die Weiterbildung in Psychotherapie mit dem Ziel der Kassenzulassung

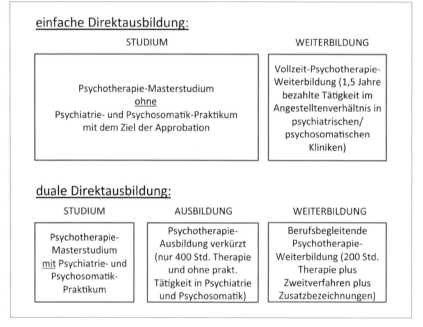

**Abbildung 1**: einfache und duale Direktausbildung

## Das Universitätsstudium der Psychotherapie mit dem Ziel der Zulassung zur Psychotherapieausbildung

Die gegenwärtig zur Zulassung zur Psychotherapieausbildung führenden Studiengänge Psychologie, Pädagogik und Sozialarbeit/Sozialpädagogik sind zu breit angelegt, um optimale Grundlagen für die Psychotherapieausbildung bieten zu können. Bei einem von Anfang an auf Psychotherapie ausgerichteten Studium kommt jedoch sofort der Gedanke, dass mit 18 oder 19 Jahren eine Entscheidung für diesen sehr spezifischen Beruf noch nicht sinnvoll ist. Das wäre so, wie wenn ein Medizinstudent sich schon am ersten Tag seines Studiums festlegen müsste, ob er später z. B. Hautarzt, Augenarzt oder Psychiater werden möchte, und dann auch keine Möglichkeit mehr hat, das Berufsziel zu ändern. Diese Bedenken könnten abgemildert werden, wenn erst das Masterstudium spezifisch auf Psychotherapie ausgerichtet ist und das Bachelorstudium noch eine größere Bandbreite von Berufszielen umfassen würde, so wie es bei den gegenwärtigen Bachelorstudiengängen der Fall ist. Diese müssten also gar nicht geändert werden – mit Ausnahme einer stärkeren wissenschaftsmethodischen Orientierung des Pädagogik- und Sozialpädagogik-Studiums. Wir können uns also auf die Planung eines Psychotherapie-Masterstudiums beschränken, das auf einem Psychologie-Bachelorstudium (spätere Ausbildung zum Psychologischen Psychotherapeuten) oder einem Pädagogik-Bachelorstudium (spätere Ausbildung zum Kinder- und Jugendlichenpsychotherapeuten) oder auf einem Medizinstudium bis zum Physikum/Bachelorstudium Medizin aufbaut (spätere Ausbildung zum Medizinischen Psychotherapeuten).

Hier muss noch nicht zwischen der Erwachsenen-Psychotherapie und der Kinder- und Jugendlichenpsychotherapie unterschieden werden. Diese Unterscheidung erfolgt erst nach dem Masterstudium. Dabei wird als Einwand kommen, dass ein Pädagogik- oder Sozialpädagogik-Bachelor nicht zu einem Psychotherapie-Masterstudium zugelassen werden dürfte, da ihm die psychologischen Grundlagen fehlen. Wenn wir aber dem Bologna-Prinzip Rechnung zollen, so ist diese erweiterte Zulassungsmöglichkeit prinzipiell gewollt und deshalb diskussionswürdig.

## 1. Universitätsstudium in Psychotherapie (Master of Science)

Nach diesen Vorüberlegungen können wir an die inhaltliche Gestaltung des Psychotherapie-Masterstudiums gehen. Welche Inhalte dürfen nicht fehlen, welche sind verzichtbar? Der Psychologe wird sagen,
dass die menschliche Psyche umfassend verstanden werden muss, d.h., dass der gesamte Stoff bis zum früheren Vordiplom notwendig ist, soweit er nicht schon in einem Psychologie-Bachelorstudium angeeignet wurde:
Methodenlehre, Experimental-, Wahrnehmungs-, Denk-, Lern-, Motivations-, Entwicklungs- und Persönlichkeitspsychologie. Ganz selbstverständlich sind für ihn Sozialpsychologie und Klinische Psychologie.
Der Mediziner wird sagen, dass ein Verständnis von Gesundheit und Krankheit des Körpers und der Seele entstehen muss, d.h., dass sich der Stoff bis zum Physikum angeeignet werden muss:
Anatomie, Physiologie, Biochemie, Neurobiologie, Medizinische Psychologie und ganz selbstverständlich Psychiatrie und Psychosomatische Medizin (mit somatischem Grundlagenwissen in den Bereichen, deren psychosomatische Erkrankungen später psychotherapiert werden sollen, also Innere Medizin, Neurologie, Dermatologie, Ophtalmologie, Orthopädie, HNO).
Mit Blick auf die spätere Approbation als Kinder- und Jugendlichenpsychotherapeut werden Pädagogen und Sozialpädagogen sagen, dass Wissen auf dem Gebiet der kindlichen Sozialisation von der Krippe über Kindergarten, Grundschule, Hauptschule/Realschule/Gymnasium unverzichtbar ist.
Im Folgenden beschränken wir uns auf die Erwachsenen-Psychotherapie, da die Kinder- und Jugendlichenpsychotherapie mehr Besonderheiten aufweist als hier Berücksichtigung finden kann.

Es sind zwei Masterstudiengänge zu diskutieren:
- Psychologische Psychotherapie, aufbauend auf einem Psychologie-Bachelor
- Medizinische Psychotherapie, aufbauend auf einem Medizin-Studium bis zum Physikum oder einem Medizin-Bachelor

(beide Studiengänge geben der Psychoanalyse den notwendigen Raum)

**Masterstudium Psychologische Psychotherapie**
Der approbierte Erwachsenen-Psychotherapeut hat die Bezeichnung Psychologischer Psychotherapeut. Er kommt von der Psychologie zur Psychotherapie. Er bringt das Wissen der Psychologie in die Psychotherapie. Dieses hat er im Bachelor-Studium erworben. Das Psychotherapie-Masterstudium vermittelt ihm Kenntnisse auf dem Gebiet der Psychotherapie und im psychotherapeutischen Beruf. Dazu gehören bereits einige psychotherapeutische Basiskompetenzen. Die wissenschaftliche Orientierung führt zum Master of Science. Das Masterstudium dauert drei Jahre (zwei Jahre Theorie und ein Jahr Praxis).
Der theoretische Teil hat drei Schwerpunkte:
- Forschungsmethodik
- Psychotherapiemethodik incl. Psychoanalyse
- Anwendungsbereiche (Prävention, Krankenbehandlung, Rehabilitation bei psychischen und psychosomatischen Erkrankungen)

Das letzte Jahr besteht aus zwei Praxissemestern analog zum Praktischen Jahr beim Medizinstudium. Es ist eine Vorverlegung der praktischen Tätigkeit in Psychiatrie und Psychosomatik, die bisher Bestandteil der Psychotherapieausbildung war. Nach einer Gesetzesnovelle darf aber die Praxis nicht so spät erscheinen, dass ein Psychotherapie-Master noch kein Praxissemester hatte. Das Ziel bleibt gleich: Beteiligung an der Krankenversorgung (noch kein spezifischer Kompetenzerwerb und noch keine Anwendung von Psychotherapiekompetenzen). Die Praxissemester werden an Lehrkrankenhäusern der Universität absolviert.

Das Berufsprofil des Masters (M. Sc.) in Psychologischer Psychotherapie kann so skizziert werden: Master in Psychotherapie werden in allen medizinischen Einrichtungen, vom Akutkrankenhaus über Reha-Einrichtungen bis zur Arztpraxis für einen vielfältigen klinisch therapeutischen und diagnostischen Tätigkeitsbereich benötigt. Sie arbeiten unter Anleitung eines Psychologischen Psychotherapeuten oder Facharztes an der Behandlung und Rehabilitation mit. Sie haben das Recht auf Zulassung zur staatlichen Ausbildung zum approbierten Psychologischen Psychotherapeuten bzw. Kinder- und Jugendlichenpsychotherapeuten.

**Masterstudium Medizinische Psychotherapie**
Ob man das Psychotherapie-Masterstudium von der psychologischen oder von der medizinischen Seite her aufbaut, ist, wie wenn man sich überlegt, von welcher Seite des Bergs man einen Tunnel zu graben beginnt. Das Ziel ist dasselbe, der Weg jedoch verschieden. Naturgemäß wird beim einen das Psychologische mehr im Vordergrund stehen, beim anderen mehr das Psychosomatische und Psychiatrische. Die Kernkenntnisse und -fähigkeiten müssen aber identisch sein.
Wenn das Psychotherapie-Masterstudium in der Medizinischen Fakultät einer Universität angesiedelt ist, baut es auf dem Medizinstudium bis zum Physikum auf oder auf einem Medizin-Bachelor mit Schwerpunkt Psychosomatik und Psychiatrie.

## Inhaltliche Gestaltung eines Masterstudiums

Das Studium könnte etwa so aufgebaut werden (siehe Tabelle 1 Masterstudium):
A. Forschungsmethodik und Evaluation
B. Diagnostik
C. Kommunikation von Forschung und Masterarbeit
D. Psychologische Grundlagen und Vertiefungen incl. Psychoanalyse
E. Psychotherapie Interventionen
F. Übungen und Praktika

Es umfasst inkl. des Psychiatrie- und des Psychosomatik-Praktikums 5 Semester und baut auf dem Psychologie-Bachelor auf. Ein auf einem Medizin-Bachelor mit Schwerpunkt Psychiatrie und Psychosomatik aufbauendes Masterstudium müsste etwas anders konzipiert sein.

| Master Sc. Psychotherapie 5-semestriges Studium incl. Psychiatrie- und Psychosomatik-Praktikum | | | BEISPIEL | | | | 150 Kreditpunkte bei 20 SWS pro 30 ECT | |
|---|---|---|---|---|---|---|---|---|
| Semester | A Forschungsmethodik | B Diagnostik | C Kommunikation wiss. Erg. und Masterarbeit | E Psycholog. Grundlagen und Vertiefungen | F Psychotherapie | G Übungen und Praktika | Kreditpunkte pro Semester | SWS |
| 1 | A1 Forschungsmethodik und Evaluation Vorlesung (4 ECT) | B1 Klinische Diagnostik und Testtheorie: Testen und Entscheiden Vorlesung (4 ECT) | C1 Erstellen und Kommunikation von Gutachten Seminar (4 ECT) | E1 Klinische Motivations- und Emotionspsychologie Vorlesung/ Seminar (6 ECT) | F1 Psychische Störungen Vorlesung und Kasuistik (6 ECT) | G1 Psychosomatische Störungen Vorlesung/ Seminar (6 ECT) | | |
| | 4 | 4 | 4 | 6 | 6 | 6 | 30 | 20 |
| 2 | A2 Forschungsmethodik und Evaluation Seminar (4 ECT) | B2 Klinische Diagnostik und Testtheorie: Testen und Entscheiden Seminar (4 ECT) | C 2 Kolloquium: Aktuelle Forschungsergebnisse (1 ECT) | E2 Klinische Lern- und Entwicklungspsychologie Vorlesung/ Seminar (6 ECT) | F2 Psychotherapeutische Interventionen Vorlesung und Kasuistik (6 ECT) | G2 Therapeutische Interventionen Seminar (6 ECT) | | |
| | 4 | 4 | 4 | 6 | 6 | 6 | 30 | 20 |
| 3 | A3 Kolloquium: Präsentation eigener Forschungsergebnisse (2 ECT) | | C3a Masterarbeit Planung und Vorbereitung - 16 KP | | F3 Prävention und Rehabilitation Vorlesung (6 ECT) | G3 Präventive und rehabilitative Interventionen Seminar (4 ECT) | | |
| | 2 | | 16 | | 6 | 4 | 28 | 19 |
| 4 | A4 Kolloquium: Präsentation eigener Forschungsergebnisse (2 ECT) | | C3b Masterarbeit Durchführung - 5 KP | | | P1 Psychiatrisches Praxissemester - 25KP | | |
| | 2 | | 5 | | | 25 | 32 | 21 |
| 5 | | | C3c Masterarbeit Auswertung und Schreiben - 5 KP | | | P2 Psychosomat. Praxissemester - 25 KP | | |
| | | | 5 | | | 25 | 30 | 20 |
| ECT | | | | | | | 150 | 80 |

**Tabelle 1:** Studium Master in Psychotherapie (M. sc.)

Damit sind optimale Bedingungen für den Beginn der postgraduierten Psychotherapieausbildung geschaffen.

## 2. Ausbildung zum Psychologischen Psychotherapeuten und zum Kinder- und Jugendlichenpsychotherapeuten

Nachdem die bisherige praktische Tätigkeit in Psychiatrie und in Psychosomatik durch das Vorziehen auf das Studium ihrem eigentlichen Zweck zugeführt worden ist und der Master in Psychotherapie bereits die notwendigen Erfahrungen durch die Beteiligung an der Krankenversorgung in den beiden Behandlungseinrichtungen sammeln konnte, können in der Ausbildung andere, bislang vernachlässigte Ausbildungsinhalte in den Vordergrund rücken wie das Zweitverfahren. Ein weitere wichtige Verlagerung – allerdings zeitlich nach hinten – ist der Erwerb der Fachkunde für die sozialrechtliche Qualifizierung mit der Berechtigung zur Abrechnung von Psychotherapie mit den gesetzlichen Krankenkassen: Die praktische Ausbildung im Umfang von 400 selbst durchgeführten Therapiestunden unter Supervision (Sulz, 2007) dient der berufsrechtlichen Qualifizierung mit Erwerb der Approbation. Die nachfolgende von der Psychotherapeutenkammer verwaltete Weiterbildung mit den restlichen 200 Therapiestunden führt zum zweiten Qualifizierungsschritt mit der Berechtigung zur kassentherapeutischen Niederlassung und Kassenabrechnung.

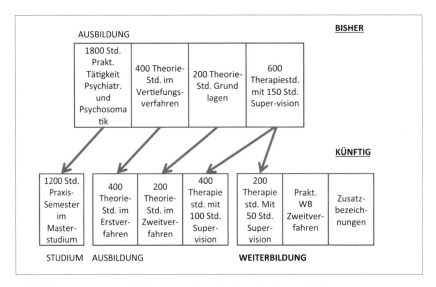

**Abbildung 2:** Weiterbildung in der dualen Direktausbildung

Damit ist die Ausbildung in sorgfältig abgestimmter Weise eingebettet in das vorausgehende Masterstudium, in dem die bisherige praktische Tätigkeit als psychiatrisches und psychosomatisches Praxissemester mit BAföG-Finanzierung ihren Platz gefunden hat, und in die nachfolgende praktische Weiterbildung, die bisher ein Bestandteil der praktischen Ausbildung war (200 Therapiestunden) – mit dem Ziel der Berechtigung, eine Kassenpraxis zu führen.

Die Ausbildung (sowohl in Erwachsenentherapie als auch in Kinder- und Jugendlichenpsychotherapie) besteht somit aus:

**Theorie:**
400 Std. im Erstverfahren (das kann jedes wissenschaftlich anerkannte Psychotherapieverfahren sein, bei Psychoanalyse 800 Std.)
200 Std. im Zweitverfahren (das kann ebenfalls jedes wissenschaftlich anerkannte Psychotherapieverfahren sein, vorzugsweise ist es eins, das mit den gesetzlichen Krankenkassen abgerechnet werden kann)
**Selbsterfahrung:**
120 Std. im Erstverfahren einzeln und in der Gruppe (z. B. 40 bis 50 Std. einzeln und 70 bis 80 Std. in der Gruppe oder variablere Aufteilung, bei Psychoanalyse etwa 250 Std. Einzel-Lehranalyse)
**Praktische Ausbildung (in der Institutsambulanz):**
400 Std. selbst durchgeführte Einzeltherapien (bei Psychoanalyse 1000 Std.) im Erstverfahren unter
100 Std. Supervision (davon 50 Stunden einzeln, bei Psychoanalyse insgesamt 250 Std.)
**Basis-Ausbildung:**
1600 Std. (kostenfrei, Vor- und Nachbereitung von Therapiestd., theoretische und konzeptionelle Ausarbeitungen in Ausbildungsgruppen, Mitarbeit in der Institutsambulanz)
Damit umfasst die Ausbildung nur noch 400 + 200 + 120 + 400 + 100 + 1600 = 2820 Std., wovon 1220 Std. kostenpflichtig sind (bei Psychoanalyse 3220 Std., davon 1620 kostenpflichtig).

| | Psychotherapie Masterstudium | | Psychotherapie Ausbildung | | | | Psychotherapie Weiterbildung | | |
|---|---|---|---|---|---|---|---|---|---|
| Inhalt | Theorie | Praxissemester | Theorie 1 | Theorie 2 | Selbsterfahrung | prakt. Ausbildung | prakt. WB | Zweitverfahren | Zusatzbezeichnungen |
| Art und Umfang | | 600 Std. Psychiatrie | 400 Std. Erstverfahren | 200 Std. Zweitverfahren | 120 Std. einzeln und in der Gruppe | 400 Therapiestunden | 200 Therapiestunden | ein Verfahren, das mit den Kassen ab-gerechnet werden kann | Gruppenth., KJ-Ther., Traumath., Schmerzth., Pth. im Alter, Psychoonk. |
| | | 600 Std. Psychosomatik | | | | 100 Supervisions-Std. | 50 Supervisions-Std. | Therapien unter Superv. | Therapien unter Superv. |
| Veränderungen | | bisherige prakt. Tätigkeit in der Ausbildung | wie bisher | statt der bisherigen 200 Std. theoret. Grundlagen der PT | wie bisher | 200 Std. weg und auf die Weiterbildung verlagert | bisher Teil der Ausbildung | prakt. WB mit Therapie-Std. u. Supervision | Spezialisierungen mit Zertifizierung durch die Kammer |
| Ziel | Zulassung Ausbildung | | Approbation | | | | Kassenzulassung | | |
| Zuständigkeit | wie bisher Staat | | wie bisher Staat | | | | Kammern | | |
| Finanzierung | BaföG | BaföG | Einnahmen für eigene Therapien | | | | Einnahmen für eigene Therapien | Einnahmen für eigene Therapien | |

**Tabelle 2:** Aus- und Weiterbildung in der dualen Direktausbildung (aus Gründen der Übersichtlichkeit wurden die Besonderheiten der psychoanalytischen Ausbildung in dieser Tabelle nicht festgehalten)

Bei den heutigen Gebühren wären das etwa 9.000 Euro für die Theorie, 4.800 für die Einzel-Selbsterfahrung, 2.400 für die Gruppen-Selbsterfahrung, 4.000 für die Einzel-Supervision, 1.000 für die Gruppen-Supervision, insgesamt also etwa 21.000 Euro. Diesen Ausgaben stehen Einnahmen für die durchgeführten Therapien in Höhe von etwa 50 x 400 = 20.000 Euro gegenüber. Ausgaben und Einnahmen des Ausbildungsteilnehmers halten sich also etwa die Waage. Die Therapien können von 16 bis 19 Uhr durchgeführt werden, so dass der berufsbegleitende Charakter der Ausbildung bewahrt bleibt.

Diese Ausbildung dauert berufsbegleitend drei Jahre (bei psychoanalytischer Vertiefung 5 Jahre), als Ganztagsausbildung zwei Jahre.

Im Vergleich zur bisherigen Ausbildung ist sie
- optimal durch den Psychotherapie-Master vorbereitet
- breiter (zwei statt nur ein Verfahren)
- kürzer (drei statt fünf Jahre berufsbegleitend)
- billiger (21.000 Euro statt bisher 31.000 Euro)
- durchgängig berufsbegleitend (z. B. während bezahlter beruflicher Tätigkeit in Klinik oder Praxis – keine 1,5 Jahre unbezahlte praktische Tätigkeit, die ja einen weiteren Lebensunterhalt-Kostenfaktor von mindestens 10.000 Euro (mtl. BAföG-Satz) bedeutet
- ideale Basis für die nachfolgende Weiterbildung (sozialrechtliche Qualifizierung).

Diese Ausbildung kann so mit entsprechend unterschiedlichen Inhalten sowohl für den Erwachsenen-Psychotherapeuten als auch für den Kinder- und Jugendlichenpsychotherapeuten angesetzt werden. Bei psychoanalytischer Vertiefung bleiben die Kennwerte sowohl im Erwachsenen- als auch im Kinder- und Jugendbereich wie bisher.

## 3. Weiterbildung nach Ausbildung und Approbation

Der approbierte Psychologische Psychotherapeut kann nach der Psychotherapieausbildung selbständig den psychotherapeutischen Beruf ausüben, indem er Prävention, Psychotherapie und Rehabilitation bei erwachsenen Patienten mit psychischen oder psychosomatischen Erkrankungen durchführt. Der approbierte Kinder- und Jugendlichenpsychotherapeut ist befähigt und berechtigt, diese Maßnahmen bei Kindern und Jugendlichen durchzuführen. Er ist in der Krankenversorgung somit auf dem Qualifikationsniveau eines Facharztes. Wenn das Psychotherapiestudium an einer medizinischen Fakultät erfolgte und die hierfür notwendigen Kenntnisse vermittelte, kann der Therapeut, eventuell in Zusammenarbeit mit einem Arzt, auch Medikamente und andere medizinische Therapien verordnen.

Die Approbation ist eine berufsrechtliche Legalisierung der psychotherapeutischen Tätigkeit als heilkundliche Tätigkeit. Die Approbation führt jedoch noch nicht zur Fachkunde, die mit Eintragung in das Arztregister zur Berechtigung führt, Therapien mit den gesetzlichen Krankenkassen abzurechnen, sobald eine kassentherapeutische Zulassung mit einem Kassensitz erfolgt ist. Es ist lediglich möglich, mit privaten Versicherungen abzurechnen oder Selbstzahler zu behandeln. In der Medizin wird dies analog geregelt. Wer über die berufsrechtliche Qualifikation hinaus auch sozialrechtliche Qualifikation erwerben will, um die für die Abrechnung mit gesetzlichen Krankenkassen notwendige Fachkunde zu erwerben, muss, auf seiner auf 400 Stunden Theorie und 400 Stunden gekürzten Ausbildung aufbauend, noch eine Weiterbildung absolvieren mit 200 Stunden Theorie und 200 Stunden Therapie unter Supervision. Diese Weiterbildung liegt in der Zuständigkeit der Landeskammern und orientiert sich an der Muster-Weiterbildungsordnung der Bundespsychotherapeutenkammer.

Falls die Kürzung des Praktikums von 1800 Stunden auf 1200 Stunden zu viel erscheint, kann nach dem Abschluss der Ausbildung eine 6-monatige Vorbereitungszeit in ganztägiger Anstellung in einer ärztlichen oder psychologischen Psychotherapie-Kassenpraxis, wie es sie früher im ärztlichen Bereich gab, einrichten- nur für diejenigen, die eine Kassenzulassung erwerben wollen.

| Inhalt | Psychotherapie-Weiterbildung | | |
|---|---|---|---|
| | prakt. WB | Zweitverfahren | Zusatzbezeichnungen |
| Art und Umfang | 200 Therapiestunden im Erstverfahrent | falls das Erstverfahren (noch) nicht abrechnungsfähig ist, vorzugsweise ein Verfahren, das mit den Kassen abgerechnet werden kann | Gruppentherapie, Kinder- und Jugendl. therapie, Traumatherapie, Schmerztherapie, Alterspsychotherapie, Psychoonkologie etc. |
| | 50 Supervisions-Std. | Therapien unter Supervision | Therapien unter Supervision |
| Veränderungen | bisher Teil der Ausbildung | prakt. WB mit Therapie-Std. u. Supervision | Spezialisierungen mit Zertifizierung durch die Kammer |
| Ziel | Kassenzulassung | Kassenzulassung | Abrechnungsberechtigung |
| Zuständigkeit | Kammern | | |

**Tabelle 3:** Weiterbildung in der dualen Direktausbildung

Vom hier dargelegten Modell einer dualen Direktausbildung ausgehend, ergeben sich für die Landeskammern folgende Weiterbildungsaufgaben:

1. Sozialrechtliche Qualifikation mit dem Ziel der Berechtigung zur Abrechnung von Psychotherapie mit den gesetzlichen Krankenkassen im Erstverfahren (Eintragung im Arztregister)
2. Zusatzqualifikation im Zweitverfahren mit dem Ziel der Berechtigung zur Abrechnung mit gesetzlichen Krankenkassen im Zweitverfahren (Eintrag der Fachkunde im Arztregister)
3. Zusatzqualifikation in Kinder- und Jugendlichenpsychotherapie mit dem Ziel der Berechtigung zur Abrechnung mit gesetzlichen Krankenkassen durch Erwachsenen-Psychotherapeuten (bisher KJ-Zusatzausbildung zum Erwerb der Fachkunde mit Eintragung im Arztregister)
4. Zusatzqualifikation in Erwachsenen-Psychotherapie mit dem Ziel der Berechtigung zur Abrechnung mit gesetzlichen Krankenkassen durch approbierte Kinder- und Jugendlichenpsychotherapeuten (bisher nicht möglich)
5. Zusatzqualifikation in Gruppentherapie mit dem Ziel der Berechtigung zur Abrechnung mit gesetzlichen Krankenkassen (Eintrag der Fachkunde im Arztregister, bisher Gruppentherapie-Zusatzausbildung zum Erwerb der Fachkunde mit Eintragung im Arztregister)

6. Spezialisierung in besonderen Anwendungs- und Störungsbereichen (Psychotherapie im Alter, Forensik, Psychoonkologie, Traumatherapie, Paar- und Sexualtherapie, Schmerztherapie etc.)
7. Spezialisierung in besonderen Methoden (Dialektisch-Behaviorale Therapie, Emotionsfokussierte Therapie, Körpertherapie, Schematherapie, Entspannungsverfahren, Hypnose etc.)

Es muss hervorgehoben werden, dass die hier skizzierte Weiterbildung im Gegensatz zum DVT-Konzept (Ströhm et al. 2013)
- rein berufsbegleitend ist, wodurch es keine Kliniken/Praxen benötigt, die Weiterbildungsbefugnis erhalten
- nicht zur „Facharzt"-Qualifikation führt, sondern auf dieser aufbaut
- kein Nadelöhr konstruiert, das vielen Hochschulabsolventen den Weg zu diesem Beruf verbaut
- kein Finanzierungsproblem enthält
- wenige gesetzliche Änderungen benötigt
- wenig organisatorische Umwälzungen benötigt
- eine klare und einfache Struktur aufweist.

Da die Weiterbildung nicht am Arbeitsplatz in der Klinik stattfindet, benötigt die Klinik auch keine Weiterbildungsbefugnis. Der Arbeitsplatz (Klinik, Ambulanz, Beratungsstelle, Praxis etc.) dient lediglich dazu, dort seinen Beruf als Psychologischer Psychotherapeut auszuüben und damit seinen Lebensunterhalt zu verdienen.

## Die einzelnen Weiterbildungs-Qualifikationen

### 1. sozialrechtliche Qualifikation im Erstverfahren

Analog zur Abstufung berufsrechtlicher und sozialrechtlicher Qualifikation in der Medizin führt die Ausbildung zur Befähigung, als Psychotherapeut tätig zu werden, sei es in eigener Privatpraxis, sei es angestellt in Klinik, Ambulanz, Medizinischem Versorgungszentrum oder Kassenpraxis. Hierzu sind z. B.
- 200 Stunden selbständig durchgeführte Therapie unter
- Supervision nach jeder 4. bis 6. Therapiestunde erforderlich.

Dies wird nachvollziehbar, wenn man bedenkt, dass die Ausbildung von 600 Stunden eigene Therapien auf 400 Stunden gekürzt wurde. Weitere Theorie sollte einrichtungsintern kostenfrei vom Arbeitgeber angeboten werden (z. B. wöchentliche doppelstündige Weiterbildung). Die Ableistung dieser Weiterbildung muss in Art und Ausmaß der Kammer belegt werden, die nach Prüfung die erfolgreiche Weiterbildung anerkennt und bestätigt (bisheriger Fachkundenachweis). Bei psychoanalytischer Vertiefung ist dieses Splitting von Approbation und Berechtigung zur Kassenzulassung problematisch. Hier sollte beides innerhalb der Ausbildung bleiben).

### 2. Zusatzqualifikation Zweitverfahren

Nach der Approbation kann in Zuständigkeit der Landeskammer eine Zusatzqualifikation im Zweitverfahren als Weiterbildung erfolgen (attraktiv, wenn dieses ein Richtlinienverfahren ist), so dass auch in diesem Verfahren Kassenzulassung möglich wird. Diese

Nachqualifikation könnte beim Erstverfahren Tiefenpsychologische Psychotherapie in Verhaltenstherapie erfolgen und würde dann z. B. Folgendes beinhalten:
- 200 Stunden Theorie Verhaltenstherapie
- 200 Stunden Therapie Verhaltenstherapie
- 50 Stunden Supervision (einzeln oder in der Gruppe)
- 60 Stunden Selbsterfahrung Verhaltenstherapie (einzeln bzw. 120 Doppelstunden in der Gruppe)

Der theoretische Teil kann von einem durch die Kammer beauftragten Aus- und Weiterbildungsinstitut angeboten werden. Die Supervision erfolgt durch einen von der Kammer anerkannten Supervisor. Die Therapie findet in der Institutsambulanz oder am Arbeitsplatz (Klinik, Ambulanz, Lehrpraxis) statt und kann mit den gesetzlichen Krankenkassen abgerechnet werden (wie bisher).

### 3. Zusatzqualifikation Kinder- und Jugendlichenpsychotherapie für Erwachsenen-Psychotherapeuten

Für Erwachsenen-Psychotherapeuten kann im eigenen Vertiefungsverfahren eine Zusatzqualifikation als Weiterbildung in Zuständigkeit der Landeskammer in Kinder- und Jugendlichenpsychotherapie erfolgen, das z. B. Folgendes enthalten könnte:
- 200 Stunden Theorie KJ-PT oder KJ-VT
- 200 Stunden Therapie KJ-PT oder KJ-VT
- 50 Stunden Supervision (einzeln oder in der Gruppe)
- Ein Praxis-Semester ist nicht notwendig.

Der theoretische Teil kann von einem durch die Kammer beauftragten Aus- und Weiterbildungsinstitut angeboten werden. Die Supervision erfolgt durch einen von der Kammer anerkannten Kinder- und Jugendlichen-Supervisor. Die Therapie findet in der Institutsambulanz oder am Arbeitsplatz (Klinik, Ambulanz, Lehrpraxis) statt und kann mit den gesetzlichen Krankenkassen abgerechnet werden (wie bisher). Diese Zusatzausbildung gibt es seit Jahrzehnten. Sie ist sehr beliebt bei Erwachsenentherapeuten und ist eine wertvolle Ergänzung zusätzlich zu den approbierten Kinder- und Jugendlichenpsychotherapeuten. Dieses große Interesse wird auch durch eine Studie von Unger und Fydrich (2013) belegt.

### 4. Zusatzqualifikation Erwachsenen-Psychotherapie für Kinder- und Jugendlichenpsychotherapeuten

Diskussionsbedürftig ist folgende Möglichkeit der Zusatzqualifikation: Für Kinder- und Jugendlichenpsychotherapeuten kann im eigenen Vertiefungsverfahren eine Zusatzqualifikation als Weiterbildung in Zuständigkeit der Landeskammer in Erwachsenen-Psychotherapie erfolgen, das z. B. Folgendes enthalten könnte:
- 200 Stunden Theorie Erwachsenen-Psychotherapie
- 200 Stunden Therapie Erwachsenen-Psychotherapie
- 50 Stunden Supervision (einzeln oder in der Gruppe)
- Ein Praxis-Semester ist nicht notwendig

Der theoretische Teil kann von einem durch die Kammer beauftragten Aus- und Weiterbildungsinstitut angeboten werden. Die Supervision erfolgt durch einen von der Kammer anerkannten Supervisor. Die Therapie findet in der Institutsambulanz oder am Arbeitsplatz (Klinik, Ambulanz, Lehrpraxis) statt und kann mit den gesetzlichen Krankenkassen abgerechnet werden (wie bisher).

## 5. Zusatzqualifikation Gruppentherapie

Sowohl Erwachsenen-Psychotherapeuten als auch Kinder- und Jugendlichenpsychotherapeuten können nach der Approbation eine Weiterbildung in Gruppentherapie absolvieren und die von der Landeskammer zertifizierten Zusatzqualifikation erwerben, nachdem z. B. folgende Bausteine erfolgreich belegt worden sind (der bisherige Umfang war nicht ausreichend qualifizierend):
- 100 Stunden Theorie Gruppentherapie
- 200 Stunden Therapie Gruppentherapie
- 50 Stunden Supervision einzeln oder in der Gruppe
- Ein Praxis-Semester ist nicht notwendig.

Der theoretische Teil kann von einem durch die Kammer beauftragten Aus- und Weiterbildungsinstitut angeboten werden. Die Supervision erfolgt durch einen von der Kammer anerkannten Gruppentherapie-Supervisor. Die Therapie findet in der Institutsambulanz oder am Arbeitsplatz (Klinik, Ambulanz, Lehrpraxis) statt und kann mit den gesetzlichen Krankenkassen abgerechnet werden (wie bisher).

## 6. Bereichsspezialisierung

Wie bei den fachärztlichen Bereichen gibt es in der Psychotherapie weitergehende Spezialisierungen. In der Inneren Medizin gibt es die Kardiologie, die Psychoanalyse etc. Je nach der wissenschaftlichen Entwicklung erweitert sich das Spektrum an Spezialisierungen. In der Medizin werden die durch die Spezialisierung erworbenen Kenntnisse und Fähigkeiten durch eine Zusatzbezeichnung zur Facharztbezeichnung gekennzeichnet, z. B. Facharzt für Innere Medizin – Kardiologie oder Facharzt für Psychosomatische Medizin und Psychotherapie – Psychoanalyse.

In der Psychotherapie können z. B. folgende Spezialisierungen zu einer entsprechenden Zusatzbezeichnung führen:
- Psychoanalyse (nur nach Vertiefung tiefenps. Psychotherapie)
- Gruppentherapie
- Alterspsychotherapie
- Forensik
- Psychoonkologie
- Traumatherapie
- Paar- und Sexualtherapie
- Schmerztherapie
- Behindertenbereich

Die Landeskammer erstellt Curricula und prüft nach deren Absolvieren die erworbene Qualifikation. Sie vergibt die Zusatzbezeichnung. Die Spezialisierung wird oft durch eine Mischung von einem Jahr angeleiteter Ganztagtätigkeit im Spezialisierungsbereich und berufsbegleitenden Kursen erworben, die von durch die Kammer beauftragten Instituten angeboten werden (anerkannte Ausbildungsinstitute können auf diese Weise zusätzlich zur Ausbildung auch diese Weiterbildungen anbieten).

Mit der Vergabe der Zusatzbezeichnung erteilt die Kammer das Recht, in dieser Bereichsspezialisierung heilkundig tätig zu werden.

Die Kammer prüft die Qualifikation der Weiterbilder und Weiterbildungseinrichtungen und vergibt die Berechtigung zur Weiterbildung im Spezialisierungsbereich.

Es ist davon auszugehen, dass umfangreichere Maßnahmen in der Bereichsspezialisierung von den Krankenkassen nur bezahlt werden, wenn die entsprechende Zusatzbezeichnung vorliegt.

## 7. Methoden-Spezialisierung

Obige Zusatzbezeichnungen beziehen sich auf Anwendungsbereiche. Es ist auch möglich und in einigen Fällen notwendig, Methodenspezialisierungen zu umschreiben und Zusatzbezeichnungen zu definieren. Dies ist besonders einsichtig bei der Gruppentherapie. Die bisherige Unterscheidung von psychotherapeutischem Verfahren (Tiefenpsychologisch orientierte Psychotherapie, Psychoanalyse, Verhaltenstherapie, Systemische Therapie, Gesprächstherapie, Hypnotherapie) und psychotherapeutischer Methode (Dialektisch-Behaviorale Therapie, Schematherapie, Entspannungsverfahren, Hypnose, Katathymes Bilderleben etc.) hilft bei der Orientierung der methodischen Weiterbildungsbereiche. In Zusammenarbeit mit den jeweiligen Fachgesellschaften entwickelt die Kammer verbindliche Curricula und geht dabei so, wie oben beschrieben, vor, so dass die zu erwerbende Zusatzbezeichnung die spezialisierte Behandlungsqualität gewährleistet.

Die Weiterbildung wird damit zu einem sehr umfangreichen Tätigkeitsbereich der Landeskammern, die ihre Curricula untereinander und gemeinsam mit der Bundeskammer abgleichen und weiterentwickeln.

| Tabelle Vergleich einfache und duale Direktausbildung (Gleiniger 2013, Sulz 2013) | |
|---|---|
| | **einfach** |
| Prinzip | komplette Psychotherapiekompetenz mit Abschluss des Masterstudiums |
| Ausbildungsinhalte | Im Studium müssen zusätzlich zu den wissenschaftlichen Inhalten von Psychologie und Psychotherapie untergebracht werden: 600 Std. Theorie, 600 Std. Therapie, 150 Std. Supervision, 120 Std. Selbsterfahrug, 1800 Std. Praktikum |
| Zeitpunkt Approbation | sofort mit Studienabschluss |
| Alter bei Approbation | 22 Jahre |
| Praktikum | 1800 Std., Gehaltszahlung nicht gesichert |
| Vertiefungsfach | angedacht ist, die bestehenden Therapieverfahren durch evidenzbasierte allgemeine Psychotherapie zu ersetzen |
| Ausbildungskapazität | wenn nur diejenigen die Approbation erhalten können, die eine bezahlte Stelle in einer Klinik bekommen, werden nur noch wenige Psychologen die Ausbildung abschließen können. |
| Zuständigkeit | staatlich auf Bundesebene |
| Pflicht-Weiterbildung | keine Pflicht-Weiterbildung nach der Approbation geplant |
| Zusatz-qualifikationen durch Weiterbildung | nicht vorgesehen |
| Zuständigkeit Weiterbildung | nicht vorgesehen |
| Finanzierung | Wiss. Studium durch Bafög, Praktikum soll durch bezahlte Tätigkeit in Kliniken finanziert werden, wobei noch keine Realisierungsmöglichkeit in Aussicht ist |

**Tabelle 4:** Weiterbildung bei einfacher und dualer Direktausbildung im Vergleich

## Diskussion

Um den Stellenwert der Säulen von Aus- und Weiterbildung und ihre Gestaltungsmöglichkeiten zu verstehen, sollte man sich das Prinzip der einfachen und der dualen Direktausbildung vor Augen führen. In Tabelle 4 ist die Direktausbildung in der einfachen und der dualen Variante vergleichend dargestellt.

Dabei wird deutlich, dass die einfache Direktausbildung Gefahr läuft, etwas, was sich seit fast 14 Jahren bewährt hat, zu beseitigen und durch etwas zu ersetzen, was in seinen Auswirkungen noch niemand absehen kann. Es fällt schwer, daran zu glauben, dass kein Einbruch in der Qualität der Ausbildung erfolgt (Michelmann et al. 2013). Zu viele Mängel werden planerisch eingebaut, z. B. die fehlende Berücksichtigung der Psychoanalyse und der entstehende Engpass an Aus- und Weiterbildungsstellen. Dieser Engpass würde sehr viel größer sein als bisher vermutet: In psychiatrischen und psychosomatischen Kliniken arbeiten etwa 8000 Ärzte in der Facharztweiterbildung (Ärztestatistik der Bundesärztekammer 2012). Jährlich schließen etwa 800 ihre Weiterbildung ab. Ein Teil von ihnen verlässt danach das Krankenhaus, um sich niederzulassen oder an eine andere Klinik zu gehen. Sicher sind es nicht mehr als 600. Gehen wir trotzdem von 800 frei werdenden Stellen aus. Kliniken können maximal 50 % Ärztestellen durch Psychologische Psychotherapeuten in Weiterbildung ersetzen. Die anderen 50 % müssen Ärzte bleiben. Dazu kommen Fachärzte, die die Klinik verlassen und Psychologen und Psychologische Psychotherapeuten, die ihre Arbeitsstelle wechseln und dadurch Arbeitsplätze frei geben. Es sind keine Zahlen über diese Fluktuation bekannt. Aber es ist nicht damit zu rechnen, dass jährlich 1000 Stellen für die Psychotherapeuten-Weiterbildung besetzt werden können. Deshalb muss denjenigen, die das Psychotherapie-Masterstudium und die einfache Direktausbildung mit dem Ziel der Approbation und späteren Niederlassung als Psychologische Psychotherapeuten beginnen wollen, aufgezeigt werden, dass nicht allen Master-Absolventen dieser Beruf zugänglich sein wird. D. h. dass die Zahl der Absolventen von derzeit etwa 2000 jährlich (Siegel, 2013) auf 500 jährlich absinken wird und somit nur jeder vierte Bewerber die einfache Direktausbildung abschließen kann. Für die anderen wird es ein Studium ohne Zukunft. Aber auch inhaltlich ist die völlige Verlagerung der praktischen Tätigkeit nach hinten ein gravierender Fehler. Die Ausbildung bleibt zu lange theoretisch, neu erworbenes Wissen kann nicht auf konkrete klinische Begegnungen mit Patienten übertragen werden.

Die duale Direktausbildung kann diese Mängel umgehen. Sie lässt bewährtes bestehen (u. a. gibt sie der Psychoanalyse bereits im Masterstudium Raum und berücksichtigt die Besonderheiten der psychoanalytischen Ausbildung), zieht das Praktikum ins Studium vor, so dass Theorie mit Praxis verbunden werden kann, und nimmt eine berufsbegleitende (Pflicht)-Weiterbildung als wichtigen dritten Schritt der Qualifikation hinzu. Die neue Verteilung der Inhalte zwischen Studium, Ausbildung und Weiterbildung erscheinen als eine realisierbare Umsetzung notwendiger Optimierung. Einerseits wird verhindert, dass die Universität überlastet wird durch Aufgaben, die nicht in die Universität gehören. Andererseits kann die postgraduierte Ausbildung verschlankt werden, weil sie wichtige Elemente einerseits auf die Universität und andererseits auf die unter Kammerhoheit stehende Weiterbildung verlagert. Wichtig dabei ist, dass die Weiterbildung nicht als Vollzeit-Tätigkeit in einer Klinik stattfindet, sondern berufsbegleitend nach Feierabend und an Wochenenden, so dass kein Nadelöhr entsteht, das vielen die Tür zu diesem Beruf verschließt. Und auf diese Weise gibt es auch kein ungelöstes Finanzierungsproblem.

Wenn 12 Monate statt der bisherigen 18 Monate Praktikum zu kurz erscheinen, kann – wiederum auf (frühere) Regelungen im ärztlichen Bereich zurückgreifend – nach der Ausbildung eine 6-monatige Vorbereitungszeit auf die Kassentätigkeit hinzufügen, nur für diejenigen, die eine Kassenzulassung erwerben wollen. Diese Vorbereitung besteht in einer 6-monatigen ganztägigen oder 12-monatigen halbtägigen Mitarbeit in einer psychotherapeutischen Kassenpraxis bei voller Bezahlung, finanziert durch die erbrachten Kassenleistungen.

Damit sind Universität, Ausbildungsinstitut und Kammer die drei Säulen der Psychotherapie-Aus- und Weiterbildung:

| **staatlich** | **staatlich** | **Kammer** |
|---|---|---|
| Universität | ⇒ Ausbildungsinstitut | ⇒ Weiterbildungsinstitut |
| Studium | ⇒ Ausbildung | ⇒ Weiterbildung |
| Wissenschafts-Wissen | ⇒ Praxis-Wissen | ⇒ Erfahrungs-Wissen |

Ihr Zusammenwirken garantiert höchstmögliche Qualität.

Dieser Beitrag hat versucht, aufzuzeigen, dass es Optimierungsmöglichkeiten der gegenwärtigen Psychotherapie-Ausbildung gibt, die nicht Bewährtes radikal abschaffen und dabei unlösbare Finanzierungs- und Flaschenhalsprobleme schaffen, sondern Besseres zum Guten hinzufügen. Insofern kann die hier vorgestellte duale Direktausbildung eine erfolgversprechende Alternative zum Ministeriumsplan der einfachen Direktausbildung sein.

## Literatur

Benecke, C. (2012). Direktausbildung Psychotherapie mit „breitem Zugang". Vortrag beim Hochschullehrertreffen der Psychotherapeutenkammer Hessen am 10.10.2012

Beutel, M., Porsch, U. & Subic-Wrana, C. (2013). Modellstudiengang Psychosomatische Psychotherapie – Psychotherapeutische Direktausbildung an einer medizinischen Fakultät. Vortrag beim Symposium zur Zukunft der Ausbildung der Psychotherapeutenkammer Rheinland-Pfalz am 15.03.2013

Fliegel, S. (2012). Direktausbildung Psychotherapie – ein Weg mit fatalen Konsequenzen. Unveröffentlichtes Manuskript

Gleiniger J. W. (2013a): Basal oder dual? – Ordnungspolitische Rechtfertigungen einer Direktausbildung der Psychotherapeuten auf dem Prüfstand. Vortrag auf der Fachtagung Qualität sichern – Fachliche und strukturelle Perspektiven für eine Reform der Psychotherapieausbildung. Berlin am 13.6.2013

Gleiniger J. W. (2013b): Basal oder dual? – Ordnungspolitische Rechtfertigungen einer Direktausbildung der Psychotherapeuten auf dem Prüfstand. Verhaltenstherapie & Psychosoziale Praxis 2013,2, 493-517

Hagspiel, S. & Sulz, S. (2011). Psychotherapy in Europe. European Psychotherapy, 11 (Themenheft)

Jordan, W., Adler, L., Bleich, S., von Einsiedel, R., Falkai, P., Großkopf, V. et al. (2011). Definition des Kernbereichs ärztlicher Tätigkeit im psychiatrisch-psychotherapeutischen Fachgebiet – Voraussetzung für jede Delegation. Psychiatrische Praxis, 38, 8-15

Lubisch, B. (2012). Könnte so die Direktausbildung aussehen? Eine Skizze. Psychotherapie Aktuell, 3, 28-31.

Michelmann, A., Ruggaber, G., Timmermann, H., Trautmann-Voigt, s., Walz-Pawlita, S., Wiesemüller, b., Hoffmann, F. (2013). „Qualität sichern" – Fachgesellschaften fürchten erheblichen Qualitätsverlust der Ausbildung. Psychotherapeutenjournal 3/2013, 269-271.

Richter, R. (2013). Das Berufsbild von Psychotherapeutinnen und Psychotherapeuten. Psychotherapeutenjournal, 2,118-120.

Rief, W., Fydrich, T., Margraf, J. & Schulte, D. (2012). Modellvorschlag Direktausbildung Psychotherapie (Version 3). Deutsche Gesellschaft für Psychologie, Kommission Psychologie und Psychotherapie, Berlin.

Siegel, R. J. (2013). Absolventenzahlen der Psychotherapieausbildung. Entwicklung und mögliche Implikationen für den Berufsstand. Psychotherapeutenjournal 3/2013, 256-261.

Strauß, B. (2013). Qualitätsverlust? Die Ausbildungsdiskussion vier Jahre nach dem Forschungsgutachten. Unveröffentlichtes Manuskript als Vorlage zum Vortrag auf der Lindauer Psychotherapiewoche 2013.

Ströhm, W., Schweiger, U., Tripp, J. (2013): Konzept einer Weiterbildung nach einer Direktausbildung in Psychotherapie. Psychotherapeutenjournal 3/2013, 262-268

Sulz, S. K. D. (2007): Supervision, Intervision und Intravision in Praxis, Klinik, Ambulanz und Ausbildung. München: CIP-Medien

Unger, T., Fydrich, T. (2013). Im Rahmen eines „Ein-Berufs-Modells" wäre der Weiterbildungsschwerpunkt „Kinder- und Jugendlichenpsychotherapie" stark gefragt.. Psychotherapeutenjournal 3/2013, 272-274

## Korrespondenzadresse

Prof. Dr. phil. Dr. med. Serge Sulz
Katholische Universität Eichstätt-Ingolstadt
Postanschrift: Nymphenburger Str. 155 | 80634 München
Tel.: +49-89-120 222 79 | Serge.Sulz@ku-eichstaett.de

Serge K. D. Sulz

# Bericht und Stellungnahme zur Veranstaltung „Ideenwettbewerb: wie könnte eine Weiterbildung in Psychotherapie nach einem Direktstudium aussehen?" (8. Oktober 2013 in Berlin)

Eingeladen haben DPtV (der größte Berufsverband in Deutschland), DVT (ein VT-Fachverband) und Unith (die Interessensgemeinschaft der staatlich anerkannten universitären Ausbildungsinstitute).
Das Programm bestand im Kern in der Vorstellung des DVT-Konzept durch drei Vorträge aus dem Vorstand dieses Verbands: Redner waren der Assistent des Vorstands, Dr. Jürgen Tripp, der erste Vorstand Dr. Walter Ströhm und das Vorstandsmitglied Prof. Dr. Ulrich Schweiger.
Hinzu kamen die Positionierungen des DPtV-Vorstands Dipl.-Psych. Dieter Best (siehe auch Lubisch 2013), des Vorstands der Kassenärztlichen Vereinigung Dr.med. Andreas Köhler und des Präsidenten der Bundestherapeutenkammer Prof. Dr. Rainer Richter (siehe auch Richter 2013).
Ein Ideenwettbewerb war es also nicht, sondern eine Promotion des DVT-Konzepts. Für Fragen und Diskussion blieben 30 Minuten am Schluss der Veranstaltung sowie eine DIN A5-Karteikarte, auf die eigene Ideen geschrieben werden konnten und die am Ende der Veranstaltung eingesammelt wurde.
Als Zuhörer waren anwesend: u. a. sehr viele Vertreter von Ausbildungsinstituten, über deren Schicksal ja gesprochen wurde, Mitglieder des Vorstands der Bundespsychotherapeutenkammer und viele Mitglieder der Kammervorstände der Bundesländer, in deren Hand die Weiterbildung künftig liegen wird.
Insgesamt wurde deutlich, dass die Anwesenden (Veranstalter, Redner und Zuhörer – mit Ausnahme einiger Institutsvertreter) die Stimmung und Einstellung bezüglich der einfachen Direktausbildung (einfach im Gegensatz zur dualen Direktausbildung) für selbstverständlich gegeben ansahen und diese auch begrüßten bzw. für notwendig hielten. Diese Akzeptanz und Bejahung, teils sogar Forderung der einfachen Direktausbildung mit der Approbation sofort nach dem Abschluss des Masterstudiums war die Ausgangslage der Reden und Diskussionsbeiträge.
Das ist vielleicht das wirklich handfeste Fazit der Tagung: die einflussreichsten Verbände und die Kammern wollen die einfache Direktausbildung mit der sofortigen Approbation. Das vorgestellte DVT-Konzept ist dagegen ein Entwurf, eine Vision, die allerdings – und das ist das zweite wichtige Ergebnis, sehr viel Zustimmung fand und die den Entscheidungsträgern auch half, konkrete Vorstellungen ihrer künftigen Planung der Weiterbildung zu entfalten.

Für Herrn Ströhm, der ja angetreten ist, mit diesem Konzept eine Zukunft auch der Ausbildungsinstitute zu ermöglichen, wenn nicht gar zu sichern, ist das ein großer Erfolg. Das Klima war insgesamt sehr positiv, die Beiträge konstruktiv, wenn auch Gegenmeinungen nur sehr kurz kommentiert wurden, ohne auf sie ausführlicher einzugehen. Die Moderation verlief so, dass kontroversen Positionen wenig Raum blieb, die sich aber auch nur ansatzweise zeigten. So konnte die Veranstaltung mit einer freundlichen Übereinstimmung der großen Mehrheit der Anwesenden beendet werden.
So weit zum Rahmen und zum Ablauf.

Gehen wir nun auf die Inhalte ein (die Folien zu den Vorträgen können heruntergeladen werden unter: **http://www.deutschepsychotherapeutenvereinigung.de/fileadmin/main/g-datei-download/Veranstaltungen/2013/Ideenwettbewerb/Tripp_Weiterbildungskonzept_02.10..pdf**

Dieter Best (DPtV) skizzierte in seiner Einleitung die Ist-Situation und betonte, dass die Gleichstellung mit dem Heilberuf des Arztes das große Ziel sein muss (Dies könne auch angesichts der künftigen Entwicklung der Psychotherapie in Europa dann gesichert werden, wenn die Weiterbildung der des Arztes entspricht und ärztlichen Qualitätsnormen genügt). Insofern sagte er, dass es keinen überzeugenden Grund gibt, der gegen das Modell der einfachen Direktausbildung spricht. Das Studium muss wie in der Medizin zur Approbation führen und die bisherige anschließende Ausbildung muss in dieses integriert werden. Eine anschließende Weiterbildung muss dahin führen, dass das Leistungsspektrum Psychologischer Psychotherapeuten nicht auf die Richtlinien-Verfahren und -Ziffern eingeschränkt bleibt. Es muss der uneingeschränkte Facharztstatus erreicht werden. Dies war eine sehr klare Formulierung der Position des einladenden Verbandes.

## DVT-Konzept Teil 1

Jürgen Tripp (DVT) griff den Ball auf und stellte zuerst die Eckwerte der ärztlichen Weiterbildung in Psychiatrie und in Psychosomatischer Medizin dar (siehe auch Ströhm et al. 2013):
- 5 Jahre bezahlte Vollzeittätigkeit als WeiterbildungsassistentIn
- mindestens 24 Monate im stationären Bereich
- 240 h bzw. 1500 Stunden Psychotherapie unter Supervision

Er verwies darauf, dass die DVT-Position in den meisten Punkten dem Abschlussstatement der Veranstaltung der anderen Psychotherapieverbände am 13. Juni 2013 entspräche. Einziger Unterschied sei der Zeitpunkt der Approbation.
Dann stellten sich aber doch die Besonderheiten des DVT-Konzepts heraus. So soll bis zur Approbation noch keine Verfahrensvertiefung stattfinden. (Anmerkung: Dies impliziert, dass der approbierte Psychotherapeut noch keine Kompetenzen in einem Vertiefungsverfahren besitzt, sein Handeln ist also noch nicht bestimmt durch therapeutische Interventionen, die wissenschaftlich geprüft und anerkannt sind.)
Das Berufsbild soll nicht das des hochspezialisierten Psychotherapeuten sein, sondern die Weiterbildung soll so breit angelegt sein, dass alles was an Maßnahmen benötigt wird für

Prävention, Behandlung und Rehabilitation eines psychisch oder psychosomatisch kranken Menschen vom Psychologischen Psychotherapeuten geplant, eingeleitet oder selbst durchgeführt werden kann – und zwar nicht mehr auf die Niederlassung in einer eigenen Praxis konzentriert, sondern auch im stationären oder sonstigen institutionellen Bereich. Er beruft sich auf die Heilberufegesetze der Länder: „Weiterbildung erfolgt in praktischer Berufstätigkeit und theoretischer Unterweisung uns ist angemessen zu vergüten. Sie wird an einer anerkannten Weiterbildungsstätte unter Anleitung befugter Berufsangehöriger absolviert".

An dieser Stelle bringt er die Institute ins Spiel. Denn nach obiger Formulierung können die Psychotherapeutenkammern es den Ärztekammern nachmachen und einfach die Weiterbildung an die Klinik geben, so dass klinikintern Theorie und Praxis vermittelt wird und Institute dort überflüssig sind. Wie gut eine solche Entscheidung der Kammern wäre, kann beurteilt werden, wenn man die durchschnittliche Qualität der psychotherapeutischen Weiterbildung von Ärzten im Vergleich zu den Psychologischen Psychotherapeuten genauer betrachtet.

Tripp benennt folgende Elemente:
- Praktische Weiterbildung an einer Weiterbildungsstätte
- Curriculare Theorievermittlung und Selbsterfahrung an einem Institut
- Begrenzung der Weiterbildungsbefugnis von Weiterbildungsstätten gemäß deren nachgewiesener personeller und struktureller Kapazität
- Akkreditierung von WB-Befugten von Behandlungseinrichtungen bei einem Institut.

Erwachsenenpsychotherapie und Kinder- und Jugendlichenpsychotherapie sollen zwei verschiedene ((fachärztliche) Gebiete sein.

Zusammengefasst besteht der Vorschlag in: 60 Monaten praktische Berufstätigkeit an einer Weiterbildungsstätte, davon
- 24 Monate stationär (Psychiatrie, Psychosomatik, davon mindestens 6 Monate allgemeine Psychiatrie)
- 24 Monate Psychotherapieambulanz eines Weiterbildungsinstituts.

Die zeitliche Verteilung kann variieren zwischen
- ein Jahr Psychiatrische Klinik und drei Jahre Psychosomatische Klinik bis zu
- zwei Jahre Psychiatrische Klinik und ein Jahr Psychosomatische Klinik.

Das theoretische Weiterbildungscurriculum am Weiterbildungsinstitut erstreckt sich über die ganze Zeit (60 Monate bzw. 5 Jahre). Dieses Instituts-Curriculum soll bestehen aus:
- 400 Stunden Theorie
- 60 dokumentierte Erstuntersuchungen
- 1500 Therapiestunden unter Supervision (4:1), davon mindestens 150 Stunden Gruppentherapie
- 120 Stunden Selbsterfahrung mit mindestens 40 Stunden Gruppenselbsterfahrung.

Die Arbeitsbelastung des Weiterbildungsassistenten liegt bei 40 h pro Woche mit 20 h therapeutischer Tätigkeit (Einzeltherapie, Gruppentherapie, Erstgespräche und Akutsprechstunde), und 20 h Organisationstätigkeiten, Supervision und Besuch der Theorieveranstaltungen.

Im Kassenbereich würde das einen Kassensitz vollständig ausfüllen, so dass sich die Frage stellte, ob dies in den ersten beiden Jahren eine Überforderung wäre.

Tripp zeichnet das Profil dieses Weiterbildungskonzepts zusammenfassend so:
- breit definiertes Berufsbild
- längere und umfassendere Qualifizierung
- Aufrechterhaltung der Strukturqualität
- gesicherte finanzielle Situation der WB-Teilnehmer
- geringeres Niveau der Approbation, dafür höheres Niveau der Fachkunde

Die Abwägung der Vor-und Nachteile gibt er dem Publikum mit nach Hause, da wie erwähnt, keine gleich anschließende Diskussion zum Vortrag vorgesehen ist.
Die Vorteile sind offensichtlich und bestechend.

Hier kurz einige Gedanken zu den Nachteilen:

**Breit definiertes Berufsbild:** geht auf Kosten der spezifischen psychotherapeutischen Expertise, die den Psychologischen Psychotherapeuten gegenüber dem Arzt auszeichnet

**Längere und umfassendere Qualifizierung:** Das bisherige Ausbildungsniveau muss nicht noch gesteigert werden, der aufzubringende Aufwand für den Zuwachs an breiterer Kompetenz ist unverhältnismäßig hoch

**Aufrechterhaltung der Strukturqualität:** dies wird nur eintreten, sofern die Kammern Weiterbildungsinstitute für so wichtig halten, dass sie diesen einen so zentralen Stellenwert einräumen und nicht denken, dass die Kopie des ärztlichen WB-Modells ausreicht, bei dem Institute nicht vorgesehen sind.

**Gesicherte finanzielle Situation der WB-Teilnehmer:** Es werden nur noch 10 % der Studienabgänger die WB absolvieren können (mehr bezahlte Arbeitsstellen gibt es nicht). Die restlichen 90 % müssen sich auf andere Weise aus der nach Studienabschluss entstehenden Arbeitslosigkeit retten und das gesteckte Berufsziel aufgeben, dessentwegen überhaupt das Masterstudium begonnen wurde. Das Konzept geht also hauptsächlich auf Kosten der großen Mehrzahl der Absolventen des Masterstudiums.

**Geringeres Niveau der Approbation, dafür höheres Niveau der Fachkunde:** Das bisherige Fachkundeniveau reicht vollkommen aus. Das Konzept ist in dieser Hinsicht keine Verbesserung im Vergleich zur bisherigen staatlichen Ausbildung. Ein zu großer Aufwand für eine von niemandem geforderte Qualitätssteigerung. Es ist dagegen zu erwarten, dass eine reine klinikinterne Weiterbildung mit ausschließlicher Ermächtigung der Kliniken erfolgen wird, so dass das Niveau auf das ärztliche Niveau absinkt. Es gibt sehr gut ärztliche Psychotherapie, z. B. über die Zusatzbezeichnung Psychoanalyse, die aber über eine berufsbegleitende Instituts-Weiterbildung erfolgt.

## DVT-Konzept Teil 2

Walter Ströhm betrachtete die finanzielle Seite, um die Realisierungsmöglichkeit des Konzepts aufzuzeigen.
Bezüglich der Strukturqualität zeigt er, dass kein Bestandteil der bisherigen Ausbildung verloren geht. Theorie, Supervision und Selbsterfahrung werden weiterhin vom Institut angeboten, die Ausbildungstherapiestunden werden in der Ambulanz des Instituts durchgeführt (nicht an der Klinik-Arbeitsstätte). Die praktische Tätigkeit in psychiatrischer und psychosomatischer Klinik (bisher meist unbezahltes 1,5-jähriges Praktikum) wird ersetzt durch eine 2-jährige vollbezahlte Tätigkeit in der Klinik. Wenn die Weiterbildung außer der Selbsterfahrung nichts kosten soll, ist allerdings eine höhere Vergütung durch die Krankenkassen erforderlich (Erhöhung auf 12,5 bis 13,9 Cent Orientierungspunktwert). Ein Wert der vielen utopisch erschien, von Dr. Köhler in seinem nachfolgenden Vortrag jedoch als verhandelbar betrachtet wurde. Die Aufnahmekapazität der Institutsambulanz, die ja dann für jeden WB-Assistenten ein eigenes Therapiezimmer vorhalten und auch über einen ausreichend großen Patientenstrom verfügen muss, würde von derzeit 16 Teilnehmern pro Jahr auf vier pro Jahr absinken, da jeder Assistent zwei Jahre lang in der Ambulanz arbeiten würde. Die Kliniken haben noch weniger Stellen zur Verfügung. Wir können drei Punkte festhalten: Erstens ist das DVT-Konzept der bislang einzige veröffentlichte Versuch nach einer vorweggenommenen Gesetzesänderung, die die einfache Direktausbildung (zum Konzept bei dualer Direktausbildung (siehe Gleiniger 2013a,b, Sulz 2013) einführt, diese in ihren schädlichen Auswirkungen wirksam zu entschärfen. Zweitens birgt das Konzept die Gefahr, dass es im Belieben der Kammern sein wird, Institute in die Weiterbildung einzubeziehen, so dass eher zu erwarten ist, dass die WB in die Hände der Kliniken gegeben wird (damit die WB so wird wie bei den Ärzten). Und drittens wird ein Nadelöhr konstruiert, das gegenüber den Absolventen des Masterstudiums unverantwortlich erscheint. In unserer Bildungsgesellschaft gibt es allerdings viele negative Beispiele, z. B. dass nur ein kleiner Teil von Hochschulabsolventen als Lehrer in den Schuldienst übernommen werden.
Es gibt sehr viele Gründe, die einfache Direktausbildung nicht einzuführen (Fliegel 2012, Michelmann et al. 2013). Und es gibt viele Gründe, entgegen dem Konsens der Vortragenden Psychotherapie-Weiterbildung nicht als Kopie der ärztlichen Weiterbildung zu etablieren.

## Die duale Direktausbildung als Alternativmodell

Der einzige Schutz vor den zuletzt genannten fatalen Folgen ist, statt einer einfachen eine duale Direktausbildung einzuführen, deren Kernmerkmale sind:
- Das Psychiatrie- und Psychosomatikpraktikum (praktische Tätigkeit in der Ausbildung) entfällt und wird gekürzt auf insgesamt 12 Monate als Praktisches Jahr Bestandteil des Masterstudiums, so dass es durch BAföG finanziert wird.
- Keine sofortige Approbation nach dem Masterstudium, sondern erst nach der Instituts-Ausbildung.
- Die Psychotherapie-Ausbildung bleibt berufsbegleitend ohne praktische Klinik-Tätigkeit. Berufliche Tätigkeit muss nicht bei einem anerkannten Weiterbilder stattfinden (dadurch kein Assistentenstellen-Nadelöhr).

- Die Psychotherapie-Ausbildung bleibt in den Händen der Institute (Gewährleistung der bisherigen Qualität der Ausbildung). Kliniken haben nicht genügend strukturelle und personelle Ressourcen, um diese Qualität auch nur annähernd zu erreichen.
- Keine Pflichtjahre in einer Klinik. Weder während der Ausbildung noch während der Weiterbildung. Damit bleibt es familienfreundlich und es entsteht keine Ungerechtigkeit, die mangels bezahlter Arbeitsstellen der Mehrzahl der Hochschulabsolventen den Zugang zu diesem Beruf verwehrt. Dies ist nur gewährleistet, wenn die Musterweiterbildungsordnung keine Pflichtjahre in einer anerkannten Weiterbildungsstätte fordert (momentan sind 2 Jahre Klinik angedacht).
- Die Ausbildung bleibt bundeseinheitlich staatlich, geht nicht in die Hoheit der Kammern über, die nach wie vor für die Weiterbildung zuständig sind.
- Parallel zur berufsbegleitenden Ausbildung ist Berufstätigkeit erwünscht, aber nicht durchgängig zwingend, hier kann auch eine Erziehungszeit stattfinden. Dazu müssen keine neuen Stellen geschaffen werden. Arbeitsstellen sind keine Aus- oder Weiterbildungsstätten.
- Die anschließende Weiterbildung ist ebenfalls berufsbegleitend. Arbeitgeber erhalten keine Weiterbildungsermächtigung. Auch wenn für eine Zusatzbezeichnung z. B. ein Jahr Tätigkeit in einem Schmerztherapiezentrum notwendig ist, dient diese Tätigkeit nur der Erfahrung und dort findet keine ermächtigte Weiterbildung statt.

Wenn diese beiden Eckwerte (**berufsbegleitend** und **Weiterbildungsbefugnis** nur an Institute) nicht in der kommenden **Musterweiterbildungsordnung** der Bundespsychotherapeutenkammer festgeschrieben werden, kann niemand auf eine Zukunft qualifizierter Psychotherapie-Aus- und Weiterbildung hoffen.

## Zwei Irrtümer: Implizite Annahmen der Entscheidungsträger

Es gibt also zwei Entscheidungsträger, in deren Hand die Zukunft der Psychotherapie liegt: einerseits der Gesetzgeber, der sich entscheiden kann zwischen einfacher und dualer Direktausbildung und andererseits die Kammern, die entscheiden können zwischen berufsbegleitender und ganztägiger Weiterbildung, zwischen Klinik und Institut als Weiterbildungsstätte. Die gegenwärtige Haltung dieser beiden Entscheidungsträger lässt eine Zukunft ohne Institute und eine Zukunft ohne Qualität befürchten. Zu verführerisch ist für das Ministerium die ordnungspolitische Einfachheit ihrer Lösung und zu verführerisch ist der Wunsch der Psychologen, endlich ihr Emanzipationsziel der völligen Gleichwertigkeit durch Erreichen des Facharztstatus zu erreichen. Für so eine großes Ziel scheinen die zu erbringenden Opfer nicht groß genug sein zu können. Es geht also um Status versus Qualität und versus Ausbildungsgerechtigkeit.

**Der erste Irrtum (Ministerium)**: Durch Abschaffung der Ausbildung und Beauftragung der Universitäten, die bisherigen Ausbildungsinhalte in ein Masterstudium zu integrieren, lässt sich ohne Qualitätsverlust das Ziel der Approbation erreichen (einfache Direktausbildung).

**Der zweite Irrtum (Kammern)**: Durch Übertragung des Facharzt-Weiterbildungsmodells auf die Psychologische Psychotherapie kann ohne Qualitätsverlust Facharztstatus und damit Gleichstellung mit Ärzten erreicht werden.

Psychologische Psychotherapie auf dem hohen deutschen Niveau lässt sich nicht durch eine Facharzt-Weiterbildung erreichen. Psychotherapie-Ausbildung beinhaltet eine sehr enge Verwobenheit von Theorie und Praxis, die nur an einem Institut vermittelt werden kann. Man kann nur weiter geben, was man selbst hat. Kliniken können nur die Praxis weiter geben. Die Universität kann nur Wissen weiter geben. Institute dagegen haben beides und können beides mitgeben, so dass aus Theorie und Praxis Kompetenz wird. Der Medizin und damit den Kliniken fehlt das umfassende und spezifische Psychotherapie-Wissen. Zur Psychiatrie gehört Psychotherapie, aber Psychotherapie geht nicht in der Psychiatrie auf.

Es gibt genügend Möglichkeiten, das Niveau der Psychotherapie-Ausbildung zu erhalten. Dazu ist lediglich der Mut notwendig, immer wieder deutlich zu machen, dass Psychotherapie nicht durch eine Facharzt-Weiterbildung vermittelt werden kann. Psychotherapie und Medizin überlappen sich, aber Psychotherapie geht nicht in der Medizin auf, so wenig wie sie in der Psychologie aufgeht. Allerdings ist neben der bisherigen Psychologischen Psychotherapie auch eine Medizinische Psychotherapie und für den Kinder- und Jugend-Bereich auch eine Pädagogische Psychotherapie mit einem entsprechenden Masterstudium denkbar.

Ein Arzt könnte nach seinem Medizinstudium Zugang zum Psychotherapie-Masterstudium erhalten. Dies wäre eine sehr große Bereicherung vor allem für die Psychosomatische Medizin. Wie überhaupt die medizinische Fakultät einen neuen Lehrstuhl für Psychotherapie einrichten könnte – neben den Lehrstühlen für Psychiatrie und für Psychosomatik, der das Psychotherapie-Masterstudium anbietet, das dann ebenfalls zur Zulassung zur Psychotherapie-Ausbildung führt. Oder der Lehrstuhl für medizinische Psychologie bietet dieses Studium an, aufbauend auf dem Medizinstudium oder einem Bachelor in Medizinischer Psychologie. Und ein Pädagogik-Bachelor könnte über eine Masterstudium in Pädagogischer Psychotherapie, das in der den Weg zum approbierten Kinder- und Jugendlichenpsychotherapeuten bestreiten.

## Welche Fragen müssen den Kammern gestellt werden?

Wollen Sie die einfache Direktausbildung (Masterstudium – sofort anschließend Approbation – Weiterbildung bis zum Erreichen der Fachkunde)?
Aus welchem Grund wollen Sie die einfache Direktausbildung?
Kennen Sie die duale Direktausbildung?
Aus welchem Grund haben Sie sich gegen die duale Direktausbildung entschieden?
Wollen Sie die ganztägige (natürlich auch in Teilzeit absovierbare) Weiterbildung in Klinik oder vergleichbaren Weiterbildungsstätten?
Wollen Sie mindestens zwei Pflichtjahre klinische Weiterbildung?
Weshalb wollen Sie das?

Nehmen Sie das dadurch entstehende Nadelöhr, durch das nur noch 10 % der Hochschulabsolventen Zugang zum Psychotherapeutenberuf, in Kauf?
Halten Sie diese Lösung für gerecht und sozial vertretbar?
Kennen Sie die Alternative einer berufsbegleitenden Weiterbildung?
Weshalb wollen Sie die berufsbegleitende Weiterbildung nicht?
Weshalb ist Ihnen eine Weiterbildung nach dem Facharztmodell wichtig?
Kennen Sie die Qualität der ärztlichen Psychotherapie-Weiterbildung im Vergleich zur Psychologischen Psychotherapie?
Kennen Sie den Unterschied zwischen der ärztlichen Weiterbildungsordnung und der Praxis der ärztlichen Weiterbildung sowie dem Ergebnis dieser Weiterbildungspraxis (nur in Psychotherapie)?
Halten Sie es für vertretbar, ein Modell anzuwenden, das nur dieses Niveau erreicht?
Halten Sie es für vertretbar, das gegenwärtige Niveau der Psychologischen Psychotherapie durch Anwenden des Facharzt-Weiterbildungsmodells in diesem Ausmaß zu gefährden?
Haben Sie sich damit befasst, wie ein Facharztstatus für Psychotherapeuten auch ohne Anwendung des Facharzt-Weiterbildungsmodells möglich ist?
Beabsichtigen Sie, Kliniken eine Weiterbildungsermächtigung für z. B. zwei Jahre zu geben?
Wie und mit welchen Ressourcen können Kliniken eine qualifizierte Weiterbildung für Psychologische Psychotherapeuten anbieten?
Werden Kliniken Theorie anbieten?
Werden Kliniken anerkannte Supervision anbieten?
Woher nehmen die Kliniken die notwendigen Ressourcen?
Wer bezahlt diese Ressourcen?
Werden Sie Instituten eine Weiterbildungsermächtigung geben?
Wenn ja, welche Aufgaben sollten Institute übernehmen und welche nicht?
Werden Institute zwingend benötigt oder können Kliniken die Weiterbildung auch ohne Institute betreiben?

## Wer kann was tun, um qualifizierter Psychotherapie eine Zukunft zu geben?

Was können oder müssen diejenigen tun, die das sehr hohe Qualitätsniveau der deutschen Psychotherapie für die Zukunft retten wollen?
- Ein oder einige wenige Alternativkonzepte zur einfachen Direktausbildung erarbeiten
- Dabei das Prinzip der dualen Direktausbildung (Beispiel die beiden Entwürfe von Gleiniger und von Sulz) beibehalten
- Das BMG verschonen vor einer Flut von Schreiben – stattdessen sich auf einen Alternativentwurf einigen, hinter dem dann fast alle stehen
- Delegierte des Psychotherapeutentags kontaktieren, sie informieren, mit ihnen diskutieren, damit sie vielseitig informiert in die Abstimmung über die Musterweiterbildungsordnung gehen können
- Den Kammern konkrete Fragen stellen, damit sie konkrete Antworten geben müssen

- Anstreben, dass die Musterweiterbildungsordnung
  - keine Pflichtjahre Kliniktätigkeit enthält,
  - sondern berufsbegleitend bleibt,
  - Kliniken keine Weiterbildungsermächtigung gibt,
  - den bisherigen Ausbildungs-Instituten die Weiterbildung überträgt, die zur Fachkunde führt.
- Mitglied eines starken Berufsverbands werden, um in Mitgliederversammlungen mitzusprechen
- selbst in die Berufspolitik gehen (Delegierte auf Landes- und Bundesebene)

**Schlussbemerkung**: Ich war 30 Jahre lang in der psychotherapeutischen Aus- und Weiterbildung sowohl von Ärzten als auch von Psychologen tätig (tiefenpsychologisch, verhaltenstherapeutisch und integrativ). Dieser Bericht ist subjektiv, geprägt durch diese subjektiven Erfahrungen. Meine langjährigen guten und nicht guten Erfahrungen gehen in die Stellungnahme ein, die allerdings hier nicht als Belege aufgeführt werden können.

## Literatur

Fliegel, S. (2012). Direktausbildung Psychotherapie – ein Weg mit fatalen Konsequenzen. Unveröffentlichtes Manuskript

Gleiniger J. W. (2013a): Basal oder dual? – Ordnungspolitische Rechtfertigungen einer Direktausbildung der Psychotherapeuten auf dem Prüfstand. Vortrag auf der Fachtagung Qualität sichern – Fachliche und strukturelle Perspektiven für eine Reform der Psychotherapieausbildung. Berlin am 13.6.2013

Gleiniger J. W. (2013b): Basal oder dual? – Ordnungspolitische Rechtfertigungen einer Direktausbildung der Psychotherapeuten auf dem Prüfstand. Verhaltenstherapie & Psychosoziale Praxis 2013,2, 493-517

Lubisch, B. (2012). Könnte so die Direktausbildung aussehen? Eine Skizze. Psychotherapie Aktuell, 3, 28-31.

Michelmann, A., Ruggaber, G., Timmermann, H., Trautmann-Voigt, s., Walz-Pawlita, S., Wiesemüller, b., Hoffmann, F. (2013). „Qualität sichern" – Fachgesellschaften fürchten erheblichen Qualitätsverlust der Ausbildung. Psychotherapeutenjournal 3/2013, 269-271.

Richter, R. (2013). Das Berufsbild von Psychotherapeutinnen und Psychotherapeuten. Psychotherapeutenjournal, 2, 118-120.

Ströhm, W., Schweiger, U., Tripp, J. (2013): Konzept einer Weiterbildung nach einer Direktausbildung in Psychotherapie. Psychotherapeutenjournal 3/2013, 262-268

Sulz S. (2013). Weiterbildung nach der dualen Direktausbildung in Psychotherapie – ein Konzept zur Gestaltung der Zukunft der Psychotherapie. Psychotherapie, Band 18-2, 237-254

## Korrespondenzadresse

Prof. Dr. phil. Dr. med. Serge Sulz
Katholische Universität Eichstätt-Ingolstadt
Postanschrift: Nymphenburger Str. 155 | 80634 München
Tel.: +49-89-120 222 79 | Serge.Sulz@ku-eichstaett.de

# Neue Wege in der Psychotherapie

*Beltz Newsletter Psychologie: Jetzt anmelden unter www.beltz.de/newsletter*

**NEU**

*Die »Dritte Welle« auf einen Blick*

Alle neuen Ansätze in einer einheitlichen Gliederung und mit einem Bewertungsschema:

- ACT ● Behavioral Activation ● CBASP ● Compassionfocused Therapy ● DBT ● Achtsamkeitsbasierte Kognitive Therapie (MBCT) ● Achtsamkeitsbasierte Rückfallprävention (MBRP) ● Metakognitive Therapie ● Schematherapie ● Training emotionaler Kompetenzen ● Well-Being Therapy u. a.

2013. 292 Seiten. Geb. € 39,95 D
ISBN 978-3-621-28037-2
Auch als **E-Book** erhältlich

**NEU**

*Schematherapie erleben*

Fallvideos zum Anschauen und Nachmachen: Anhand von vier Beispielen zeigen erfahrene Psychotherapeutinnen das konkrete Vorgehen und die Therapiebestandteile in der Schematherapie.

Fallbeispiele:
- Borderline-Persönlichkeitsstörung
- Cluster C-Persönlichkeitsstörung
- Narzissmus ● Suizidalität

2013. 2 DVDs mit 16-seitigem Booklet, Laufzeit 250 min. € 69,–
ISBN 978-3-621-28101-0

**NEU**

*Arbeiten mit Emotionen*

Nutzen Sie Emotionen als Ressourcen – und erleichtern Sie Ihren Klienten den Zugang zum eigenen Gefühlserleben.

- Sechs Module für Einzel- und Gruppentherapie, Supervision und Selbsterfahrung
- Zahlreiche Arbeitsblätter online als Download

2013. 240 Seiten. Geb. € 34,95 D
ISBN 978-3-621-27953-6
Auch als **E-Book** erhältlich

**NEU**

*Sich selbst stärken*

Hier lernen Sie praxisnah, wie Sie Ihre personalen Kompetenzen identifizieren, Ihre Ressourcen und Stärken fördern und diese für berufliche Aufgaben nutzen können.

- 47 direkt umsetzbare Übungen
- 16 Arbeitsblätter als Download
- Mit einem Selbsterfahrungs-Curriculum für die VT-Ausbildung

2013. 255 Seiten. Geb. € 34,95 D
ISBN 978-3-621-27920-8
Auch als **E-Book** erhältlich

Leseproben auf
www.beltz.de

Heiner Keupp
# Heraus aus der Ohnmachtsfalle
Psychologische Einmischungen

2013
328 Seiten,
EUR 24,80
ISBN 978-3-87159-277-5

Die Psychologie hat sich im 20. Jahrhundert etabliert: Sie hat sich akademisch gut verortet, ist für Studierende nach wie vor attraktiv und setzt exzellente Abiturnoten voraus. Sie hat sich in der Psychotherapie einen anerkannten Platz neben der Medizin sichern können, und sie ist stolz auf ihre methodische Kompetenz, die ihr schon beinahe den Rang einer Naturwissenschaft eingetragen hat. Mit dem Siegeszug der Neuropsychologie wird das Gehirn zur Erklärung aller menschlichen Tugenden und Untugenden herangezogen.

Diese Entwicklung wurde erkauft mit einem Verlust an gesellschaftlichem Engagement und einer Unfähigkeit, die psychischen Befindlichkeiten und Handlungsmöglichkeiten im globalisierten Kapitalismus thematisieren zu können. Genau dazu aber will dieses Buch ermutigen!

Frank Nestmann, Frank Engel &
Ursel Sickendiek (Hrsg.)
# Das Handbuch der Beratung

**Band 3: Neue Beratungswelten**
2013
560 Seiten
EUR 39,–
ISBN 978-3-87159-247-8

„Neue Beratungswelten", der dritte Band des Handbuches der Beratung, ergänzt Disziplinen und Zugänge (Band 1) sowie Ansätze, Methoden und Felder (Band 2) um Beiträge zu aktuellen Kontexten, in denen sich Beratung zu bewähren hat, und um neue Sichtweisen auf Beratungswissen und Beratungshandeln.

Dieser Band legt dar, wie sich Beratung konzeptionell entwickelt, wo sich neue Aufgaben, neue Funktionszusammenhänge und neue Bedingungen einer diversifizierten professionellen Praxis auftun, die Beratung in ihren herkömmlichen Konzepten, Settings und Arbeitsformen herausfordern.

Hechinger Str. 203 • 72072 Tübingen
Tel.: 0 70 71 / 79 28 50 • Fax: 0 70 71 / 79 28 51
E-Mail: dgvt-Verlag@dgvt.de • Internet: www.dgvt-Verlag.de

# springer.com

**Springer** Medizin

# Wissen bewegt, gestaltet, verändert.

2014. 206 S. 100 Abb. Geb.
▶ € (D) 34,99
€ (A) 35,97 | sFr 44,00
978-3-642-28196-9

6.A. 2013. 232 S. Geb.
▶ € (D) 49,99
€ (A) 51,39 | sFr 62,50
978-3-642-35353-6

2012. 172 S. Geb.
▶ € (D) 29,95
€ (A) 30,79 | sFr 37,50
978-3-642-05051-0

2013. 200 S. 11 Abb. Geb.
▶ € (D) 34,99
€ (A) 35,97 | sFr 44,00
978-3-642-33047-6

2013. 207 S. 24 Abb. Geb.
▶ € (D) 34,99
€ (A) 35,97 | sFr 44,00
978-3-642-22465-2

2013. 204 S. Geb.
▶ € (D) 34,99
€ (A) 35,97 | sFr 44,00
978-3-642-35356-7

5. A. 2013. Etwa 330 S. Geb.
▶ € (D) 29,99
€ (A) 30,83 | sFr 37,50
978-3-642-36254-5

5. A. 2013. 146 S. Brosch.
▶ € (D) 19,99
€ (A) 20,55 | sFr 25,00
978-3-642-34586-9

2012. 132 S. Brosch.
▶ € (D) 19,95
€ (A) 20,51 | sFr 25,00
978-3-642-24642-5

**Jetzt bestellen!**

€ (D) sind gebundene Ladenpreise in Deutschland und enthalten 7% MwSt; € (A) sind gebundene Ladenpreise in Österreich und enthalten 10% MwSt. sFr sind unverbindliche Preisempfehlungen. Preisänderungen und Irrtümer vorbehalten.

Peichl
## Die inneren Trauma-Landschaften
### Borderline – Ego-State – Täter-Introjekt
Mit einem Geleitwort von Ulrich Sachsse

- **Reisebericht** durch die gesamte Landschaft der Trauma-Therapie
- **Schulenübergreifende Bündelung** der Themen Borderline-Störung, Ego-State-Theorie und Täter-Opfer-Introjekte
- **Abhandlung komplexer Zusammenhänge** in verständlicher Sprache

2., überarbeitete Aufl. 2013. 312 Seiten, 18 Abb., 21 Tab., geb.
€ 57,99 (D) / € 59,70 (A)
ISBN 978-3-7945-2935-3

Fogel
## Selbstwahrnehmung und Embodiment in der Körperpsychotherapie
### Vom Körpergefühl zur Kognition
Deutsche Übersetzung und Bearbeitung von Helmi Boese

- **Körper & Geist:** Von der Wiederentdeckung des Körpergefühls zur erweiterten Kognition
- **Entwicklungspsychologie & Neurobiologie:** Neurobiologische Grundlagen für die Körperpsychotherapie
- **Praxis & Wissenschaft:** Bekannte Forschungen mit einer Vielzahl neuer Untersuchungsergebnisse verbunden und durch Fallberichte verständlich aufbereitet

2013. 383 Seiten, 32 Abb., 17 Tab., geb.
€ 49,99 (D) / € 51,40 (A)
ISBN 978-3-7945-2965-0

Deneke
## Psychodynamik und Neurobiologie
### Dynamische Persönlichkeitstheorie und psychische Krankheit
Eine Revision psychoanalytischer Basiskonzepte

- **Verständlich:** Klinische Beispiele helfen, komplexe Zusammenhänge zu verstehen
- **Mutig:** Unangepasst-kritische Gedanken zu alten, vertrauten Theorien
- **Anregend:** Neue Wege und individuell zugeschnittene Konzeptualisierungen zur Krankheitsentwicklung

2013. 488 Seiten, 26 Abb., geb.
€ 49,99 (D) / € 51,40 (A)
ISBN 978-3-7945-2949-0

www.schattauer.de

# dpv Deutscher Psychologen Verlag GmbH

## Bewusstsein und Unbewusstes

Udo Boessmann
### Bewusstsein – Unbewusstes
*Band I: Bewusstsein*
464 Seiten, Format 16,5 x 24 cm, broschiert, mit Begleitmaterial zum Download
ISBN 978-3-942761-18-5, Bestellnr. 311, 49,90 EUR

Dass das Unbewusste schwer zu fassen ist, überrascht nicht. Dass aber auch unser Bewusstsein nicht das ist, was es zu sein scheint, provoziert den Verstand. „Die neueste empirische Forschung zeigt, dass unser Bewusstsein ganz anders ist, als wir spontan zu wissen glauben. Es erweist sich als eine Wirklichkeits- und Benutzerillusion", sagt Dr. Udo Boessmann, Arzt, Psychotherapeut und Dozent für Psychotherapie. In seinem neuen Buch geht er den Fragen nach, was wir eigentlich wissen und wer wir wirklich sind. Dabei kommt er zu erstaunlichen Ergebnissen.

### Fachstimmen:
„Auch wenn ich mich auf dem Gebiet des Bewusstseins deutlich weniger auskenne als auf dem des Unbewussten, bin ich davon überzeugt, dass Udo Boessmann hinsichtlich der Thematik des biologischen und kulturellen Bewusstseins und der höheren Bewusstseinsleistungen etwas Besonderes gelungen ist – eine Assimilation umfangreicher Erfahrungen und empirischer Befunde, die auch in puncto Stil, Verständlichkeit, Transparenz und Didaktik auf hohem Niveau ist. Auf der Grundlage des vorliegenden Textes sehe ich eine große Chance, zwei nach wie vor hoch bedeutsame und komplementär erscheinende Perspektiven nacheinander herauszuarbeiten und in ihren Differenzen, aber auch in ihrem Ergänzungsverhältnis zu beleuchten." Günter Gödde, Berlin

## BESTELLCOUPON

Einfach ausfüllen und per Post versenden oder noch einfacher per Fax an 030 - 209 166 413

**X Ja,** ich bestelle aus dem DPV-Verlagsprogramm:

____ Expl. Udo Boessmann
**Bewusstsein – Unbewusstes**
*Band I: Bewusstsein*
464 Seiten, Format 16,5 x 24 cm,
broschiert,
mit Begleitmaterial zum Download
ISBN 978-3-942761-18-5
Bestellnr. 311, 49,90 EUR

Name/Vorname/Titel

Straße/Nr.

PLZ/Ort

BDP-Mitgliedsnr. (falls vorhanden)

E-Mail /Telefon (für Rückfragen)

Datum/Unterschrift

Alle Preise inkl. gesetzl. MwSt sowie zzgl. Versandkosten bei Direktbestellung beim Verlag. BDP-Mitglieder zahlen keine Versandkosten. (bitte Mitgliedsnr. angeben!)

132015

Deutscher Psychologen Verlag GmbH · Am Köllnischen Park 2 · 10179 Berlin
Tel. 030 - 209 166 410 · Fax 030 - 209 166 413 · verlag@psychologenverlag.de

**WWW.PSYCHOLOGENVERLAG.DE**

# Kommen Sie in Kontakt mit Ihrem Potenzial!

**Maja Storch**
Machen Sie doch, was Sie wollen!
Wie ein Strudelwurm den Weg zu Zufriedenheit und Freiheit zeigt
2009. 136 S., Kt
€ 17.95 / CHF 29.90
ISBN 978-3-456-84754-2
E-Book € 15.99 / CHF 23.00

Wie Sie mit einem kleinen Wurm herausfinden, was Sie wirklich wollen, und wie Sie mit dieser Fähigkeit frei und zufrieden werden.

**Maja Storch / Julius Kuhl**
Die Kraft aus dem Selbst
2., überarb. Aufl. 2013. 304 S., Gb
€ 24.95 / CHF 35.50
ISBN 978-3-456-85256-0
E-Book € 21.99 / CHF 30.00

Machen Sie sich auf eine interessante Entdeckung gefasst: Ihr Selbst wird Ihnen helfen, zufriedener und erfolgreicher zu sein – mit der Kraft aus dem Unbewussten, die Sie gezielt nutzen können.

**Graham Gordon Ramsay / Holly Barlow Sweet**
Reiseführer zum Selbst
Wer bin ich und wer will ich sein?
2010. 228 S., 34 Abb., 2 Tab., Kt
€ 19.95 / CHF 33.90
ISBN 978-3-456-84844-0

**Jürg Frick**
Die Kraft der Ermutigung
Grundlagen und Beispiele zur Hilfe und Selbsthilfe
2., überarb. u. erg. Aufl. 2011.
377 S., 18 Abb., 39 Tab., Kt
€ 24.95 / CHF 35.50
ISBN 978-3-456-85022-1
E-Book € 21.99 / CHF 30.00

**Helga E. Schachinger**
Das Selbst, die Selbsterkenntnis und das Gefühl für den eigenen Wert
Einführung und Überblick
2., überarb. u. erg. Aufl. 2005.
290 S., 9 Tab., Kt
€ 29.95 / CHF 46.90
ISBN 978-3-456-84188-5

www.verlag-hanshuber.com

# das Ganze.

## Fachwissen Psychiatrie

Der international bekannte Psychiater offenbart schonungslos die aktuelle Realität psychisch erkrankter Menschen, für die Vorurteile und Diskriminierung immer noch schwerwiegende Komplikationen sind. Prof. Finzens Buch vermittelt Antistigma-Kompetenz: Es beschreibt erfolgreiche Konzepte der Selbsthilfe, der Psychoinformation und -edukation sowie des Stigmamanagements.

Asmus Finzen
**Stigma psychische Krankheit**
184 Seiten, 19,95 €
ISBN 978-3-88414-575-3

Dieses einzigartige Grundlagenbuch zu Theorie und Praxis des Achtsamkeitskonzeptes speziell für den psychiatrischen und sozial-psychiatrischen Bereich, wird den Umgang mit psychischen Störungen grundlegend verändern.

Andreas Knuf, Matthias Hammer (Hg.)
**Die Entdeckung der Achtsamkeit**
320 Seiten, 39,95 €
ISBN 978-3-88414-550-0

www.psychiatrie-verlag.de

# Das neue Sonderheft jetzt am Kiosk!

www.psychologie-heute.de

www.klett-cotta.de/fachbuch

Jochen Peichl
**Innere Kritiker, Verfolger und Zerstörer**
Ein Praxishandbuch für die Arbeit mit Täterintrojekten
Leben Lernen 260
224 Seiten, broschiert
€ 26,95 (D)
ISBN 978-3-608-89136-2

Wie bekommen schwer traumatisierte Menschen ihre inneren Verfolger und Täterintrojekte in den Griff? Das Praxishandbuch bietet eine Fülle von genau erklärten Interventionen zu diesem schwierigsten Part der Traumabehandlung. Es ermöglicht dem Therapeuten ein sicheres Arbeiten mit Persönlichkeitsteilen.

Dagmar Kumbier
**Das Innere Team in der Psychotherapie**
Methoden- und Praxisbuch
Leben Lernen 265
243 Seiten, broschiert mit ca. 12 s/w Abb.
€ 26,95 (D). ISBN 978-3-608-89135-5

»Moderne Psychotherapeuten müssen verschiedene psychotherapeutische Methoden nicht nur kennen, sondern auch integrieren können. Dagmar Kumbier, eine sehr erfahrene und in vielen Richtungen kompetente Psychotherapeutin, ist dies auf sehr eindrucksvolle Weise gelungen. Theoretisch kompetent und praxisnahe verbindet sie psychoanalytische Konzepte mit Methoden des ›Inneren Teams‹, mit Imaginationsübungen und anderen erlebnisaktivierenden Methoden. In sehr schlüssiger Form macht sie klar, wie man verschiedene Methoden theoretisch ›zusammendenken‹ und praktisch verbinden kann, welche Vorteile dies gegenüber einseitig ausgerichteten Therapien hat, aber auch welche Grenzen man dabei zu beachten hat. Dieses Buch sollte für Psychotherapeuten jeder ›Schule‹ zum Standardwerk werden.«
Eva Jaeggi

Ulrich Schultz-Venrath
**Lehrbuch Mentalisieren**
Psychotherapien wirksam gestalten
Unter Mitarbeit von Peter Döring
456 Seiten, gebunden, mit ca. 20 Abbildungen
€ 37,95 (D)
ISBN 978-3-608-94544-7

Das Mentalisierungskonzept erweist sich für die Behandlung von Patienten mit psychischen und psychosomatischen Störungen – durch Therapeuten der verschiedensten Schulrichtungen – als ein sehr hilfreiches Instrument zur Gestaltung des Therapieprozesses. Der Autor stellt zunächst das Mentalisierungsmodell dar und erläutert es mit Hilfe aktueller psychoanalytischer, neurowissenschaftlicher und neuro-psychiatrischer Daten und Befunde.

Blättern Sie online in unseren Büchern und bestellen Sie bequem und **versandkostenfrei** unter:
www.klett-cotta.de/fachbuch

# Buchtipps

Angelika Neumann
Eckhard Roediger
Anton-Rupert Laireiter
Christian Kus

**Schematherapeutisch basierte Supervision**

2013, 114 Seiten,
€ 24,95 / CHF 35,50
■ ISBN 978-3-8017-2496-2
◎ E-Book € 21,99 / CHF 30,–

Das Buch stellt ein schematherapeutisch basiertes Supervisionskonzept vor und integriert dabei neuere Entwicklungen der Verhaltenstherapie in der Aus- und Fortbildung.

Peter Fiedler

**Dissoziative Störungen**

(Reihe: »Fortschritte der Psychotherapie«, Band 17)
2., überarbeitete Auflage 2013,
VIII/117 Seiten,
€ 19,95 / CHF 28,50
(Im Reihenabonnement
€ 15,95 / CHF 22,90)
■ ISBN 978-3-8017-2482-5
◎ E-Book € 16,99 / CHF 24,99

Der Band informiert praxisorientiert über die Diagnostik und Behandlung von dissoziativen Störungen.

Gitta Jacob · Arnoud Arntz

**Schematherapie**

(Reihe: »Fortschritte der Psychotherapie«, Band 53)
2014, VI/96 Seiten,
€ 19,95 / CHF 28,50
(Im Reihenabonnement
€ 15,95 / CHF 22,90)
■ ISBN 978-3-8017-2142-8
◎ E-Book € 16,99 / CHF 25,–

Der Band liefert eine kompakte Darstellung der Arbeit mit dem Schemamodus-Ansatz bei Persönlichkeitsstörungen.

Günter Schiepek · Heiko Eckert
Brigitte Kravanja

**Grundlagen systemischer Therapie und Beratung**

*Psychotherapie als Förderung von Selbstorganisationsprozessen*

(Reihe: »Systemische Praxis«,
Band 1) 2013. 113 Seiten,
€ 24,95 / CHF 35,50
■ ISBN 978-3-8017-2475-7
◎ E-Book € 21,99 / CHF 29,99

Der erste Band der neuen Buchreihe »Systemische Praxis« liefert eine gut verständliche Einführung in die Grundlagen systemischer Therapie und Beratung.

Annette Schaub · Elisabeth Roth
Ulrich Goldmann

**Kognitiv-psychoedukative Therapie zur Bewältigung von Depressionen**

*Ein Therapiemanual*

(Reihe: »Therapeutische Praxis«)
2., aktual. u. erw. Auflage 2013,
XIII/174 Seiten, Großformat,
inkl. CD-ROM, € 39,95 / CHF 53,90
■ ISBN 978-3-8017-2432-0
◎ E-Book € 35,99 / CHF 48,–

Das Manual beschreibt verschiedene kognitiv-psychoedukative Therapiebausteine, die bei der Behandlung von depressiven Patienten eingesetzt werden können.

Thomas D. Meyer
Martin Hautzinger

**Ratgeber Manisch-depressive Erkrankung**

*Informationen für Menschen mit einer bipolaren Störung und deren Angehörige*

(Ratgeber zur Reihe »Fortschritte der Psychotherapie«, Band 27)
2013, 60 Seiten, Kleinformat,
€ 8,95 / CHF 13,50
■ ISBN 978-3-8017-2519-8
◎ E-Book € 7,99 / CHF 12,–

Der Ratgeber beschreibt die Symptome einer manisch-depressiven Erkrankung und liefert Informationen zu Behandlungs- sowie Selbsthilfemöglichkeiten.

**Hogrefe Verlag GmbH & Co. KG**
Merkelstraße 3 · 37085 Göttingen · Tel.: (0551) 99950-0 · Fax: -111
E-Mail: verlag@hogrefe.de · Internet: www.hogrefe.de

**Deutsch schreiben – Englisch publizieren**
Englische Übersetzung frei verfügbar unter www.karger.com/ver

# Verhaltenstherapie

Praxis | Forschung | Perspektiven

Herausgeber

**Ulrike Ehlert,** Zürich
**Michael Linden,** Berlin
**Winfried Rief,** Marburg
**Ulrich Vorderholzer,** Prien

## Weitere Informationen unter
**www.karger.com/ver**

- Pay-per-View und Volltext-Zugang für Abonnenten
- Vollständiges Inhaltsverzeichnis
- Wissenschaftlicher Beirat
- Alle Abstracts und ausgewählte Artikel frei verfügbar
- Online-Probeheft
- Manuskripteinreichung/Richtlinien für Autoren
- Abonnement
- Free Alert Service
- Online Library Recommendation

**Verhaltenstherapie**
2013: Band 23 mit 4 Heften
Sprache: Deutsch
ISSN 1016–6262 (print)
ISSN 1423–0402 (online)

Aufgeführt in bibliographischen Diensten und in *Current Contents*®/ *Social & Behavioral Sciences, Research Alert, Social Science Citation Index, PsycINFO*

## Eine Auswahl repräsentativer Beiträge

- Wirksamkeit von Arbeitszeitrestriktion in der Prokrastinationsbehandlung: **Höcker, A.; Engberding, M.; Haferkamp, R.; Rist, F.** (Münster)
- Suizidalität in der Borderline-Behandlung: Non-Suizid-Vertrag oder Non-Suizid-Entschluss?: **Hohagen, F.** (Lübeck)
- Kann man ohne Brett auf der nächsten Welle surfen?: **Ehlert, U.** (Zürich)
- «Seite an Seite»: Ein Fallbericht über partnerschaftliche Unterstützung im Rahmen einer Brustkrebserkrankung: **Zimmermann, T.** (Braunschweig)
- Kein Grund für therapeutischen Pessimismus: Kognitive Verhaltenstherapie der Negativsymptomatik schizophrener Psychosen: **Hesse, K.; Klingberg, S.** (Tübingen)
- Abgelehnt, ausgeschlossen, ignoriert: Die Wahrnehmung sozialer Zurückweisung und psychische Störungen – eine Übersicht: **Rosenbach, C.; Renneberg, B.** (Berlin)
- Zur Wirksamkeit pharmakologischer und psychotherapeutischer Therapien bei Aufmerksamkeitsdefizit-/Hyperaktivitätsstörung (ADHS) im Erwachsenenalter: Eine empirische Metaanalyse: **Linderkamp, F.** (Oldenburg); **Lauth, G.W.** (Köln)
- Die Traumaschwemme: **Linden, M.** (Teltow)

Die Zeitschrift *Verhaltenstherapie* bildet das breite Spektrum verhaltenstherapeutischer Verfahren ab und ist im deutschen Sprachraum das führende Publikationsorgan ihres Fachgebiets.

In Übersichts- und Originalarbeiten sowie Falldarstellungen werden aktuelle Entwicklungen evidenzbasierter psychologischer Behandlungsmethoden aus der Verhaltenstherapie vorgestellt. Konzeptpapiere, Interviews, Kongressberichte und Mitteilungen wissenschaftlicher Fachverbände ergänzen das Themenspektrum und tragen zur Bedeutung dieser Fachzeitschrift in der wissenschaftlichen und therapeutischen Auseinandersetzung bei.

Um die publizierten Beiträge einem möglichst breiten und internationalen Fachpublikum zugänglich zu machen, bietet *Verhaltenstherapie* einen besonderen Service: Mit dem Konzept «Deutsch schreiben – Englisch publizieren» haben Autoren die Möglichkeit, ihre angenommenen Arbeiten gegen eine Kostenbeteiligung professionell übersetzen zu lassen. Die übersetzten Beiträge werden als PDF-Datei kostenlos über die Homepage des Verlags zur Verfügung gestellt.

*Verhaltenstherapie* ist das offizielle Organ von 21 Ausbildungsinstituten, Gesellschaften und Verbänden in Deutschland, Österreich und der Schweiz und bietet Wissenschaftlern und Therapeuten eine umfassende Auswahl an Beiträgen aus Theorie und Praxis.

## Bestellformular

Ich kann diese Bestellung innerhalb zwei Wochen durch eine einfache schriftliche Mitteilung an den Verlag widerrufen.
Das Abonnement gilt zunächst für ein Jahr und verlängert sich um jeweils ein weiteres Jahr, wenn ich die Zeitschrift nicht bis 1. Dezember des laufenden Jahres abbestelle.

S. Karger Verlag für Medizin und Naturwissenschaften GmbH
Wilhelmstr. 20A
79098 Freiburg (Deutschland)
t: +49 761 45 20 70
f: +49 761 45 20 714
information@karger.com
www.karger.de

**Ich abonniere**
die Zeitschrift **Verhaltenstherapie** ab Jahrgang _____

☐ Print    ☐ Online    ☐ Print + Online
Regulärer Preis für Print **oder** Online: 146,-€ (54,-€ für Studenten*)
Regulärer Preis für Print **und** Online: 196,-€ (68,-€ für Studenten*)

Ich bin Gesellschaftsmitglied* und möchte **Verhaltenstherapie** zum Mitgliedersonderpreis beziehen.

Print **oder** Online: 83,-€; Print **und** Online: 103,-€ für Mitglieder der
☐ BDP    ☐ BKJPP    ☐ DGPM    ☐ DGPPN
☐ SAPPM    ☐ VT-H

Print **oder** Online: 54,-€; Print **und** Online: 68,-€ für Mitglieder der
☐ AVM-D/CH    ☐ DÄVT    ☐ DGESS    ☐ DGVT    ☐ DKPM
☐ DPtV    ☐ DVT    ☐ ÖGVT    ☐ FSP

*Meine Mitglieds- bzw. Studienbescheinigung lege ich meiner Bestellung bei.

Bestellungen aus dem Ausland werden mit Vorauskasse beliefert.
Die Preise gelten für 2013 und verstehen sich inklusive MwSt. und zuzüglich EUR 13,00/EUR 19,00 Versand (Inland/Ausland) für Print und Print+Online. Preisänderungen vorbehalten.

**Ich bezahle**

☐ nach Erhalt der Rechnung
Bitte belasten Sie diese Bestellung meiner Kreditkarte
☐ American Express    ☐ MasterCard    ☐ Visa

Karten-Nr:_____ Gültig bis:_____

Kartenprüfnummer (auf der Rückseite der Kreditkarte im Unterschriftenfeld):_____

Ich ermächtige die S. Karger GmbH bis auf Widerruf, jährlich meine Abonnement-Gebühren im Lastschriftverfahren abzubuchen (nur innerhalb Deutschlands möglich)

bei Bank:_____
in:_____ BLZ:_____
Konto-Nr:_____

Meine Postanschrift lautet (Blockschrift):

_____

_____

Tel.:_____ Datum/Unterschrift:_____

# KARGER · JOURNAL

**Albert Pesso, Lowijs Perquin**

### Die Bühnen des Bewusstseins Oder: Werden, wer wir wirklich sind
PBSP – ein ressourcenorientierter, neurobiologisch fundierter Ansatz der Körper-, Emotions- und Familientherapie

Pesso-Therapie oder genauer Pesso Boyden System Psychomotor PBSP ist ein zugleich innovativer und integrativer Ansatz in mehrerer Hinsicht. Absolut innovativ sind das Menschenbild, die therapeutische Vorgehensweise und der Umgang mit Beziehung. Integrativ ist die Verbindung von Individuum und Familie, von Körper, Emotion und Geist und von (Neuro-)Biologie und kulturell geprägtem Geist. Erfrischend jung und dynamisch, bewundernswert weise und klar und bewegend warmherzig und einfühlsam ist der Therapeut, ist die Therapie. Es ist eine erfüllende Erfahrung, diese Therapie kennen und erleben zu lernen. Dieses Buch öffnet die Tür und schafft den Sinn für einen der spannendsten neuen Wege der Psychotherapie.

ISBN 978-3-932096-57-0 | Hardcover | 368 S. | 67,90

**S. Sulz, L. Schrenker, C. Schricker (Hrsg.)**

### Die Psychotherapie entdeckt den Körper Oder: Keine Psychotherapie ohne Körperarbeit?

Durch die stürmische Entwicklung neurowissenschaftlicher Erkenntnisse über die Zusammenhänge zwischen Körper und Gedächtnis sowie Kognition und Emotion wird es immer drängender, den Körper in den psychotherapeutischen Prozess einzubeziehen. Es gibt mittlerweile zuverlässiges Wissen darüber, wie sehr unsere früheren Erfahrungen als Körpergedächtnis gespeichert sind, wie sehr ihre Erinnerung Körperreaktionen auslöst und wie sehr die körperlichen Teilreaktionen unserer gegenwärtigen Gefühle die Verbindung zu früheren Gefühlen herstellen.

ISBN 978-3-932096-38-9 | Hardcover | 508 S. | 64,–

# Serge K. D. Sulz, Siegfried Höfling (Hrsg.)

## ... und er entwickelt sich doch! Entwicklung durch Psychotherapie

Erst wenn etwas da ist, kann es lernend überformt werden. Entwicklung ist ein fast durchgängig vernachlässigter Aspekt in der Psychotherapie Erwachsener. Auch wenn Therapeuten es nicht wahrhaben, ihre Patienten entwickeln sich doch. Psychotherapie beginnt mit der profunden Kenntnis der kindlichen Entwicklung und deren Störungen. Und sie endet therapeutisch mit der Förderung der Weiterentwicklung des Erwachsenen – durch Überwindung seiner Entwicklungsdefizite. Dieses Buch beginnt mit zwei Beiträgen zur normalen und gestörten Entwicklung im Vorschulalter und im Schulalter. Es folgt ein Beitrag zur psychoanalytischen Entwicklungspsychologie, wie sie für die Therapie sowohl von Kindern und Jugendlichen, als auch für die Erwachsenentherapie von Bedeutung ist. Es folgen Beiträge, die auf Piagets Entwicklungstheorie aufbauen und die therapeutische Änderung kognitiver und affektiver Schemata zum Ziel haben. Das Buch zeigt, wie sehr der Entwicklungsansatz als Heuristik eine wertvolle Erweiterung des therapeutischen Horizonts bringt: Mehr verstehen und dadurch mehr Entwicklung des Patienten ermöglichen.

**Doris Bischof-Köhler** Kognition, Motivation und Emotion in der Frühen Kindheit und im Vorschulalter

**Rolf Oerter** Kognitive Entwicklung in der schulischen Kindheit und im Jugendalter

**Alfred Walter** Entwicklungslinien psychoanalytischer Entwicklungspsychologie und Entwicklungstheorie – Von der Entwicklungsstörung zur Entwicklungstherapie

**Serge Sulz** Piagets Theorie der affektiven Entwicklung des Menschen – Entwicklung affektiver, kognitiver und Interaktionsschemata

**Benedikt Seidenfuß** Wie der Mensch sich selbst in den Griff bekommt

**Günter Schiepek und Serge Sulz** Selbstorganisation und psychische Entwicklung

**Siegfried Höfling** Entwicklung feststellen – Heuristische Ideen für eine praktische Entwicklungsdiagnostik

**Serge Sulz** Strategische Entwicklung – Therapiemodul der Strategisch-Behavioralen Therapie (SBT)

**Serge Sulz** Von Piaget zu McCulloughs CBASP – die Entwicklung von sozialer Kompetenz und Empathie

**Peter Fonagy und Anthony Bateman** Bindung, Mentalisierung und die Borderline-Persönlichkeitsstörung

**Gisela Röper und Hannah Schardt** Der bewusste Augenblick im Schnittpunkt von Bedeutungsbildung und Lebensplanung

**Michael Bachg** Feeling-seen – Einführung in eine körperorientierte Psychotherapie für Kinder, Jugendliche und ihre Eltern mit Transkript einer Sitzung

**ISBN: 978-3-932096-84-6 | Hardcover 170 x 240 | 358 Seiten | € 59,–**

Bestellen Sie direkt über Herold Verlagsauslieferung | p.zerzawetzky@herold-va.de
Raiffeisenallee 10 | 82041 Oberhaching | Tel. 0 89-61 38 71 24 | Fax 0 89-61 38 71 55 24

S. Sulz | W. Milch (Hrsg.) **Mentalisierungs- und Bindungsentwicklung in psychodynamischen und behavioralen Therapien – Die Essenz wirksamer Psychotherapie**

Die Prozesse der Bindung und der Mentalisierung sind heute für jede Psychotherapie und für jeden Psychotherapeuten ein selbstverständlicher Inhalt der Behandlung jedweder psychischer oder psychosomatischer Störung (in der Verhaltenstherapie steht dafür der Begriff der Metakognition, der die Aufmerksamkeit vom Inhalt auf den Prozess lenkt). Vor allem die Fähigkeit zur Affektregulierung ist Schlüsselstelle erfolgreicher therapeutischer Veränderung. Und genau sie wird im Mentalisierungsprozess hergestellt.Ergebnis ist die Fähigkeit, über Gefühle zu reflektieren (reflektierte Affektivität), während sie gespürt werden, und sie damit steuern und für eine gute Beziehungs- und Lebensgestaltung nutzen zu können. Die Autoren dieses Buches legen den aktuellen Stand von Forschung und Psychotherapiepraxis dar.

ISBN 978-3-86294-002-8 | Broschur | 158 S. | 49,00

S. Sulz | G. Lenz (Hrsg.) **Von der Kognition zur Emotion**

Die Entdeckung der zentralen Bedeutung der Gefühle für Verlauf und Ergebnis des therapeutischen Prozesses ist ein unschätzbarer Gewinn für Psychotherapeuten.
Das Buch spiegelt den Stand unseres Wissens und Könnens in der therapeutischen Arbeit mit Gefühlen.

Unter Mitarbeit von Fiedler, Görlitz, Greenberg, Höfling, Kässer, Jacobshagen, Lehner, Linden, Rabaioli-Fischer, Resch, Parzer, Steil, Traue, Deighton.

ISBN 978-3-932096-08-2 | 465 S. | € 64,–

S. Sulz | J. Sulz **Emotionen: Gefühle erkennen, verstehen und handhaben**

Gefühle erkennen ist ein wesentlicher Aspekt emotionaler Intelligenz und ermöglicht bessere zwischenmenschliche Beziehungen. Mit Gefühlen umgehen können, ist die Voraussetzung für dauerhaft gute Beziehungen. Beides ist erlernbar. Der Juniorautor arbeitete mit jungen Schauspielern der Falckenbergschule in München und fotografierte deren Ausdruck von Gefühlen in verschiedenen Situationskontexten. Die Schauspieler waren emotional ganz in der betreffenden Situation und fühlten diese Gefühle wirklich. Mit 43 Fotografien in Farbe.

ISBN 978-3-932096-41-9 | Hardcover| 206 S. | € 37,–

Bestellen Sie direkt über Herold Verlagsauslieferung | p.zerzawetzky@herold-va.de
Raiffeisenallee 10 | 82041 Oberhaching | Tel. 0 89-61 38 71 24 | Fax 0 89-61 38 71 55 24

# Körper und Entwicklung in der Psychotherapie
# EMBODIMENT

ISBN: 978-3-86294-018-9
Broschur 170 x 240 | 204 Seiten | € 25,–

**Joachim Bauer**
Neurobiologische und soziale Kontexte menschlicher Aggression und Gewalt

**Thomas Fuchs**
Die verkörperte Psyche: ein Paradigma für Psychiatrie und Psychotherapie

**Wolfgang Tschacher und Maja Storch**
Die Bedeutung von Embodiment für Psychologie und Psychotherapie

**Gernot Hauke und Jan Spreemann**
Wie der Körper bei der Arbeit mit Emotionen hilft. Embodiment in der Strategisch-Behavioralen Therapie (SBT)

**Lars Theßen**
Emotion und Atmung – Emotionale Ausdrucksmuster durch kontrollierte Atmungsänderung

**Leonhard Schrenker**
Der Weg zu uns selbst – Persönlichkeitsentwicklung und Embodiment aus der Sicht der Pesso-Therapie (PBSP)

**Evelyn Schmidt**
Körpererleben und Körperpsychotherapie bei Patienten mit strukturellen Störungsanteilen

**Daniel Barth**
Mentalisierung und der schwarze Peter

**Alfred Walter**
Psychoanalytische Anmerkungen zur innerpsychischen und externalisierenden Selbstregulation

**Elke Wieland und Wolfgang Keßler**
Die Körperplastik als Brücke zwischen Körper und Psyche

**Tonius Timmermann**
Musik und Körper – Ansätze in der Musiktherapie

**Barbara Rabaioli-Fischer**
Gefühle aus der Kindheit: Die Bearbeitung der Lebensgeschichte in der Psychotherapie – transaktionale Verhaltensthera

Bestellen Sie direkt über Herold Verlagsauslieferung | p.zerzawetzky@herold-va.de
Raiffeisenallee 10 | 82041 Oberhaching | Tel. 0 89-61 38 71 24 | Fax 0 89-61 38 71 55 24

# Psychotherapie in Psychiatrie, Psychotherapeutischer Medizin und Klinischer Psychologie

## Herausgeber
Willi Butollo, Prof. Dr. phil., München
Thomas Bronisch, Prof. Dr. med., München
Horst Kächele, Prof. Dr. med., Ulm
Hans-Jürgen Möller, Prof. Dr. med., München
Serge K. D. Sulz, Prof. Dr. phil. Dr. med., München

## Hauptredaktion
Thomas Bronisch, Serge K. D. Sulz

## Schriftleitung
Serge K. D. Sulz

## Wissenschaftlicher Beirat
Prof. Dr. med. Mathias Berger, Freiburg
Prof. Dr. med. Peter Buchheim, München
Prof. Dr. med. Gerd Buchkremer, Tübingen
Prof. Dr. phil. Josef Duss-von-Werdt, Luzern
Prof. Dr. med. Hinderk Emrich, Hannover
Prof. Dr. med. Manfred Fichter, Dipl.-Psych., Prien
Prof. Dr. med. Erdmuthe Fikentscher, Halle
Prof. Dr. Toni Forster, Dipl.-Psych., Dachau
Prof. Dr. med. Michael Geyer, Leipzig
Dr. med. Siegfried Gröninger, Dipl.-Psych., München
Prof. Dr. phil. Monika Hasenbring, Bochum
Prof. Dr. phil. Siegfried Höfling, Dipl.-Psych., Karlsfeld
Prof. Dr. phil. Renate de Jong, Dipl.-Psych., Münster
Prof. Dr. med. Rudolf Klußmann, München
Prof. Dr. phil. Armin Kuhr, Dipl.-Psych., Hannover
Prof. Dr. med. Michael Linden, Dipl.-Psych., Berlin
Prof. Dr. phil. Jürgen Margraf, Dipl.-Psych., Basel
Prof. Dr. med. Rolf Meermann, Dipl. Psych. Pyrmont
Prof. Dr. phil. Wolfgang Mertens, Dipl.-Psych., München
Priv. Doz. Dr. phil. Mechthild Papousek, München
Prof. Dr. phil. Franz Petermann, Dipl.-Psych., Bremen
Prof. Dr. med. Michael von Rad, München
Prof. Dr. phil. Eibe-Rudolf Rey, Dipl.-Psych., Mannheim
Prof. Dr. phil. Armin Schmidtke, Würzburg
Prof. Dr. med. Michael Scholz, Dresden
Prof. Dr. phil. Harry Schröder, Leipzig
Prof. Dr. phil. Almuth Sellschopp, Dipl.-Psych., München
Prof. Dr. med. Gerd-Walter Speierer, Dipl.-Psych., Regensburg
Prof. Dr. med. Wolfgang Tress, Düsseldorf

Dr. phil. Rita Ullrich de Muynck, Dipl.-Psych., München
Dr. med. Rüdiger Ullrich, Dipl.-Psych., München
Prof. Dr. med. Dr. med. h. c. Manfred Wolfersdorf, Bayreuth
Prof. Dr. med. Michael Zaudig, Windach
Prof. Dr. phil. Dirk Zimmer, Dipl.-Psych., Tübingen

## Fachredaktionen

**Psychiatrie und Psychotherapie:** Prof. Dr. med. Hans Peter Kapfhammer, Graz
**Psychotherapeutische Medizin:** Dr. med. Friedrich von Heymann, München
**Klinische Psychologie:** Prof. Dr. phil. Eibe-Rudolf Rey, Weinheim
**Kinder- und Jugendpsychiatrie und -psychotherapie:**
    Dr. med. Peter Altherr, Klingenmünster; Prof. Dr. med. Jörg Wiesse, Nürnberg
**Psychotherapie im Alter:** Prof. Dr. Dr. Rolf Hirsch, Bonn
**Tiefenpsychologie und Psychoanalyse:** Dr. phil. Matthias Lohmer, München
**Verhaltenstherapie:** Prof. Dr. rer. nat. Winfried Rief, Marburg
**Familientherapie:** Dr. phil. Jörg Kaspar Roth, München
**Gruppentherapie:** Univ.-Doz. Dr. phil. Dieter Sandner, München;
    Prof. Dr. phil. Volker Tschuschke, Köln
**Neue Psychotherapien:** Dr. med. Wolf Büntig, Penzberg
**Pharmakotherapie:** Prof. Dr. med. Gerd Laux, Wasserburg
**Klinische Entwicklungspsychologie:** Dr. phil. Gisela Röper, München
**Klinische Persönlichkeitspsychologie:** Prof. Dr. rer. nat. Thomas Fydrich, Berlin
**Sexuologie:** Dr. phil. Andreas Rose, Nürnberg;
    Priv.-Doz. Dr. med. Thomas Moesler, Erlangen
**Psychotherapieforschung:** Prof. Dr. med. Mathias Berger, Freiburg;
    Prof. Dr. med. Horst Kächele, Ulm
**Prävention und Rehabilitation:** Dr. med. Mark Schmid-Neuhaus, München
**Kliniken:** Prof. Dr. phil. Wolfgang Hiller, Mainz; Dr. med. Rainer Schors, München
**Ambulante Praxis:** Dipl.-Psych. Jochen Weidhaas, Bad Dürkheim
**Geschichtliches:** Prof. Dr. med. Matthias Weber, München
**Ethik:** Dr. med. Gebhard Allert, Ulm
**Redaktion Österreich:** Prof. Dr. med. Gerhard Lenz, Wien
**Redaktion Schweiz:** Dr. phil. Peter von Tessin, St. Gallen

# Impressum

Zeitschrift Psychotherapie – Psychotherapie in Psychiatrie, Psychotherapeutischer Medizin und Klinischer Psychologie, CIP-Medien, München, ISSN: 1430-9483

Erscheinungsweise: zweimal jährlich (April und November). 2 Hefte = 1 Jahrgangsband.
Bezugsbedingungen: Einzelheft 25,– Euro, Jahresabonnement 30,– Euro (inkl. Porto).
Anzeigen: Anzeigenannahme direkt beim Verlag (bis zum 1.3. und 31.8.) Auflage: 5000
Manuskriptsendungen an die Schriftleitung der Zeitschrift. Copyright beim Verlag.
CIP-Medien, Nymphenburger Str. 155, D-80634 München
Tel. 1392603-1, Fax 1392603-2, cipmedien@aol.com
Herstellung: S. Pohl, silvia.pohl@cip-medien.com